Raeliana

Warum sie die Verlobte des Dukes wurde

3

Whale

Original Story: Milcha

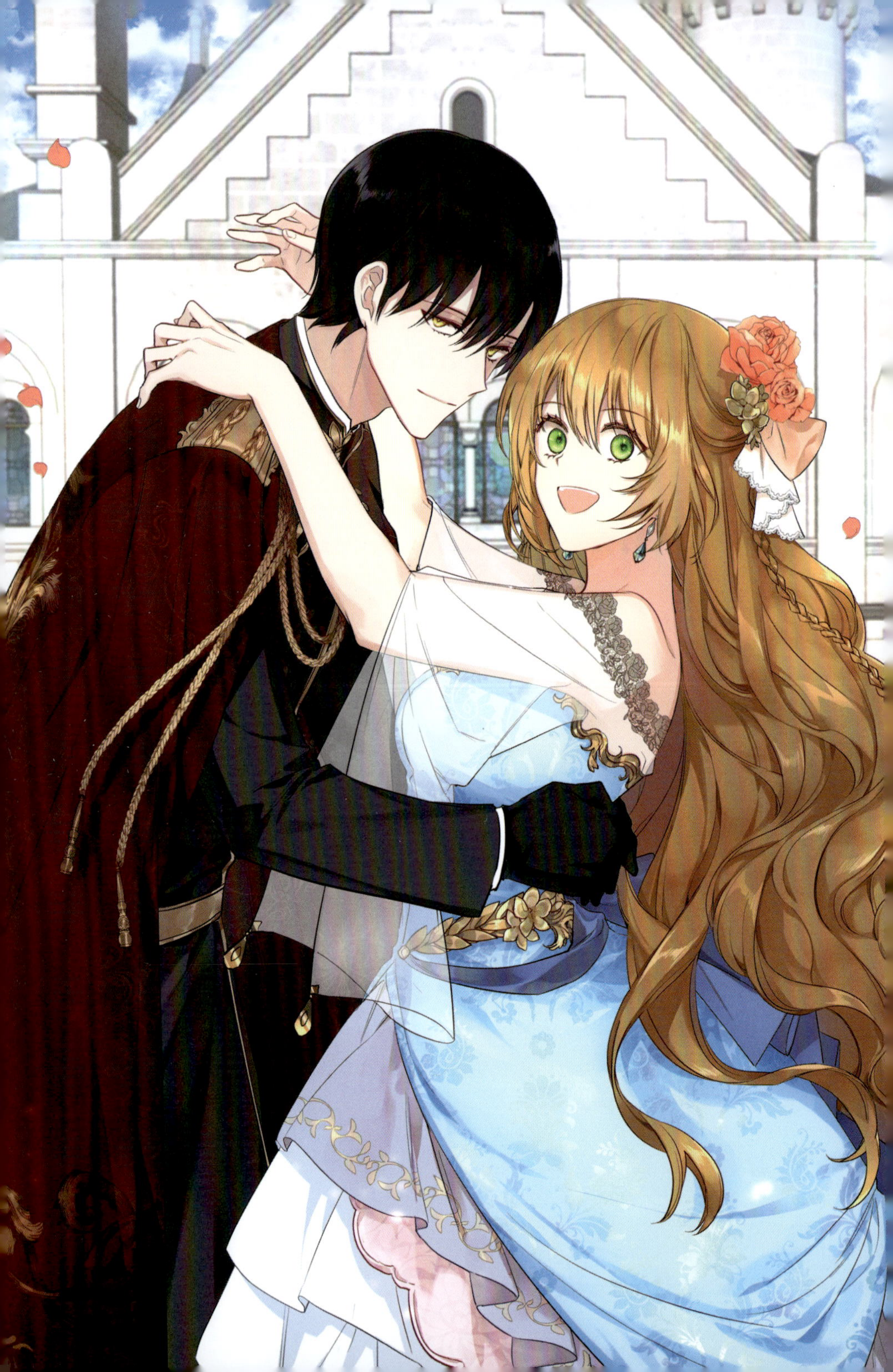

Whale
Original Story: Milcha

Raeliana
Warum sie die Verlobte des Dukes wurde

3

Besessenheit und Aufrichtigkeit

»Ich habe es doch gesagt.
Ich bin schwer besessen.«

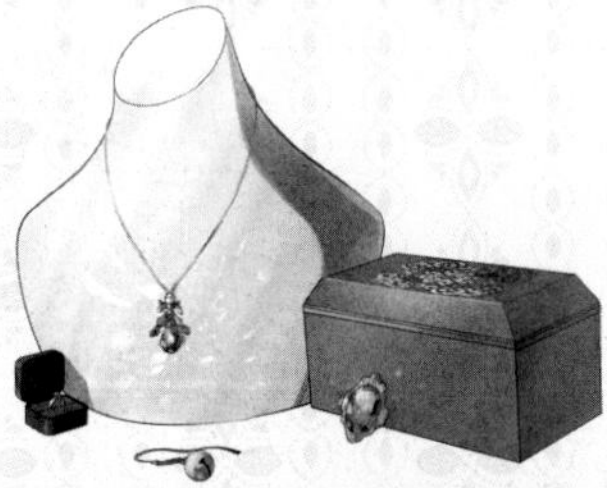

* Dieser Sammelband enthält die Kapitel 33 bis 50 des Webtoons *Raeliana – Warum sie die Verlobte des Dukes wurde*.

Inhalt

Kapitel 6
Die Fackelzeremonie

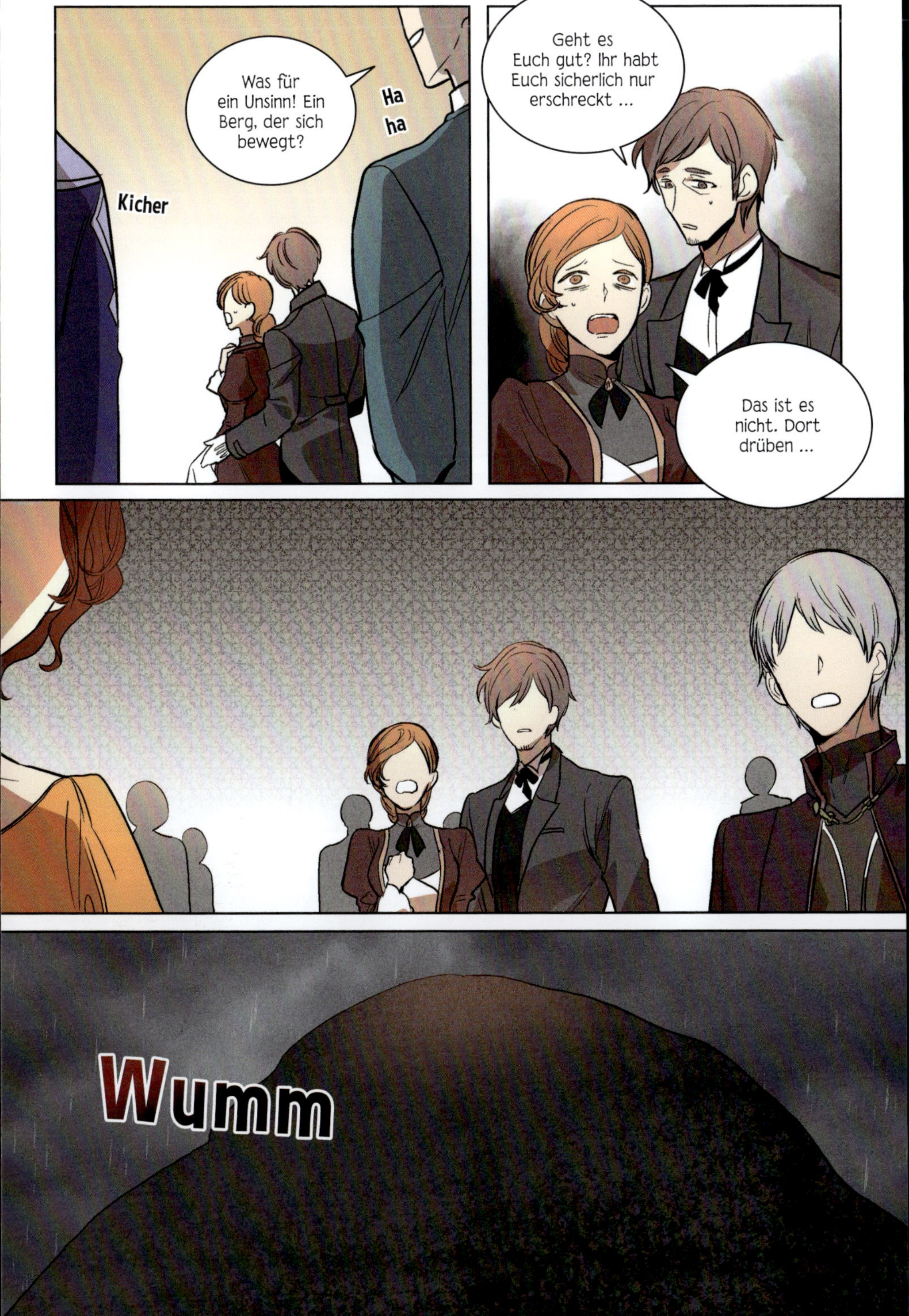
Was für ein Unsinn! Ein Berg, der sich bewegt?
Ha ha
Kicher
Geht es Euch gut? Ihr habt Euch sicherlich nur erschreckt ...
Das ist es nicht. Dort drüben ...
Wumm

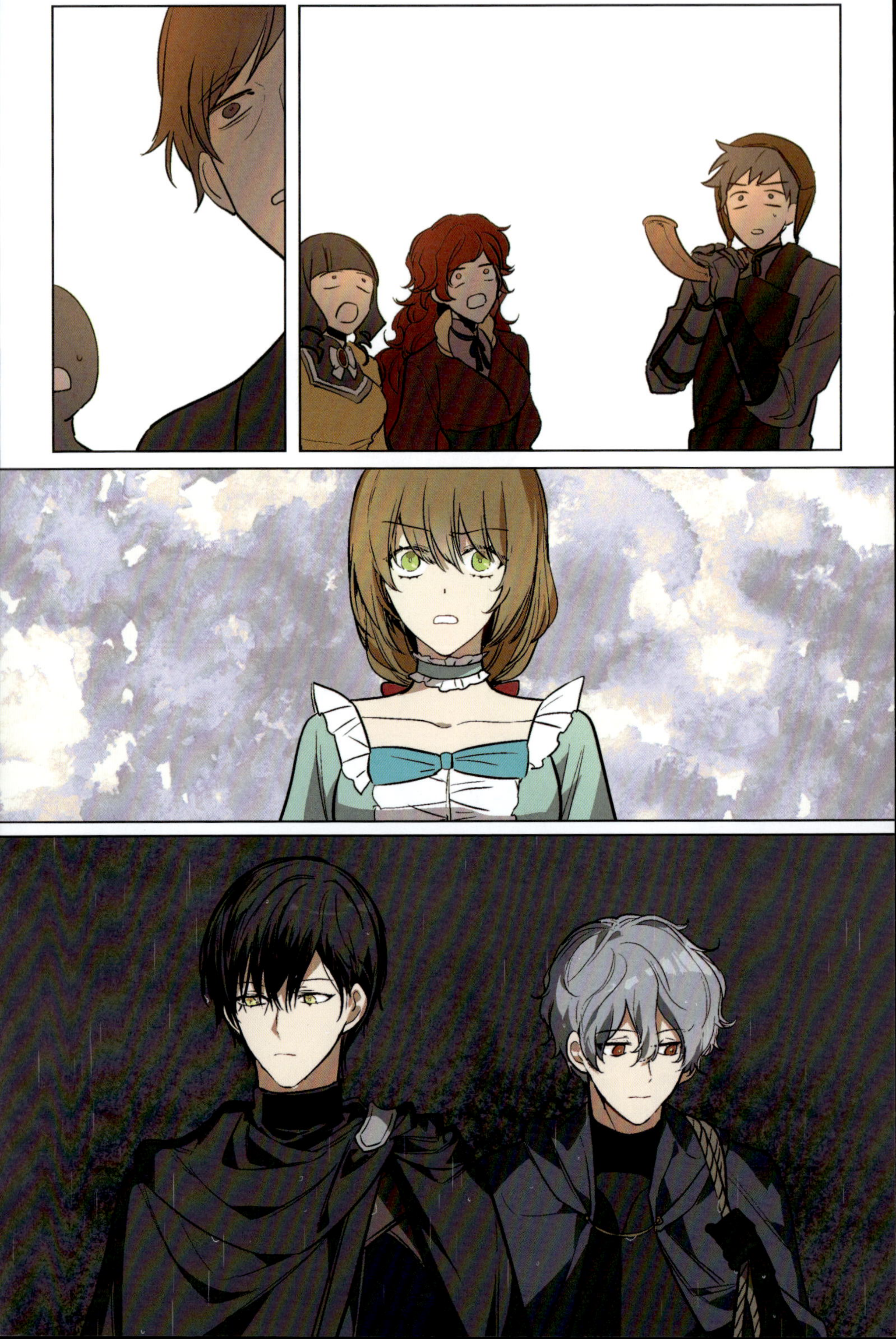

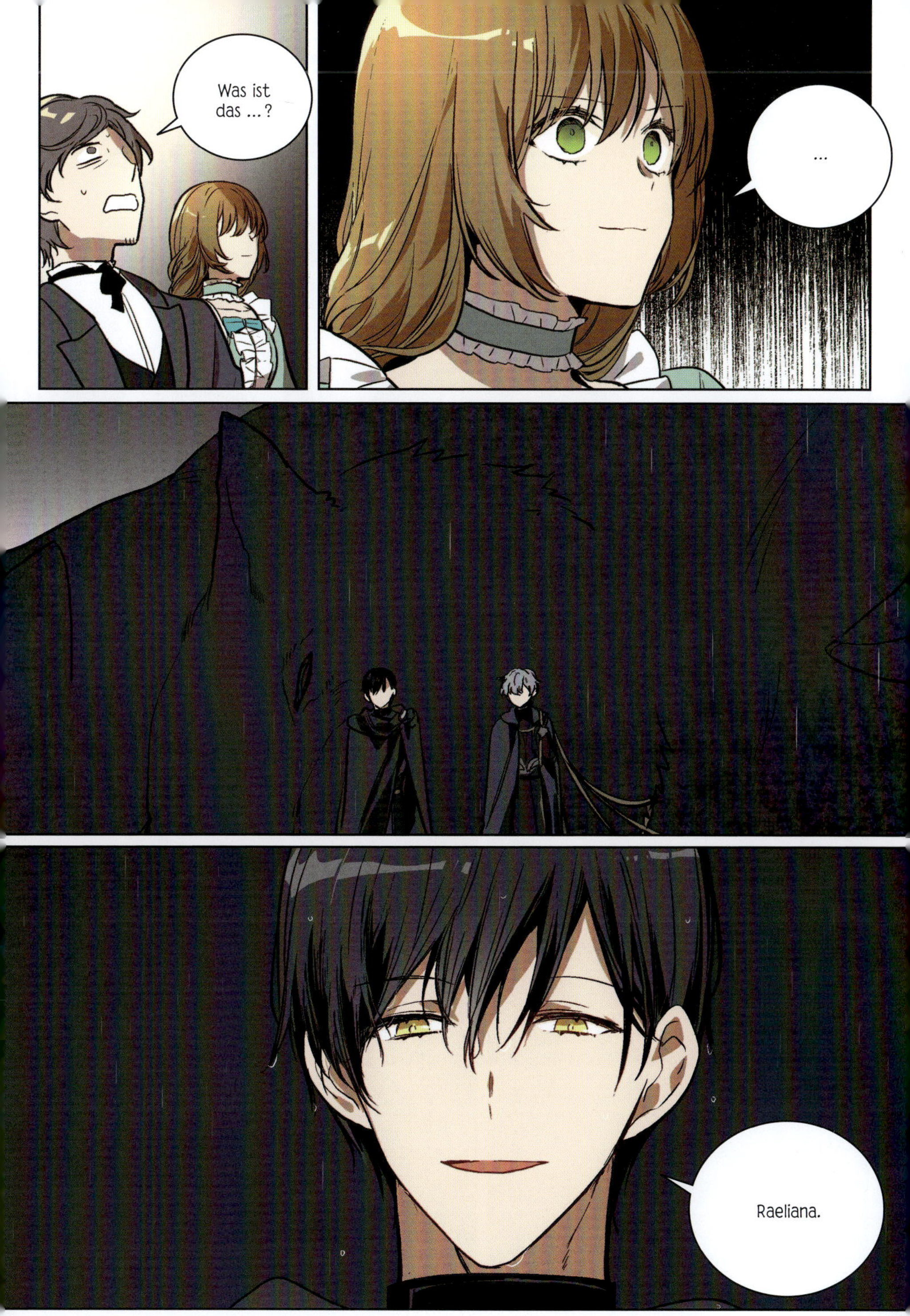
Was ist das ...?
...
Raeliana.

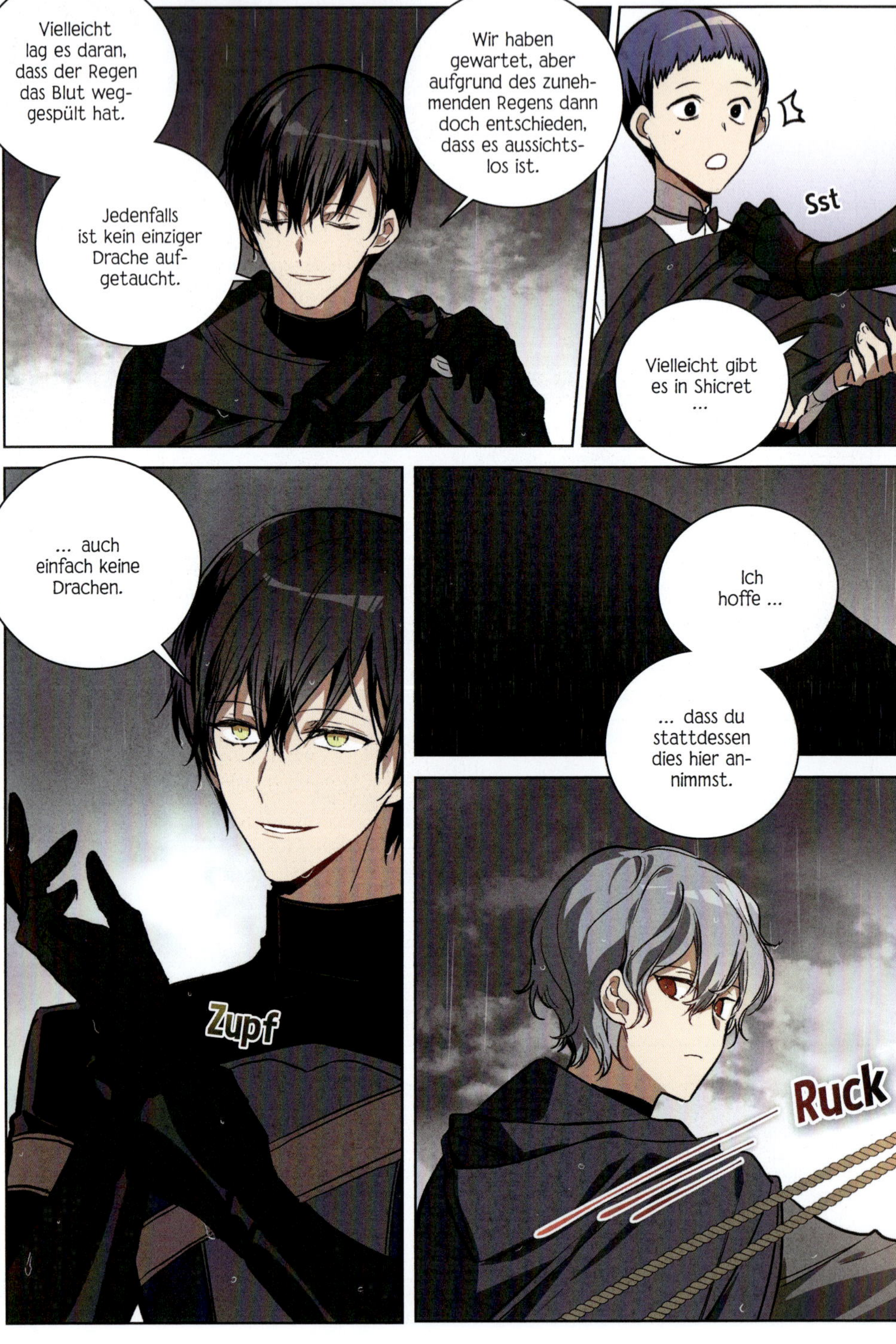
Vielleicht lag es daran, dass der Regen das Blut weggespült hat.
Jedenfalls ist kein einziger Drache aufgetaucht.
Wir haben gewartet, aber aufgrund des zunehmenden Regens dann doch entschieden, dass es aussichtslos ist.
Sst
Vielleicht gibt es in Shicret …
… auch einfach keine Drachen.
Zupf
Ich hoffe …
… dass du stattdessen dies hier annimmst.
Ruck

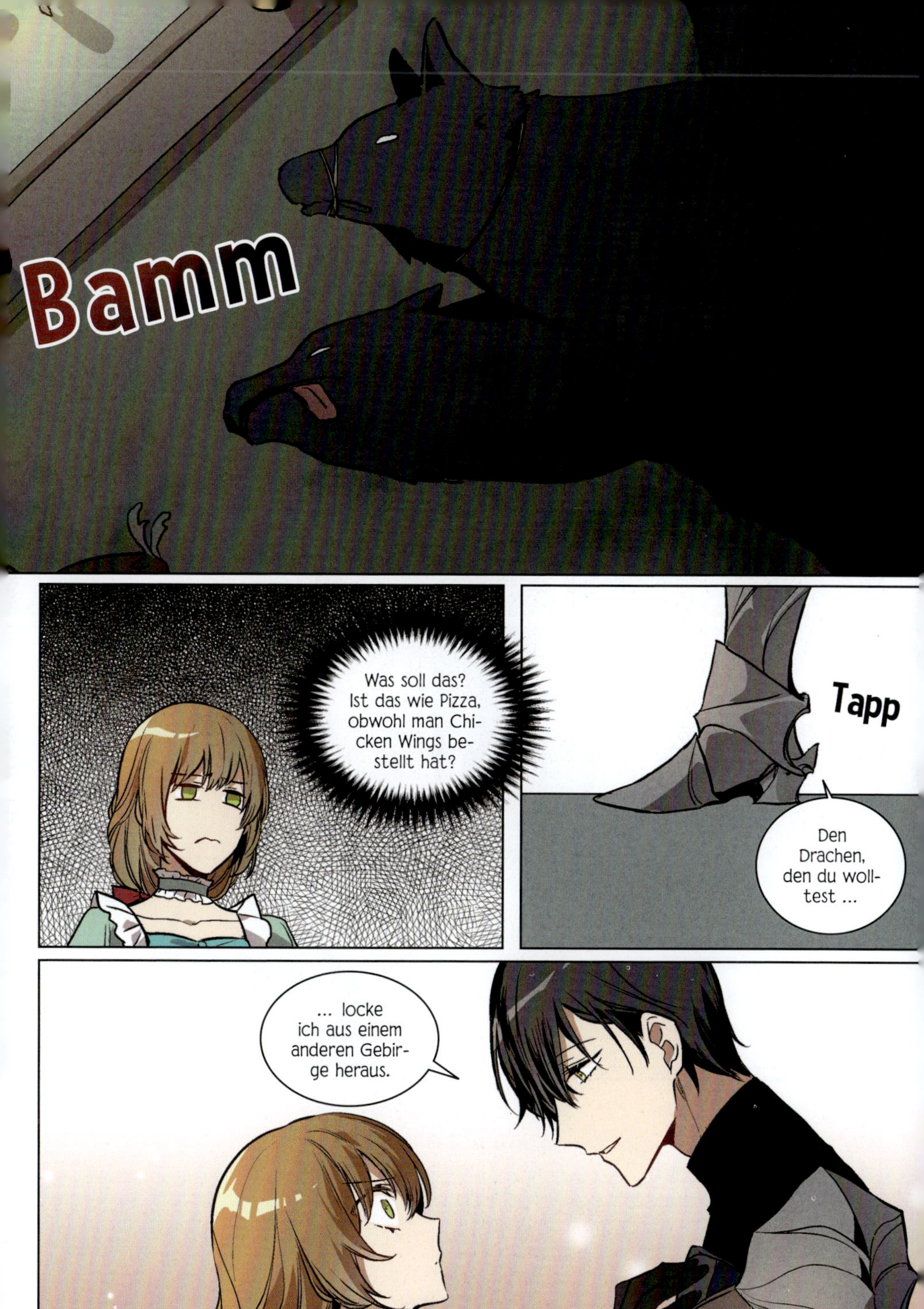
Bamm
Was soll das? Ist das wie Pizza, obwohl man Chicken Wings bestellt hat?
Tapp
Den Drachen, den du wolltest ...
... locke ich aus einem anderen Gebirge heraus.

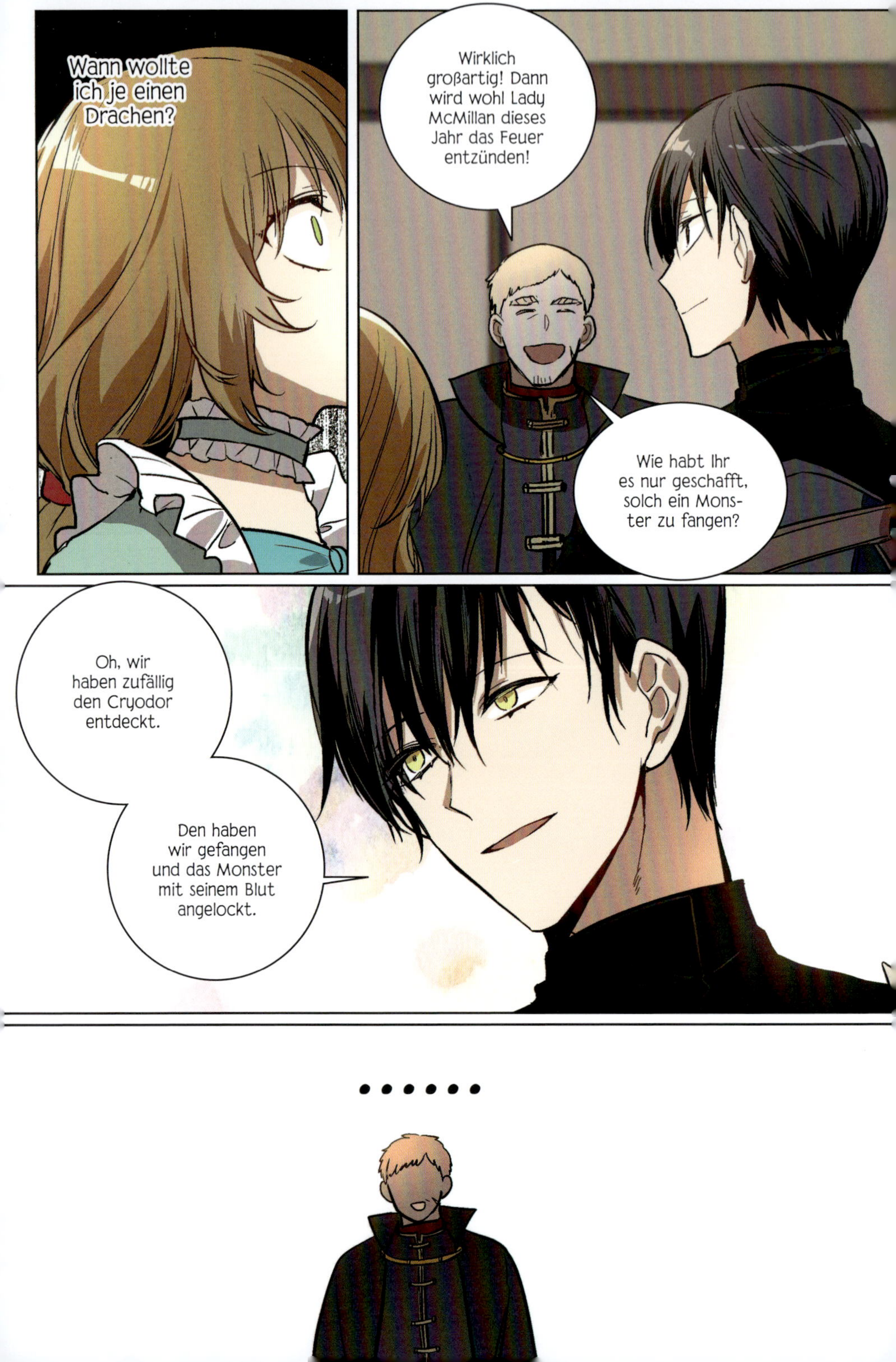
Wann wollte ich je einen Drachen?
Wirklich großartig! Dann wird wohl Lady McMillan dieses Jahr das Feuer entzünden!
Wie habt Ihr es nur geschafft, solch ein Monster zu fangen?
Oh, wir haben zufällig den Cryodor entdeckt.
Den haben wir gefangen und das Monster mit seinem Blut angelockt.
......

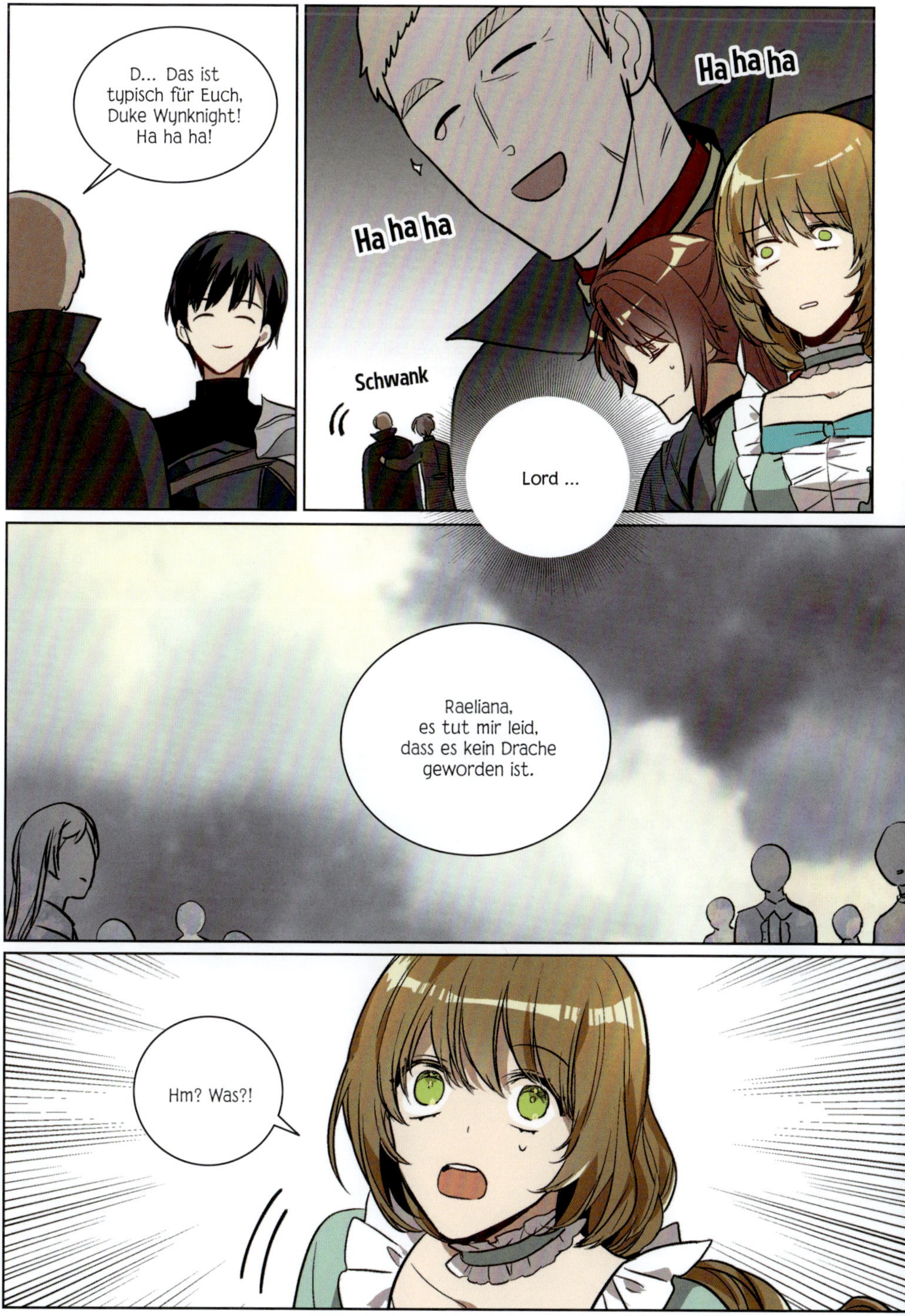
D... Das ist typisch für Euch, Duke Wynknight! Ha ha ha!
Ha ha ha
Ha ha ha
Schwank
Lord ...
Raeliana, es tut mir leid, dass es kein Drache geworden ist.
Hm? Was?!

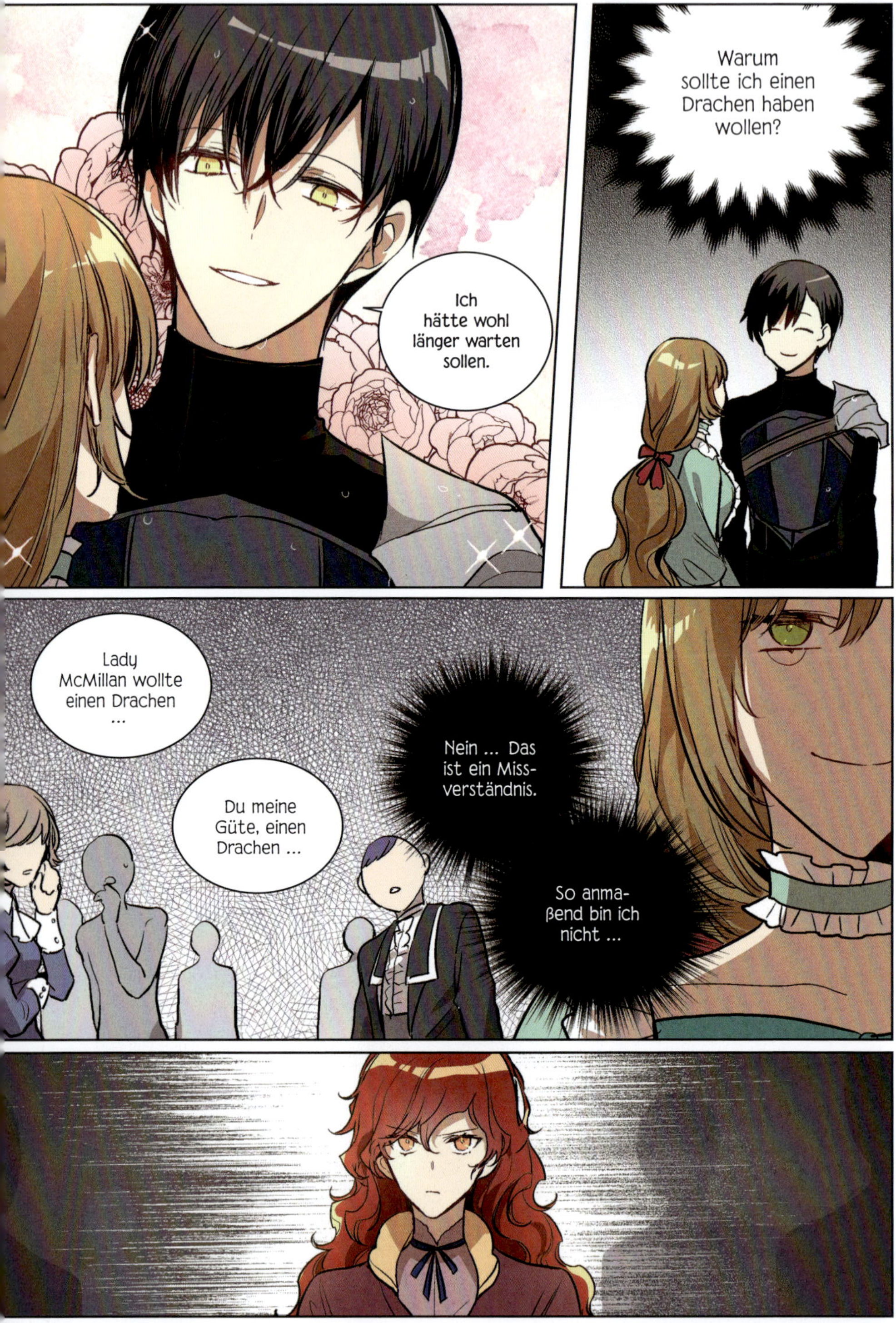
Ich hätte wohl länger warten sollen.
Warum sollte ich einen Drachen haben wollen?
Lady McMillan wollte einen Drachen ...
Du meine Güte, einen Drachen ...
Nein ... Das ist ein Miss-verständnis.
So anma-ßend bin ich nicht ...

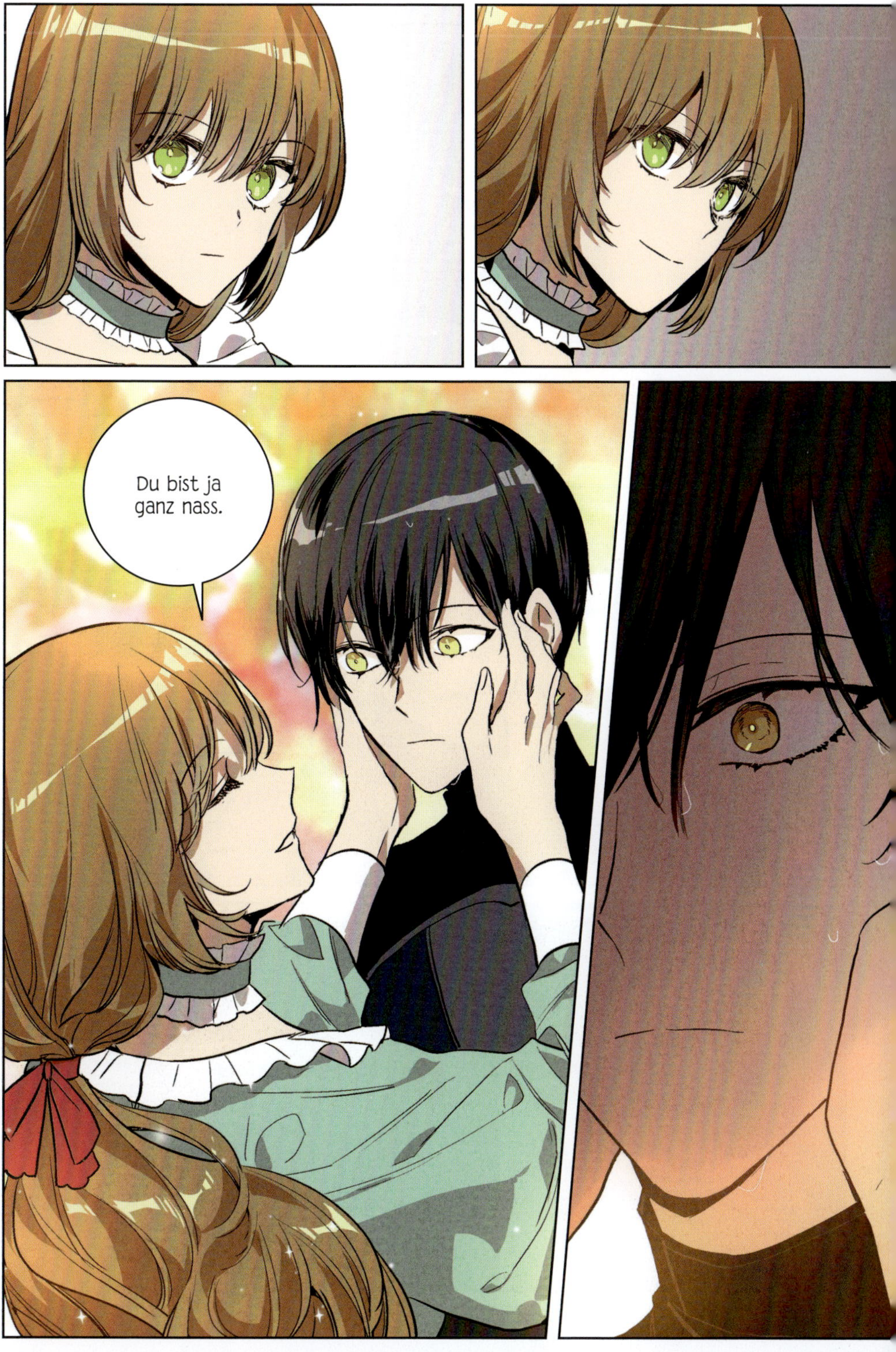
Du bist ja
ganz nass.

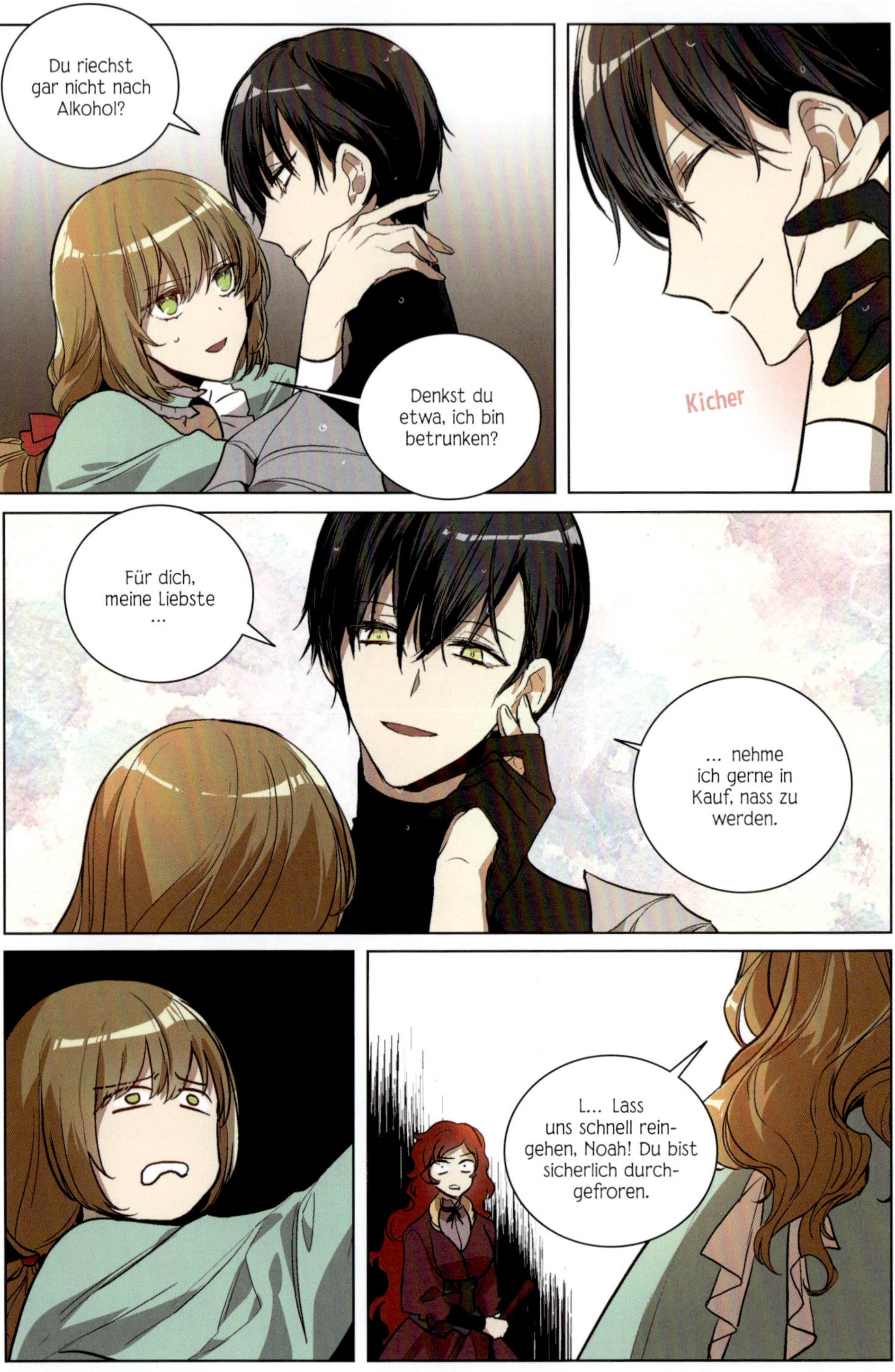

Du riechst gar nicht nach Alkohol?
Denkst du etwa, ich bin betrunken?
Kicher
Für dich, meine Liebste ...
... nehme ich gerne in Kauf, nass zu werden.
L... Lass uns schnell rein-gehen, Noah! Du bist sicherlich durch-gefroren.

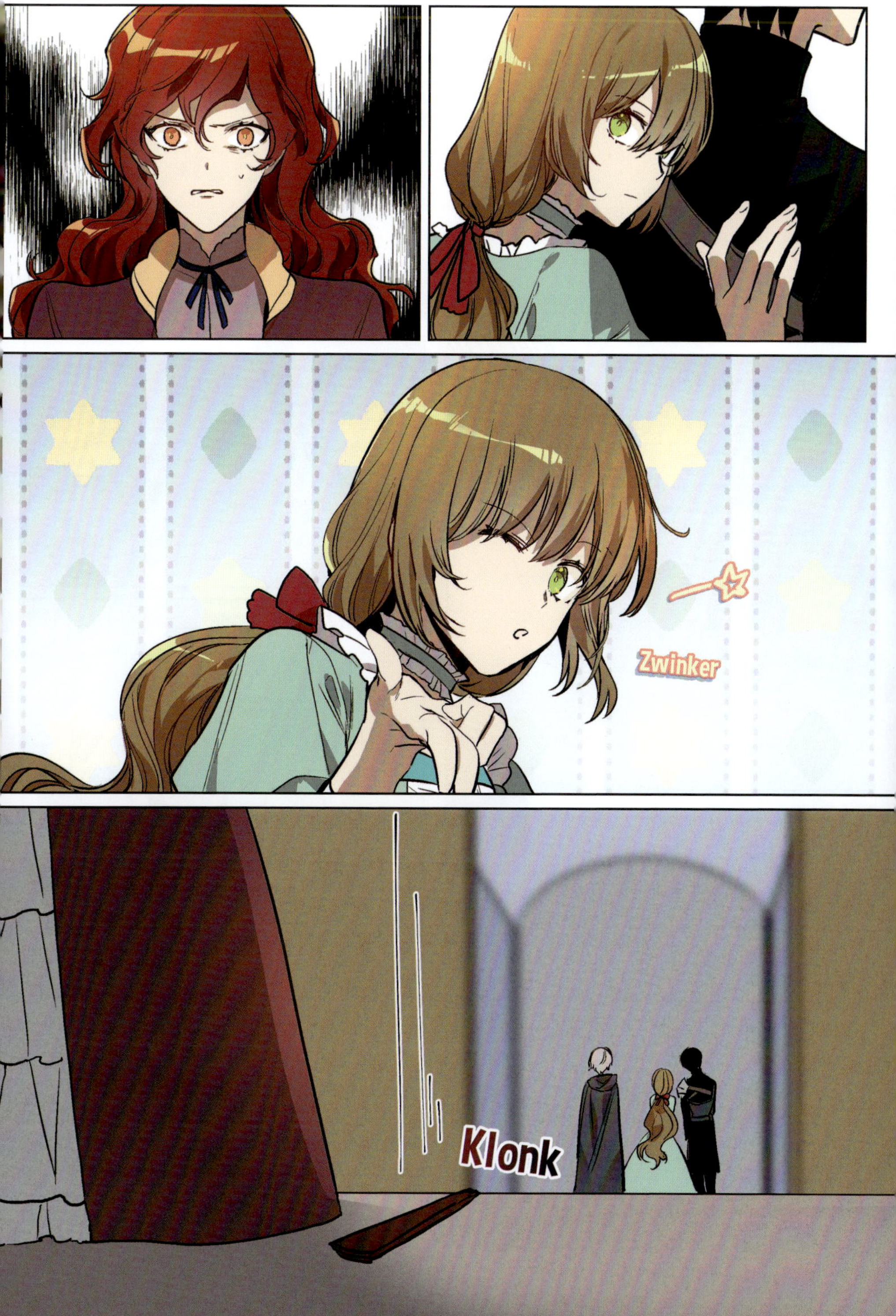
Zwinker
Klonk

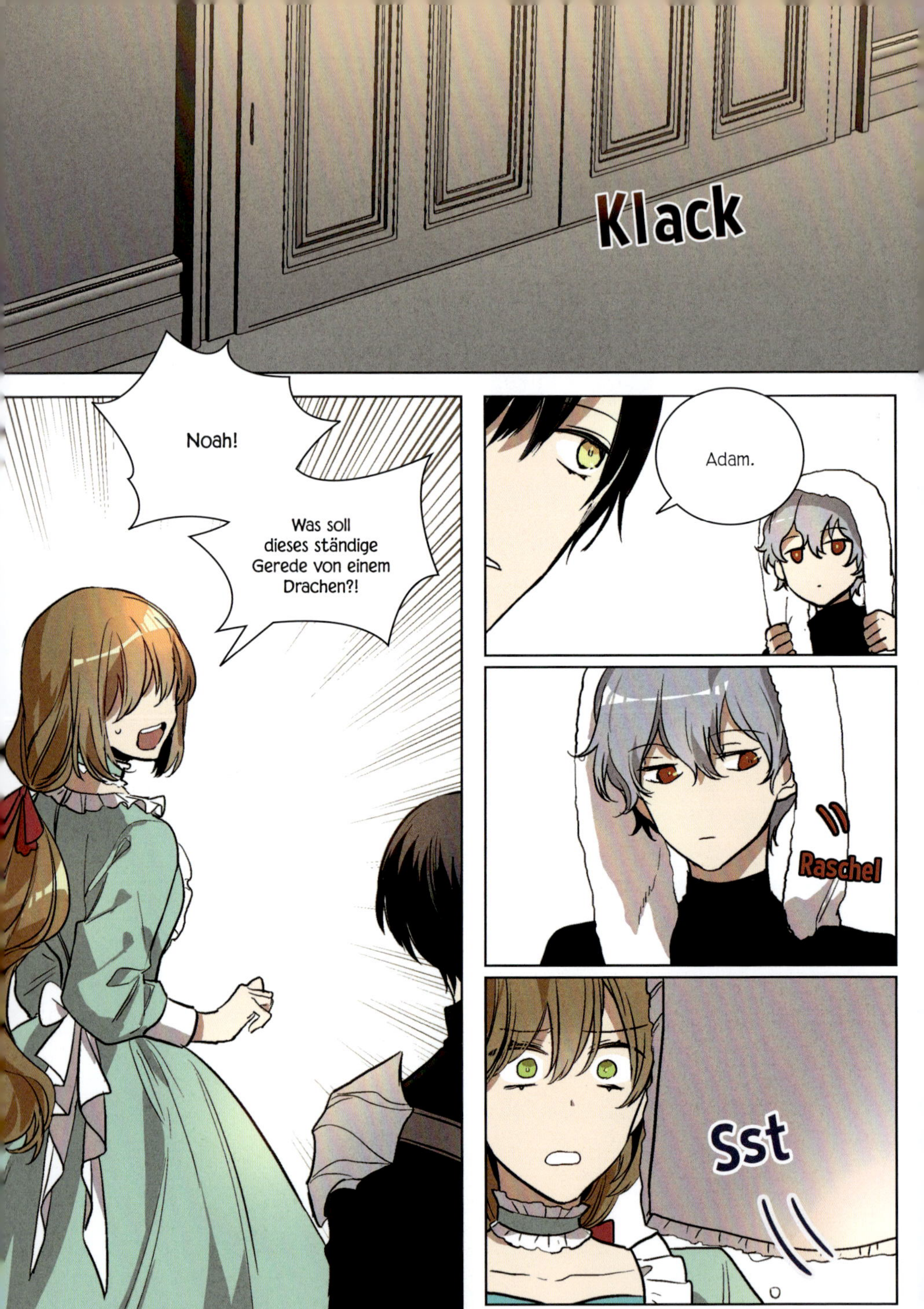
Klack
Noah!
Was soll dieses ständige Gerede von einem Drachen?!
Adam.
Raschel
Sst

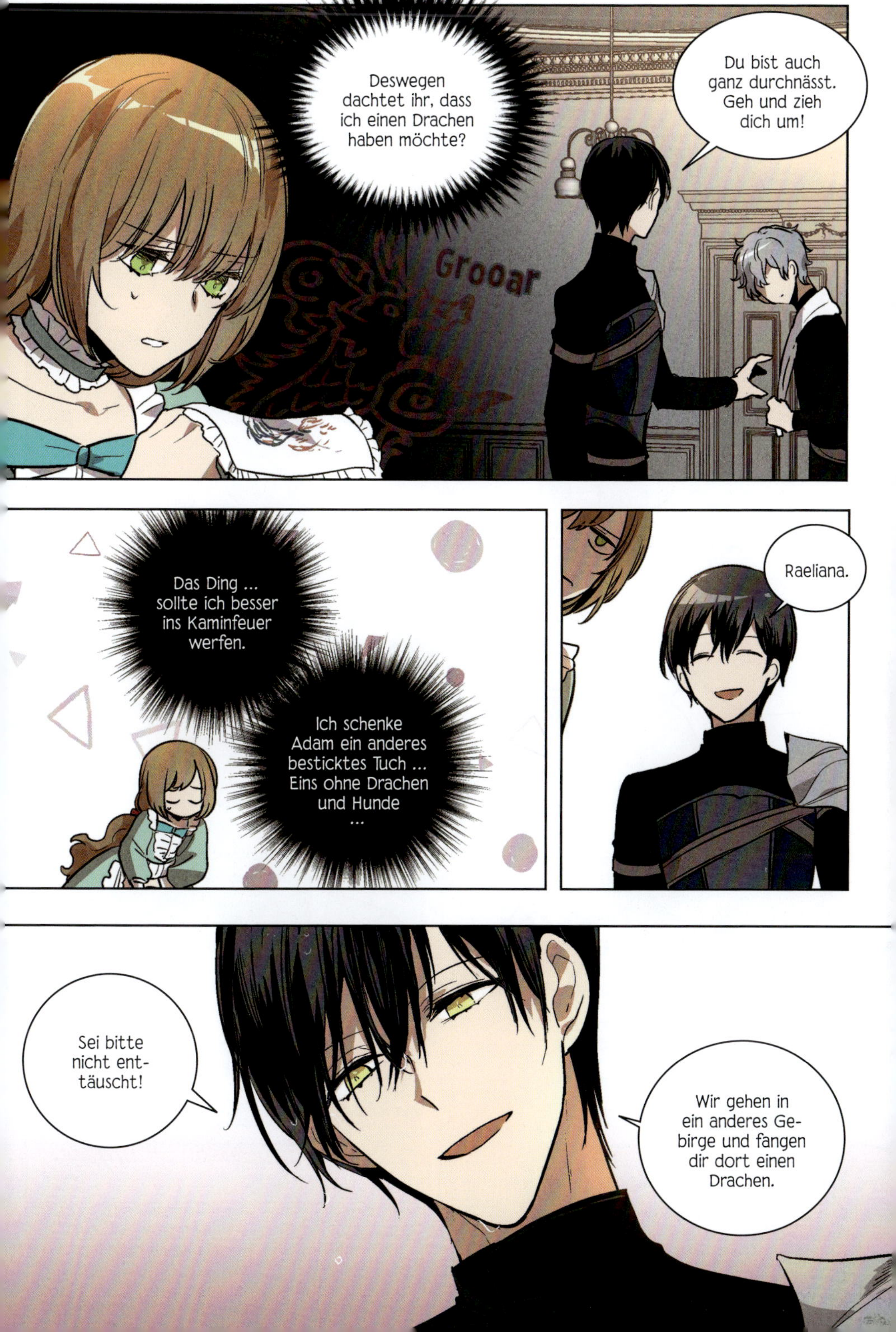
Deswegen dachtet ihr, dass ich einen Drachen haben möchte?
Du bist auch ganz durchnässt. Geh und zieh dich um!
Grooar
Das Ding ... sollte ich besser ins Kaminfeuer werfen.
Ich schenke Adam ein anderes besticktes Tuch ... Eins ohne Drachen und Hunde ...
Raeliana.
Sei bitte nicht ent-täuscht!
Wir gehen in ein anderes Ge-birge und fangen dir dort einen Drachen.

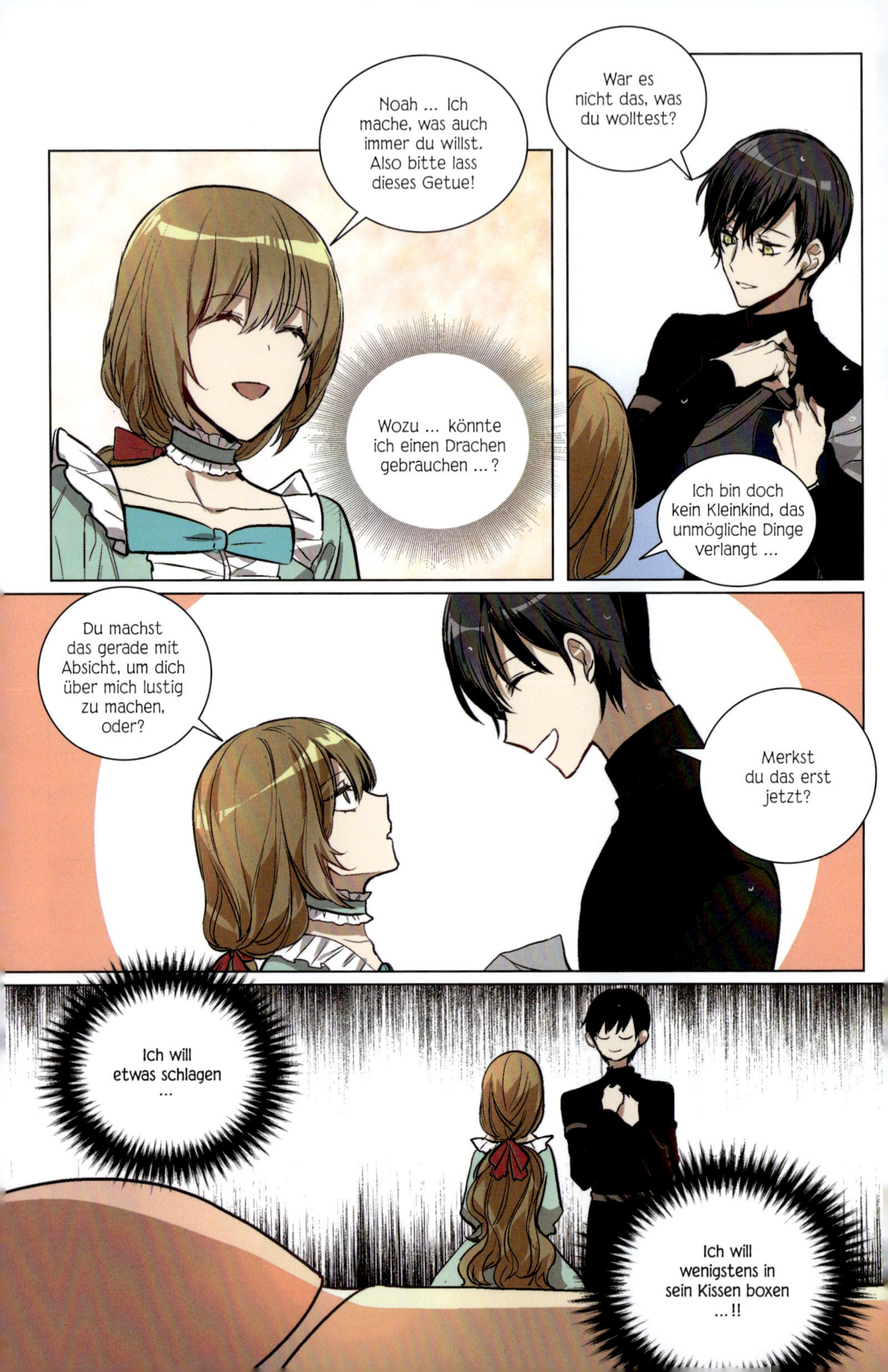
War es nicht das, was du wolltest?
Noah ... Ich mache, was auch immer du willst. Also bitte lass dieses Getue!
Wozu ... könnte ich einen Drachen gebrauchen ...?
Ich bin doch kein Kleinkind, das unmögliche Dinge verlangt ...
Merkst du das erst jetzt?
Du machst das gerade mit Absicht, um dich über mich lustig zu machen, oder?
Ich will wenigstens in sein Kissen boxen ...!!
Ich will etwas schlagen ...

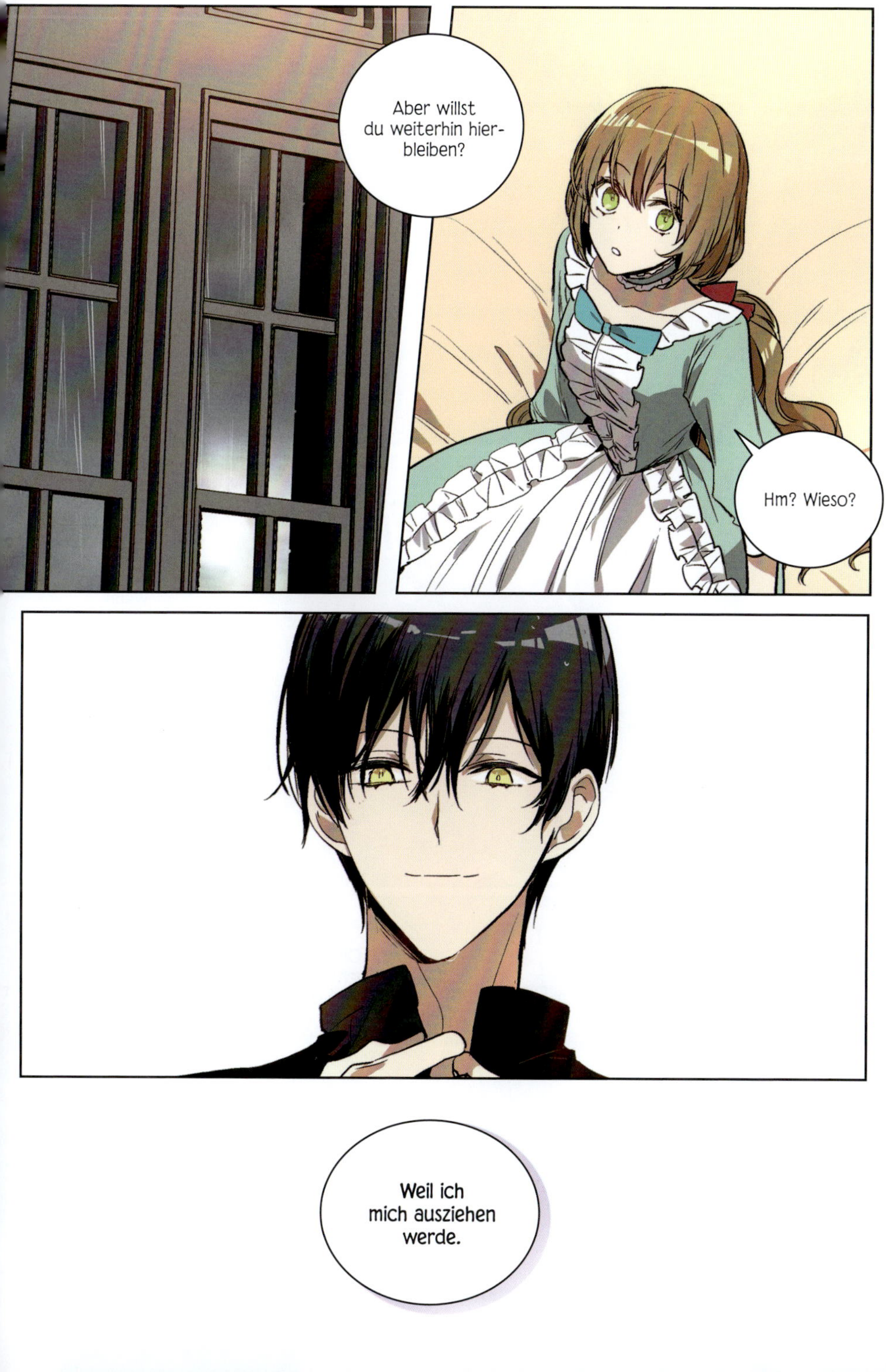
Aber willst du weiterhin hier- bleiben?
Hm? Wieso?
Weil ich mich ausziehen werde.

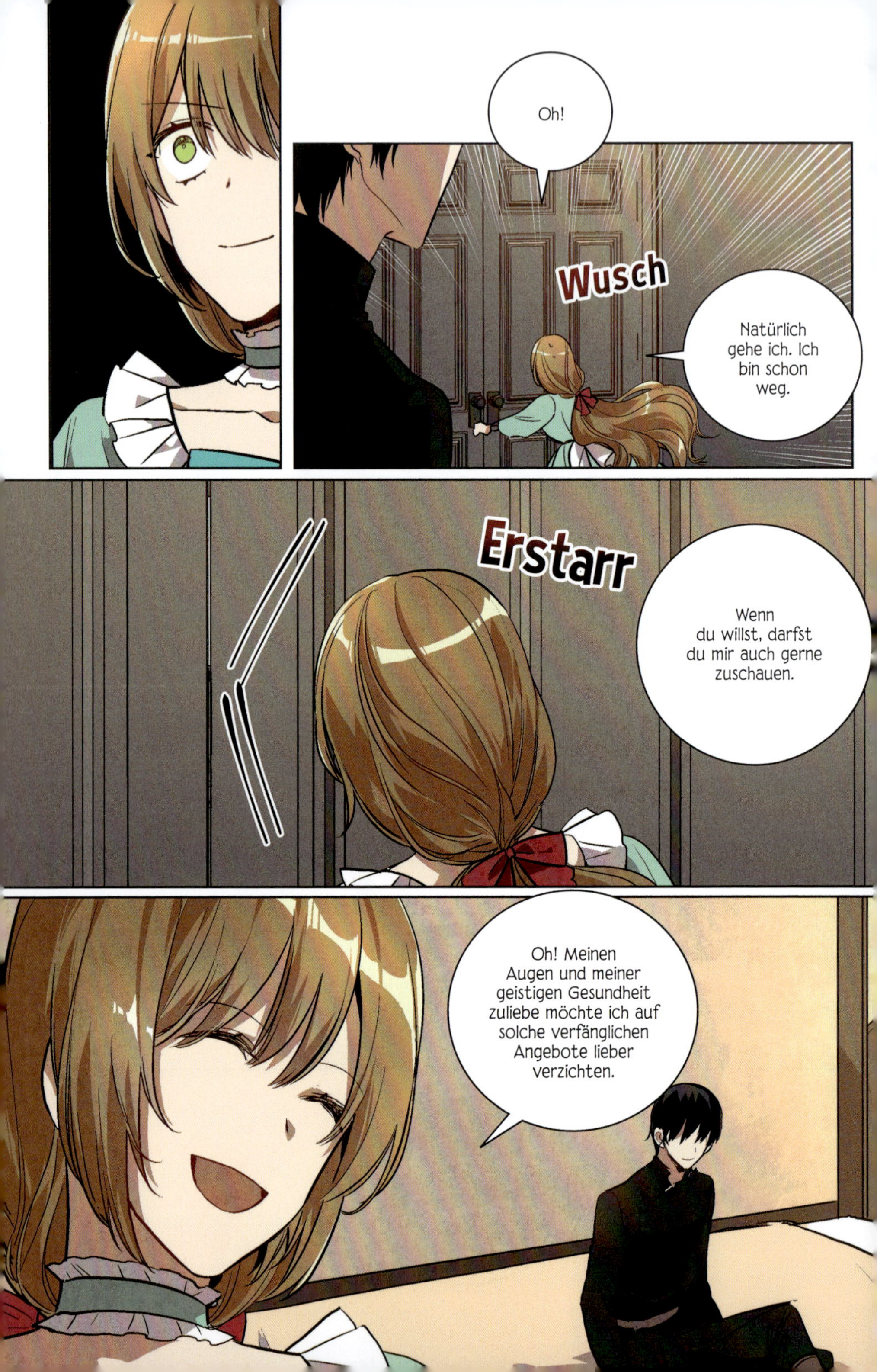
Oh!
Wusch
Natürlich gehe ich. Ich bin schon weg.
Erstarr
Wenn du willst, darfst du mir auch gerne zuschauen.
Oh! Meinen Augen und meiner geistigen Gesundheit zuliebe möchte ich auf solche verfänglichen Angebote lieber verzichten.

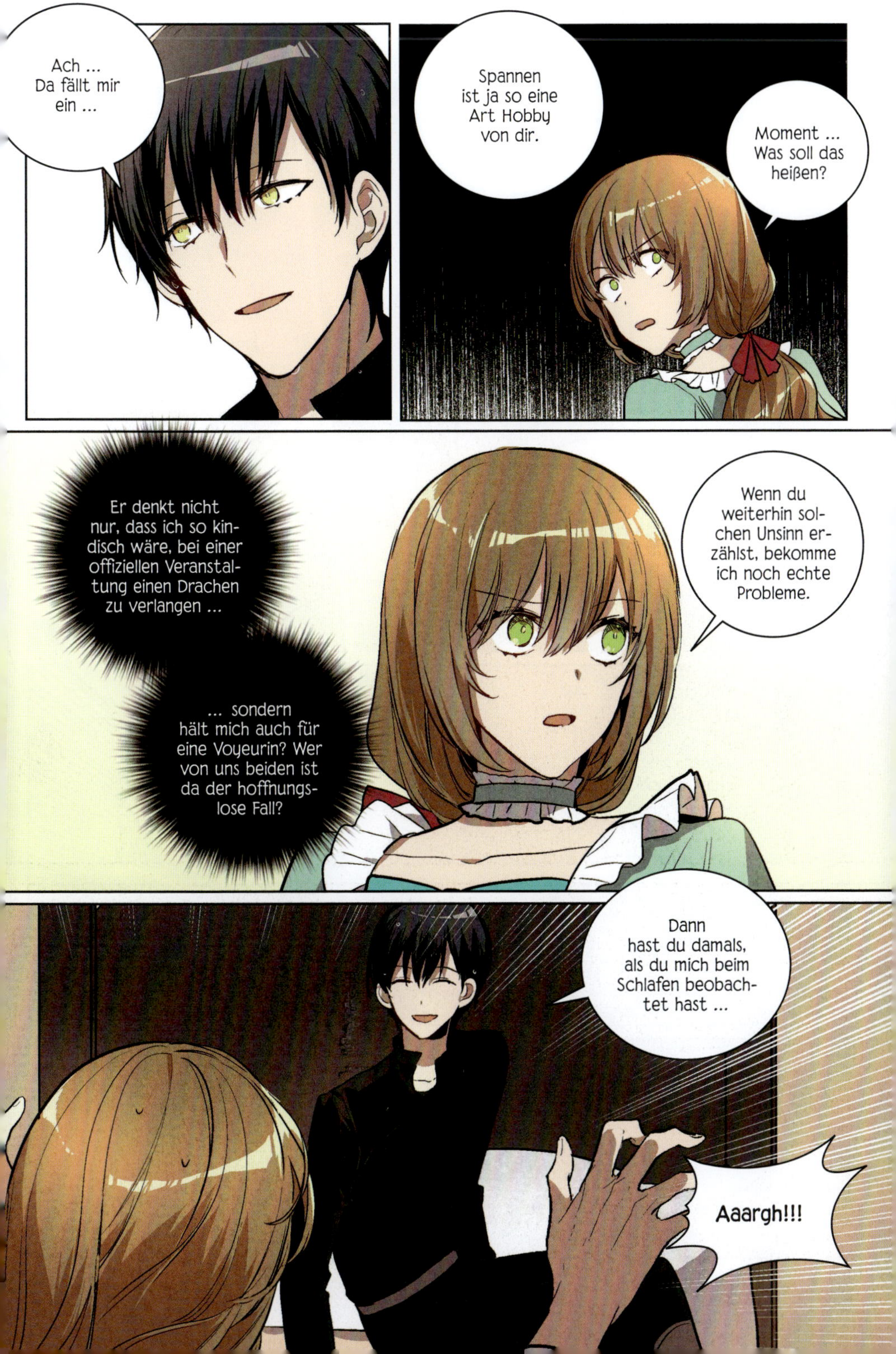
Ach ... Da fällt mir ein ...
Spannen ist ja so eine Art Hobby von dir.
Moment ... Was soll das heißen?
Er denkt nicht nur, dass ich so kindisch wäre, bei einer offiziellen Veranstaltung einen Drachen zu verlangen ...
... sondern hält mich auch für eine Voyeurin? Wer von uns beiden ist da der hoffnungslose Fall?
Wenn du weiterhin solchen Unsinn erzählst, bekomme ich noch echte Probleme.
Dann hast du damals, als du mich beim Schlafen beobachtet hast ...
Aaargh!!!

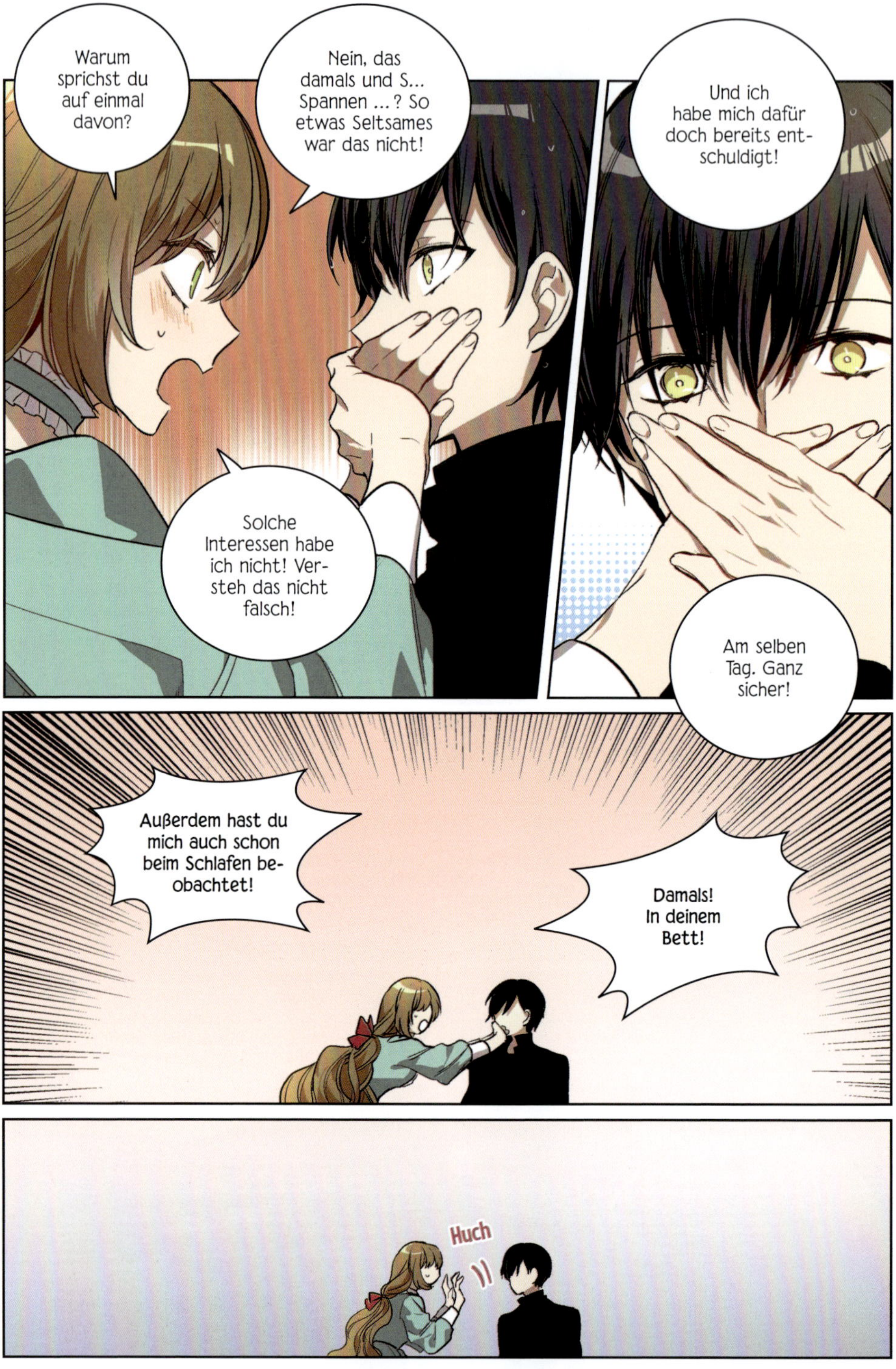
Warum sprichst du auf einmal davon?
Nein, das damals und S... Spannen ...? So etwas Seltsames war das nicht!
Solche Interessen habe ich nicht! Versteh das nicht falsch!
Und ich habe mich dafür doch bereits entschuldigt!
Am selben Tag. Ganz sicher!
Außerdem hast du mich auch schon beim Schlafen beobachtet!
Damals! In deinem Bett!
Huch

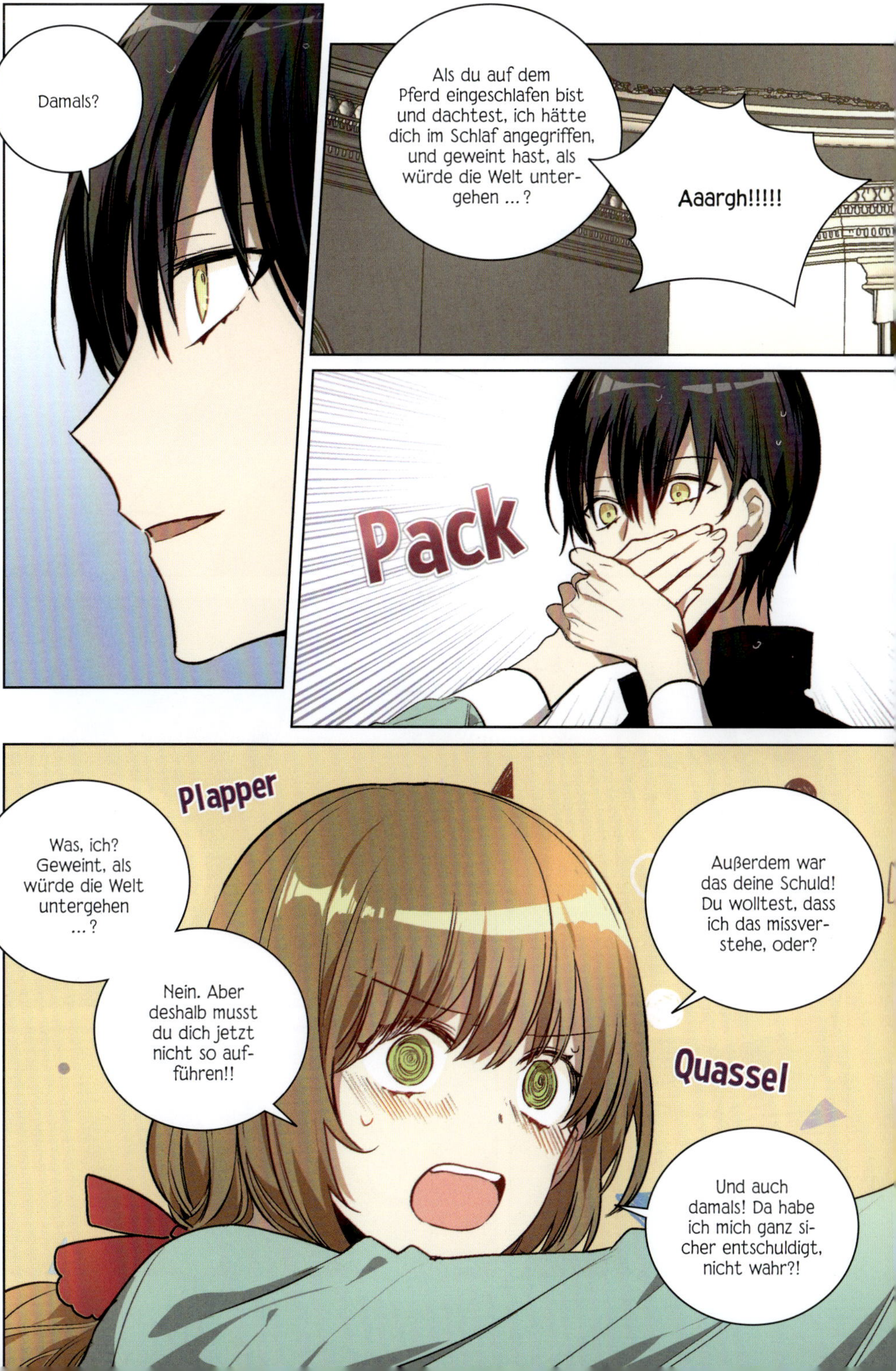

Damals?
Als du auf dem Pferd eingeschlafen bist und dachtest, ich hätte dich im Schlaf angegriffen, und geweint hast, als würde die Welt untergehen …?
Aaargh!!!!!
Pack
Plapper
Was, ich? Geweint, als würde die Welt untergehen …?
Nein. Aber deshalb musst du dich jetzt nicht so aufführen!!
Außerdem war das deine Schuld! Du wolltest, dass ich das missverstehe, oder?
Quassel
Und auch damals! Da habe ich mich ganz sicher entschuldigt, nicht wahr?!

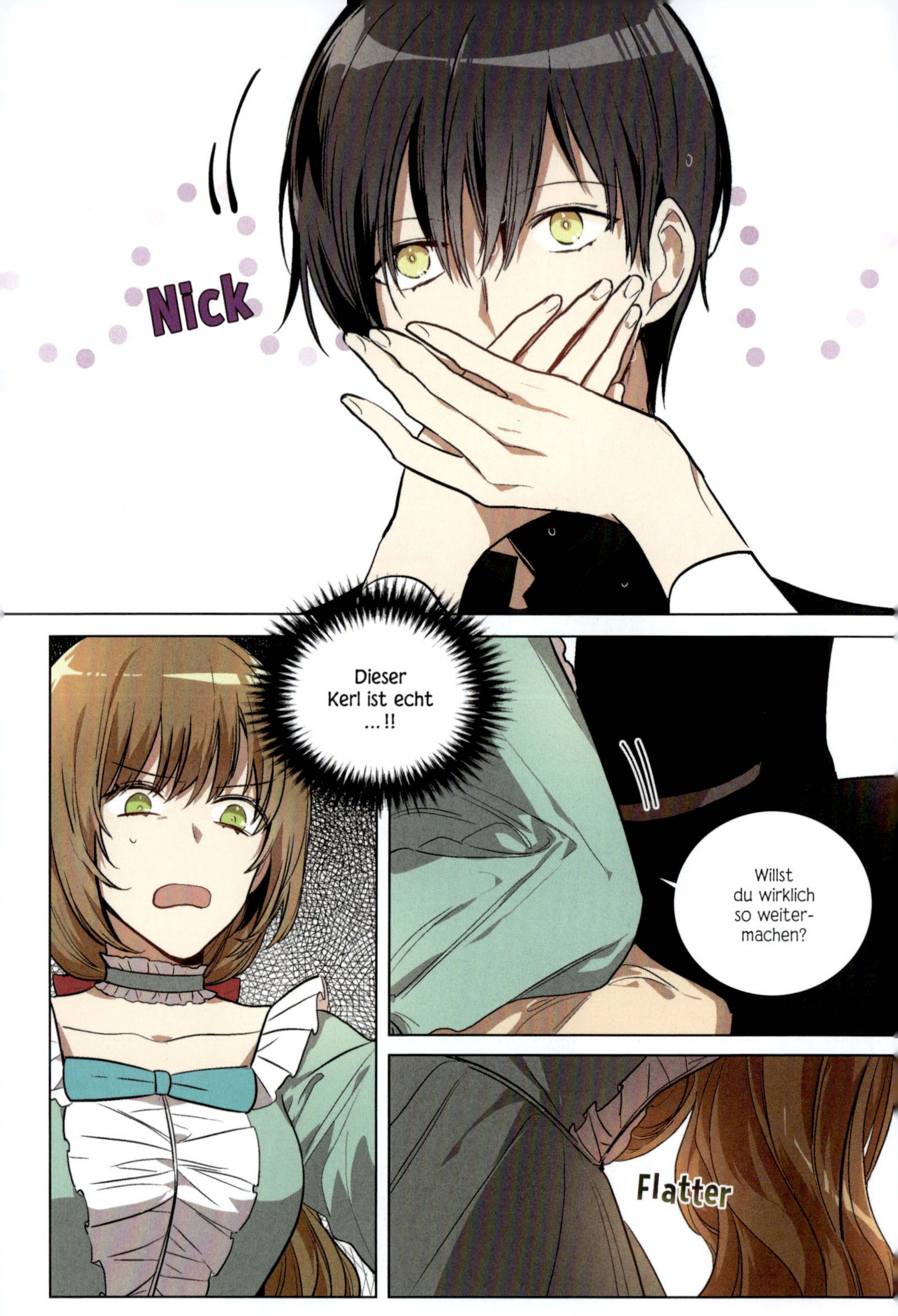
Nick
Dieser Kerl ist echt ...!!
Willst du wirklich so weitermachen?
Flatter

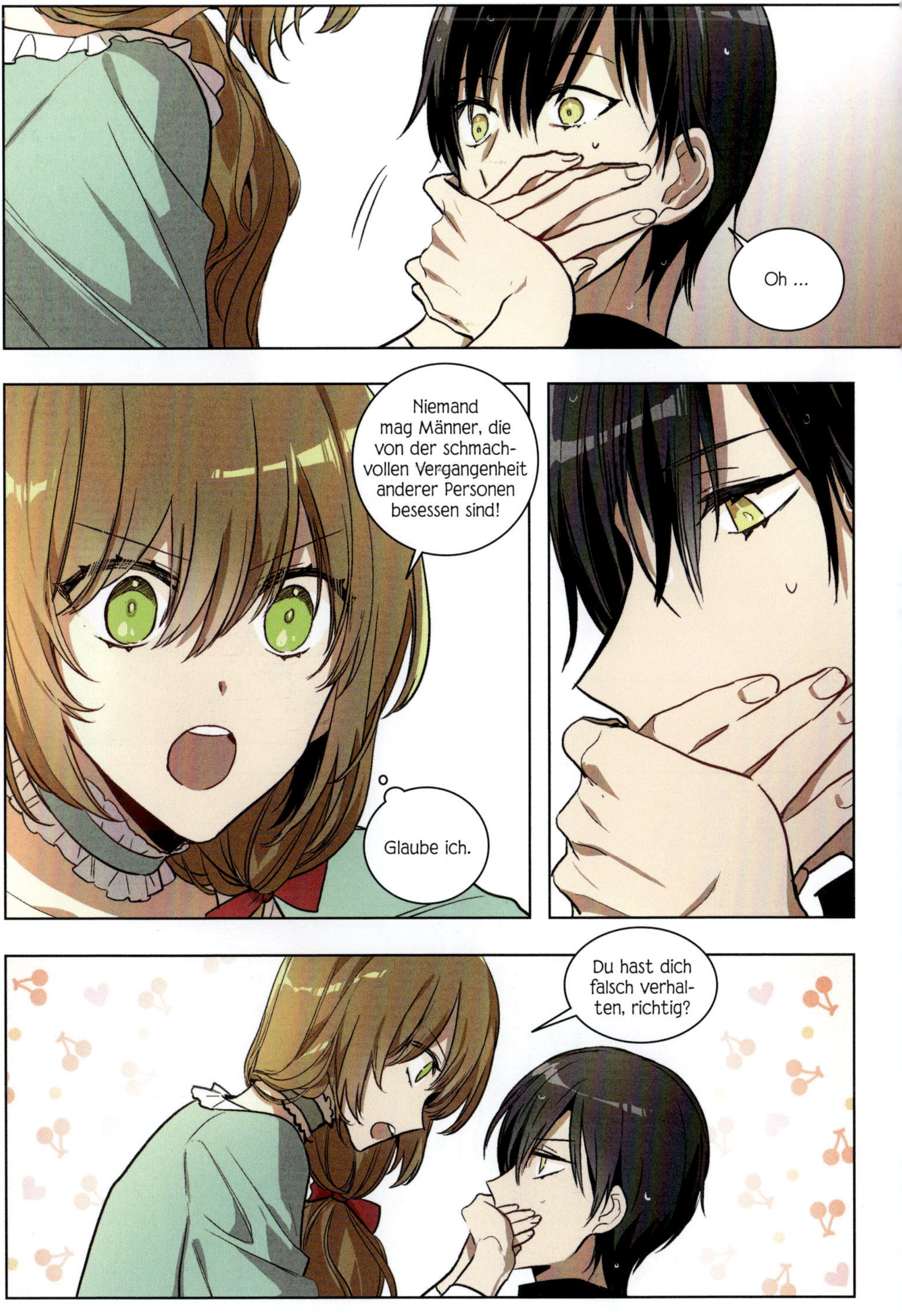

Oh ...
Niemand mag Männer, die von der schmach-vollen Vergangenheit anderer Personen besessen sind!
Glaube ich.
Du hast dich falsch verhal-ten, richtig?

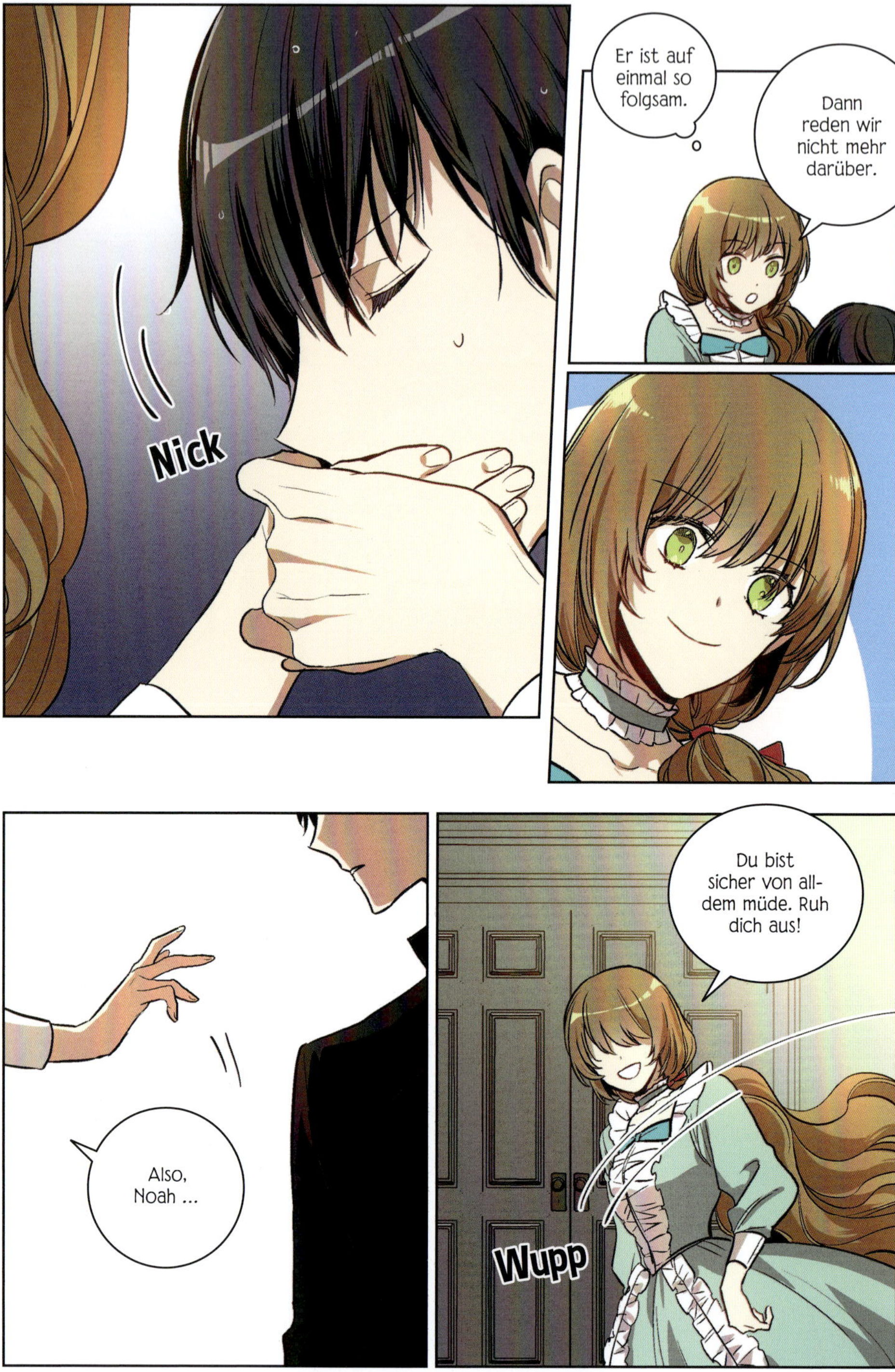
Nick
Er ist auf einmal so folgsam.
Dann reden wir nicht mehr darüber.
Also, Noah ...
Du bist sicher von alldem müde. Ruh dich aus!
Wupp

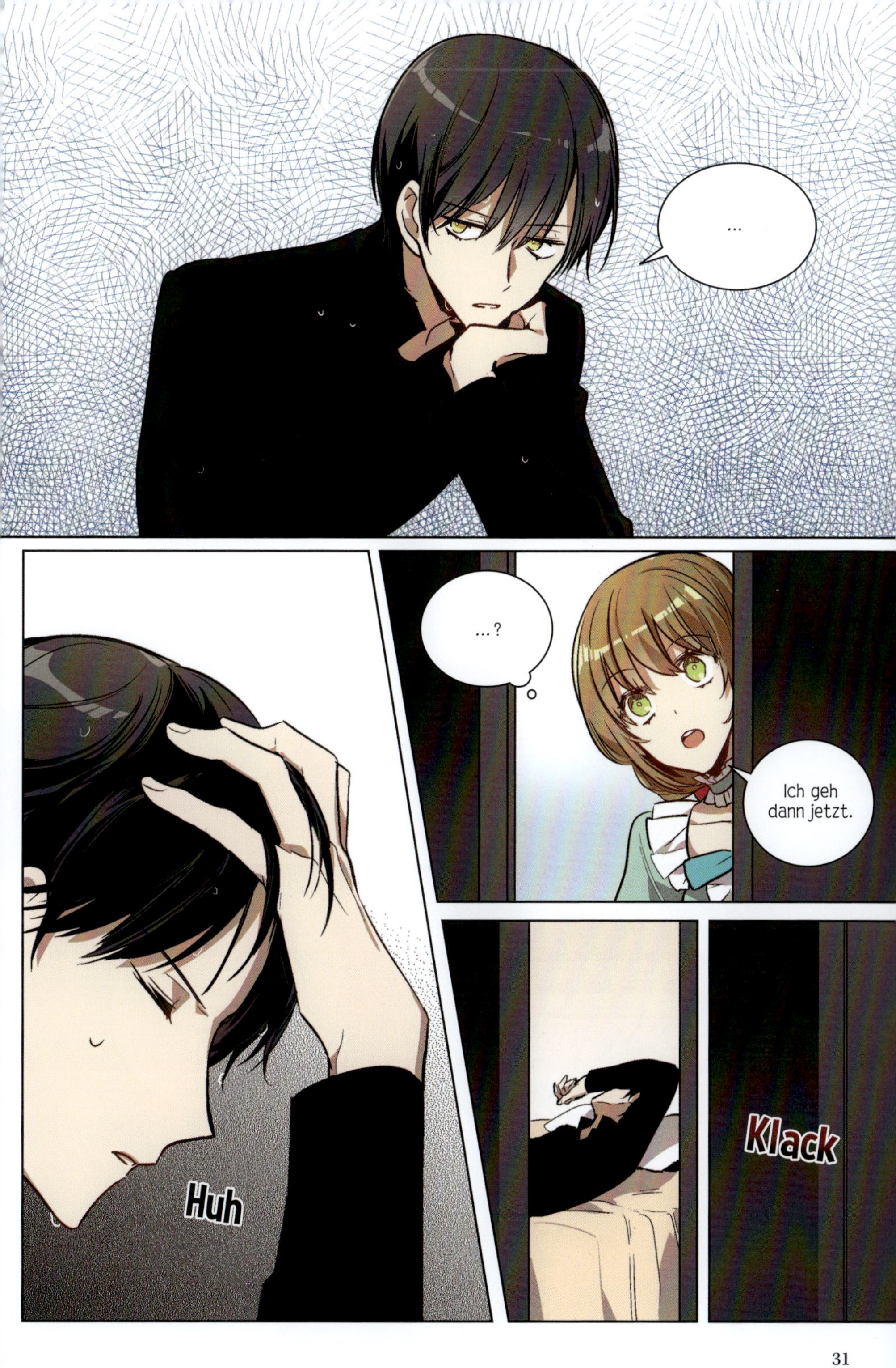
...
...?
Ich geh dann jetzt.
Huh
Klack

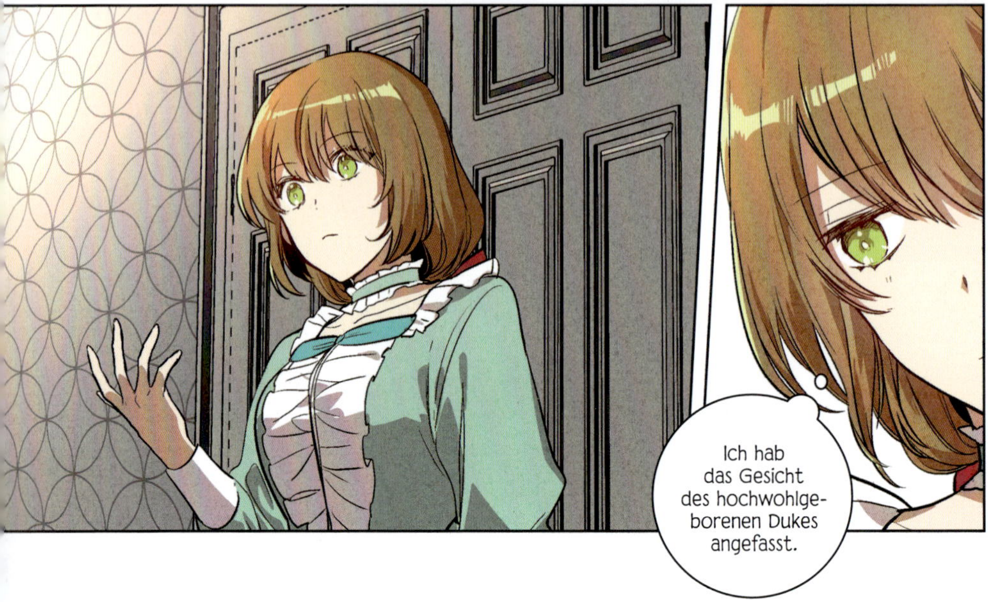

Aber ...
es fühlte sich
angenehm
an?!

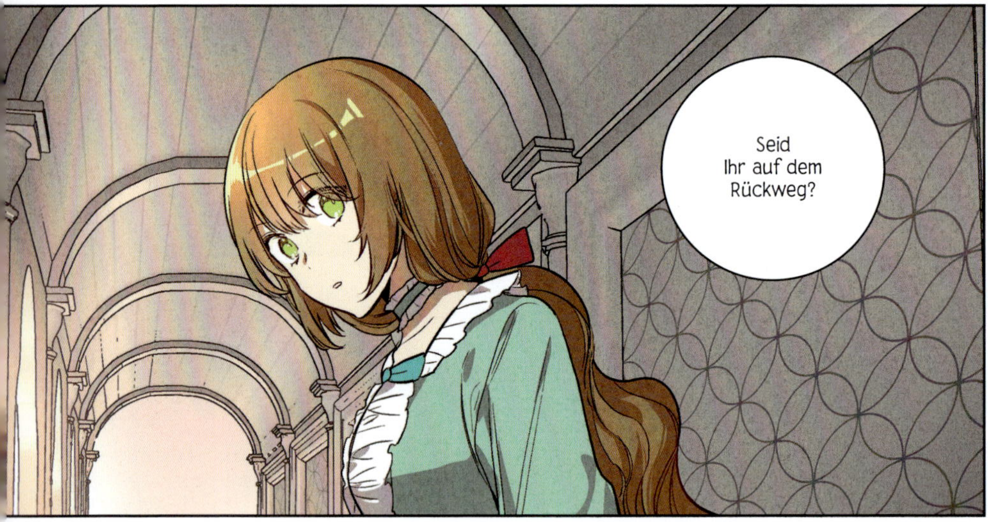

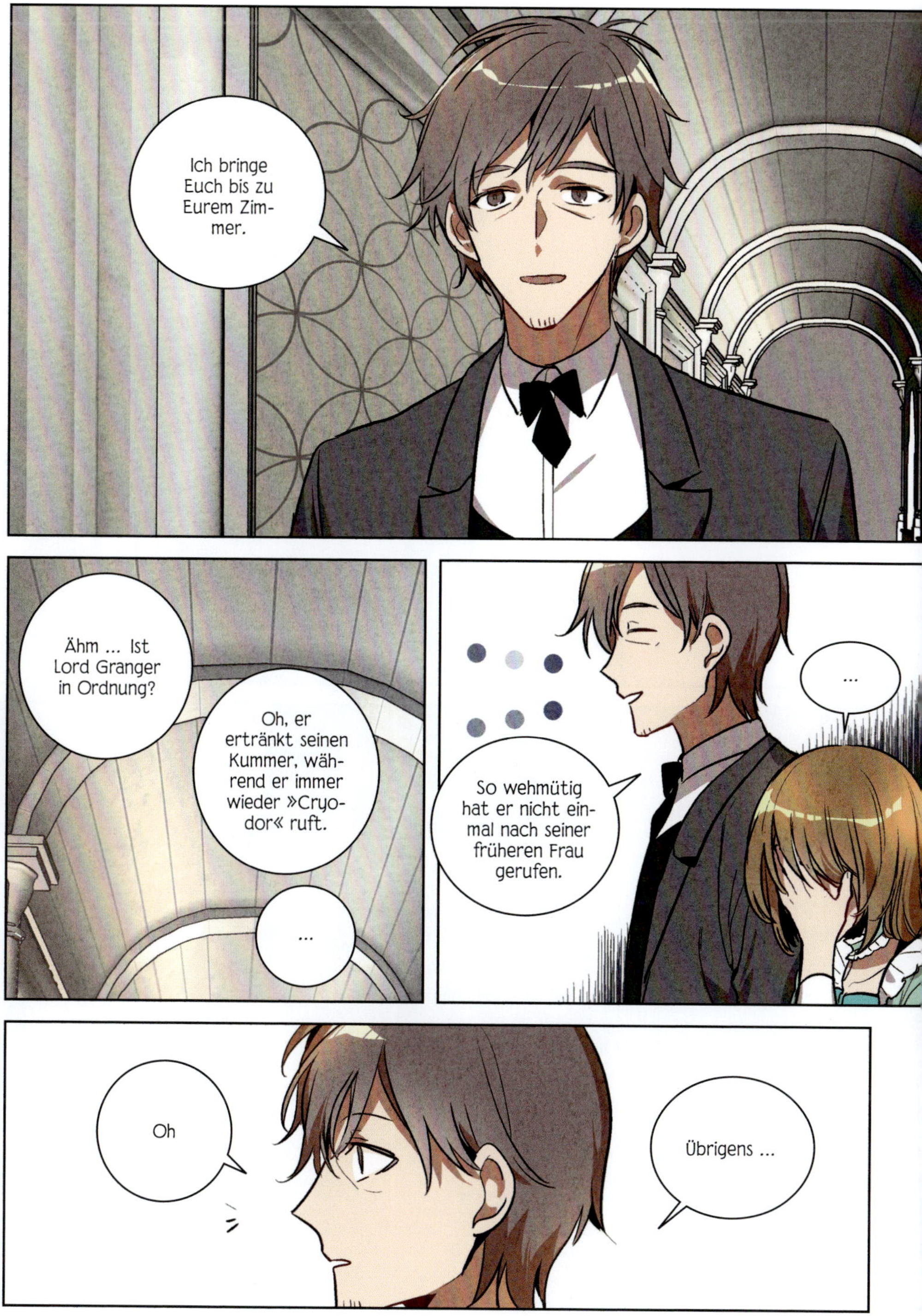
Ich bringe Euch bis zu Eurem Zimmer.
Ähm ... Ist Lord Granger in Ordnung?
Oh, er ertränkt seinen Kummer, während er immer wieder »Cryodor« ruft.
...
...
So wehmütig hat er nicht einmal nach seiner früheren Frau gerufen.
Oh
Übrigens ...

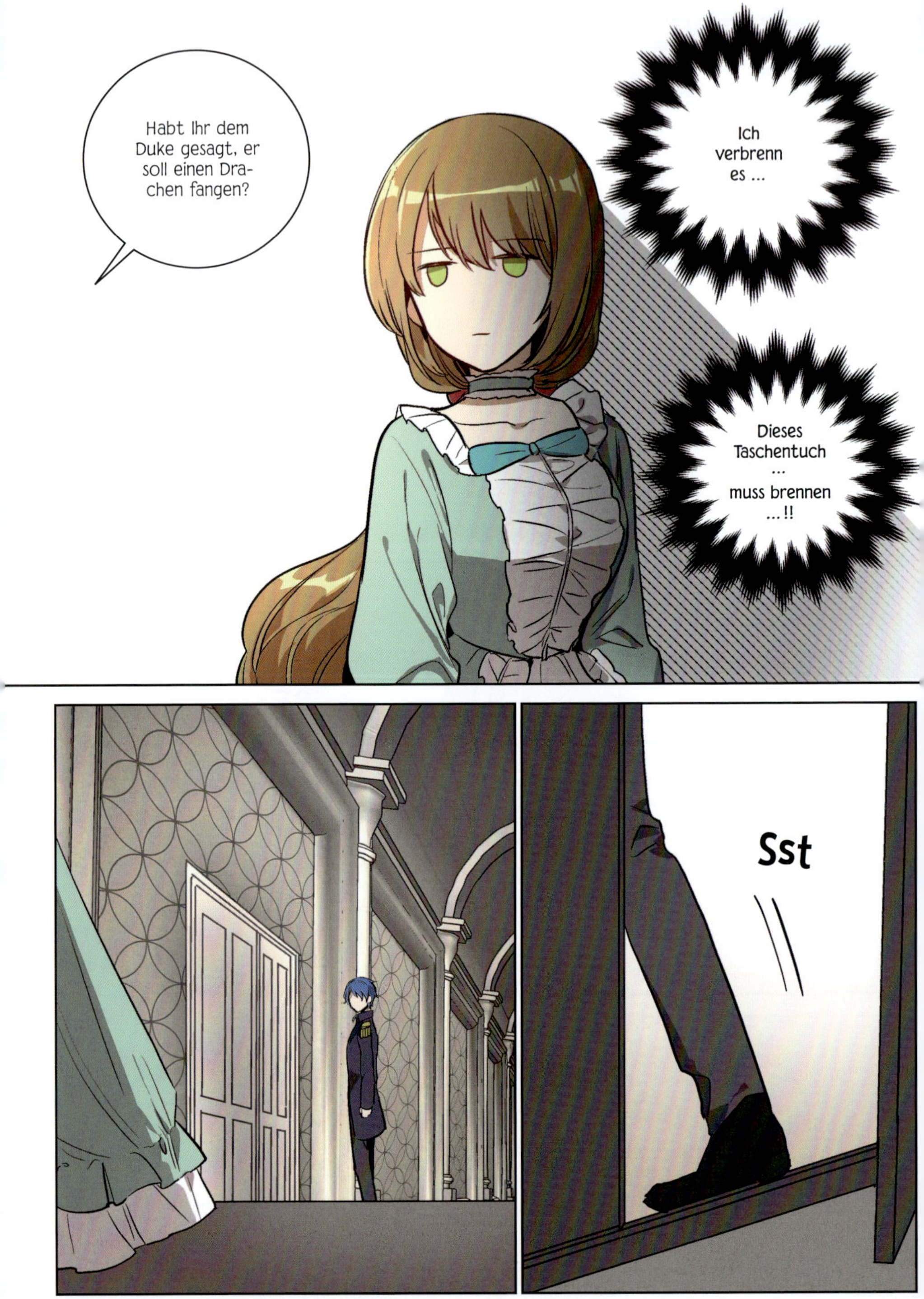
Ich verbrenn es ...
Dieses Taschentuch ... muss brennen ...!!
Habt Ihr dem Duke gesagt, er soll einen Drachen fangen?
Sst

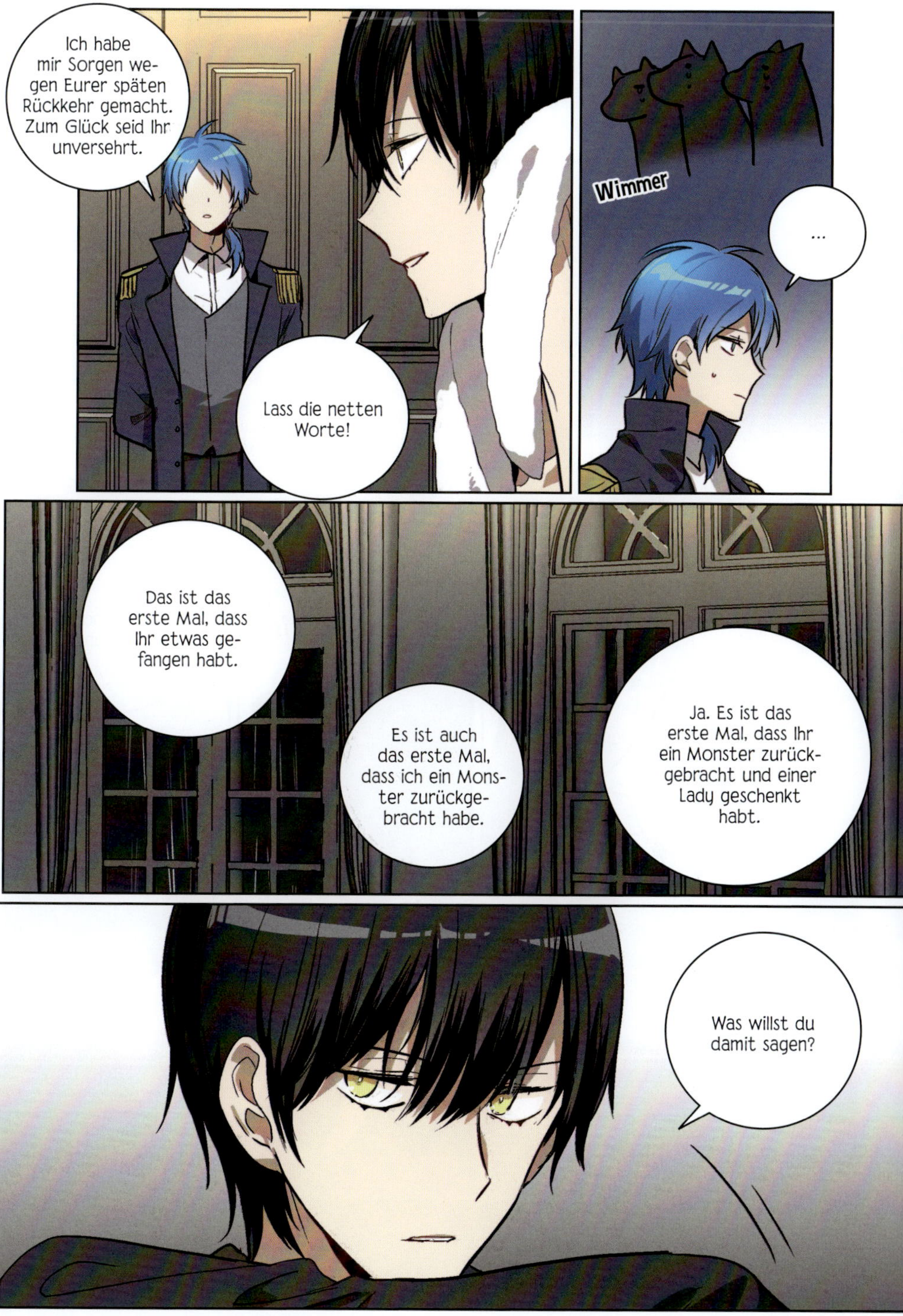
Ich habe mir Sorgen wegen Eurer späten Rückkehr gemacht. Zum Glück seid Ihr unversehrt.
Lass die netten Worte!
Wimmer
...
Das ist das erste Mal, dass Ihr etwas gefangen habt.
Es ist auch das erste Mal, dass ich ein Monster zurückgebracht habe.
Ja. Es ist das erste Mal, dass Ihr ein Monster zurückgebracht und einer Lady geschenkt habt.
Was willst du damit sagen?

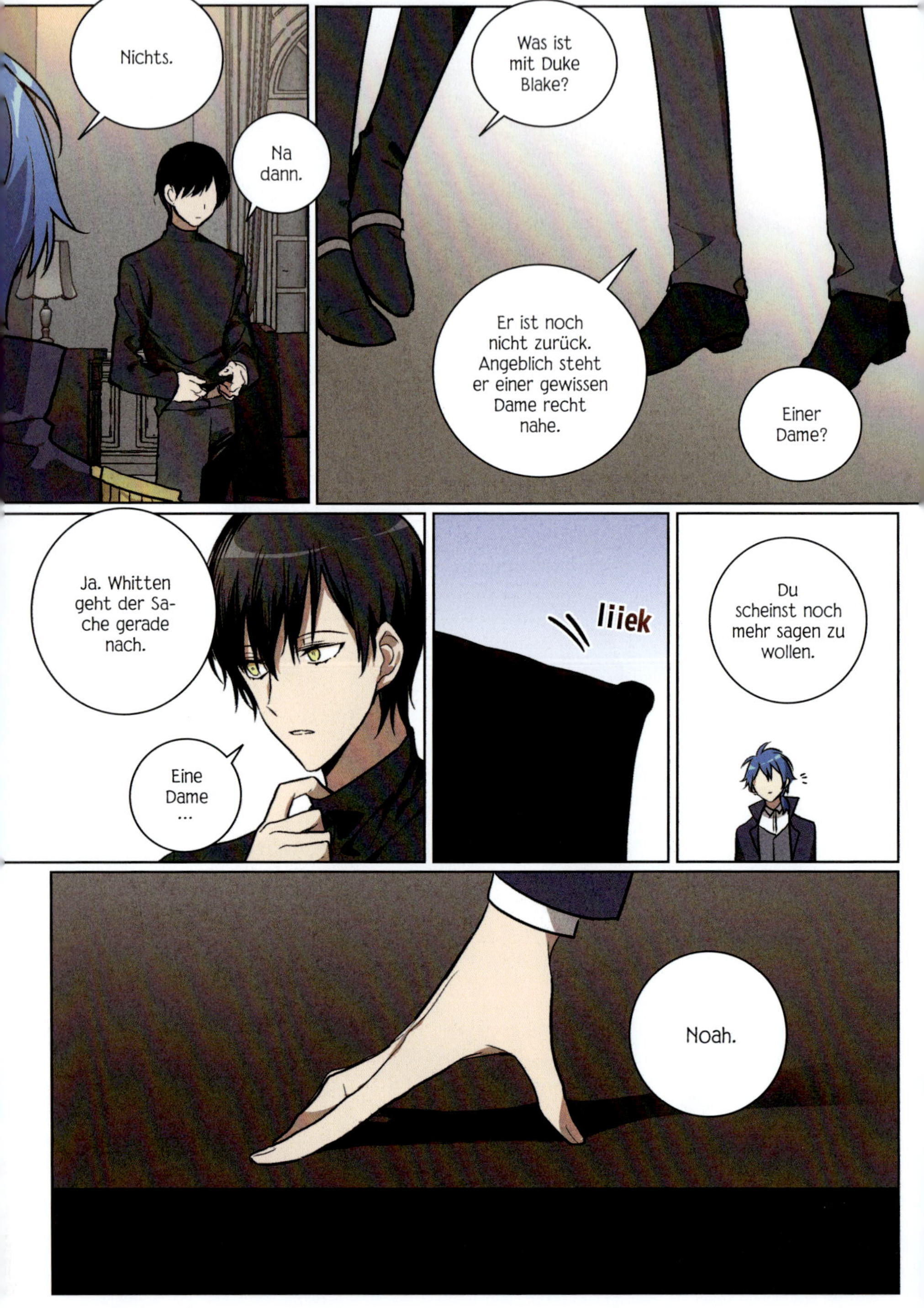
Nichts.
Na dann.
Was ist mit Duke Blake?
Er ist noch nicht zurück. Angeblich steht er einer gewissen Dame recht nahe.
Einer Dame?
Ja. Whitten geht der Sache gerade nach.
Eine Dame …
Iiiek
Du scheinst noch mehr sagen zu wollen.
Noah.

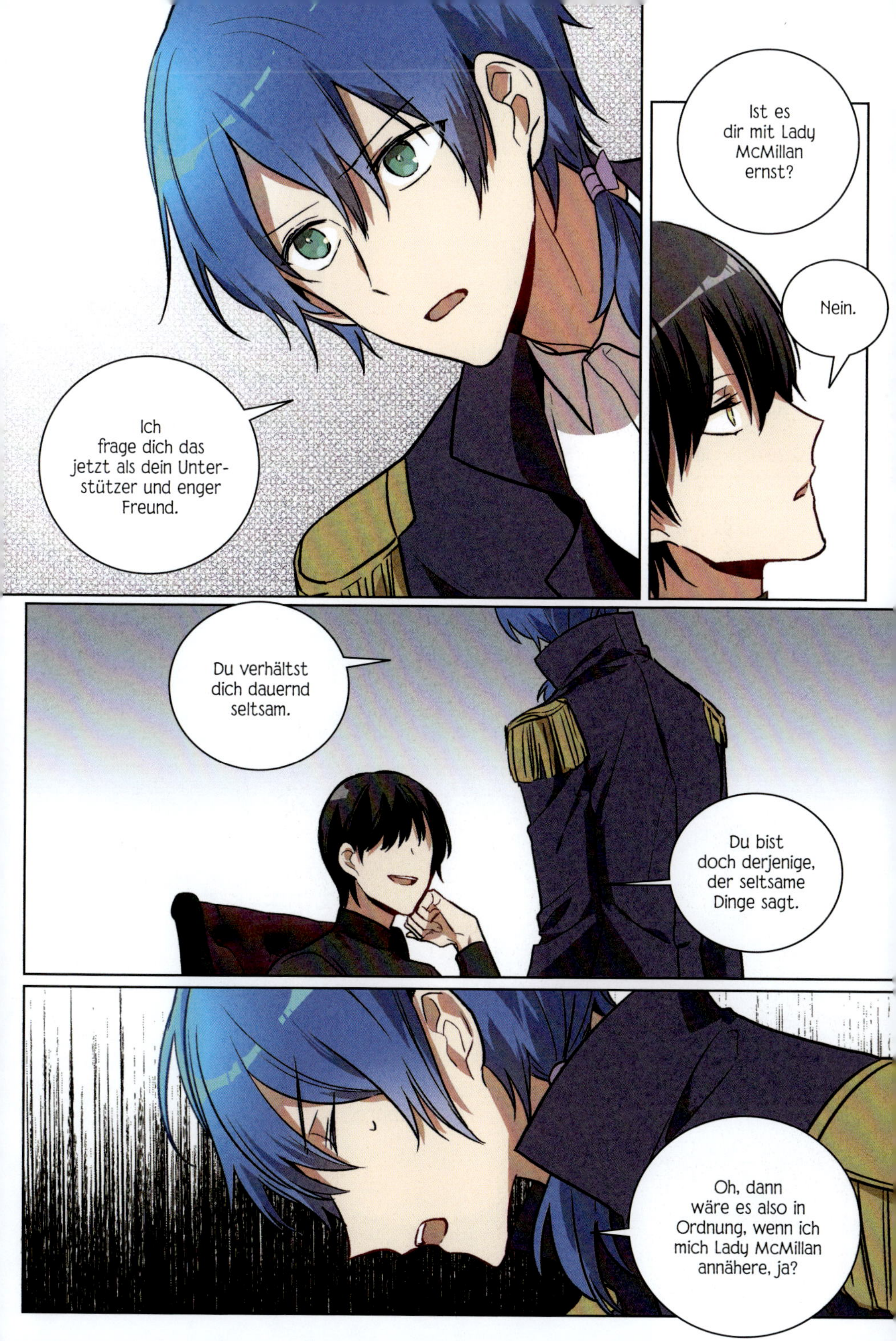
Ist es dir mit Lady McMillan ernst?
Nein.
Ich frage dich das jetzt als dein Unter-stützer und enger Freund.
Du verhältst dich dauernd seltsam.
Du bist doch derjenige, der seltsame Dinge sagt.
Oh, dann wäre es also in Ordnung, wenn ich mich Lady McMillan annähere, ja?

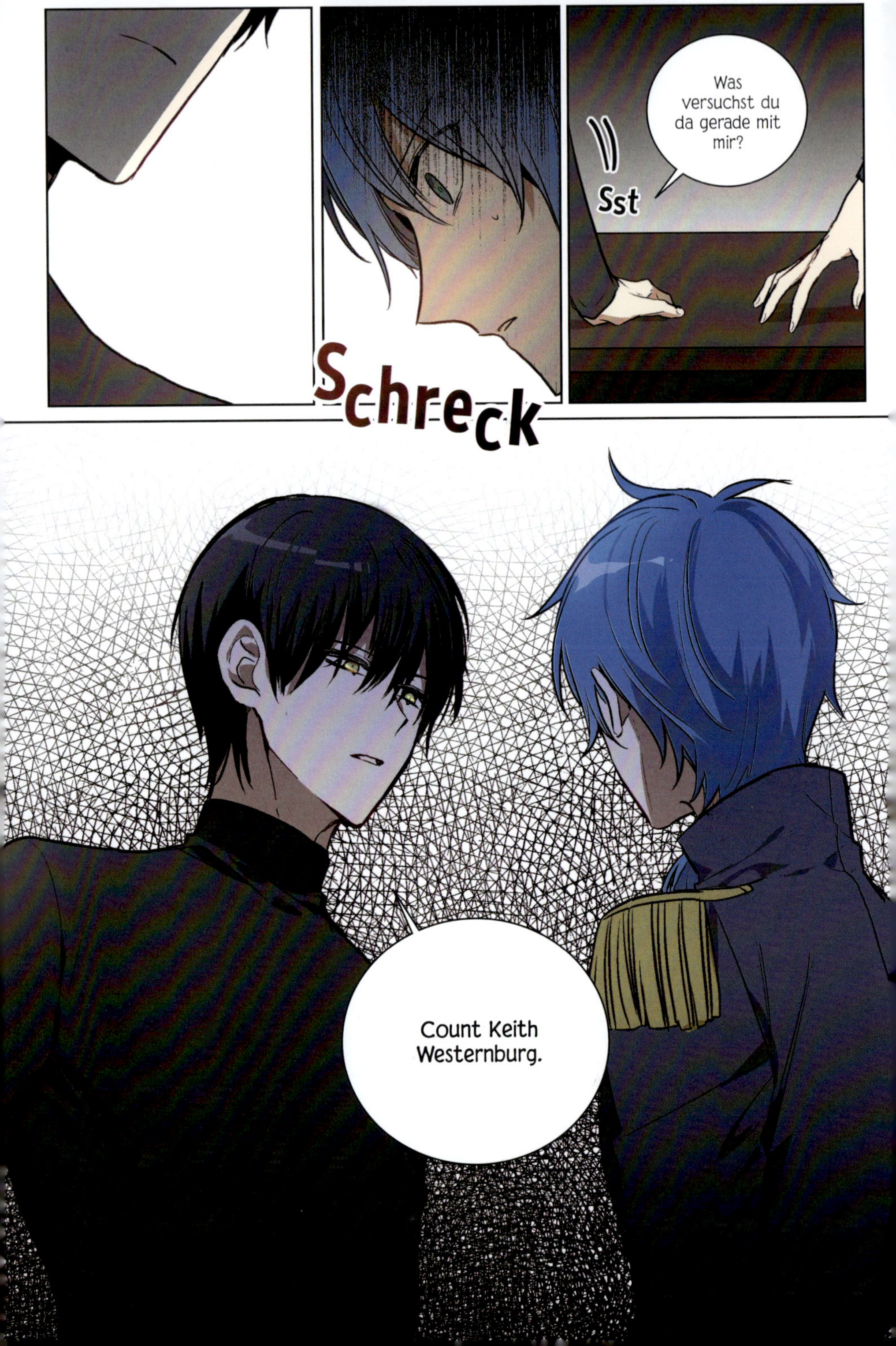
Was versuchst du da gerade mit mir?
Sst
Schreck
Count Keith Westernburg.

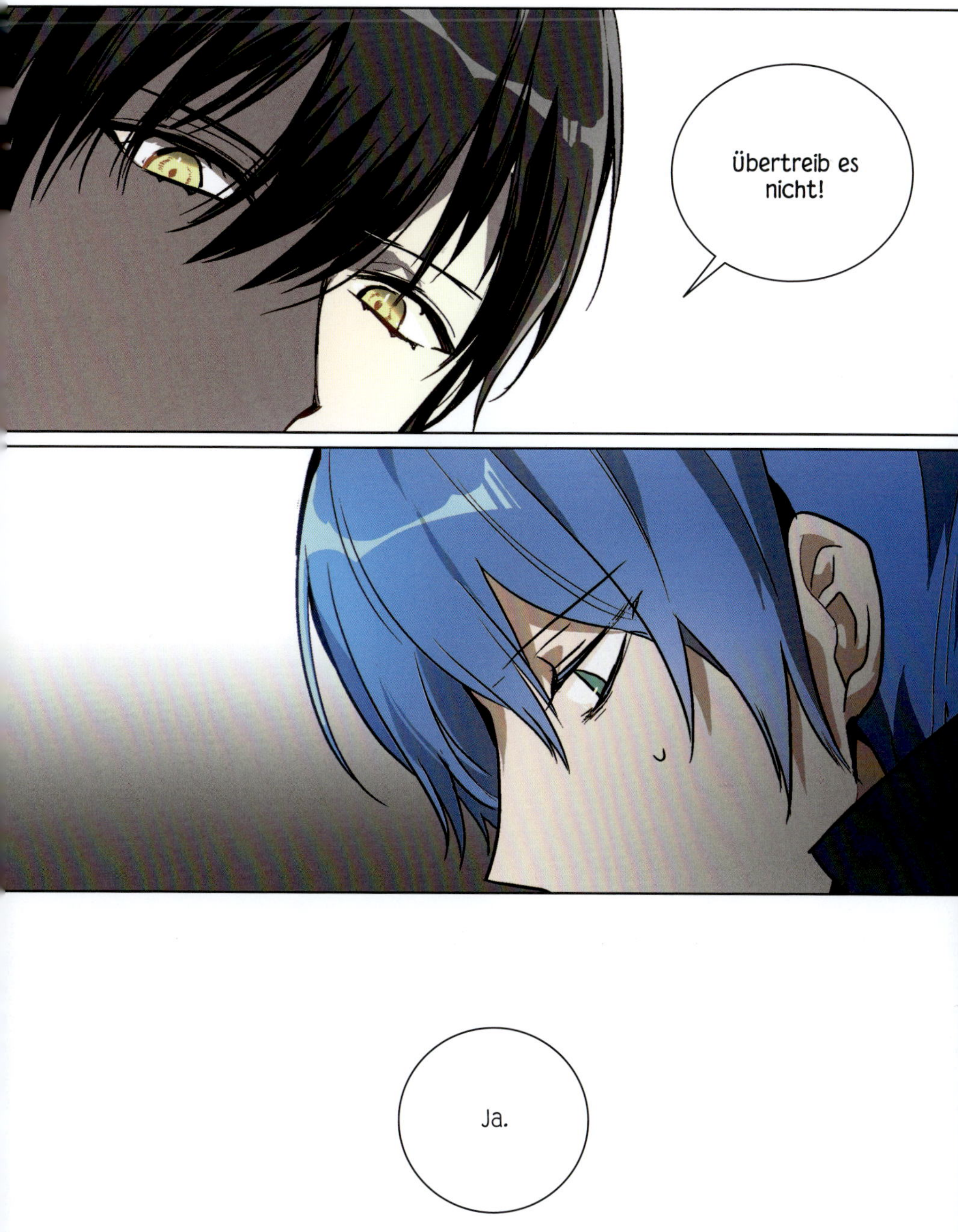
Übertreib es nicht!
Ja.

RAELIANA

Warum sie die Verlobte des Dukes wurde

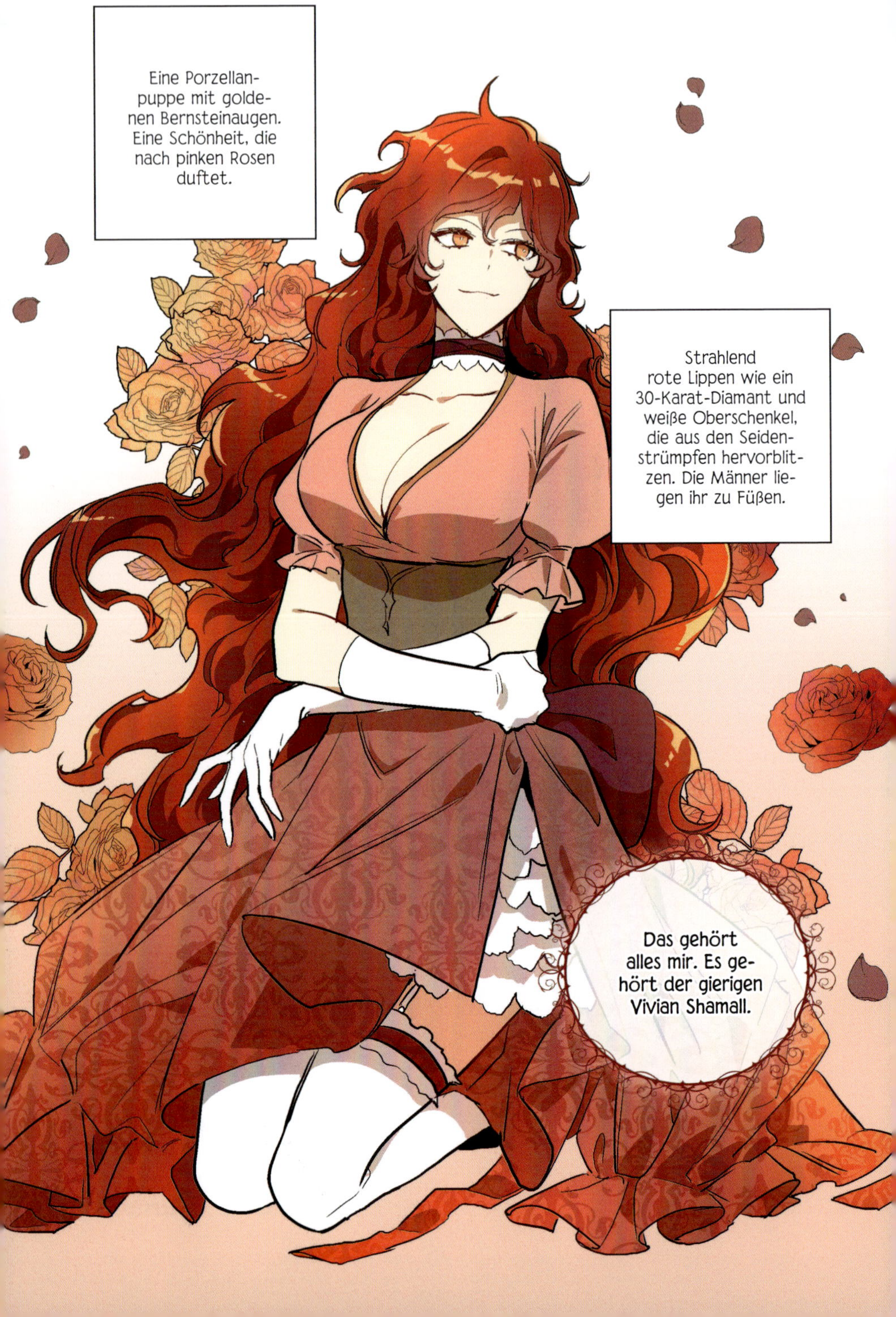

Eine Porzellanpuppe mit goldenen Bernsteinaugen. Eine Schönheit, die nach pinken Rosen duftet.
Strahlend rote Lippen wie ein 30-Karat-Diamant und weiße Oberschenkel, die aus den Seidenstrümpfen hervorblitzen. Die Männer liegen ihr zu Füßen.
Das gehört alles mir. Es gehört der gierigen Vivian Shamall.

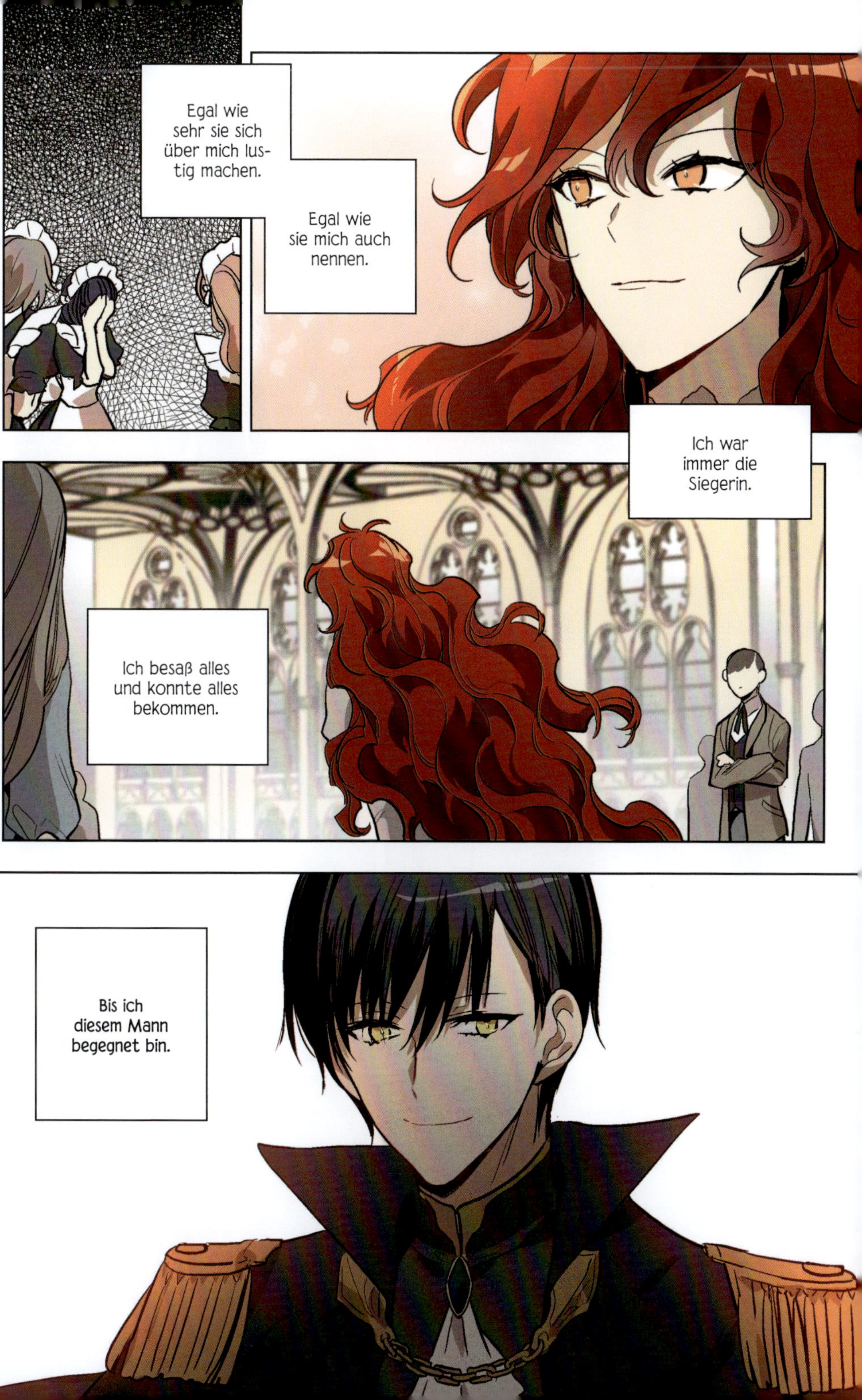
Egal wie sehr sie sich über mich lus-tig machen.
Egal wie sie mich auch nennen.
Ich war immer die Siegerin.
Ich besaß alles und konnte alles bekommen.
Bis ich diesem Mann begegnet bin.

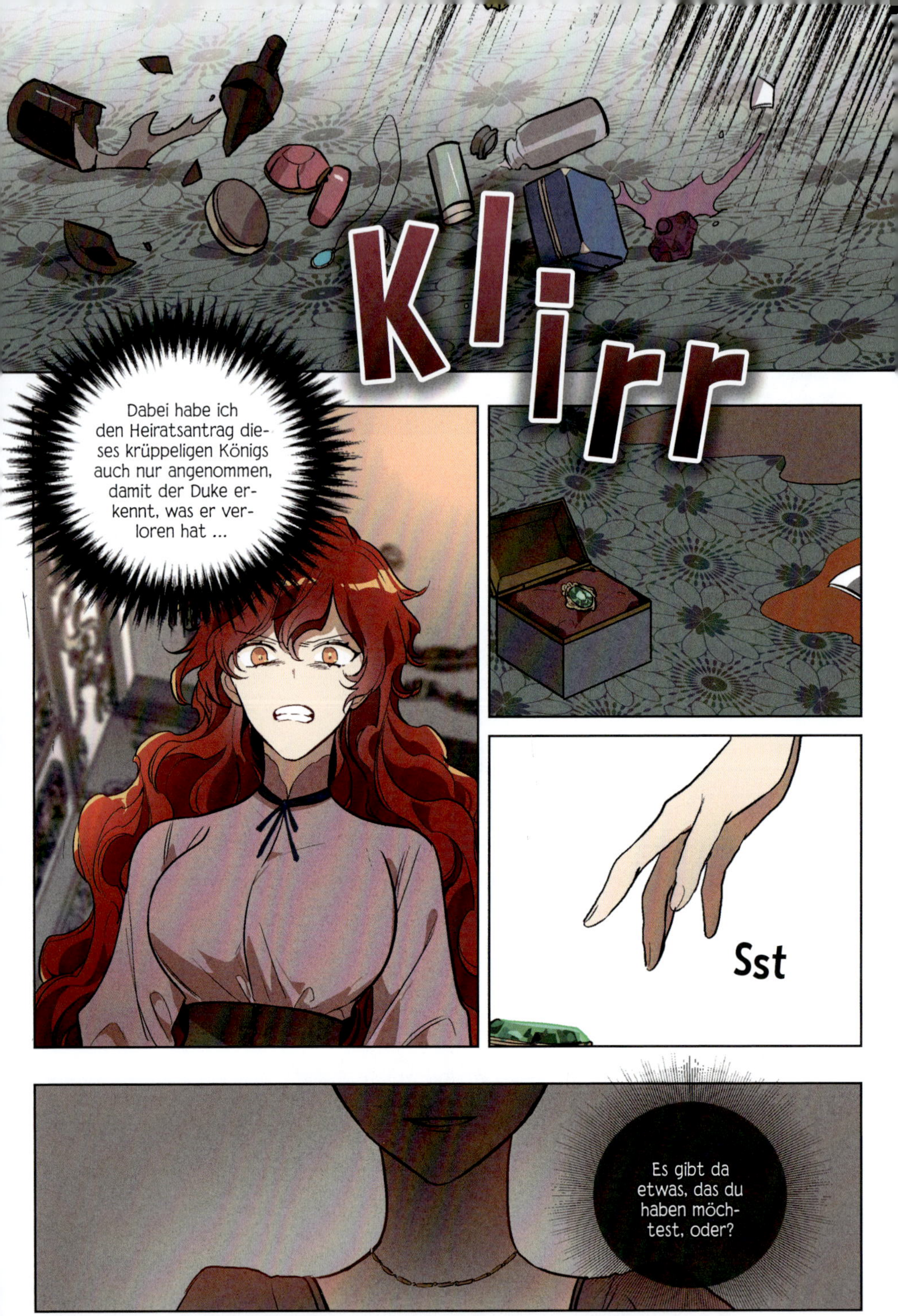
Klirr
Dabei habe ich den Heiratsantrag dieses krüppeligen Königs auch nur angenommen, damit der Duke erkennt, was er verloren hat ...
Sst
Es gibt da etwas, das du haben möchtest, oder?

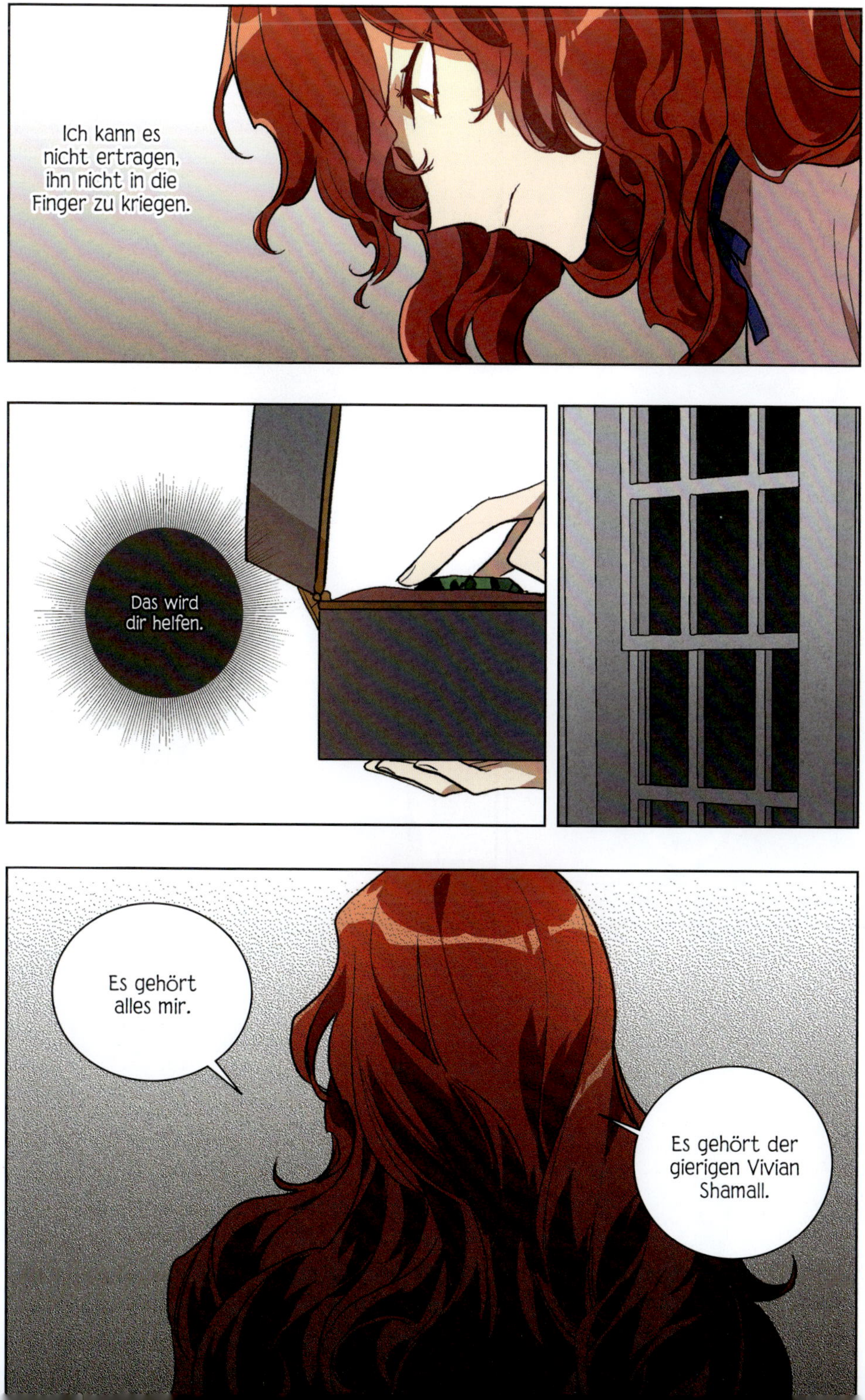
Ich kann es nicht ertragen, ihn nicht in die Finger zu kriegen.
Das wird dir helfen.
Es gehört alles mir.
Es gehört der gierigen Vivian Shamall.

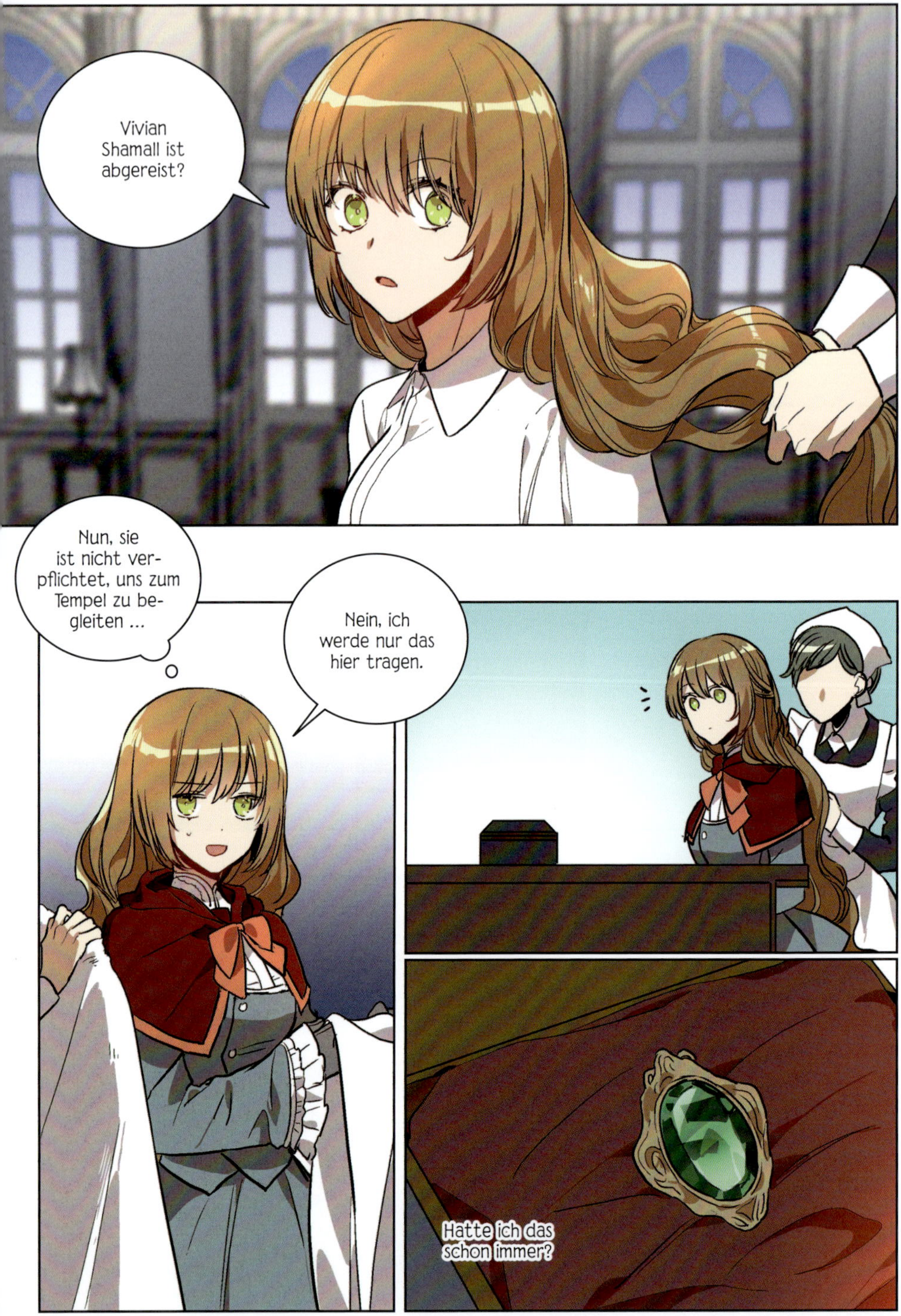
Vivian Shamall ist abgereist?
Nun, sie ist nicht verpflichtet, uns zum Tempel zu begleiten ...
Nein, ich werde nur das hier tragen.
Hatte ich das schon immer?

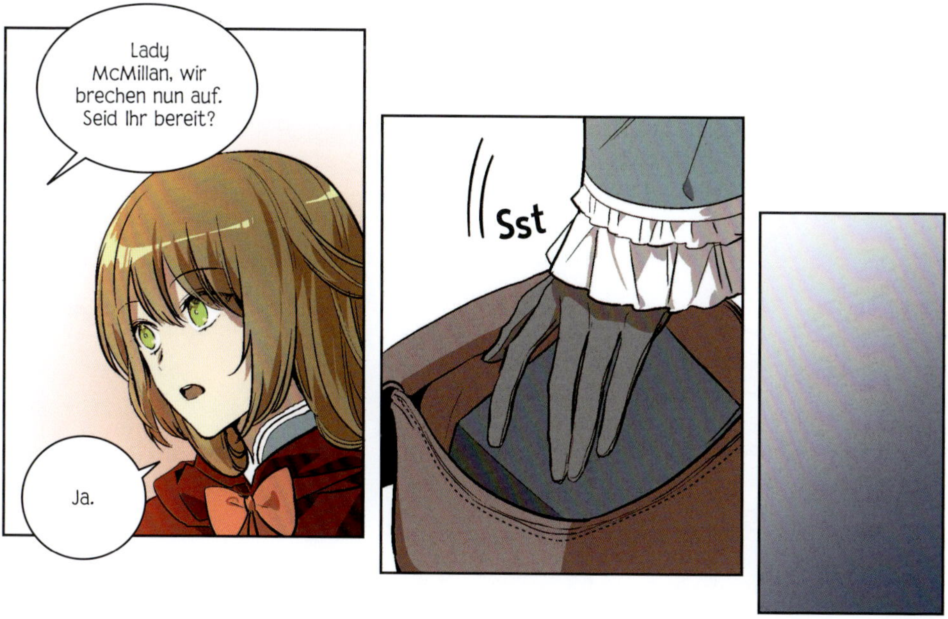
Lady McMillan, wir brechen nun auf. Seid Ihr bereit?
Ja.
Sst

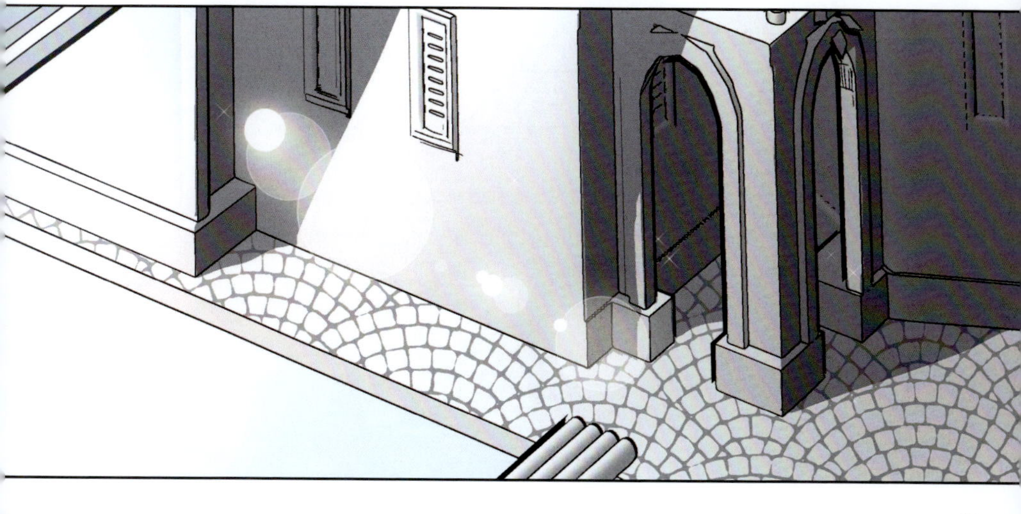

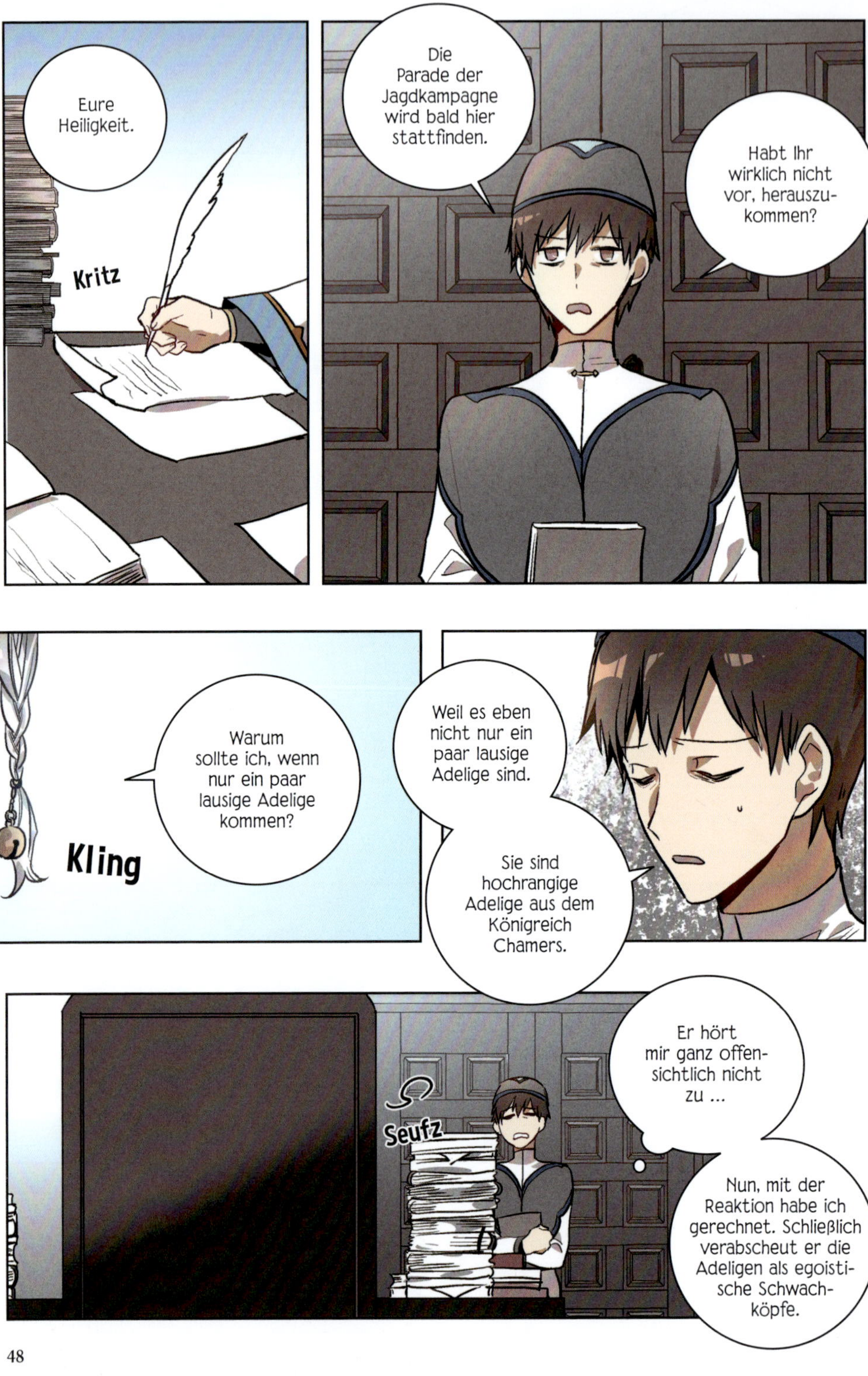
Eure Heiligkeit.
Kritz
Die Parade der Jagdkampagne wird bald hier stattfinden.
Habt Ihr wirklich nicht vor, herauszukommen?
Warum sollte ich, wenn nur ein paar lausige Adelige kommen?
Kling
Weil es eben nicht nur ein paar lausige Adelige sind.
Sie sind hochrangige Adelige aus dem Königreich Chamers.
Seufz
Er hört mir ganz offensichtlich nicht zu ...
Nun, mit der Reaktion habe ich gerechnet. Schließlich verabscheut er die Adeligen als egoistische Schwachköpfe.

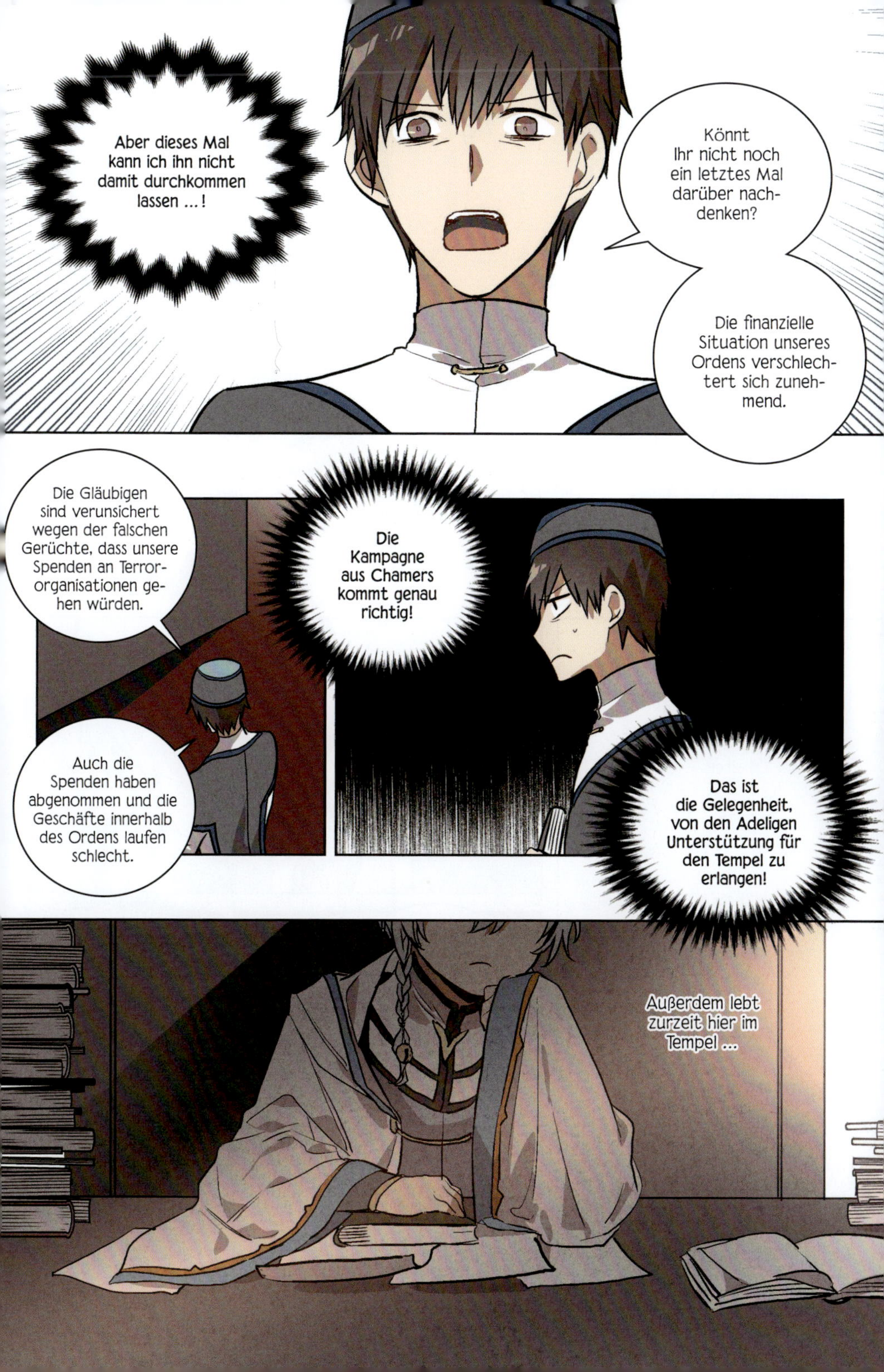
Aber dieses Mal kann ich ihn nicht damit durchkommen lassen ...!
Könnt Ihr nicht noch ein letztes Mal darüber nachdenken?
Die finanzielle Situation unseres Ordens verschlechtert sich zunehmend.
Die Gläubigen sind verunsichert wegen der falschen Gerüchte, dass unsere Spenden an Terrororganisationen gehen würden.
Auch die Spenden haben abgenommen und die Geschäfte innerhalb des Ordens laufen schlecht.
Die Kampagne aus Chamers kommt genau richtig!
Das ist die Gelegenheit, von den Adeligen Unterstützung für den Tempel zu erlangen!
Außerdem lebt zurzeit hier im Tempel ...

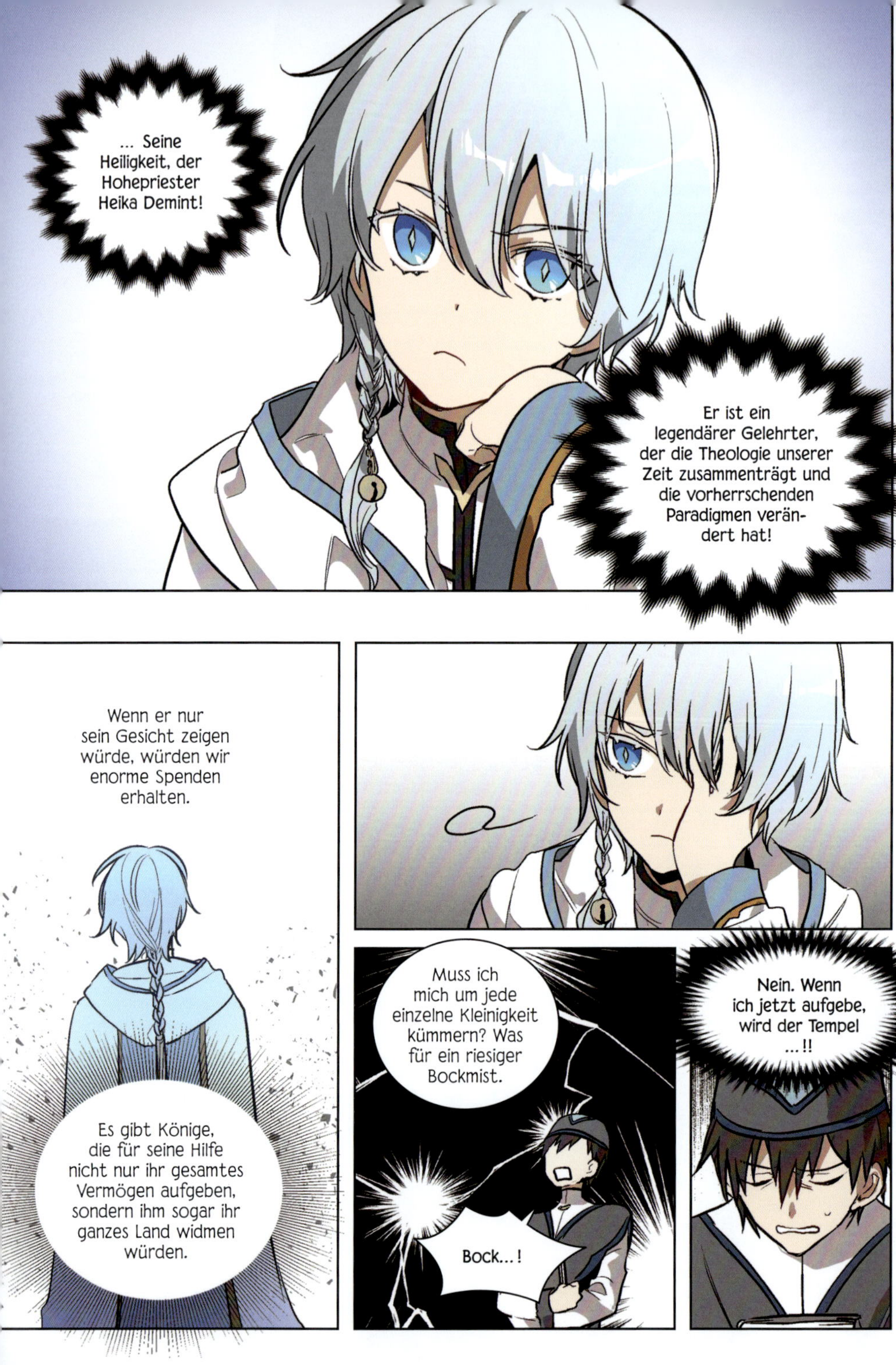
... Seine Heiligkeit, der Hohepriester Heika Demint!
Er ist ein legendärer Gelehrter, der die Theologie unserer Zeit zusammenträgt und die vorherrschenden Paradigmen verändert hat!
Wenn er nur sein Gesicht zeigen würde, würden wir enorme Spenden erhalten.
Es gibt Könige, die für seine Hilfe nicht nur ihr gesamtes Vermögen aufgeben, sondern ihm sogar ihr ganzes Land widmen würden.
Muss ich mich um jede einzelne Kleinigkeit kümmern? Was für ein riesiger Bockmist.
Bock...!
Nein. Wenn ich jetzt aufgebe, wird der Tempel ...!!

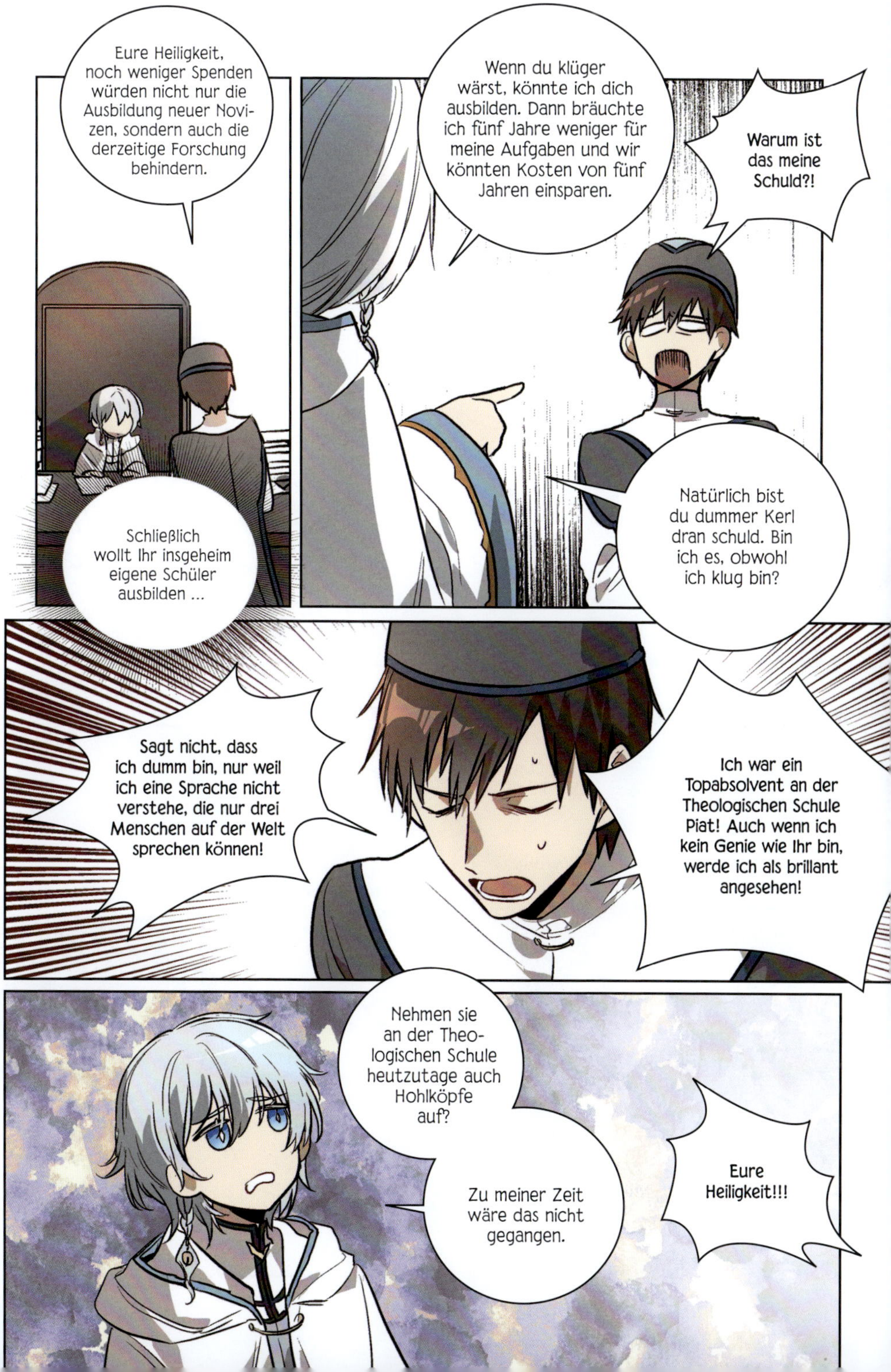
Eure Heiligkeit, noch weniger Spenden würden nicht nur die Ausbildung neuer Novizen, sondern auch die derzeitige Forschung behindern.
Schließlich wollt Ihr insgeheim eigene Schüler ausbilden ...
Wenn du klüger wärst, könnte ich dich ausbilden. Dann bräuchte ich fünf Jahre weniger für meine Aufgaben und wir könnten Kosten von fünf Jahren einsparen.
Warum ist das meine Schuld?!
Natürlich bist du dummer Kerl dran schuld. Bin ich es, obwohl ich klug bin?
Sagt nicht, dass ich dumm bin, nur weil ich eine Sprache nicht verstehe, die nur drei Menschen auf der Welt sprechen können!
Ich war ein Topabsolvent an der Theologischen Schule Piat! Auch wenn ich kein Genie wie Ihr bin, werde ich als brillant angesehen!
Nehmen sie an der Theologischen Schule heutzutage auch Hohlköpfe auf?
Zu meiner Zeit wäre das nicht gegangen.
Eure Heiligkeit!!!

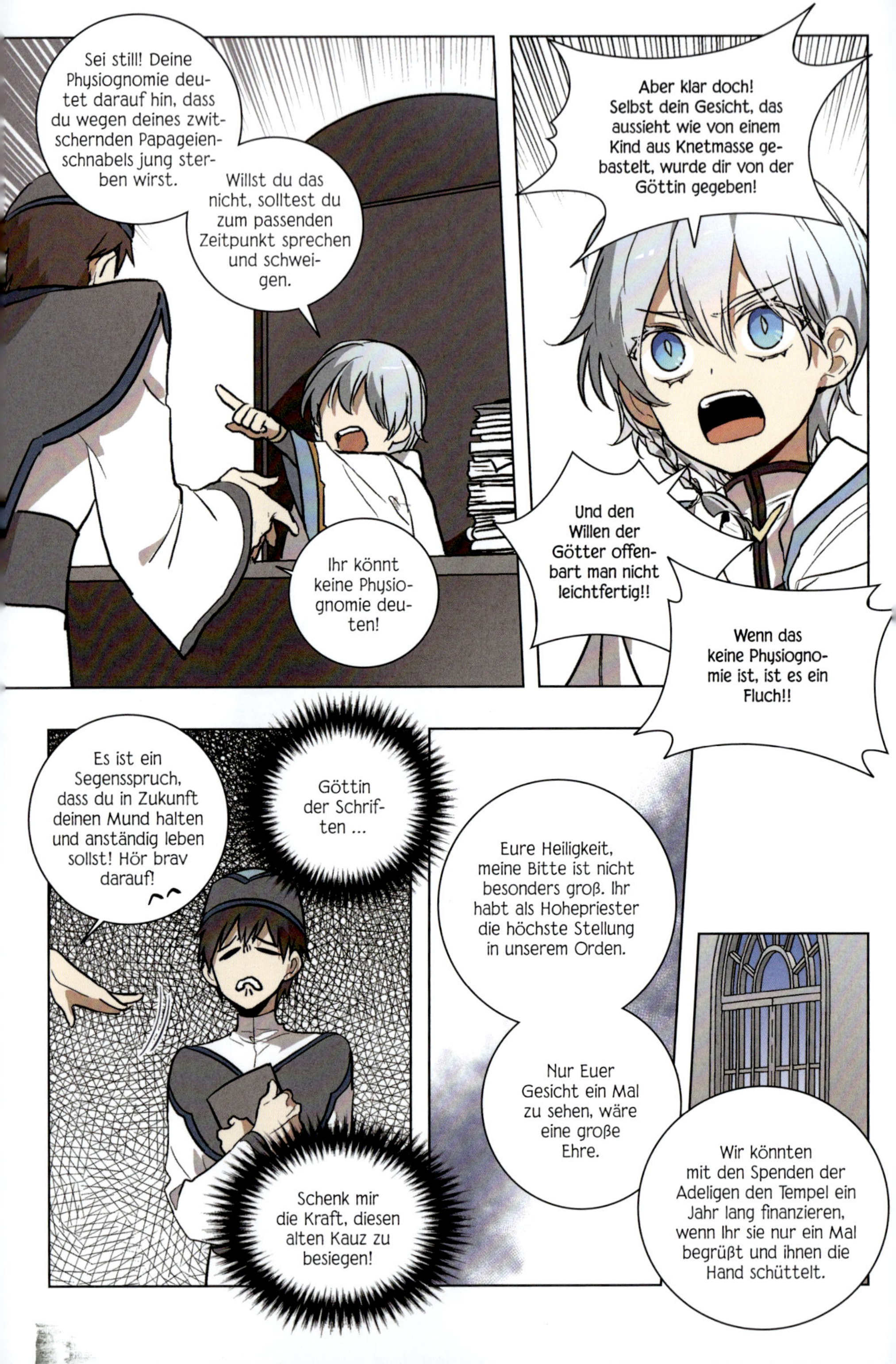
Sei still! Deine Physiognomie deutet darauf hin, dass du wegen deines zwitschernden Papageienschnabels jung sterben wirst.
Willst du das nicht, solltest du zum passenden Zeitpunkt sprechen und schweigen.
Ihr könnt keine Physiognomie deuten!
Aber klar doch! Selbst dein Gesicht, das aussieht wie von einem Kind aus Knetmasse gebastelt, wurde dir von der Göttin gegeben!
Und den Willen der Götter offenbart man nicht leichtfertig!!
Wenn das keine Physiognomie ist, ist es ein Fluch!!
Es ist ein Segensspruch, dass du in Zukunft deinen Mund halten und anständig leben sollst! Hör brav darauf!
Göttin der Schriften ...
Schenk mir die Kraft, diesen alten Kauz zu besiegen!
Eure Heiligkeit, meine Bitte ist nicht besonders groß. Ihr habt als Hohepriester die höchste Stellung in unserem Orden.
Nur Euer Gesicht ein Mal zu sehen, wäre eine große Ehre.
Wir könnten mit den Spenden der Adeligen den Tempel ein Jahr lang finanzieren, wenn Ihr sie nur ein Mal begrüßt und ihnen die Hand schüttelt.

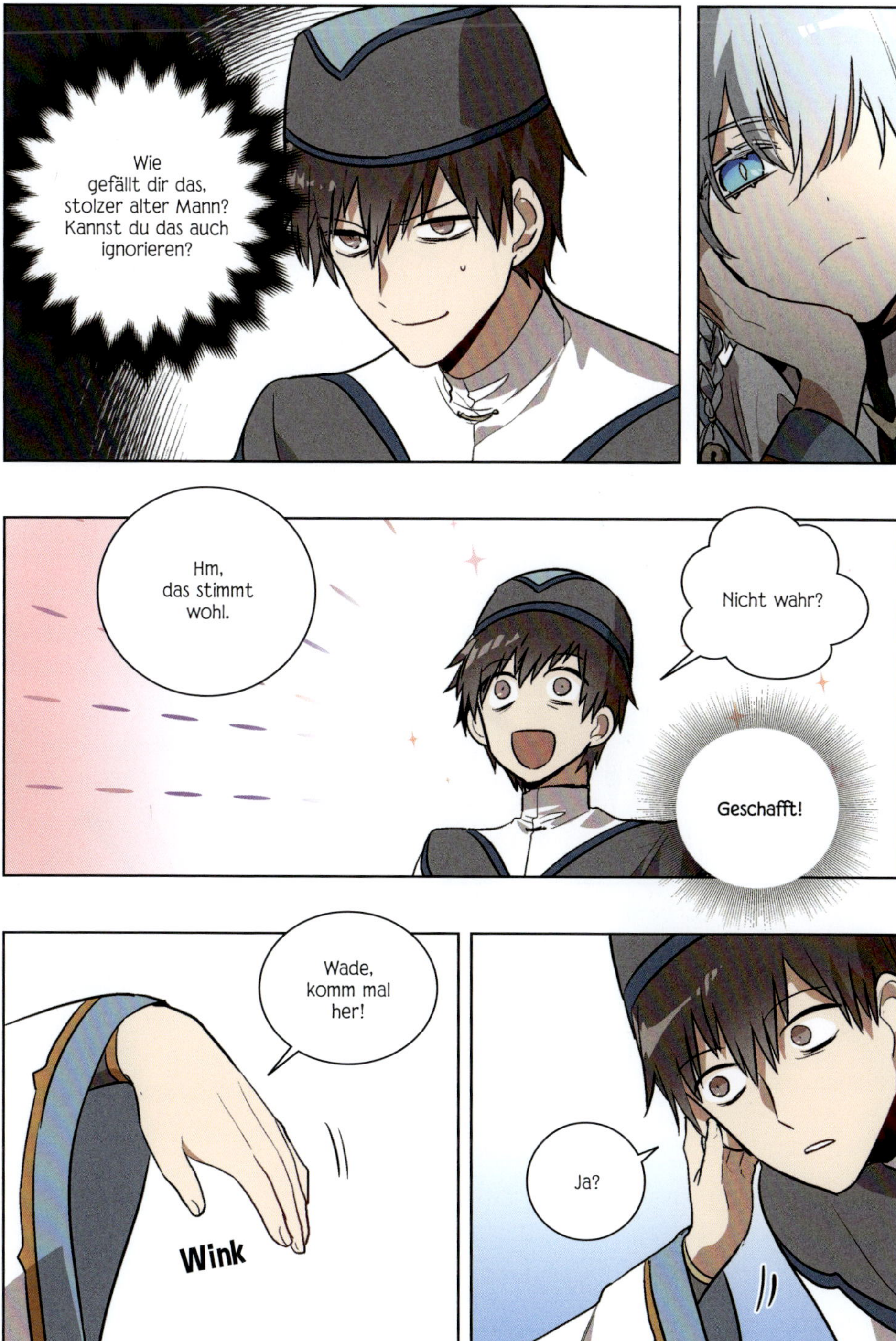
Wie gefällt dir das, stolzer alter Mann? Kannst du das auch ignorieren?
Hm, das stimmt wohl.
Nicht wahr?
Geschafft!
Wade, komm mal her!
Wink
Ja?

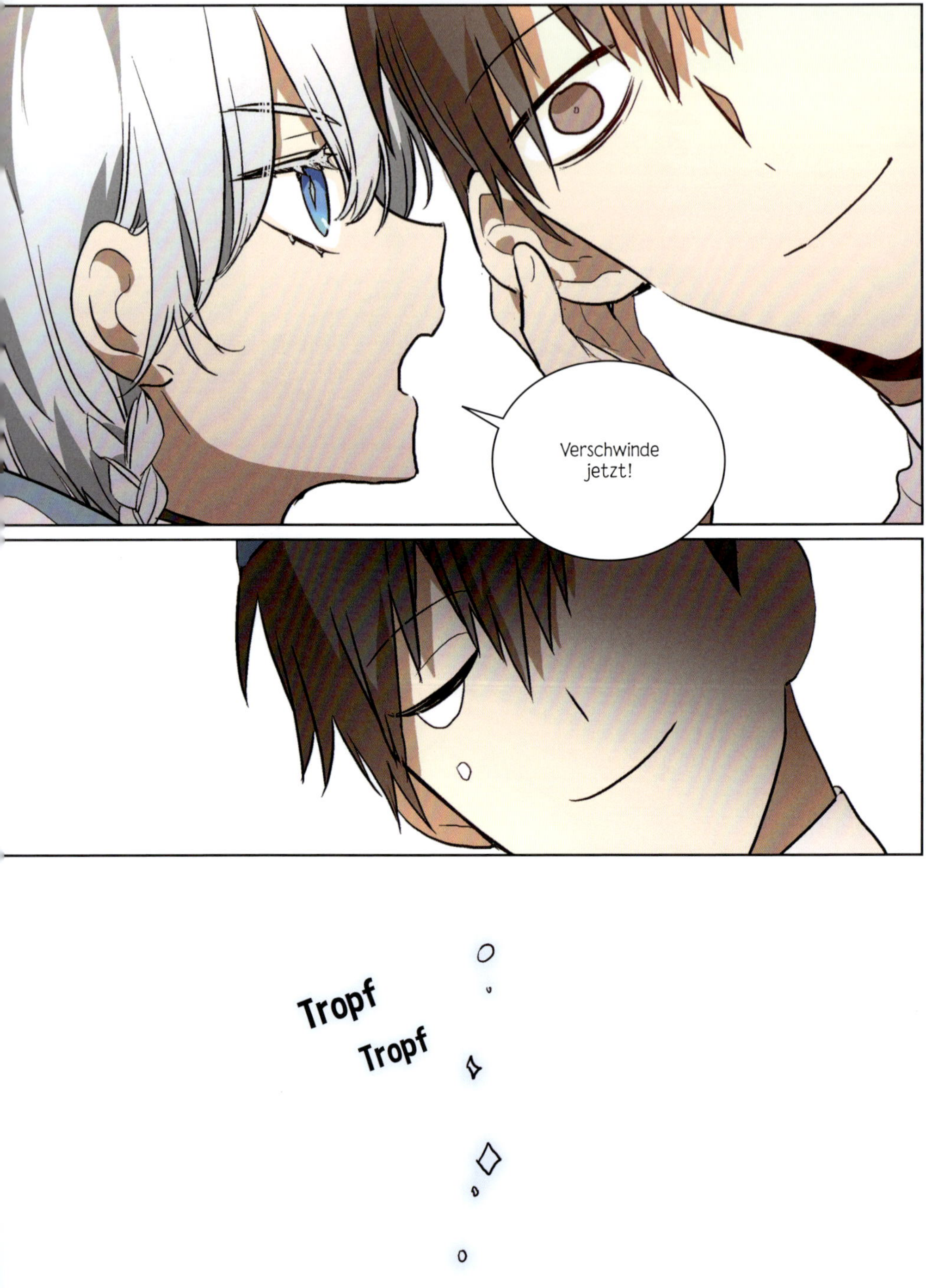
Verschwinde jetzt!
Tropf
Tropf

Raeliana
Warum sie die Verlobte
des Dukes wurde

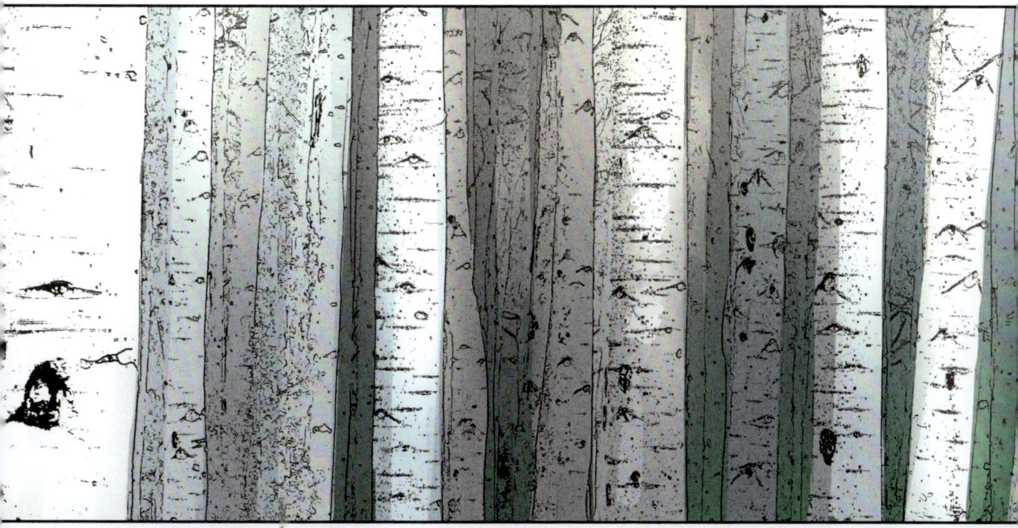

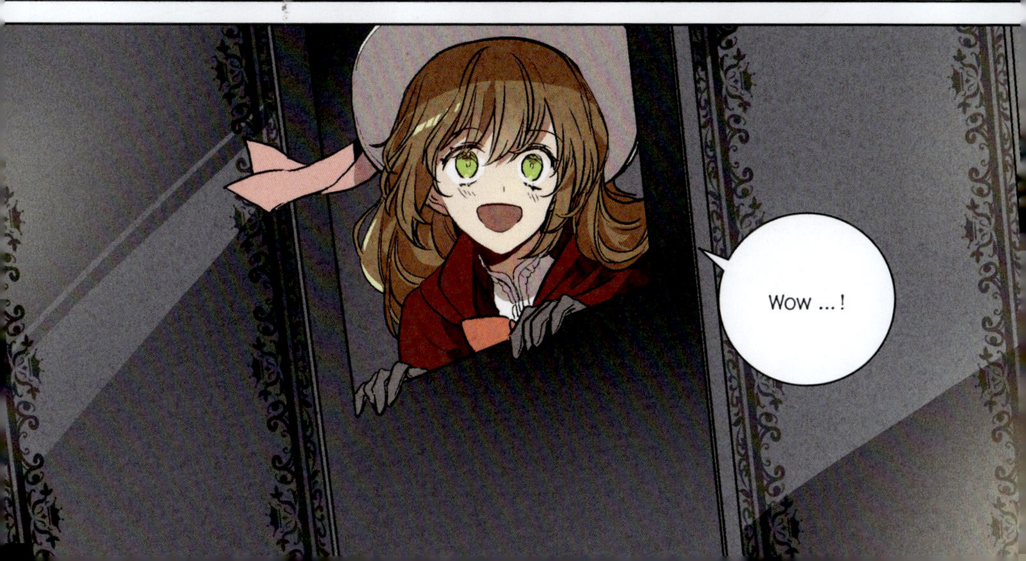
Wow ... !

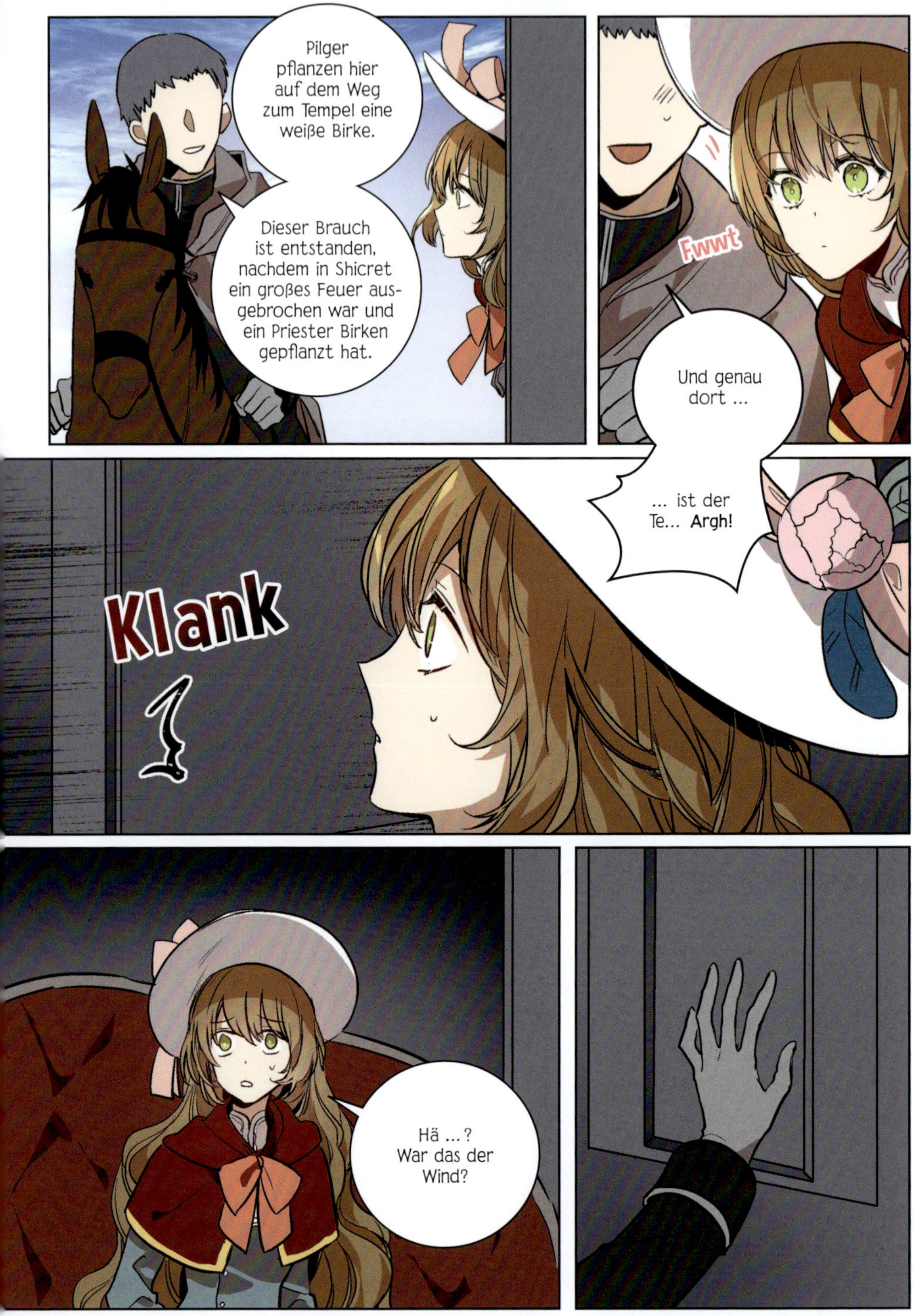
Pilger pflanzen hier auf dem Weg zum Tempel eine weiße Birke.
Dieser Brauch ist entstanden, nachdem in Shicret ein großes Feuer ausgebrochen war und ein Priester Birken gepflanzt hat.
Fwwt
Und genau dort ...
... ist der Te... Argh!
Klank
Hä ...? War das der Wind?

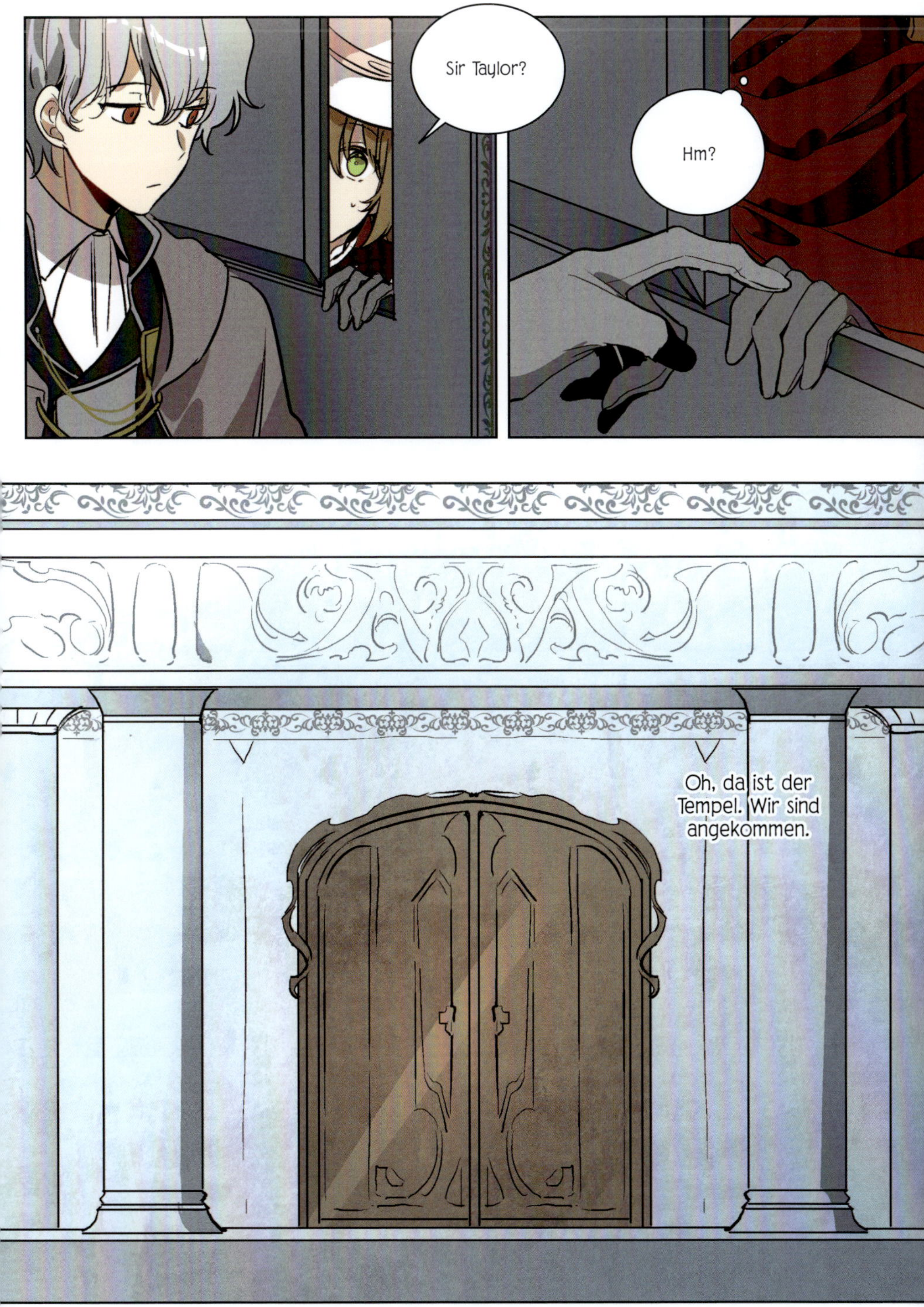
Sir Taylor?
Hm?
Oh, da ist der Tempel. Wir sind angekommen.

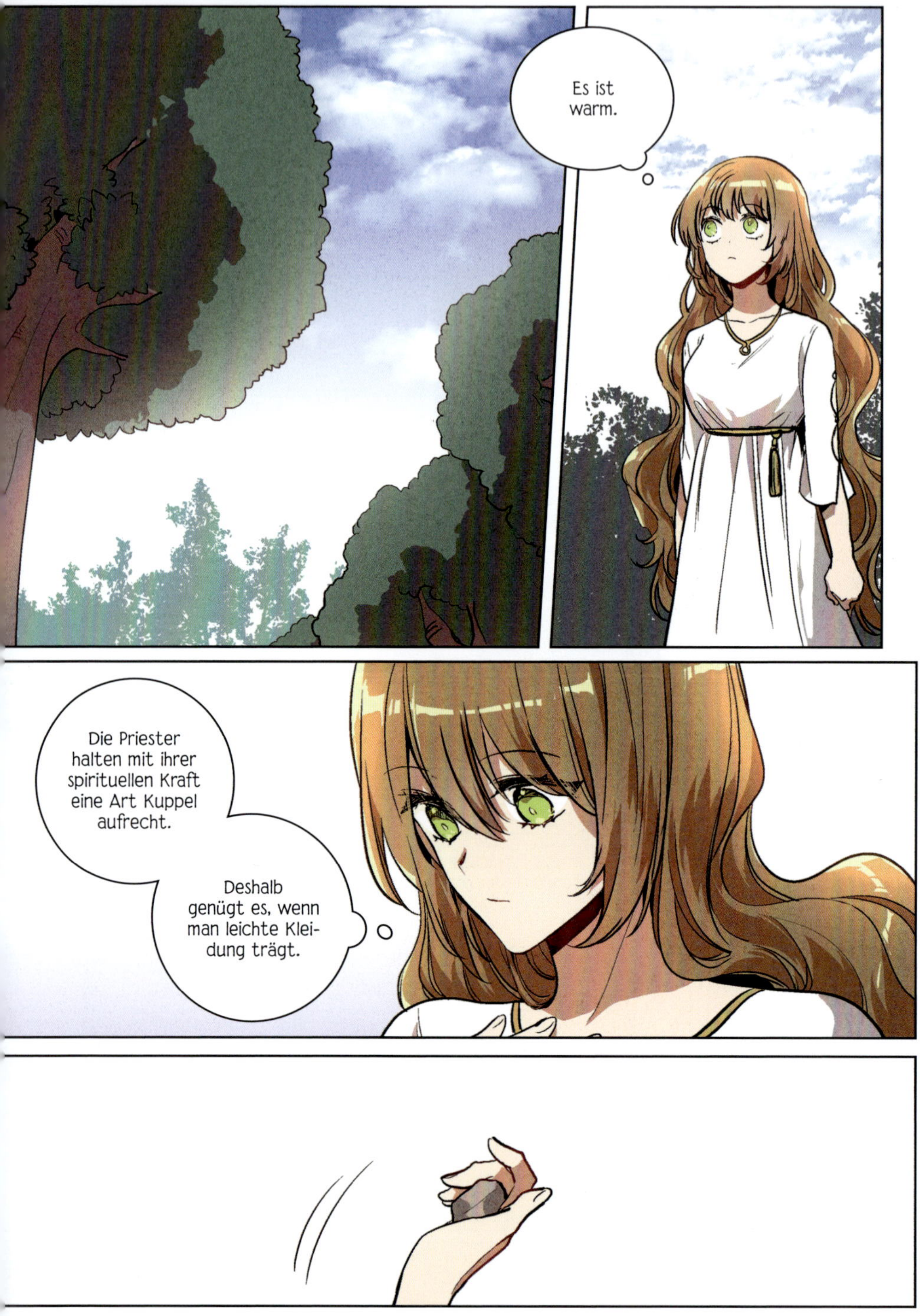
Es ist warm.
Die Priester halten mit ihrer spirituellen Kraft eine Art Kuppel aufrecht.
Deshalb genügt es, wenn man leichte Kleidung trägt.

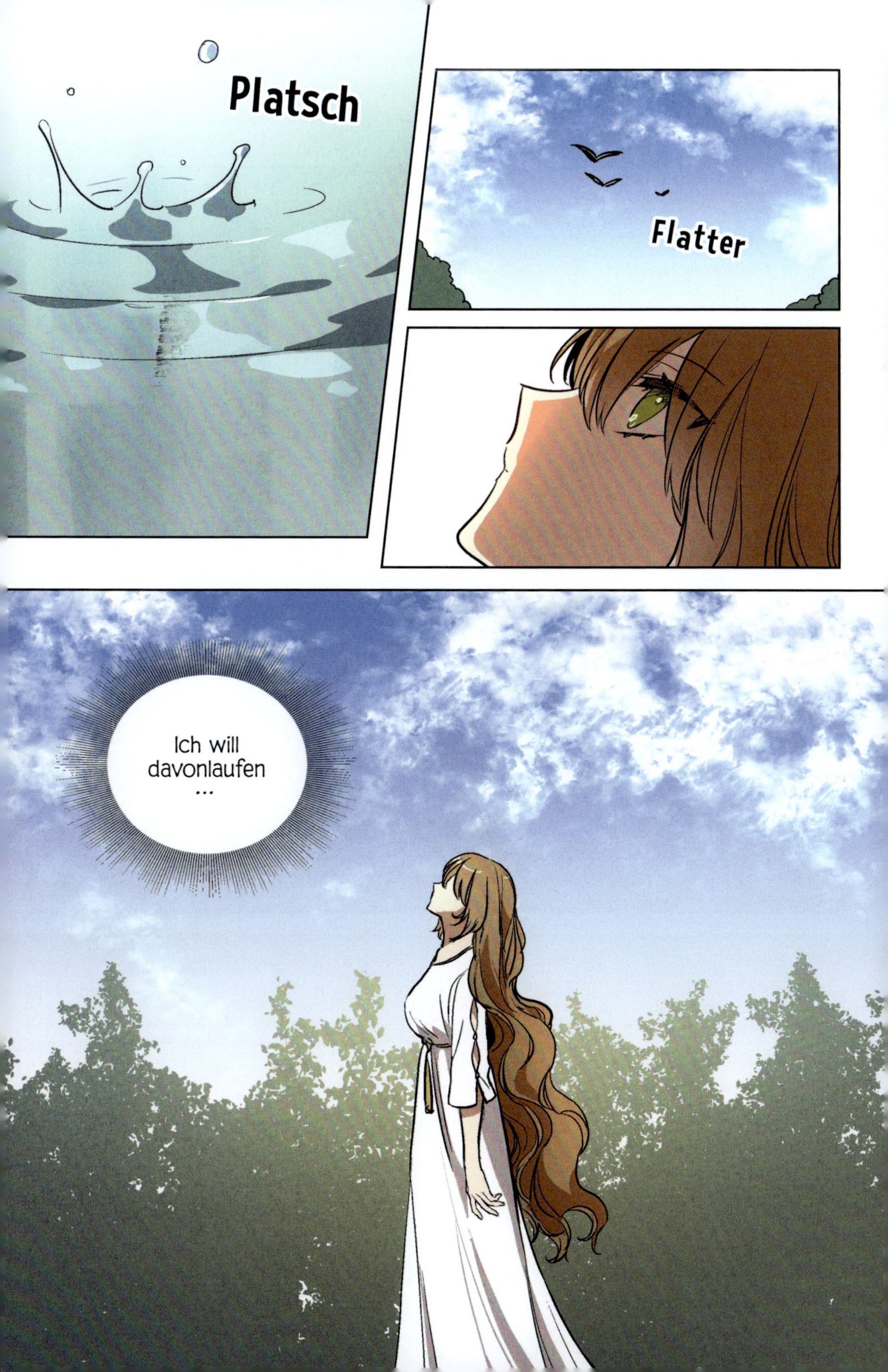
Platsch
Flatter
Ich will davonlaufen …

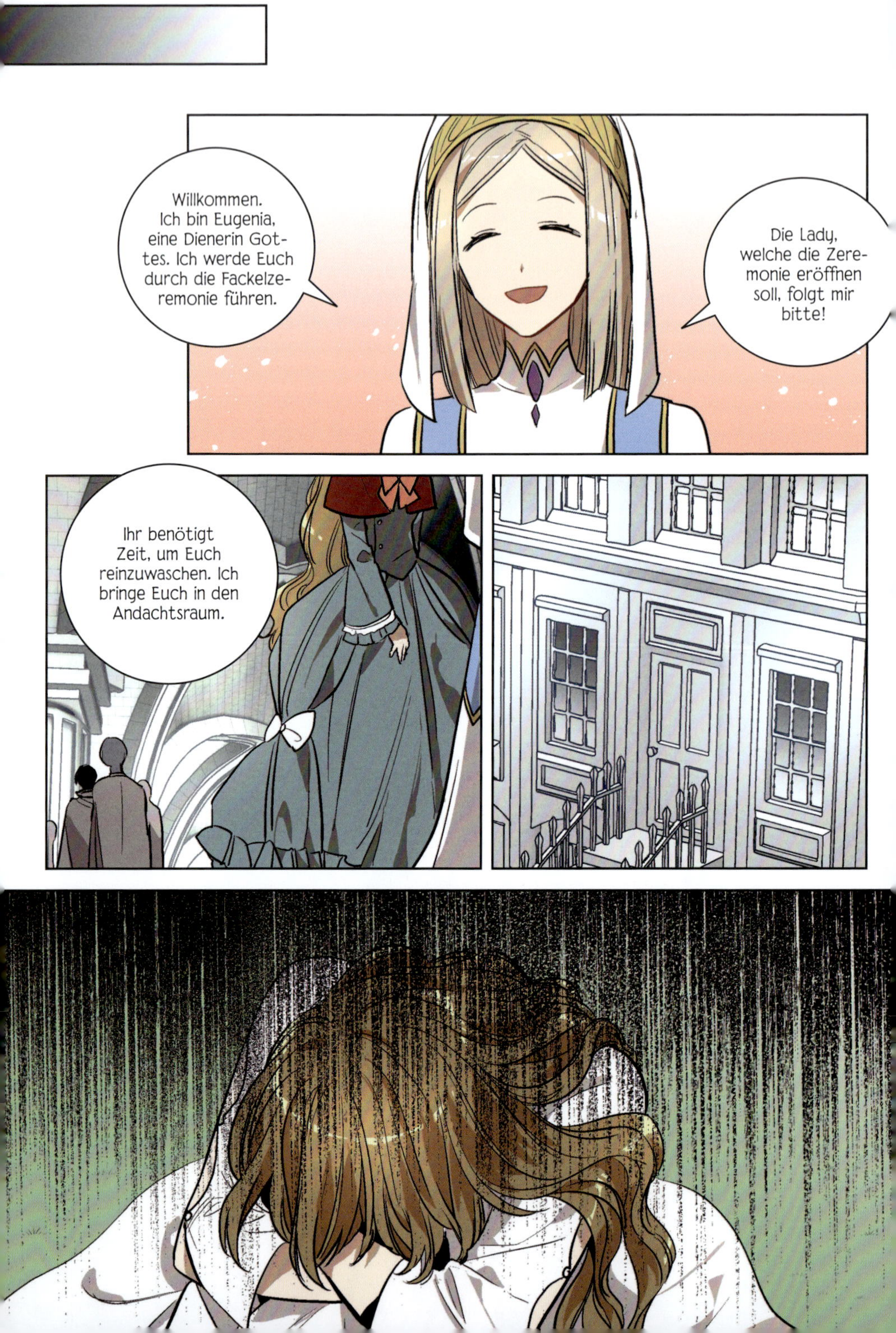
Willkommen. Ich bin Eugenia, eine Dienerin Gottes. Ich werde Euch durch die Fackelzeremonie führen.
Die Lady, welche die Zeremonie eröffnen soll, folgt mir bitte!
Ihr benötigt Zeit, um Euch reinzuwaschen. Ich bringe Euch in den Andachtsraum.

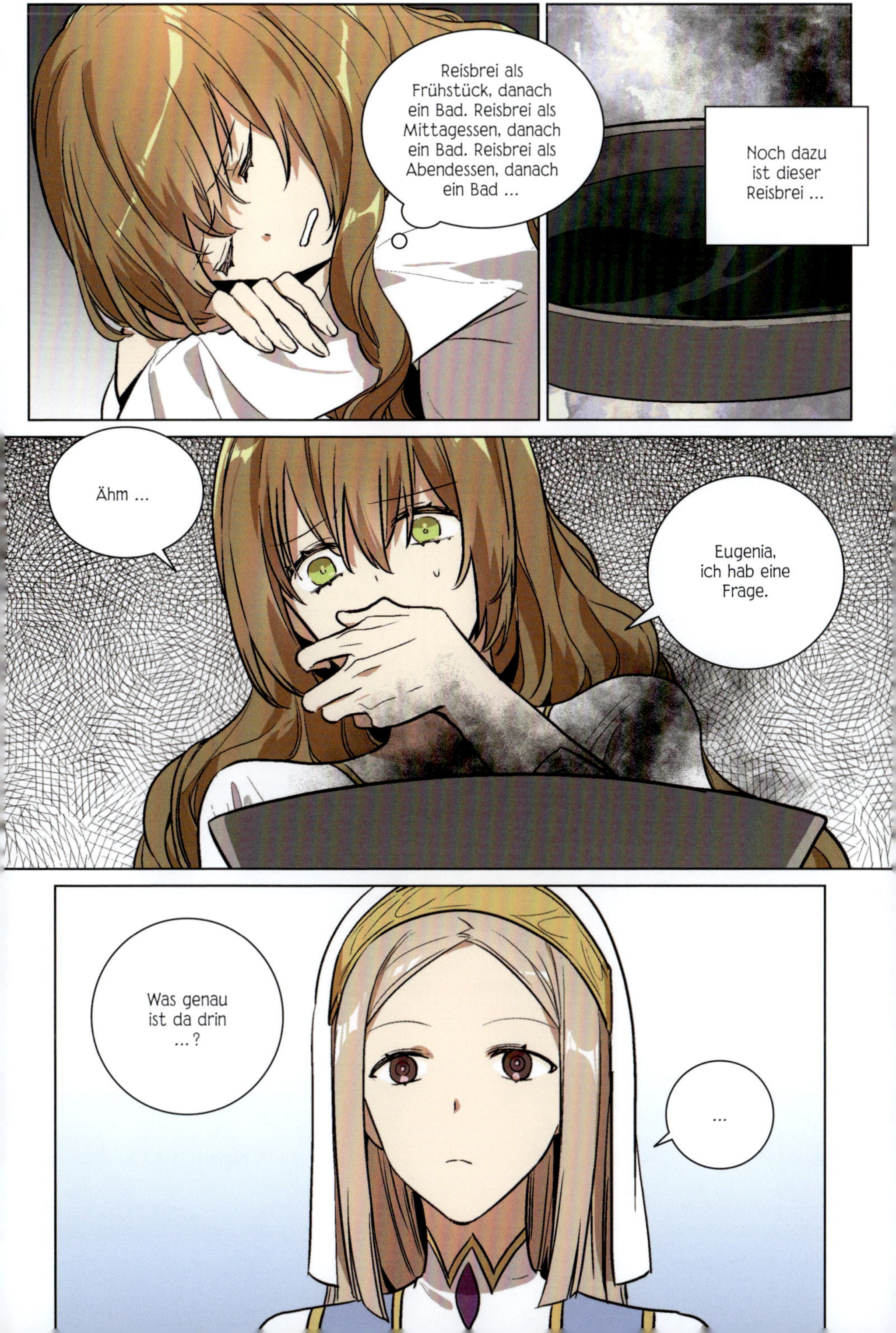

Reisbrei als Frühstück, danach ein Bad. Reisbrei als Mittagessen, danach ein Bad. Reisbrei als Abendessen, danach ein Bad ...
Noch dazu ist dieser Reisbrei ...
Ähm ...
Eugenia, ich hab eine Frage.
Was genau ist da drin ...?
...

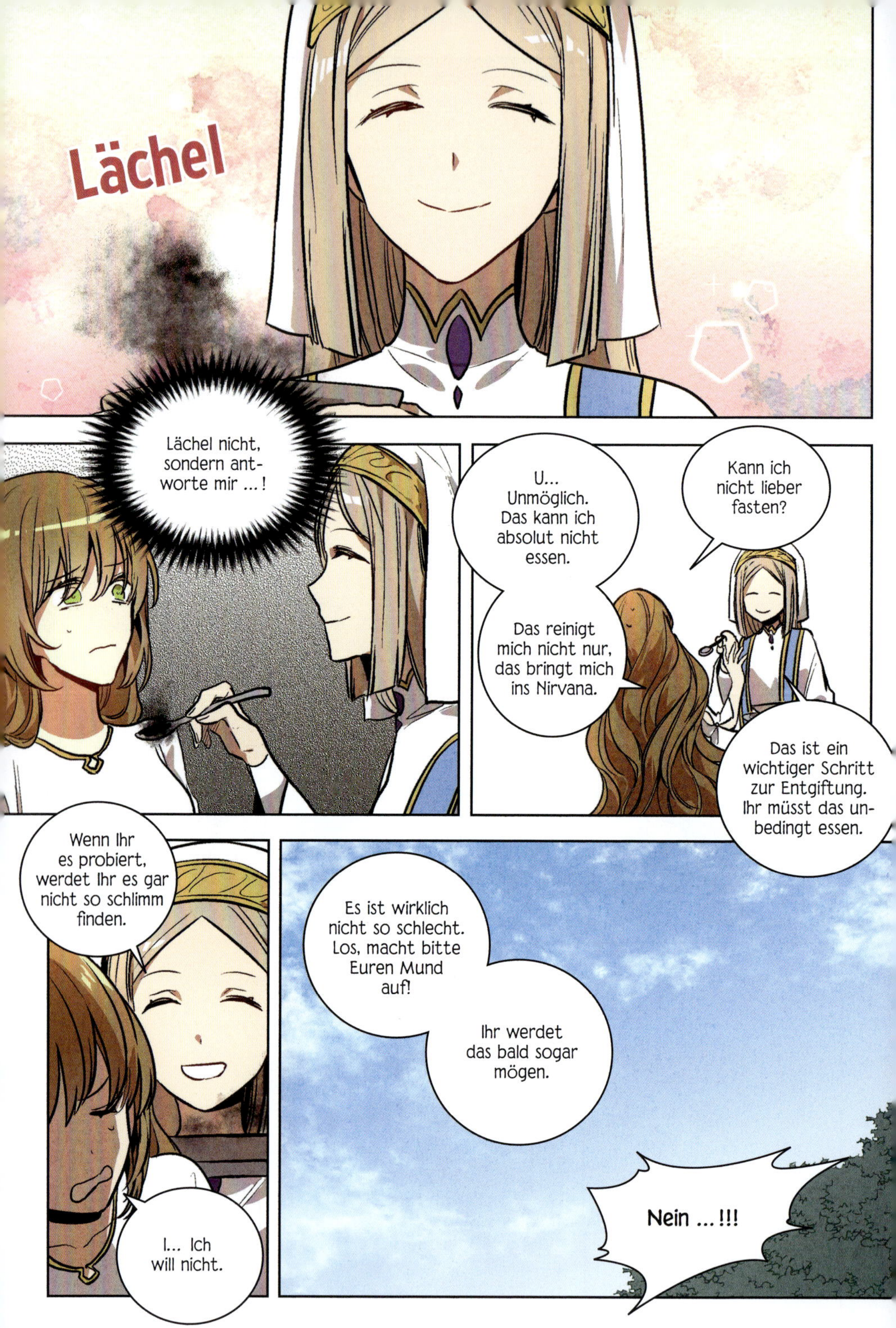
Lächel
Lächel nicht, sondern ant- worte mir ...!
U... Unmöglich. Das kann ich absolut nicht essen.
Das reinigt mich nicht nur, das bringt mich ins Nirvana.
Kann ich nicht lieber fasten?
Das ist ein wichtiger Schritt zur Entgiftung. Ihr müsst das un- bedingt essen.
Wenn Ihr es probiert, werdet Ihr es gar nicht so schlimm finden.
I... Ich will nicht.
Es ist wirklich nicht so schlecht. Los, macht bitte Euren Mund auf!
Ihr werdet das bald sogar mögen.
Nein ...!!!

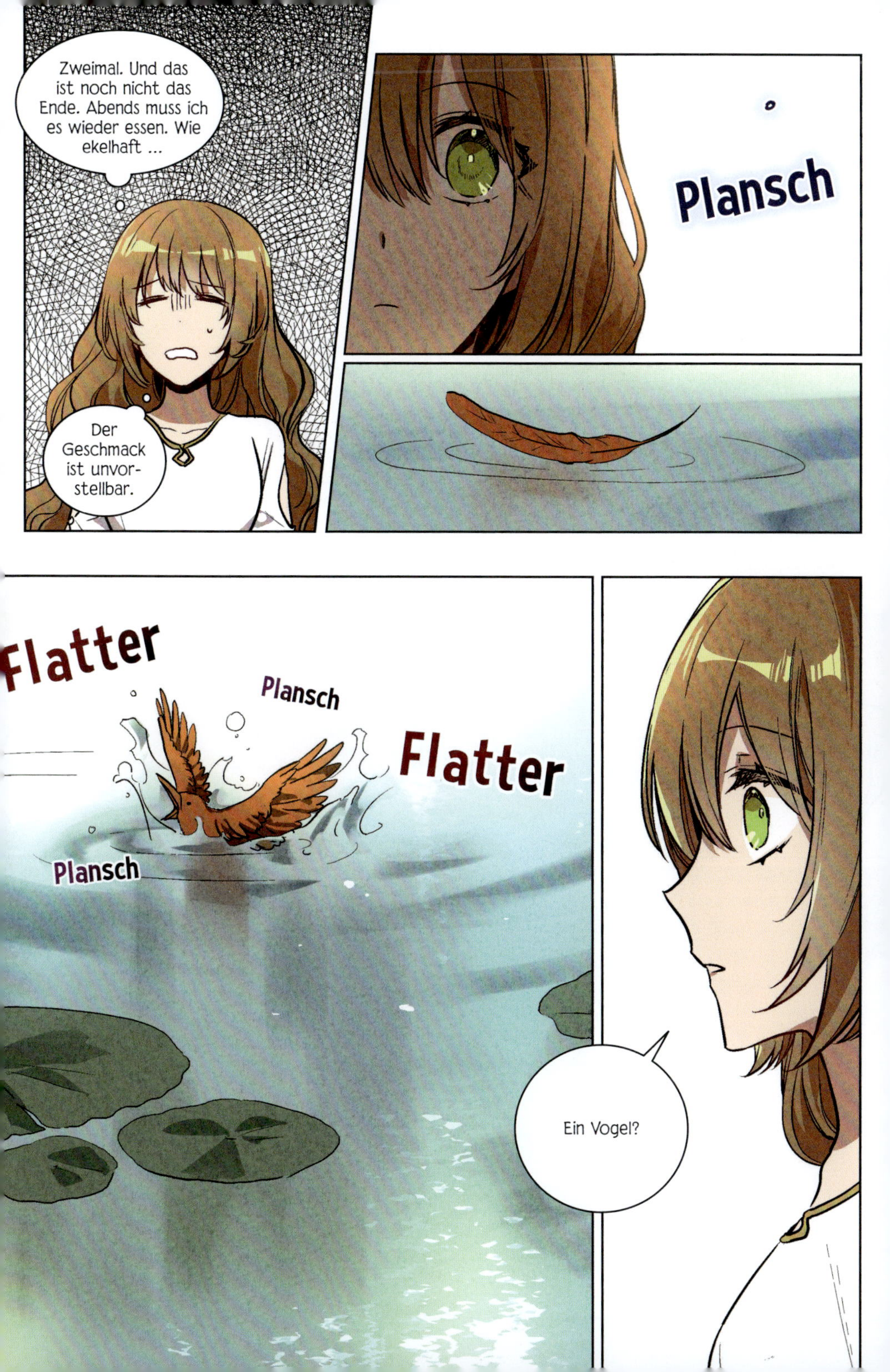
Zweimal. Und das ist noch nicht das Ende. Abends muss ich es wieder essen. Wie ekelhaft ...
Der Geschmack ist unvorstellbar.
Plansch
Flatter
Plansch
Flatter
Plansch
Ein Vogel?

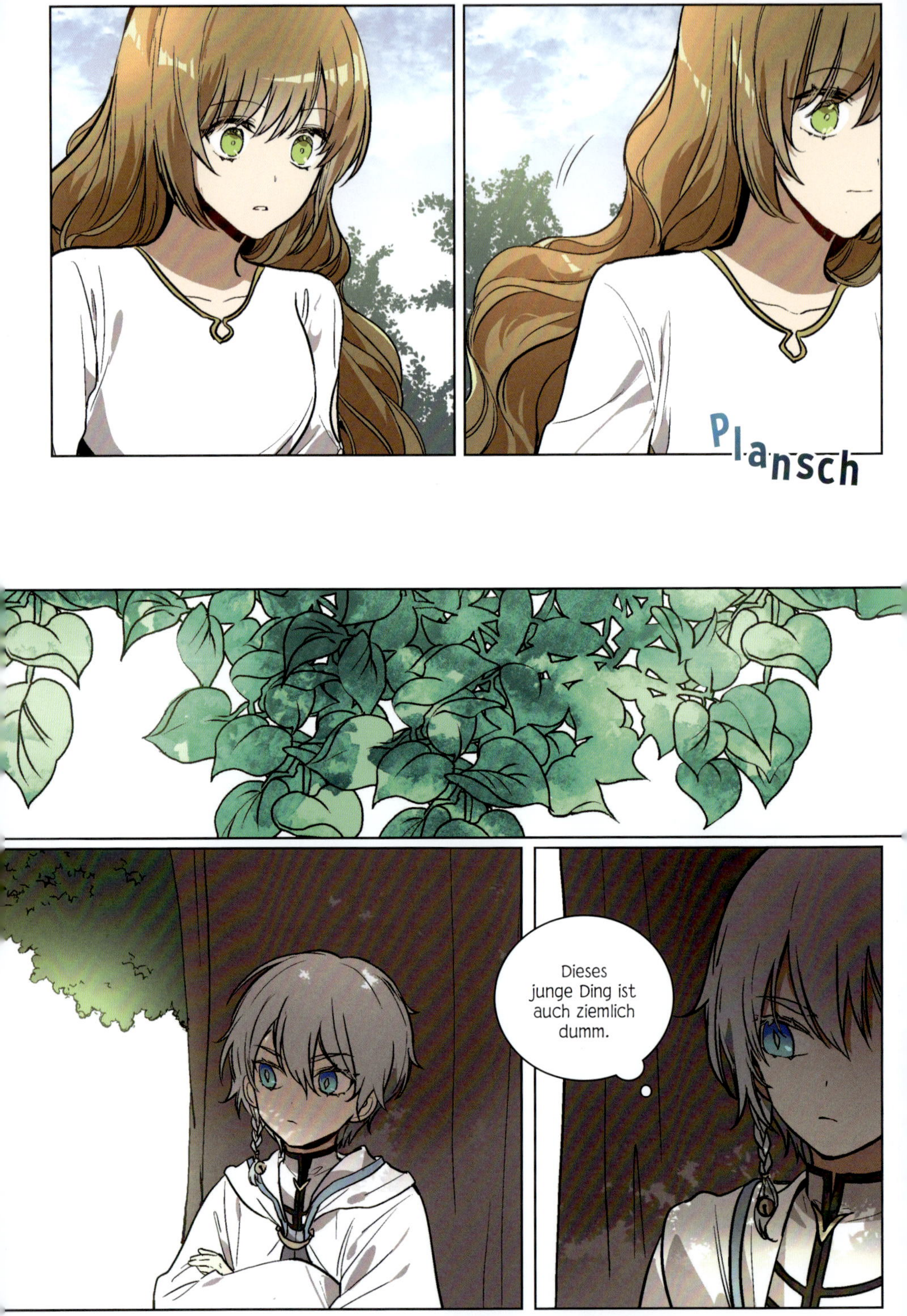
Plansch
Dieses junge Ding ist auch ziemlich dumm.

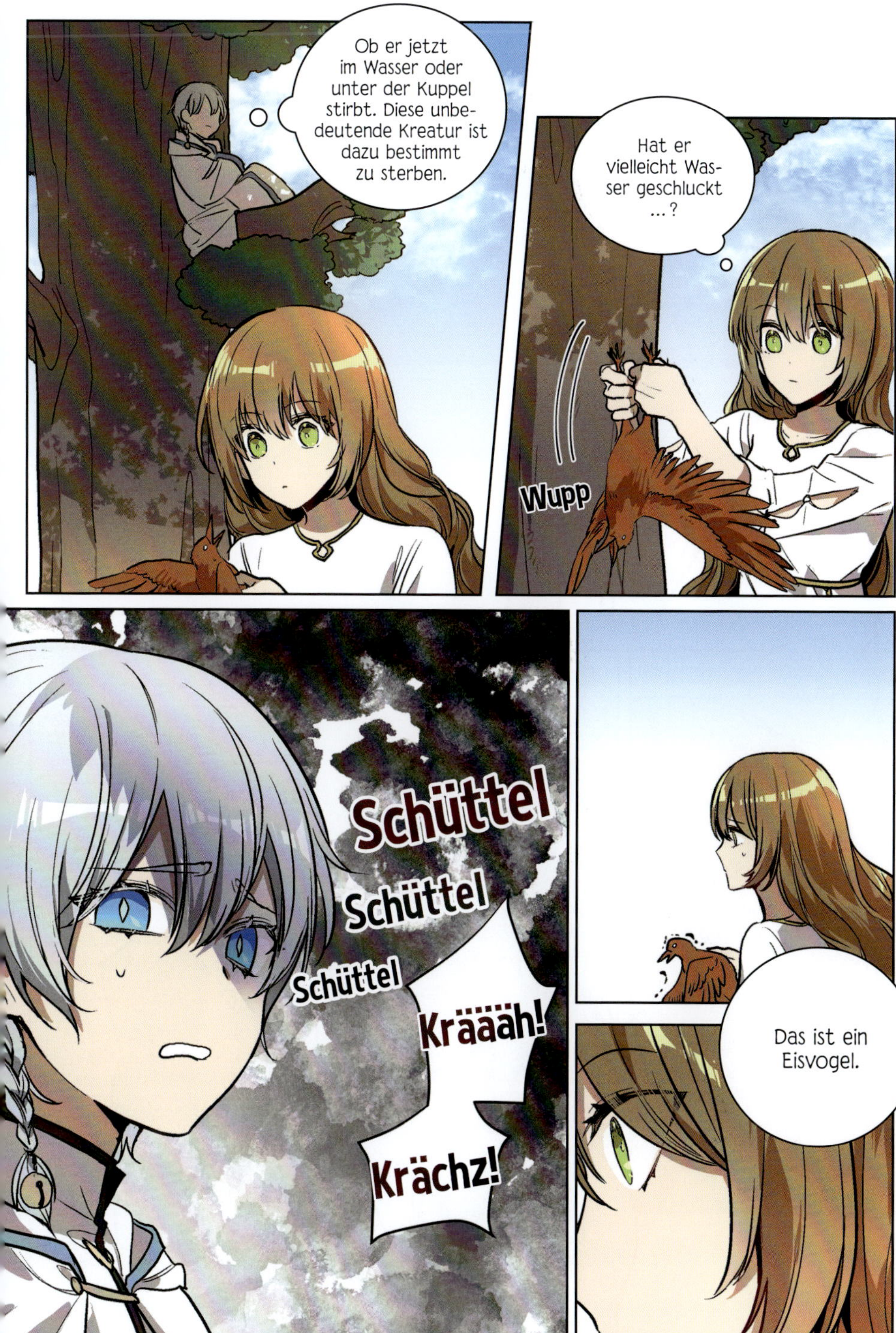

Ob er jetzt im Wasser oder unter der Kuppel stirbt. Diese unbedeutende Kreatur ist dazu bestimmt zu sterben.
Hat er vielleicht Wasser geschluckt ...?
Wupp
Schüttel
Schüttel
Schüttel
Krääääh!
Krächz!
Das ist ein Eisvogel.

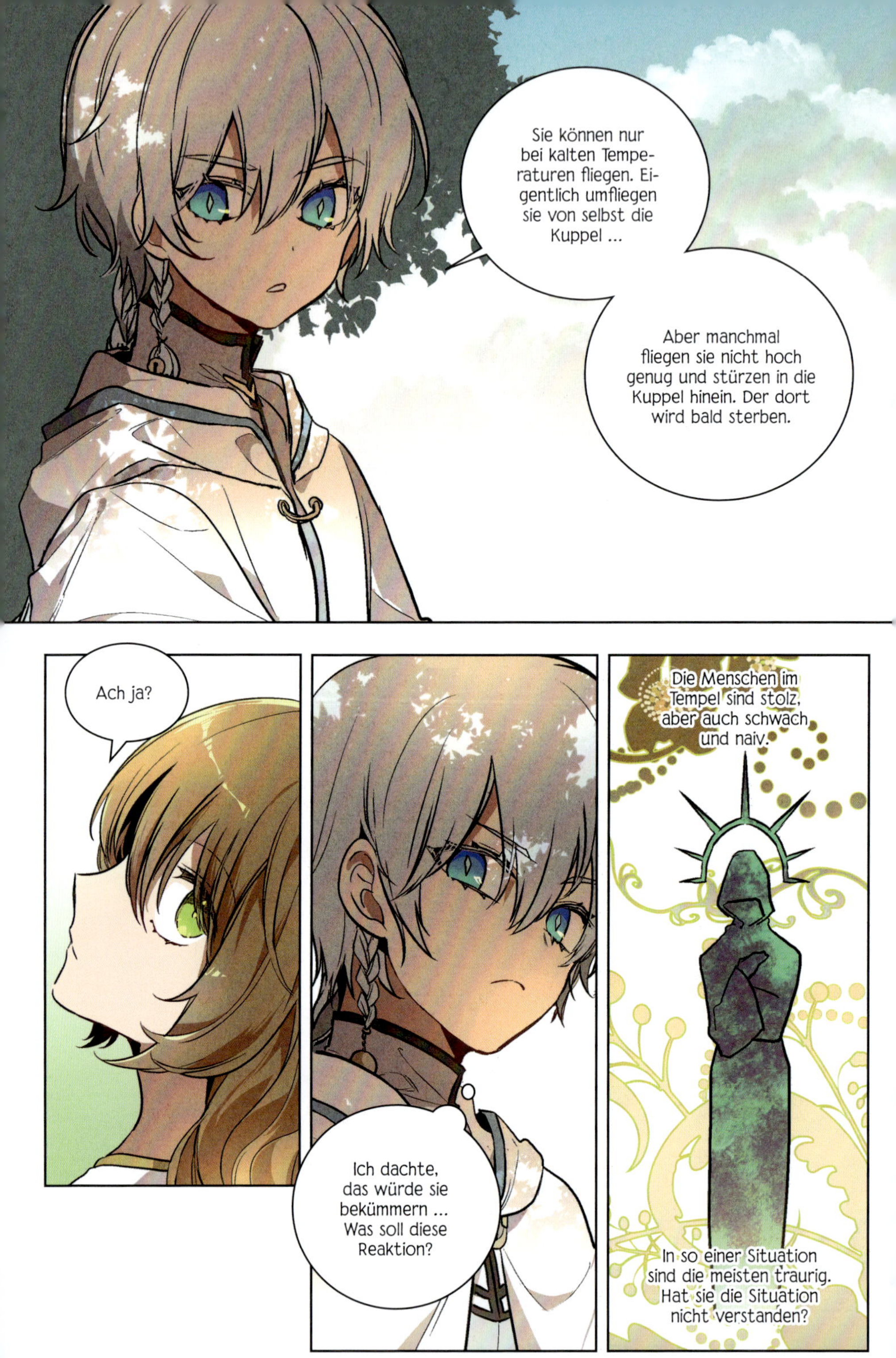
Sie können nur bei kalten Temperaturen fliegen. Eigentlich umfliegen sie von selbst die Kuppel ...
Aber manchmal fliegen sie nicht hoch genug und stürzen in die Kuppel hinein. Der dort wird bald sterben.
Ach ja?
Ich dachte, das würde sie bekümmern ... Was soll diese Reaktion?
Die Menschen im Tempel sind stolz, aber auch schwach und naiv.
In so einer Situation sind die meisten traurig. Hat sie die Situation nicht verstanden?

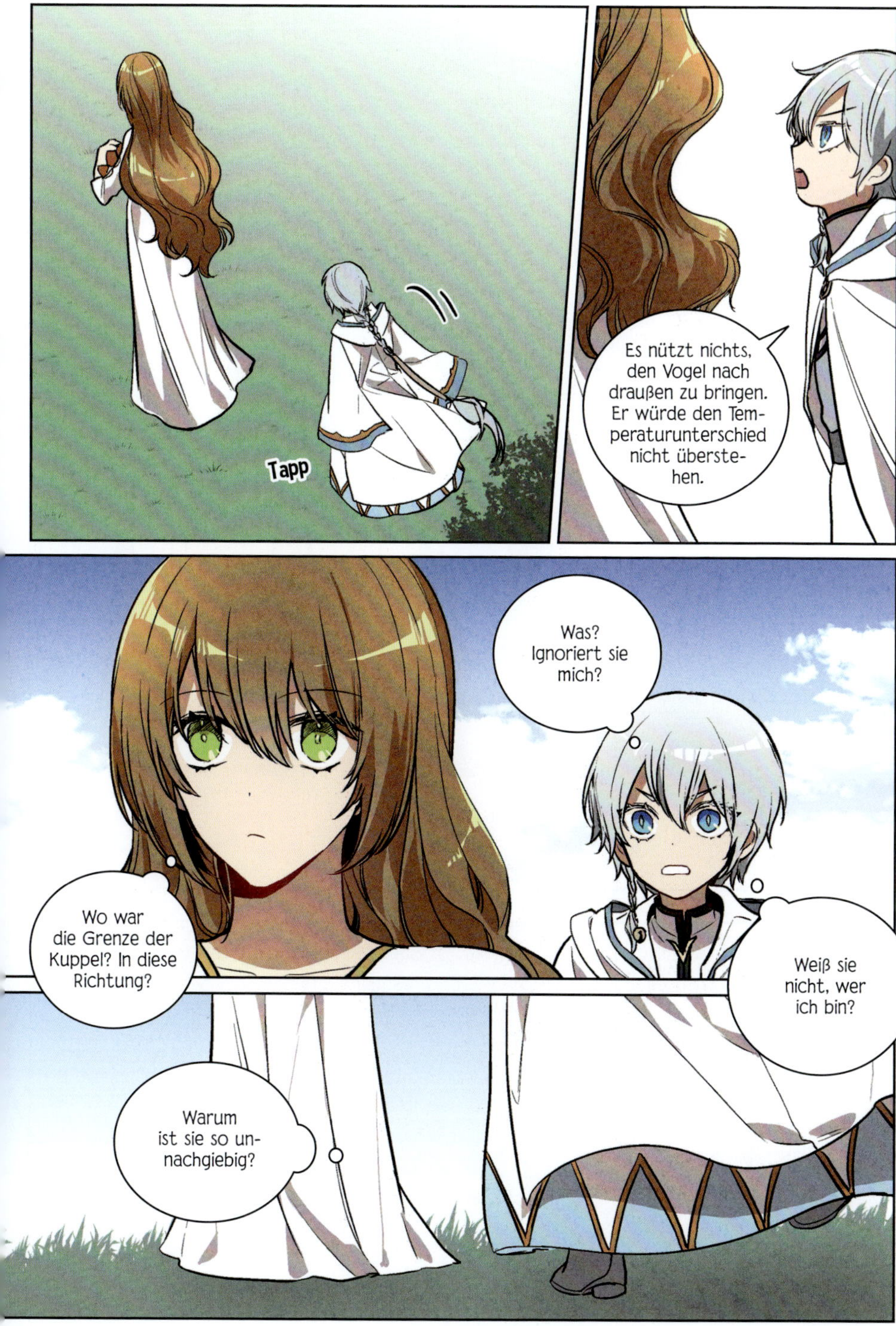
Tapp
Es nützt nichts, den Vogel nach draußen zu bringen. Er würde den Temperaturunterschied nicht überstehen.
Was? Ignoriert sie mich?
Wo war die Grenze der Kuppel? In diese Richtung?
Weiß sie nicht, wer ich bin?
Warum ist sie so unnachgiebig?

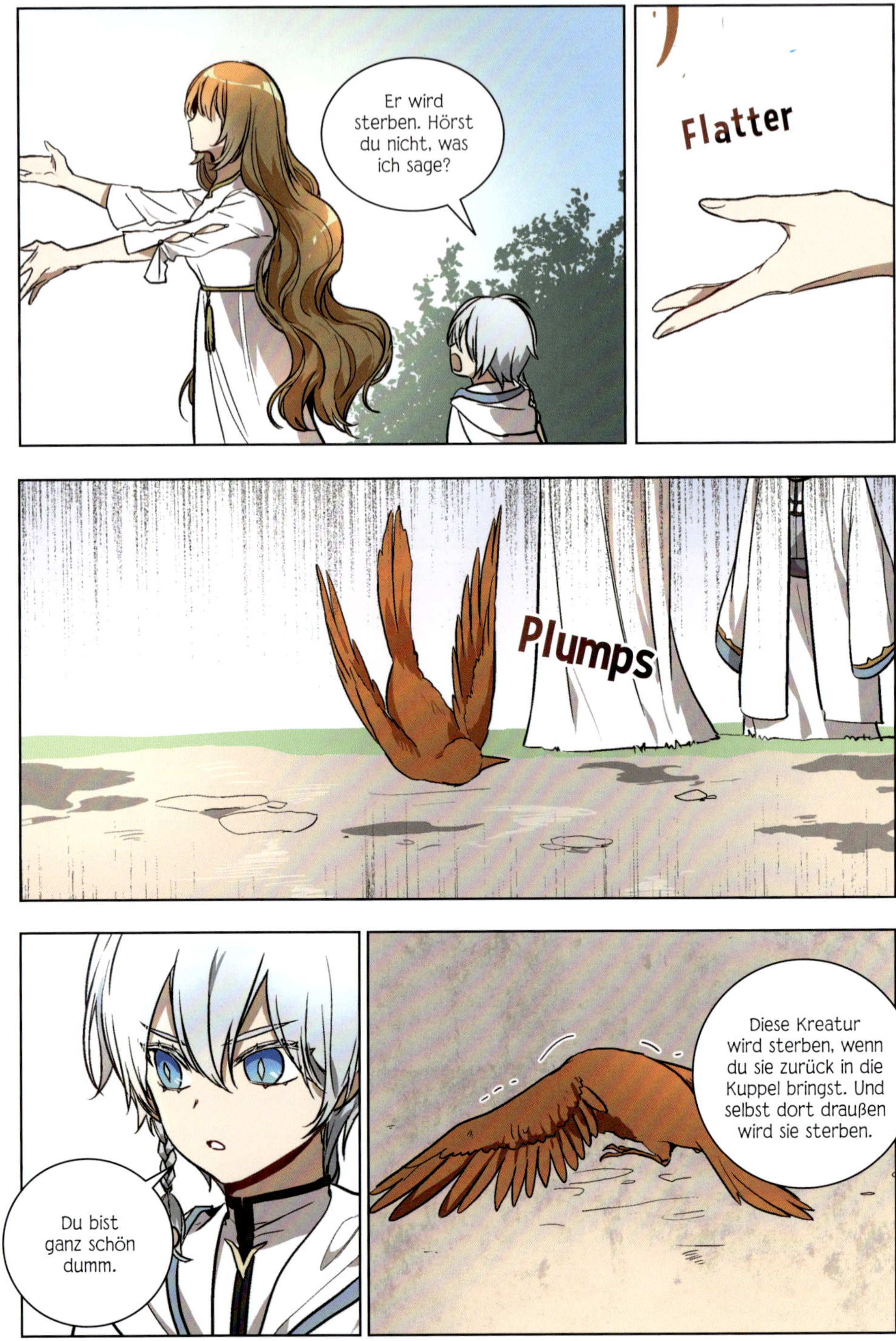
Er wird sterben. Hörst du nicht, was ich sage?
Flatter
Plumps
Diese Kreatur wird sterben, wenn du sie zurück in die Kuppel bringst. Und selbst dort draußen wird sie sterben.
Du bist ganz schön dumm.

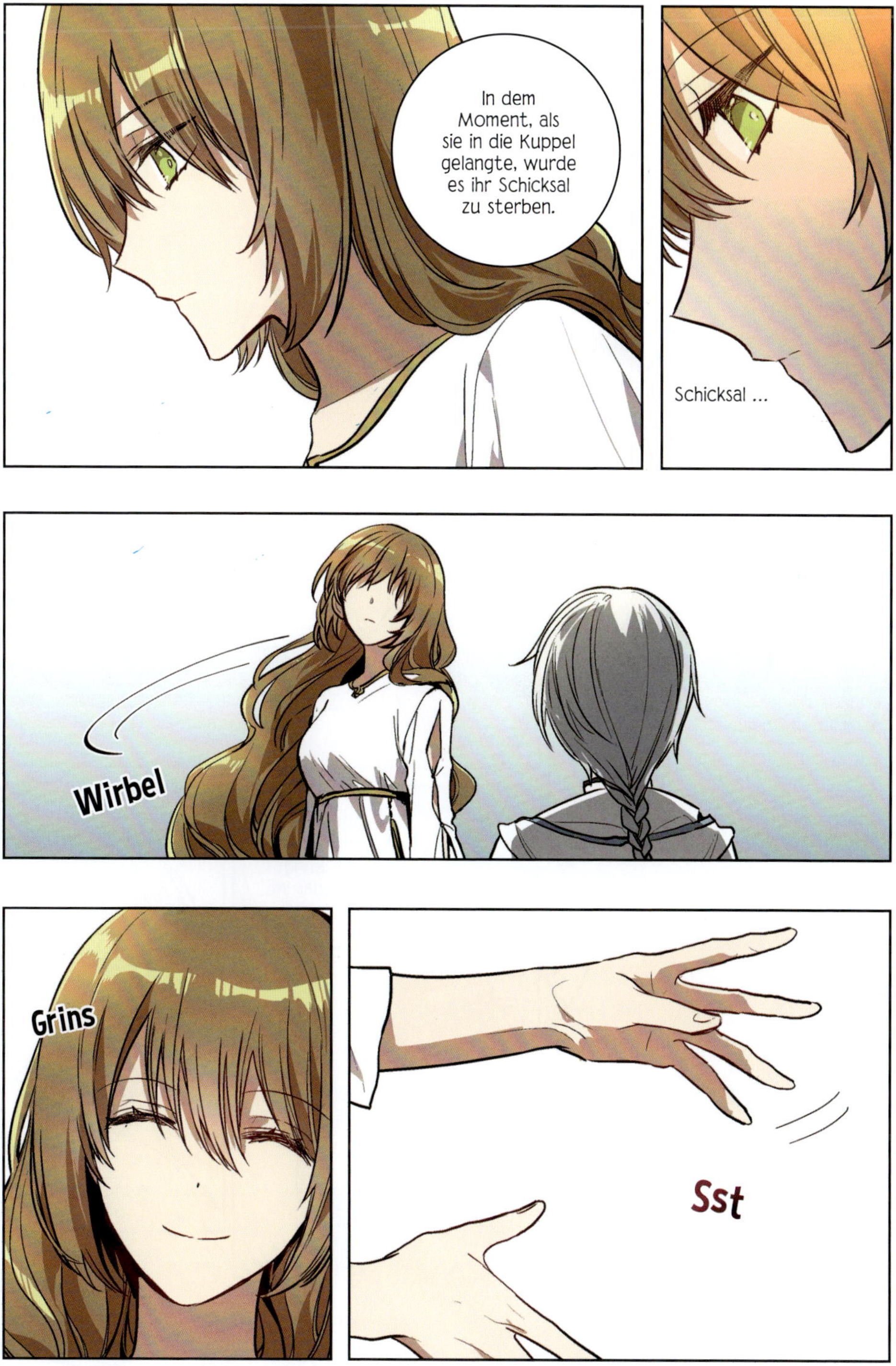
In dem Moment, als sie in die Kuppel gelangte, wurde es ihr Schicksal zu sterben.
Schicksal ...
Wirbel
Grins
Sst

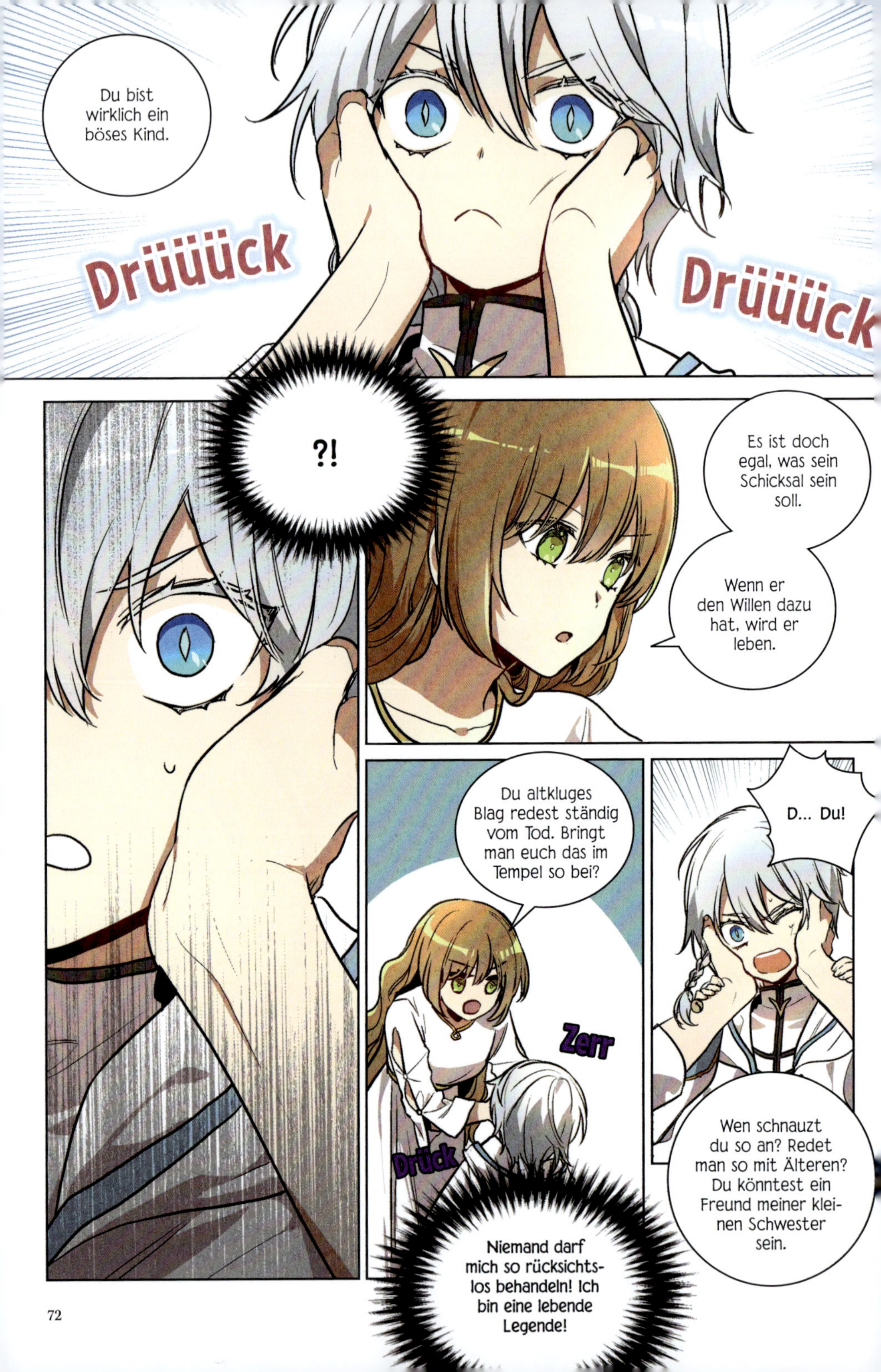
Du bist wirklich ein böses Kind.
Drüüück
Drüüück
?!
Es ist doch egal, was sein Schicksal sein soll.
Wenn er den Willen dazu hat, wird er leben.
Du altkluges Blag redest ständig vom Tod. Bringt man euch das im Tempel so bei?
Zerr
Drück
D... Du!
Wen schnauzt du so an? Redet man so mit Älteren? Du könntest ein Freund meiner kleinen Schwester sein.
Niemand darf mich so rücksichtslos behandeln! Ich bin eine lebende Legende!

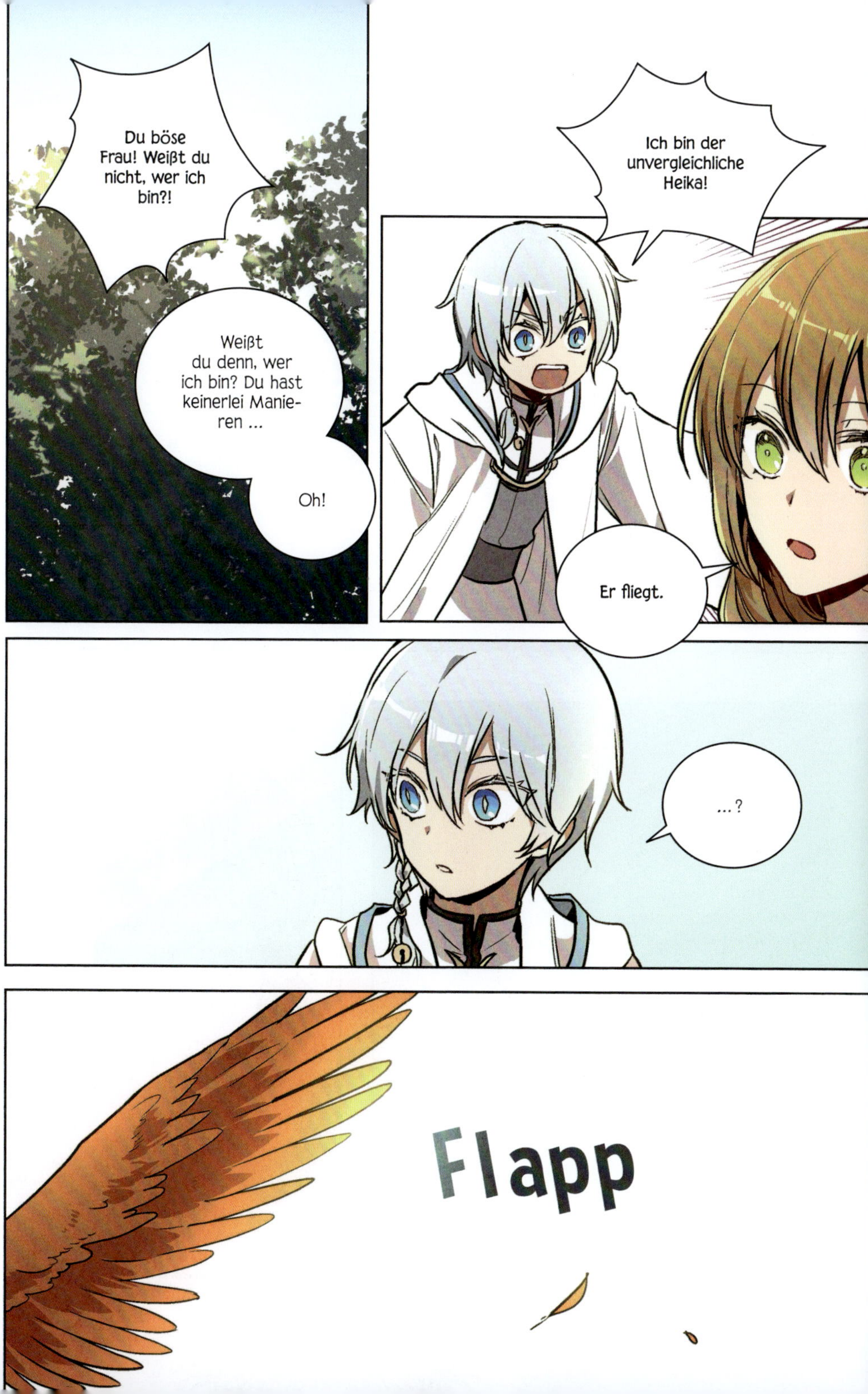
Du böse Frau! Weißt du nicht, wer ich bin?!
Ich bin der unvergleichliche Heika!
Weißt du denn, wer ich bin? Du hast keinerlei Manieren ...
Oh!
Er fliegt.
...?
Flapp

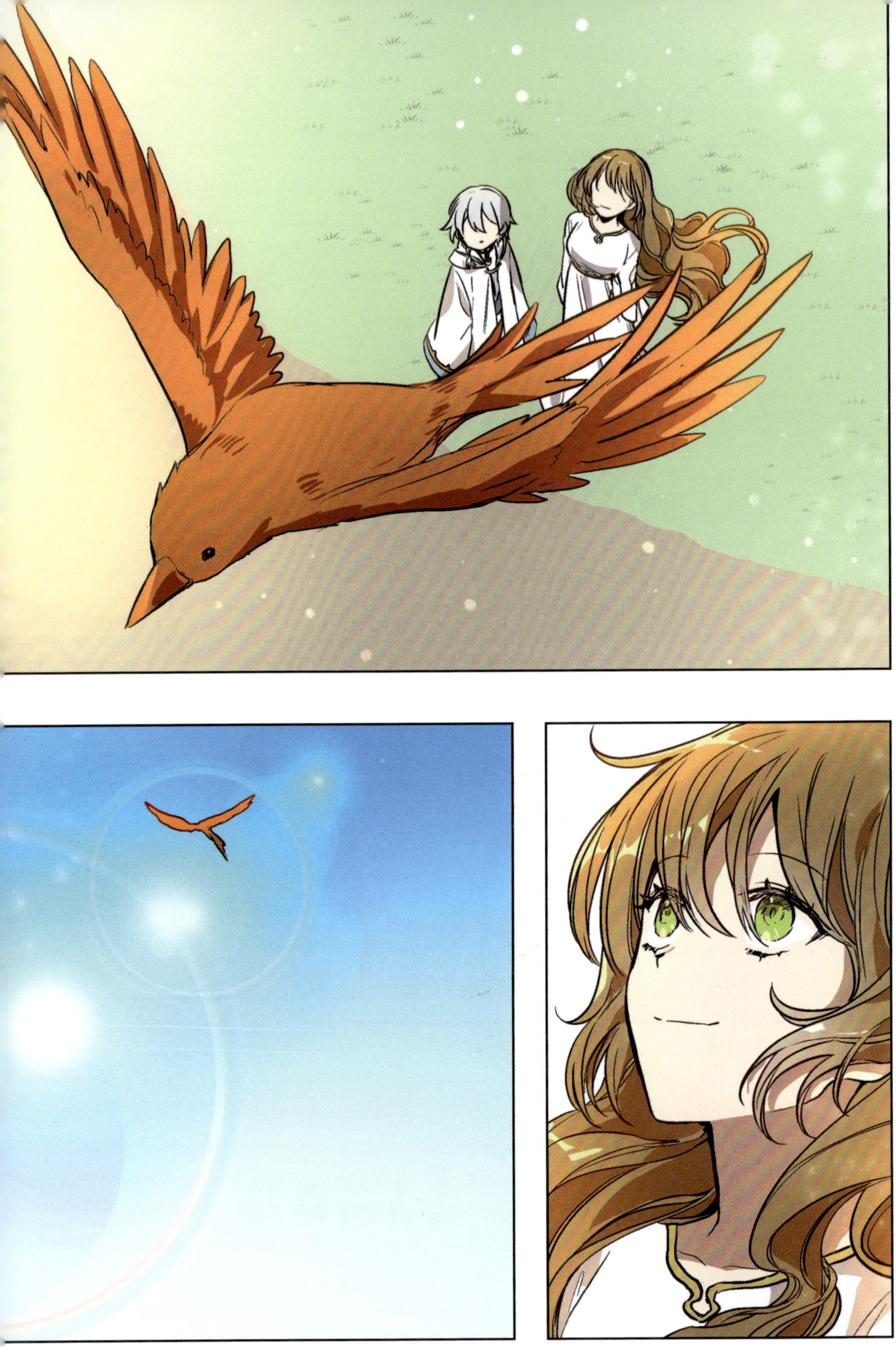

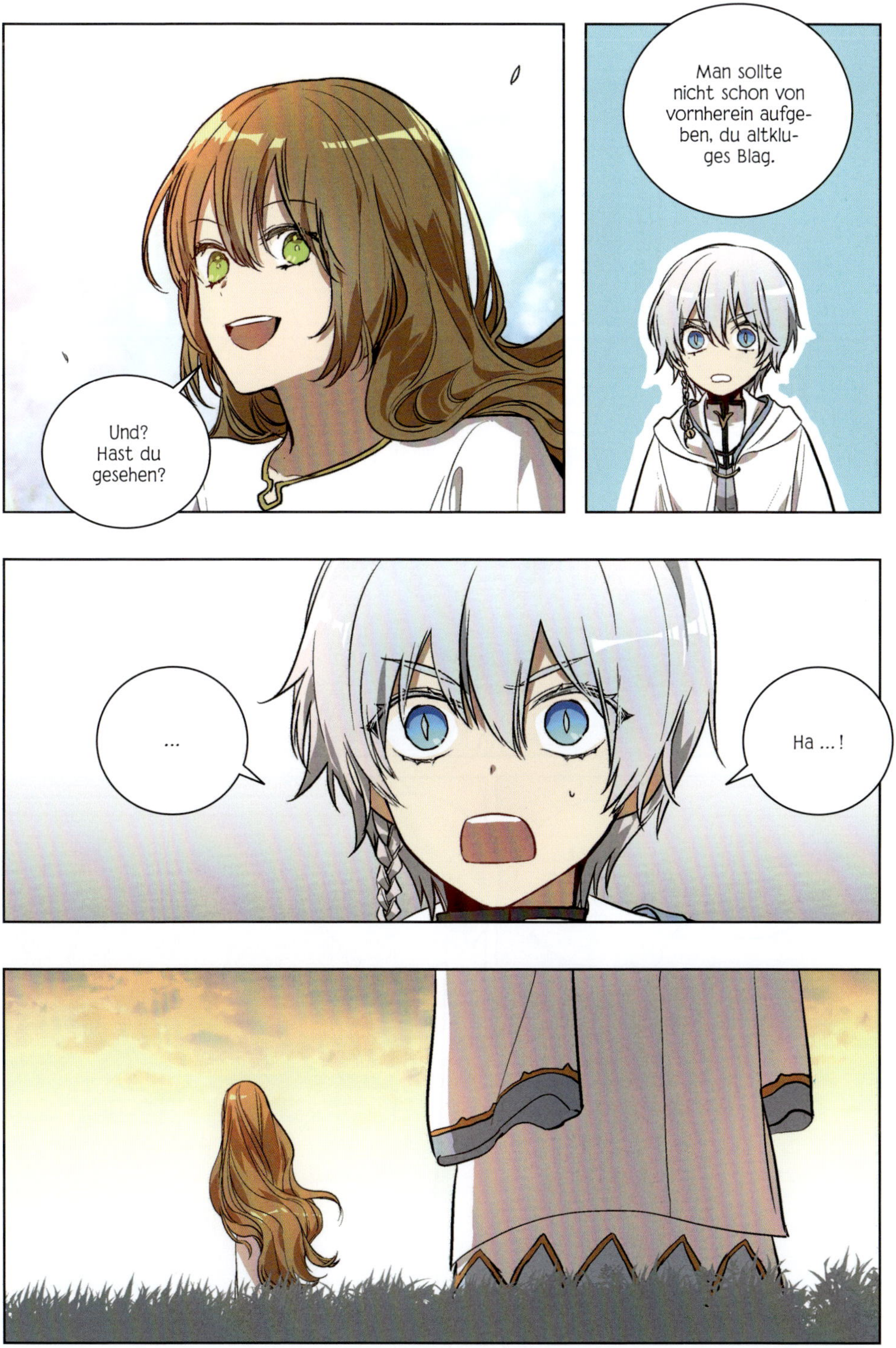
Und? Hast du gesehen?
Man sollte nicht schon von vornherein aufgeben, du altkluges Blag.
Ha ... !
...

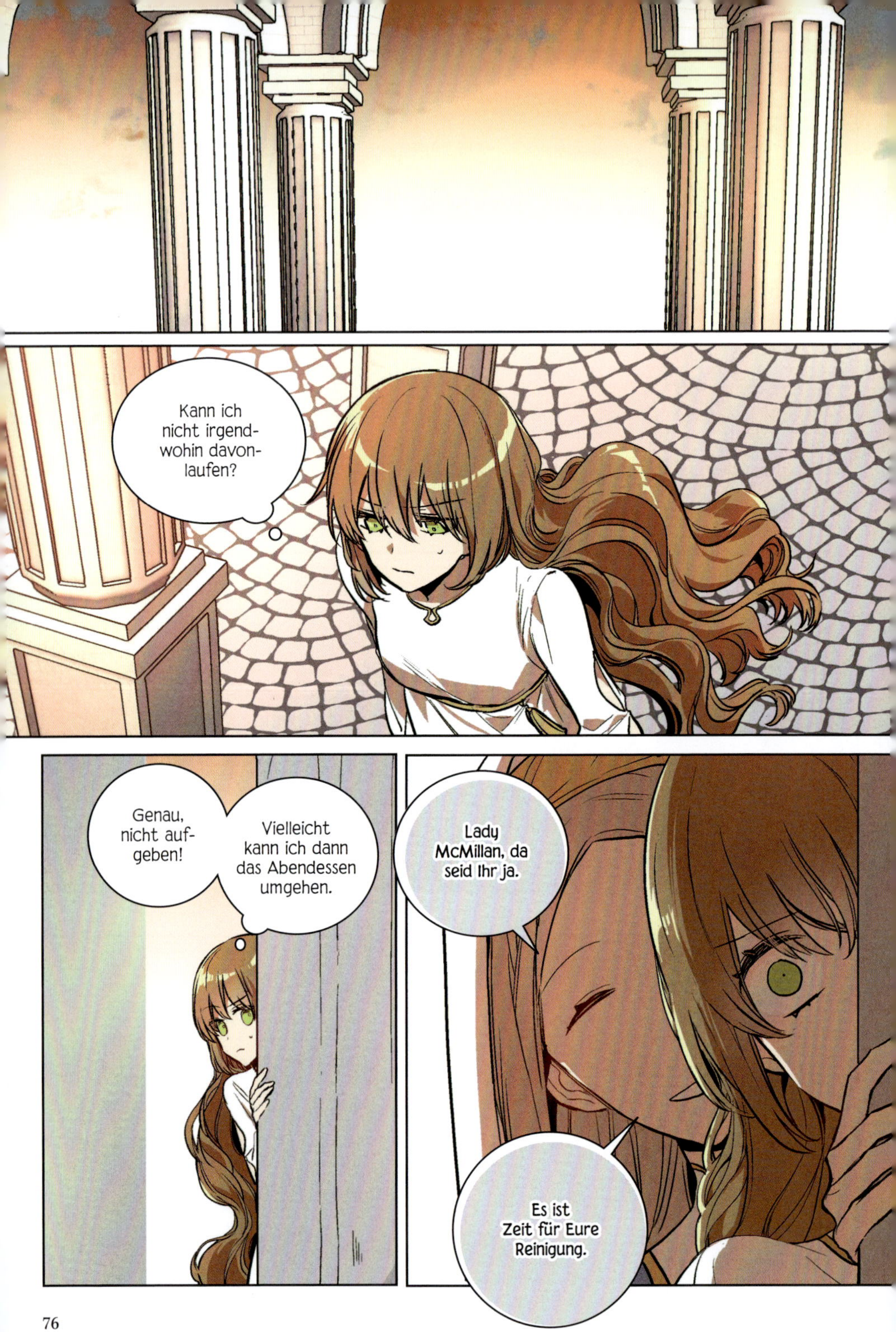

Kann ich nicht irgendwohin davonlaufen?
Genau, nicht aufgeben!
Vielleicht kann ich dann das Abendessen umgehen.
Lady McMillan, da seid Ihr ja.
Es ist Zeit für Eure Reinigung.

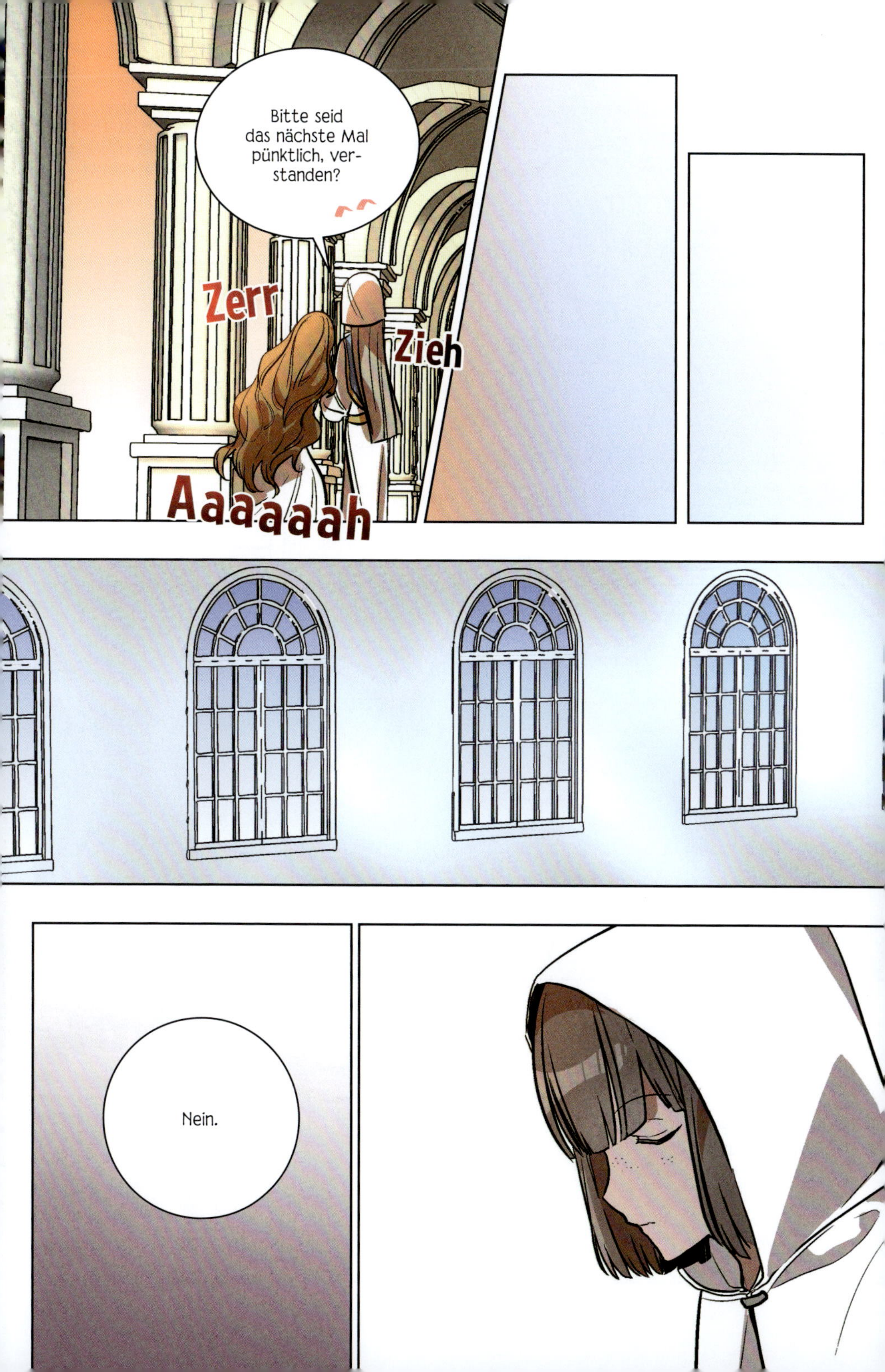
Bitte seid das nächste Mal pünktlich, verstanden?
Zerr
Zieh
Aaaaaaah
Nein.

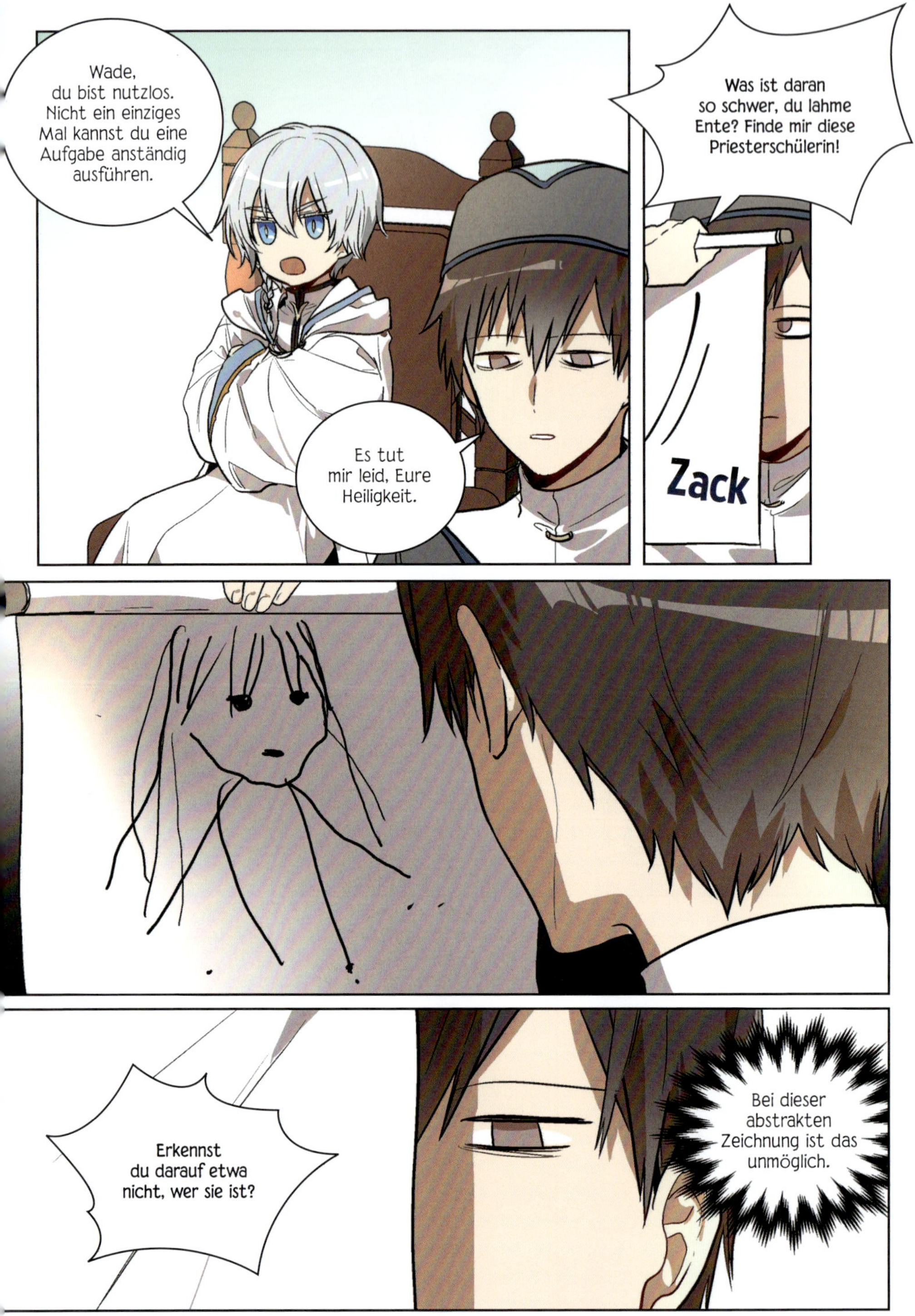
Wade, du bist nutzlos. Nicht ein einziges Mal kannst du eine Aufgabe anständig ausführen.
Es tut mir leid, Eure Heiligkeit.
Was ist daran so schwer, du lahme Ente? Finde mir diese Priesterschülerin!
Zack
Erkennst du darauf etwa nicht, wer sie ist?
Bei dieser abstrakten Zeichnung ist das unmöglich.

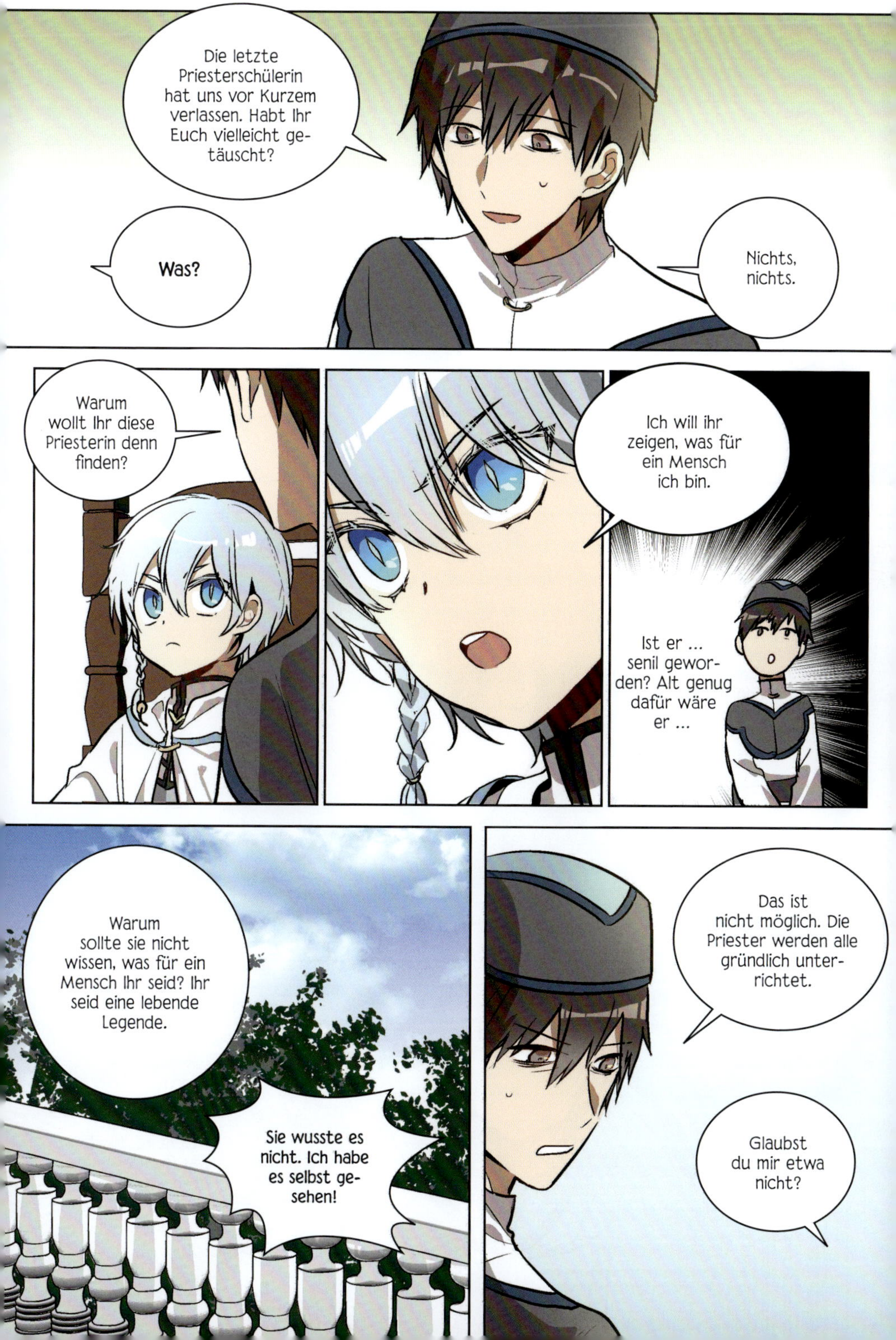
Die letzte Priesterschülerin hat uns vor Kurzem verlassen. Habt Ihr Euch vielleicht getäuscht?
Was?
Nichts, nichts.
Warum wollt Ihr diese Priesterin denn finden?
Ich will ihr zeigen, was für ein Mensch ich bin.
Ist er ... senil geworden? Alt genug dafür wäre er ...
Warum sollte sie nicht wissen, was für ein Mensch Ihr seid? Ihr seid eine lebende Legende.
Sie wusste es nicht. Ich habe es selbst gesehen!
Das ist nicht möglich. Die Priester werden alle gründlich unterrichtet.
Glaubst du mir etwa nicht?

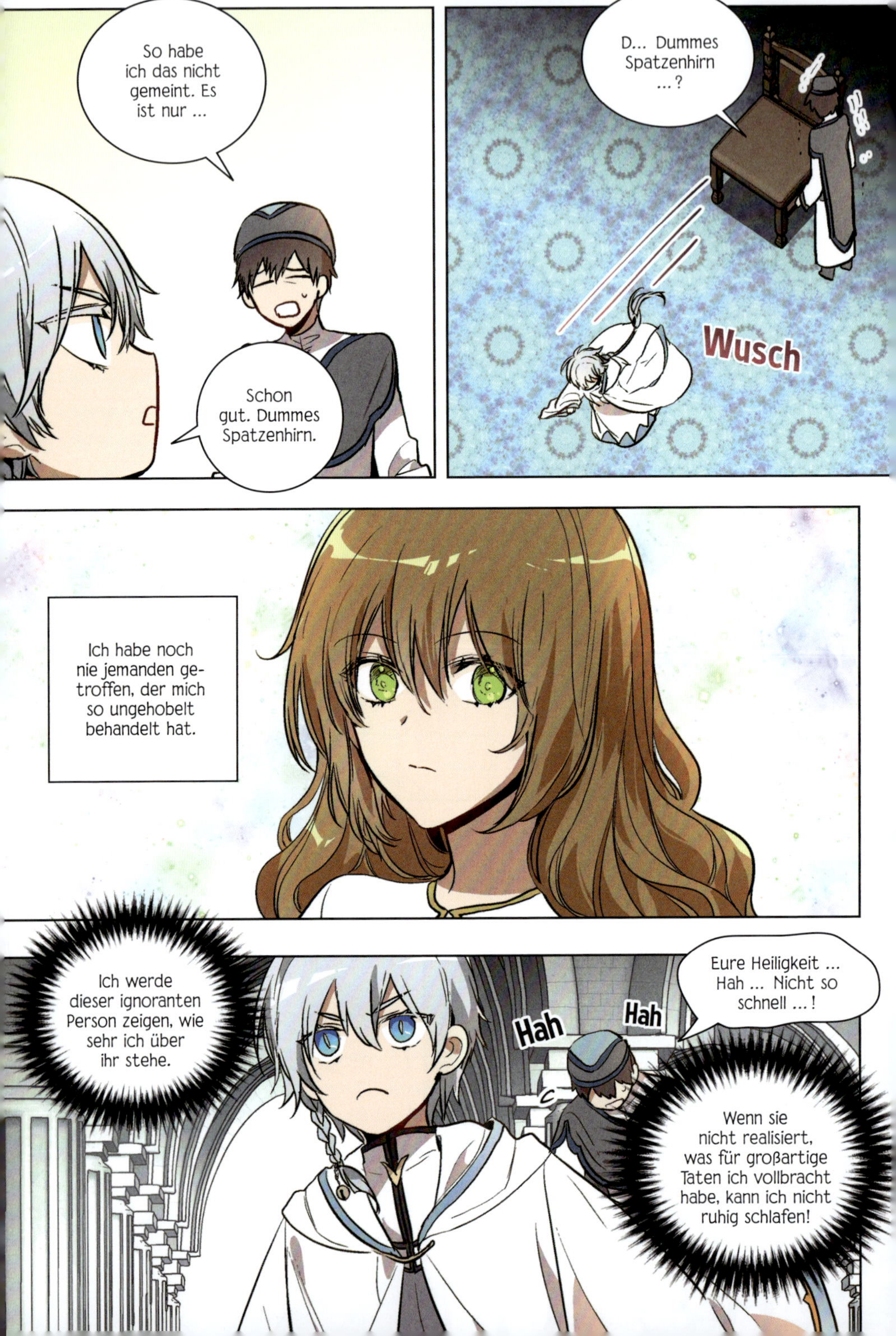
So habe ich das nicht gemeint. Es ist nur ...
Schon gut. Dummes Spatzenhirn.
D... Dummes Spatzenhirn ...?
Wusch
Ich habe noch nie jemanden getroffen, der mich so ungehobelt behandelt hat.
Ich werde dieser ignoranten Person zeigen, wie sehr ich über ihr stehe.
Eure Heiligkeit ... Hah ... Nicht so schnell ...!
Hah
Hah
Wenn sie nicht realisiert, was für großartige Taten ich vollbracht habe, kann ich nicht ruhig schlafen!

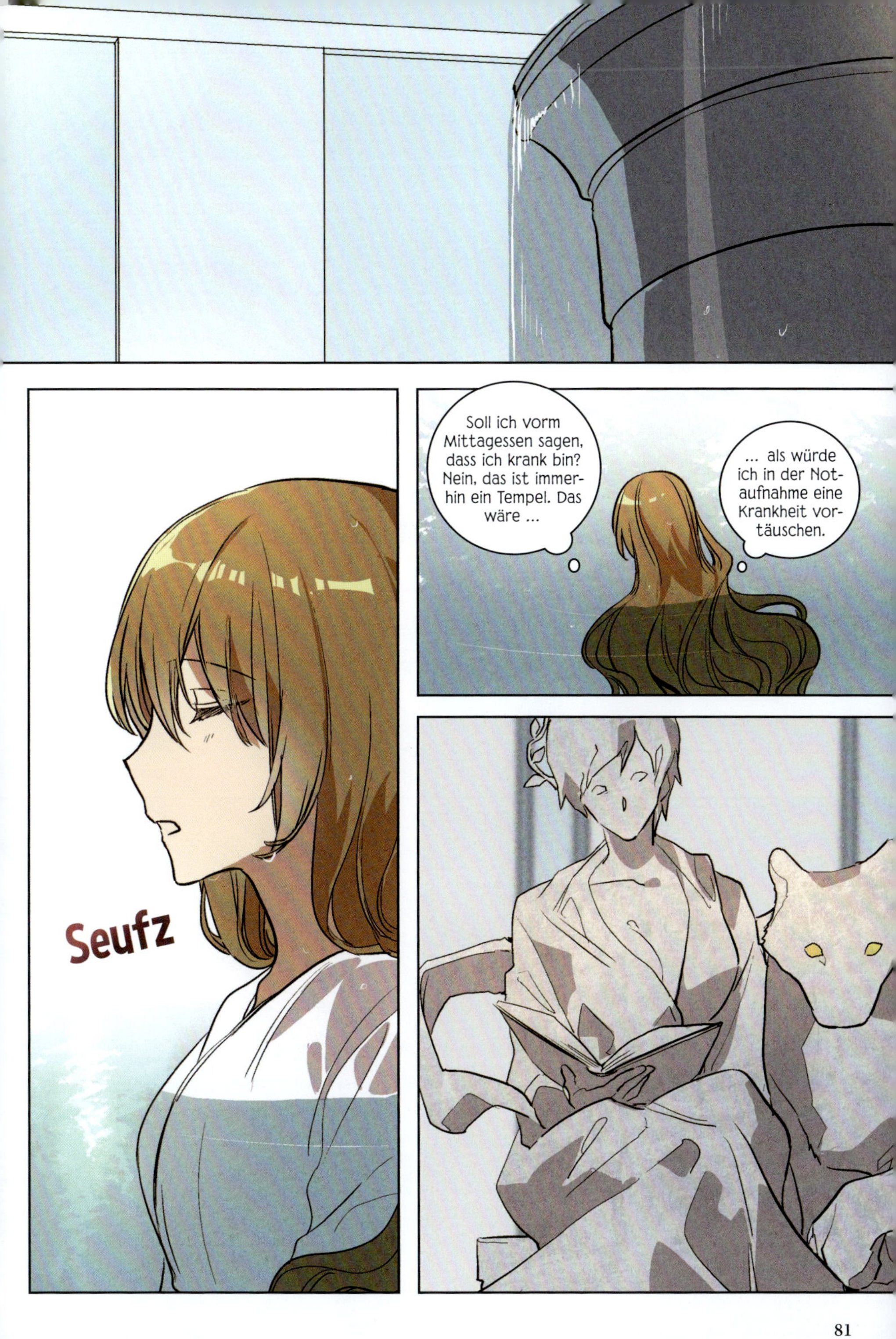
Seufz
Soll ich vorm Mittagessen sagen, dass ich krank bin? Nein, das ist immerhin ein Tempel. Das wäre ...
... als würde ich in der Notaufnahme eine Krankheit vortäuschen.

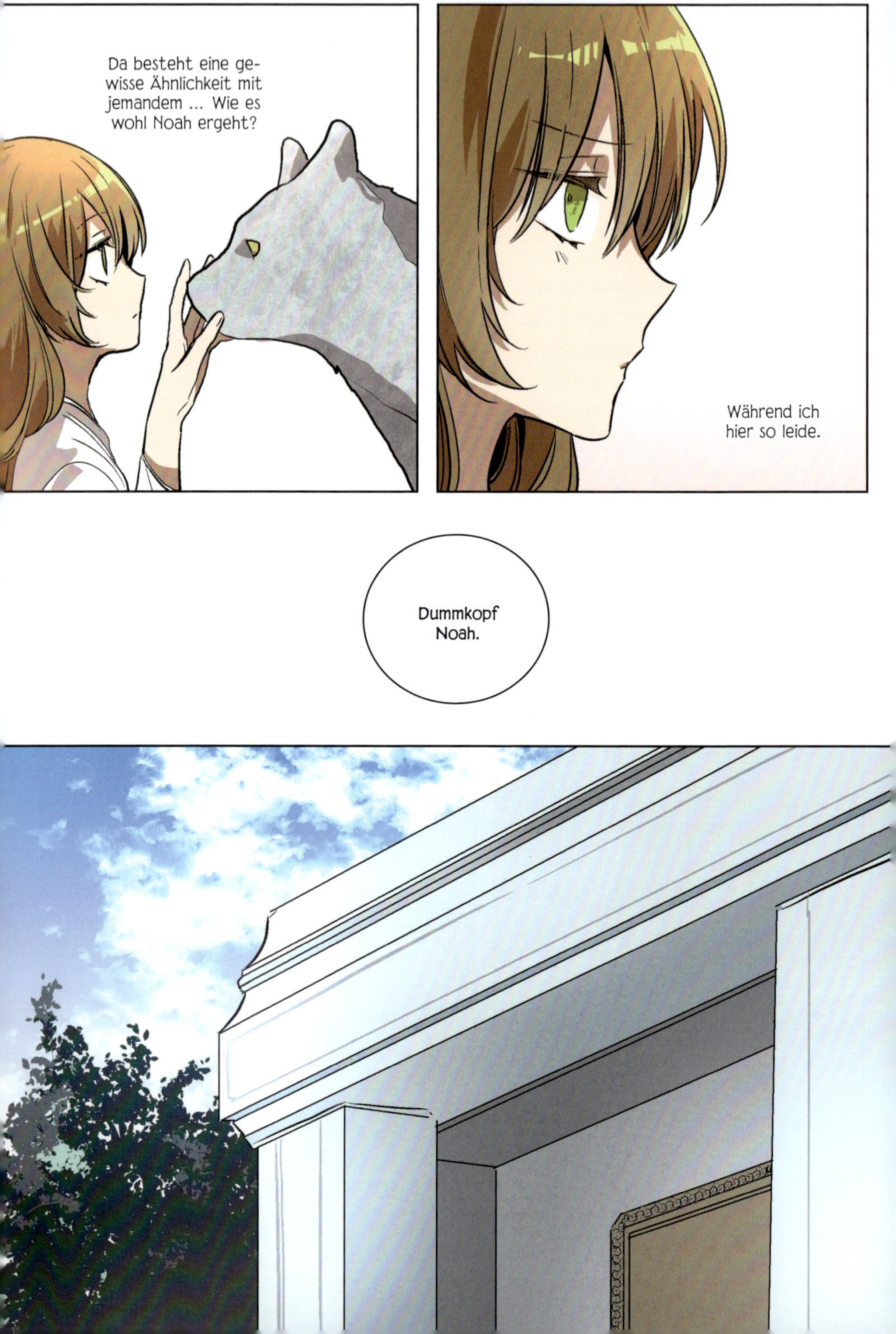
Da besteht eine gewisse Ähnlichkeit mit jemandem ... Wie es wohl Noah ergeht?
Während ich hier so leide.
Dummkopf Noah.

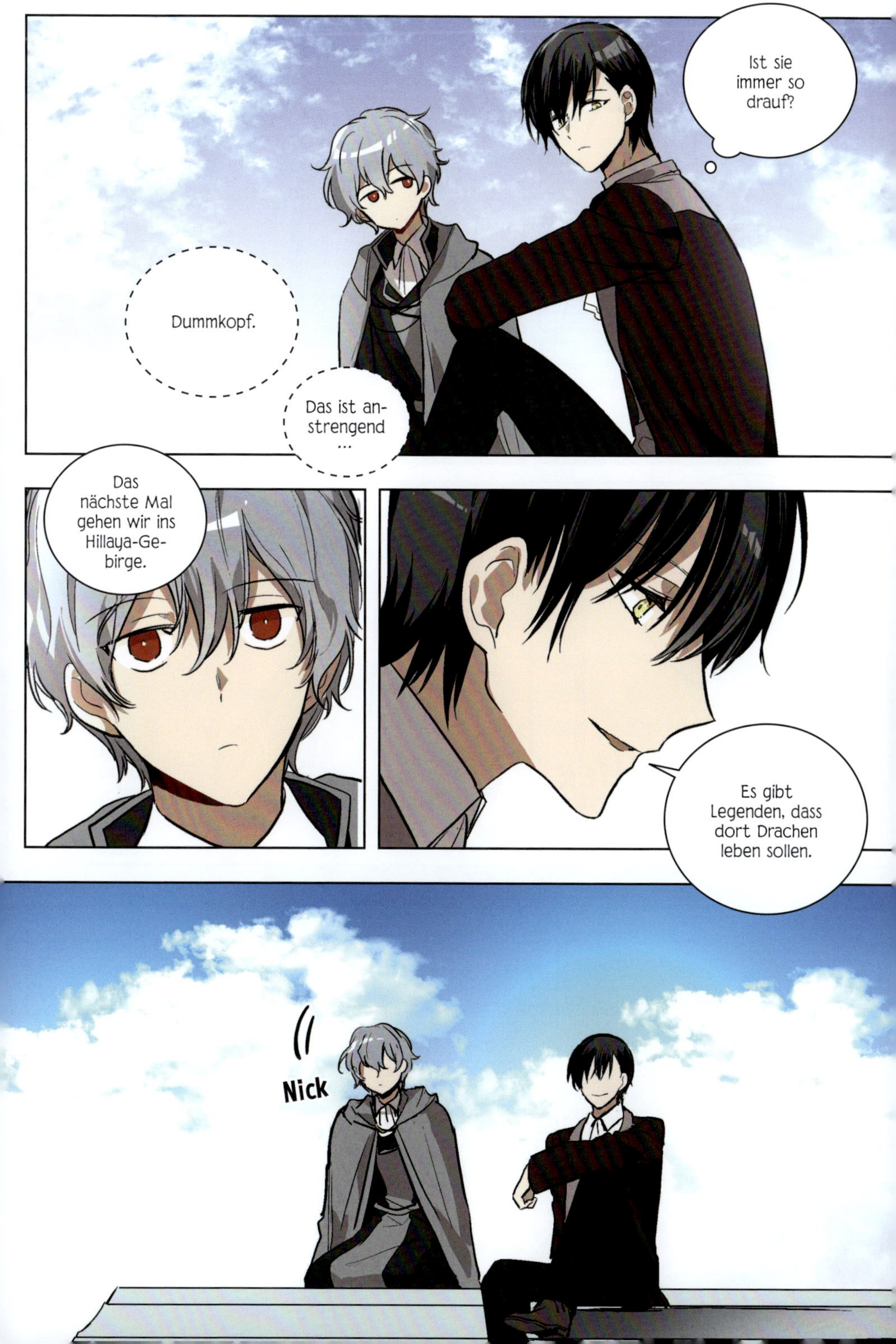
Ist sie immer so drauf?
Dummkopf.
Das ist anstrengend ...
Das nächste Mal gehen wir ins Hillaya-Gebirge.
Es gibt Legenden, dass dort Drachen leben sollen.
Nick

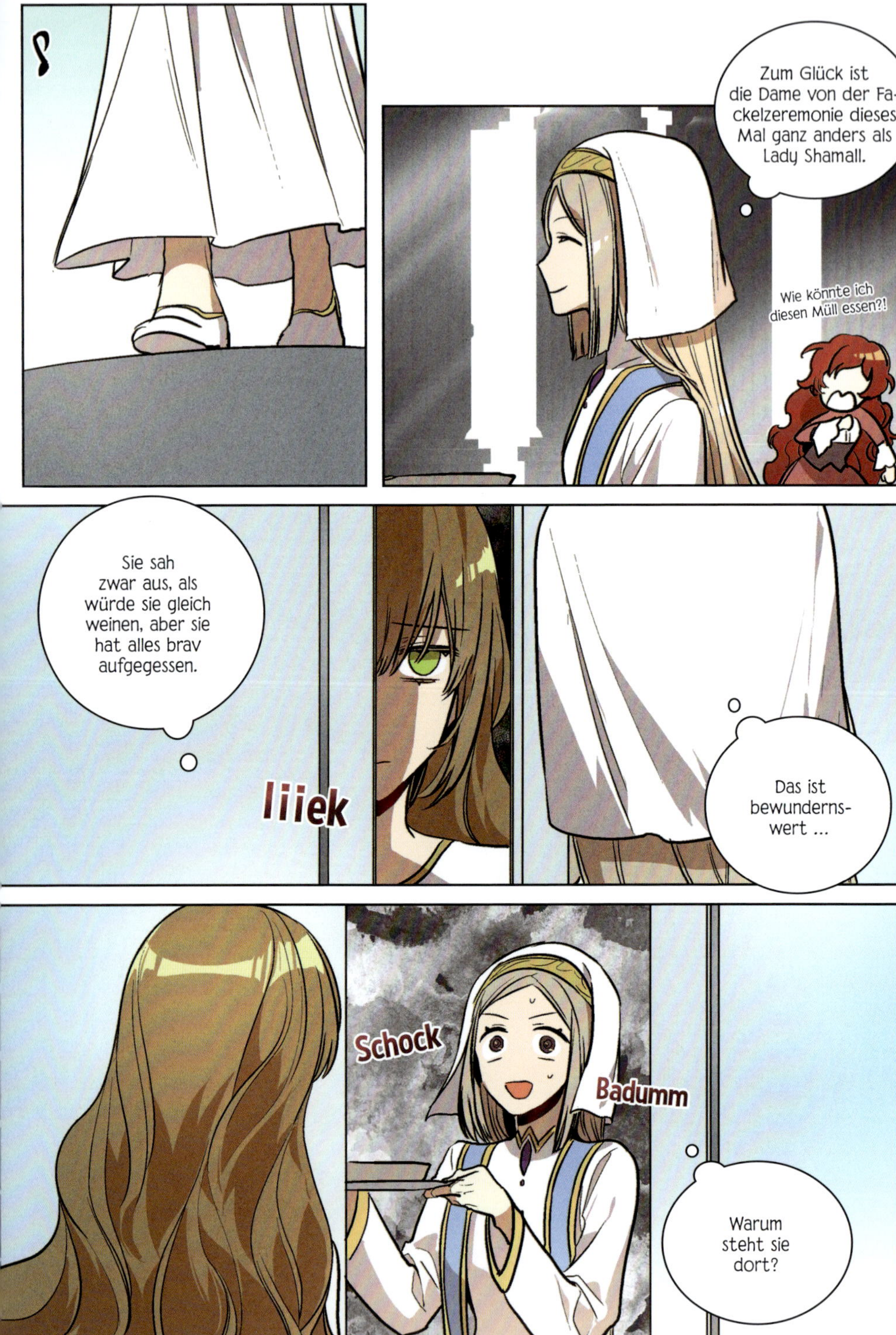
Zum Glück ist die Dame von der Fackelzeremonie dieses Mal ganz anders als Lady Shamall.
Wie könnte ich diesen Müll essen?!
Sie sah zwar aus, als würde sie gleich weinen, aber sie hat alles brav aufgegessen.
Iiiek
Das ist bewundernswert ...
Schock
Badumm
Warum steht sie dort?

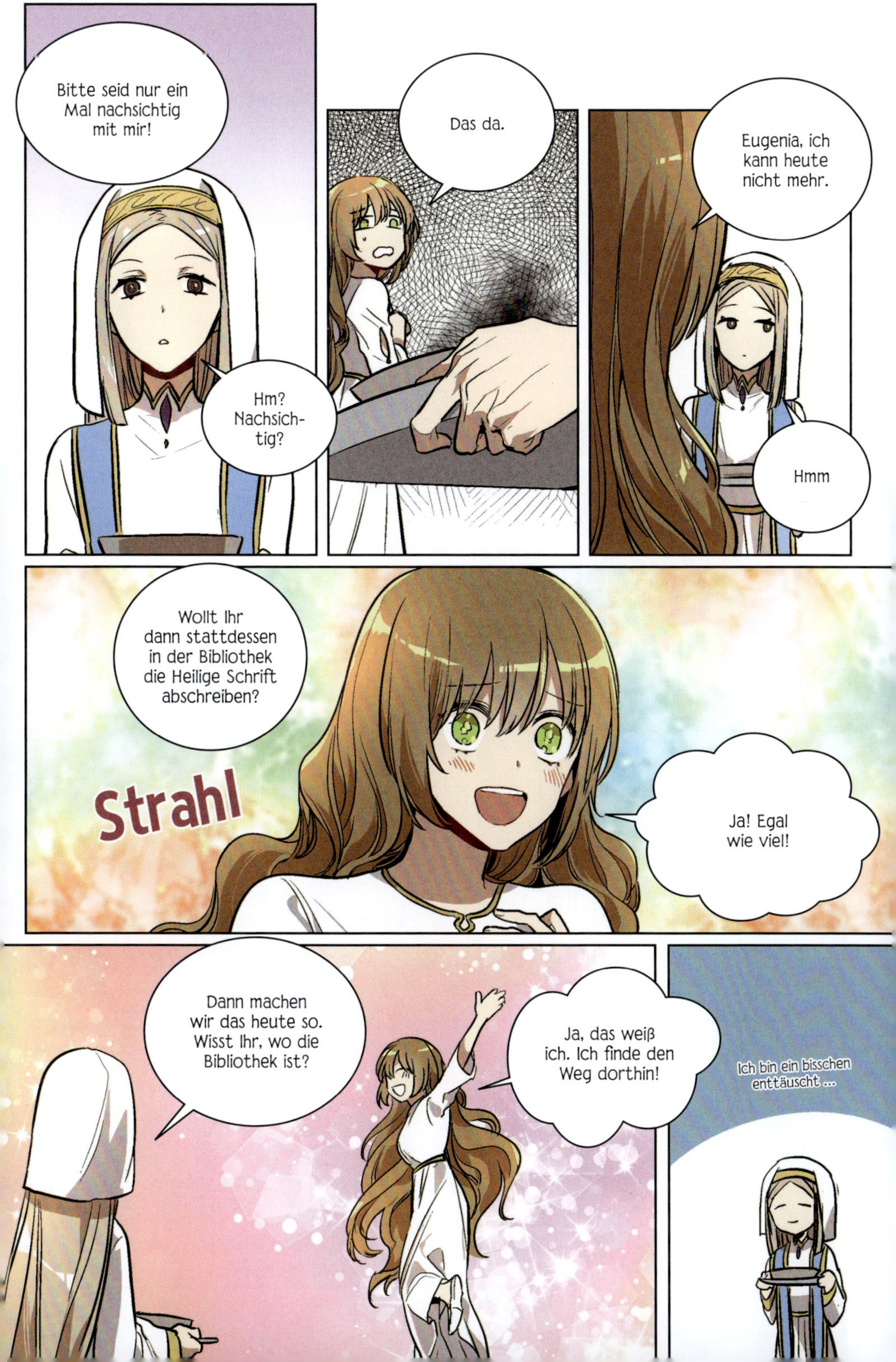
Bitte seid nur ein Mal nachsichtig mit mir!
Hm? Nachsich-tig?
Das da.
Eugenia, ich kann heute nicht mehr.
Hmm
Wollt Ihr dann stattdessen in der Bibliothek die Heilige Schrift abschreiben?
Strahl
Ja! Egal wie viel!
Dann machen wir das heute so. Wisst Ihr, wo die Bibliothek ist?
Ja, das weiß ich. Ich finde den Weg dorthin!
Ich bin ein bisschen enttäuscht ...

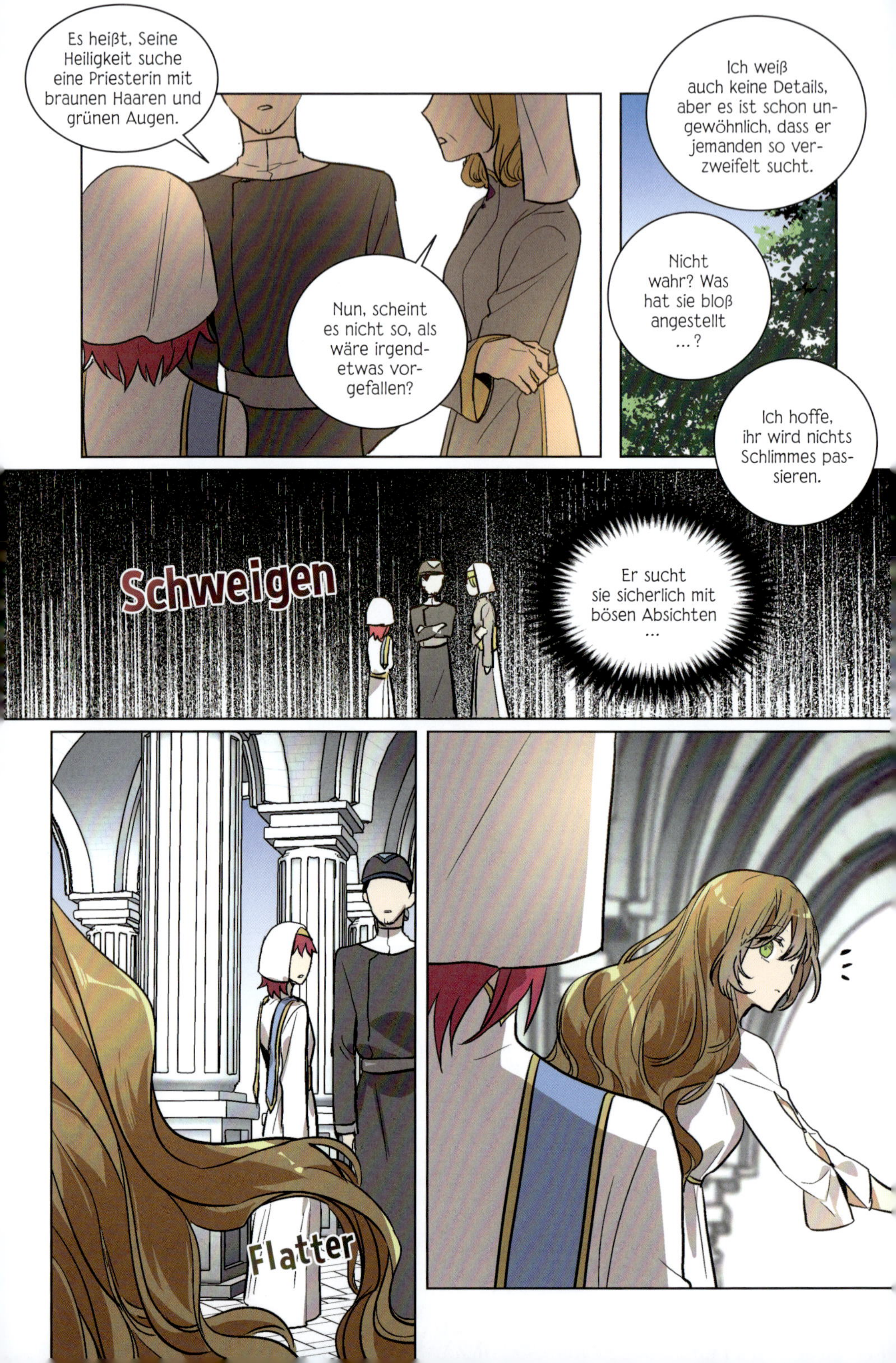
Es heißt, Seine Heiligkeit suche eine Priesterin mit braunen Haaren und grünen Augen.
Nun, scheint es nicht so, als wäre irgendetwas vorgefallen?
Ich weiß auch keine Details, aber es ist schon ungewöhnlich, dass er jemanden so verzweifelt sucht.
Nicht wahr? Was hat sie bloß angestellt …?
Ich hoffe, ihr wird nichts Schlimmes passieren.
Schweigen
Er sucht sie sicherlich mit bösen Absichten …
Flatter

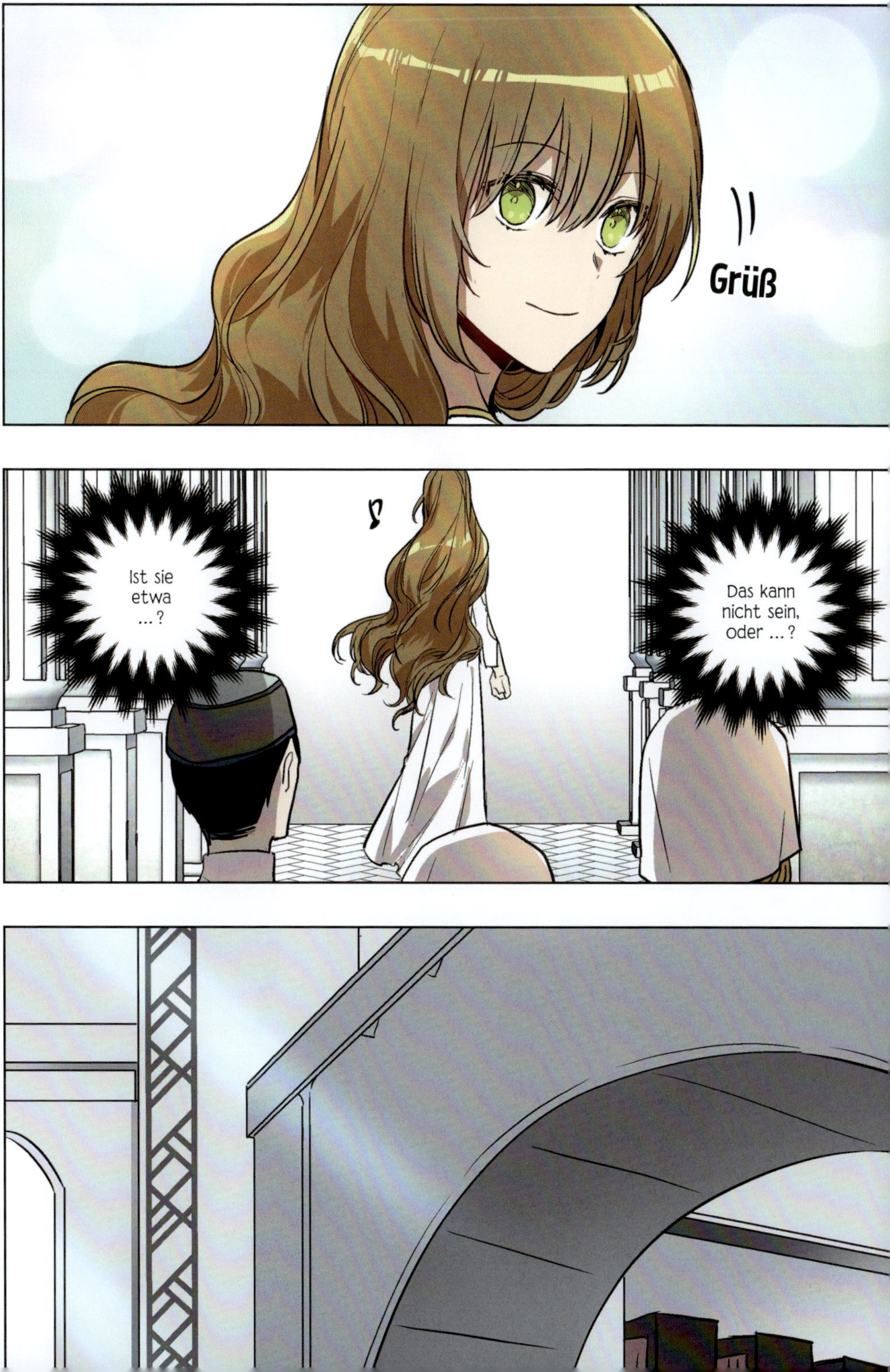
Grüß
Ist sie etwa ...?
Das kann nicht sein, oder ...?

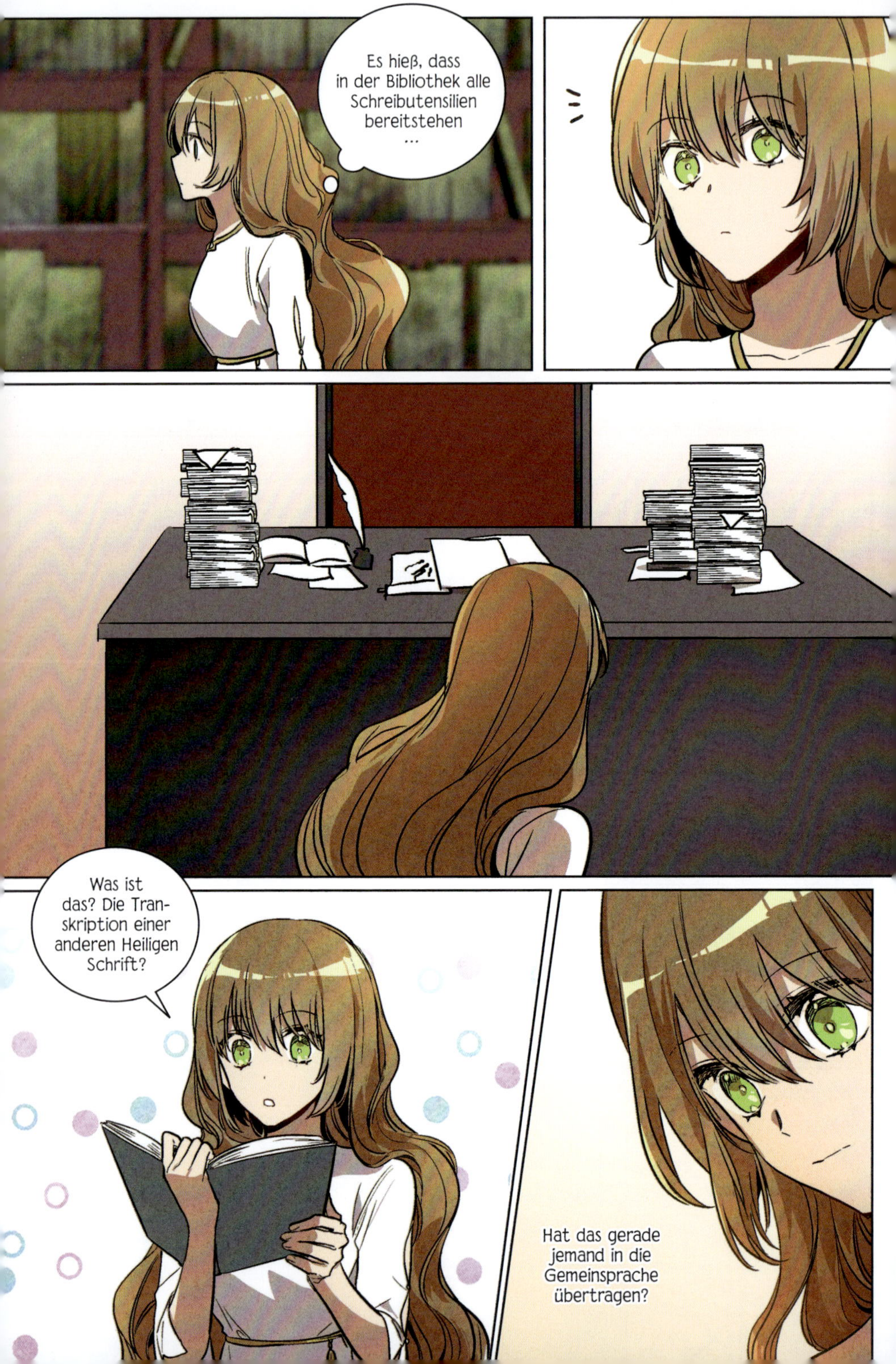
Es hieß, dass in der Bibliothek alle Schreibutensilien bereitstehen …
Was ist das? Die Transkription einer anderen Heiligen Schrift?
Hat das gerade jemand in die Gemeinsprache übertragen?

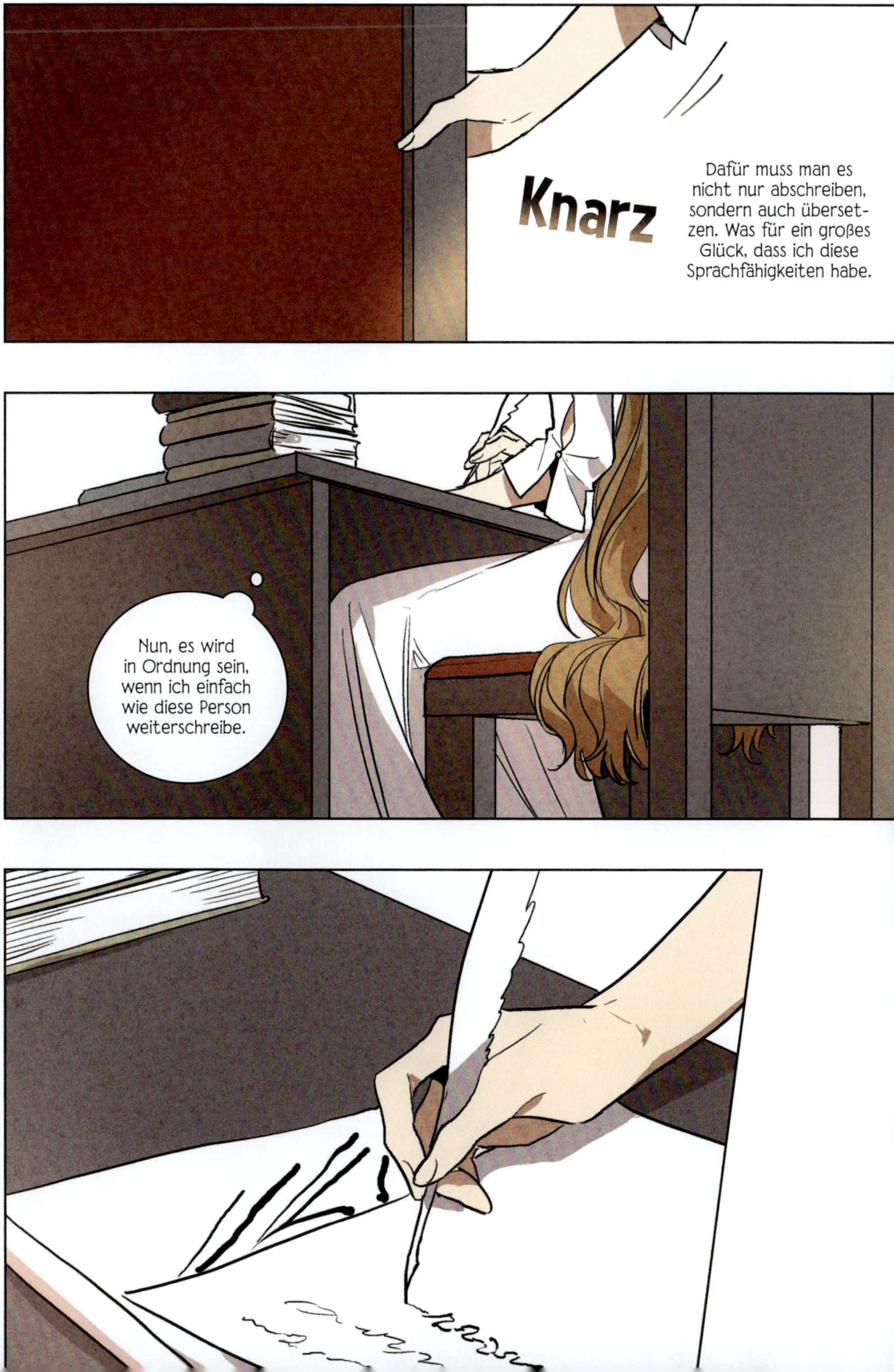
Knarz
Dafür muss man es nicht nur abschreiben, sondern auch überset-zen. Was für ein großes Glück, dass ich diese Sprachfähigkeiten habe.
Nun, es wird in Ordnung sein, wenn ich einfach wie diese Person weiterschreibe.

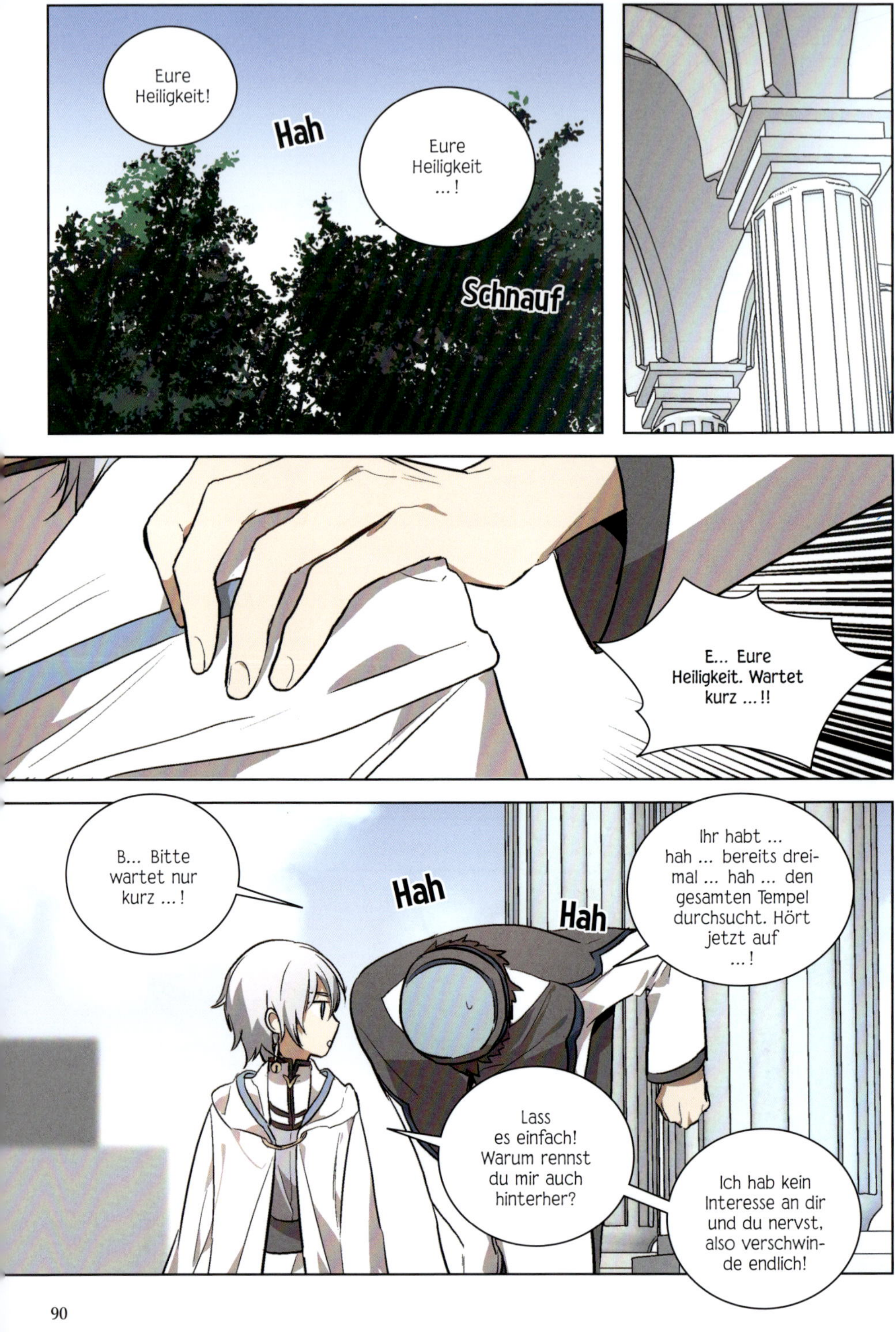
Eure Heiligkeit!
Hah
Eure Heiligkeit …!
Schnauf
E… Eure Heiligkeit. Wartet kurz …!!
B… Bitte wartet nur kurz …!
Hah
Hah
Ihr habt … hah … bereits dreimal … hah … den gesamten Tempel durchsucht. Hört jetzt auf …!
Lass es einfach! Warum rennst du mir auch hinterher?
Ich hab kein Interesse an dir und du nervst, also verschwinde endlich!

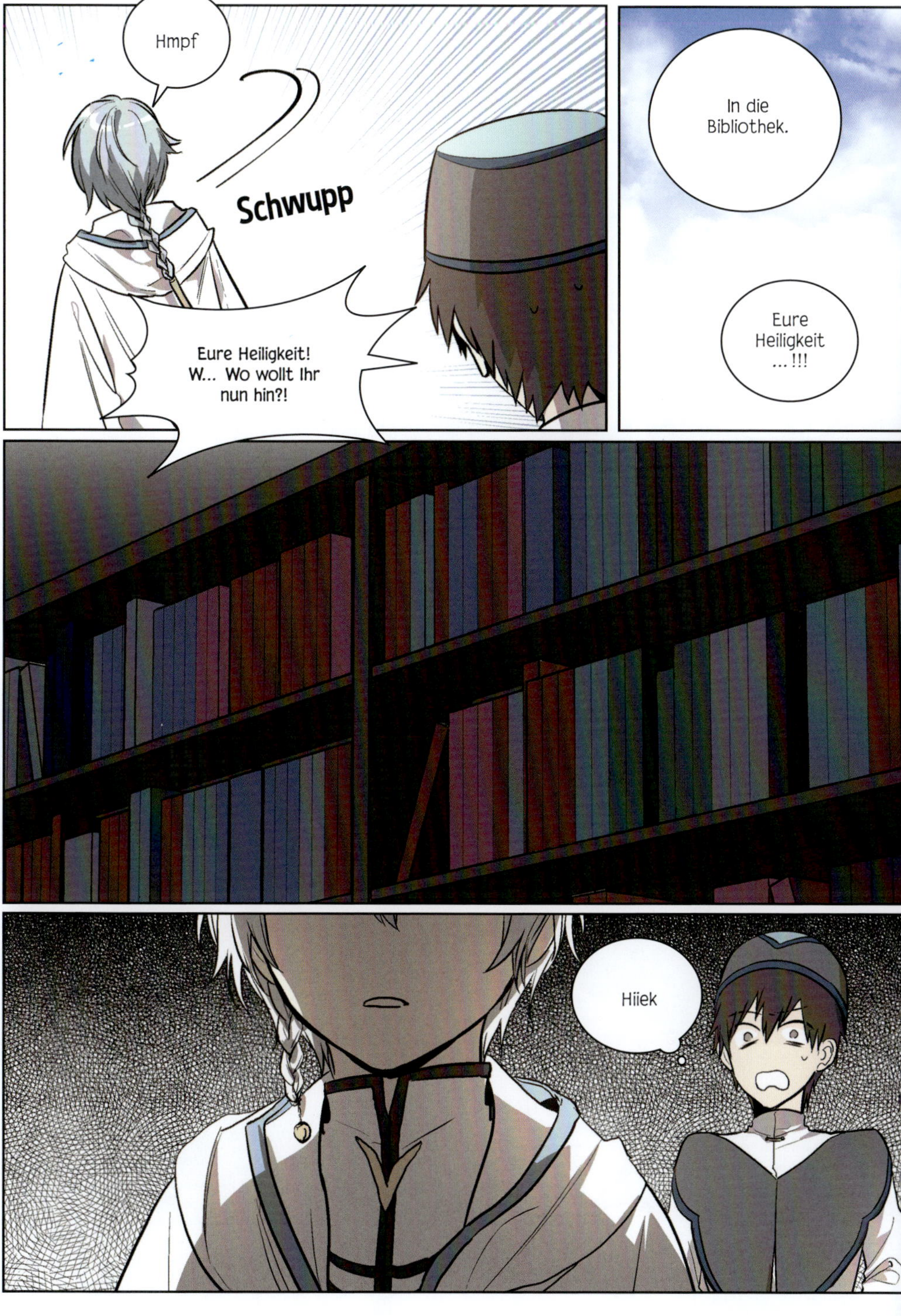
Hmpf
Schwupp
Eure Heiligkeit! W... Wo wollt Ihr nun hin?!
In die Bibliothek.
Eure Heiligkeit ...!!!
Hiiek

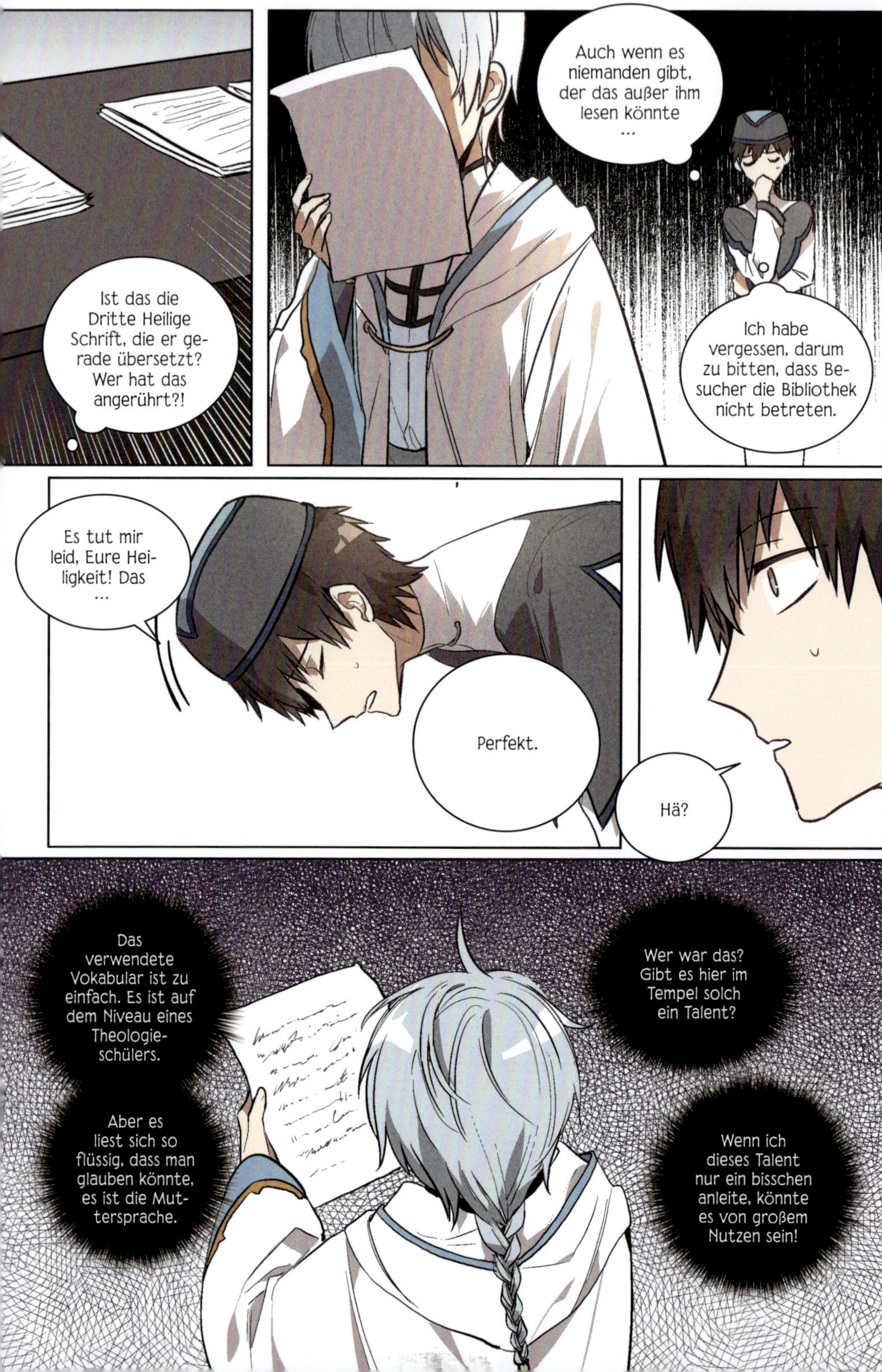
Ist das die Dritte Heilige Schrift, die er gerade übersetzt? Wer hat das angerührt?!
Auch wenn es niemanden gibt, der das außer ihm lesen könnte …
Ich habe vergessen, darum zu bitten, dass Besucher die Bibliothek nicht betreten.
Es tut mir leid, Eure Heiligkeit! Das …
Perfekt.
Hä?
Das verwendete Vokabular ist zu einfach. Es ist auf dem Niveau eines Theologieschülers.
Aber es liest sich so flüssig, dass man glauben könnte, es ist die Muttersprache.
Wer war das? Gibt es hier im Tempel solch ein Talent?
Wenn ich dieses Talent nur ein bisschen anleite, könnte es von großem Nutzen sein!

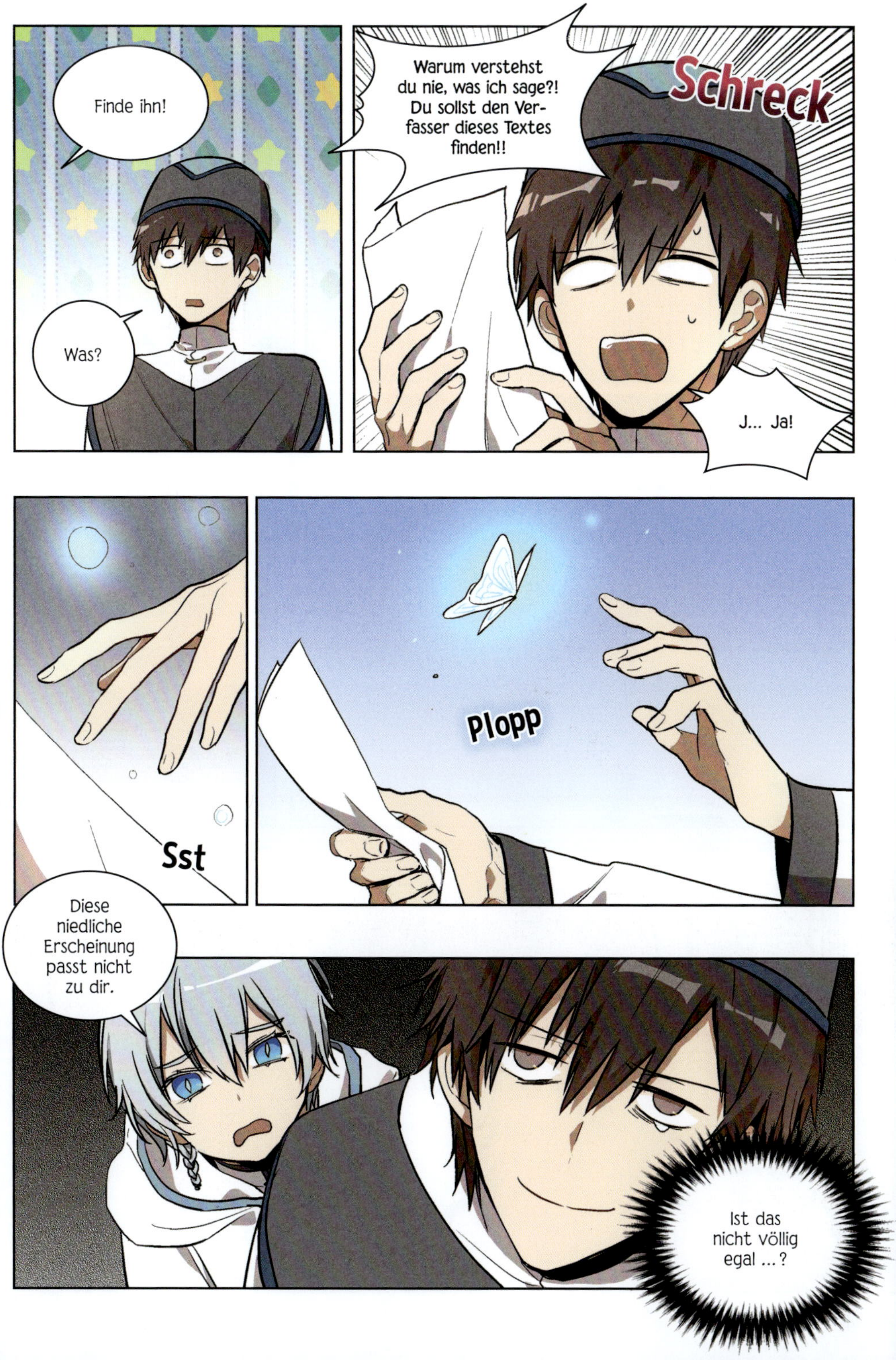
Finde ihn!
Was?
Warum verstehst du nie, was ich sage?! Du sollst den Verfasser dieses Textes finden!!
Schreck
J... Ja!
Sst
Plopp
Diese niedliche Erscheinung passt nicht zu dir.
Ist das nicht völlig egal ...?

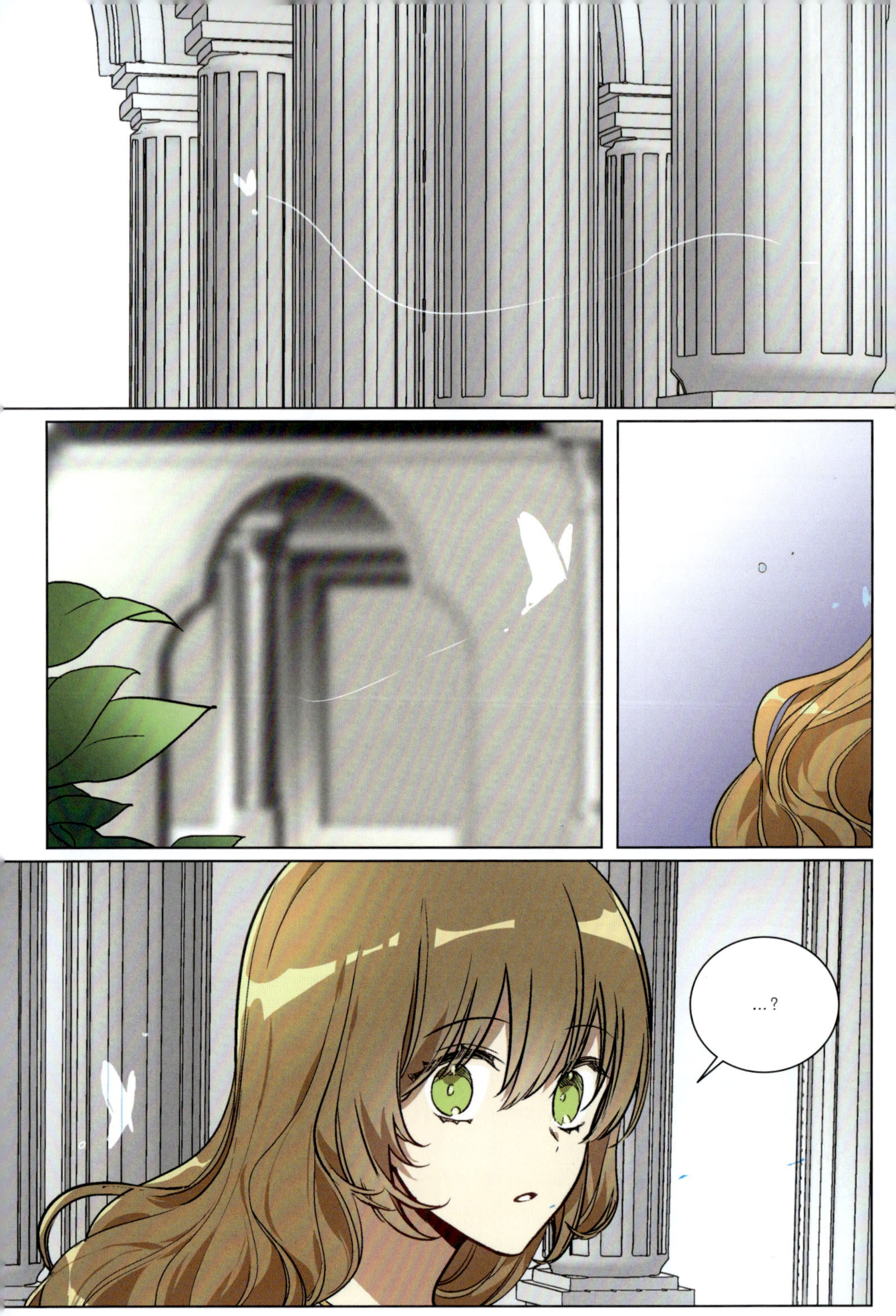

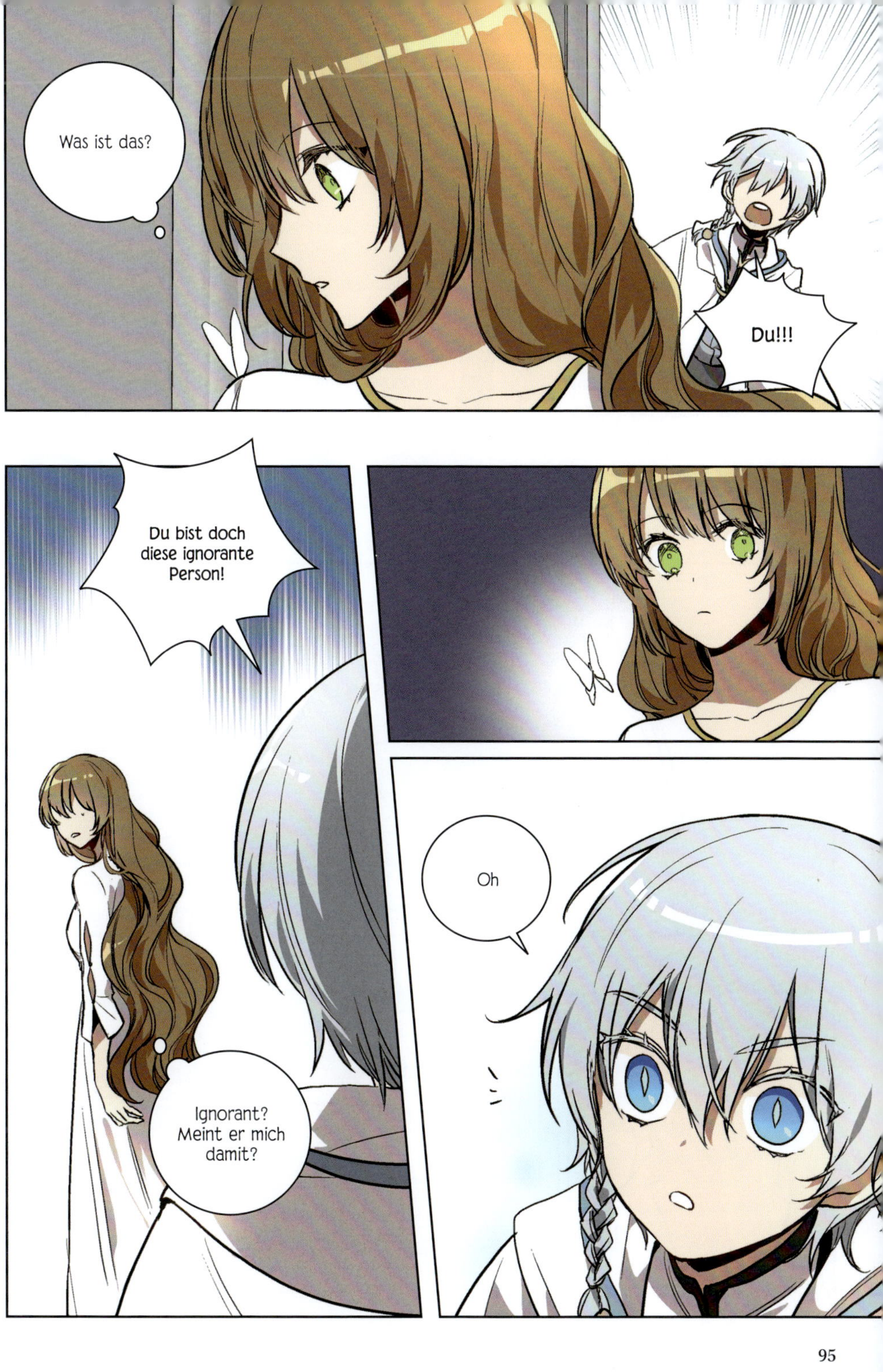
Was ist das?
Du!!!
Du bist doch diese ignorante Person!
Oh
Ignorant? Meint er mich damit?

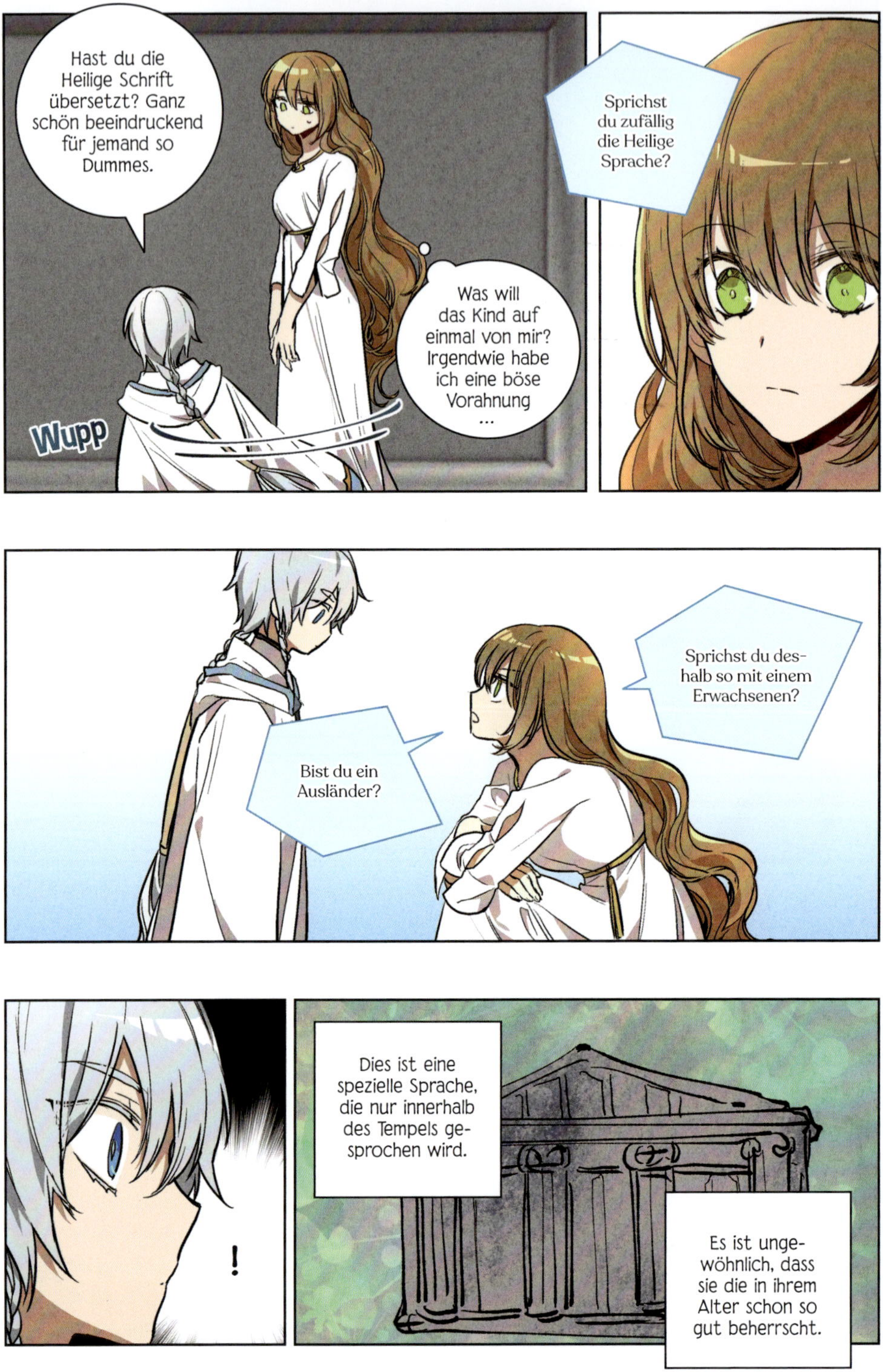
Hast du die Heilige Schrift übersetzt? Ganz schön beeindruckend für jemand so Dummes.
Was will das Kind auf einmal von mir? Irgendwie habe ich eine böse Vorahnung ...
Wupp
Sprichst du zufällig die Heilige Sprache?
Sprichst du deshalb so mit einem Erwachsenen?
Bist du ein Ausländer?
!
Dies ist eine spezielle Sprache, die nur innerhalb des Tempels gesprochen wird.
Es ist ungewöhnlich, dass sie die in ihrem Alter schon so gut beherrscht.

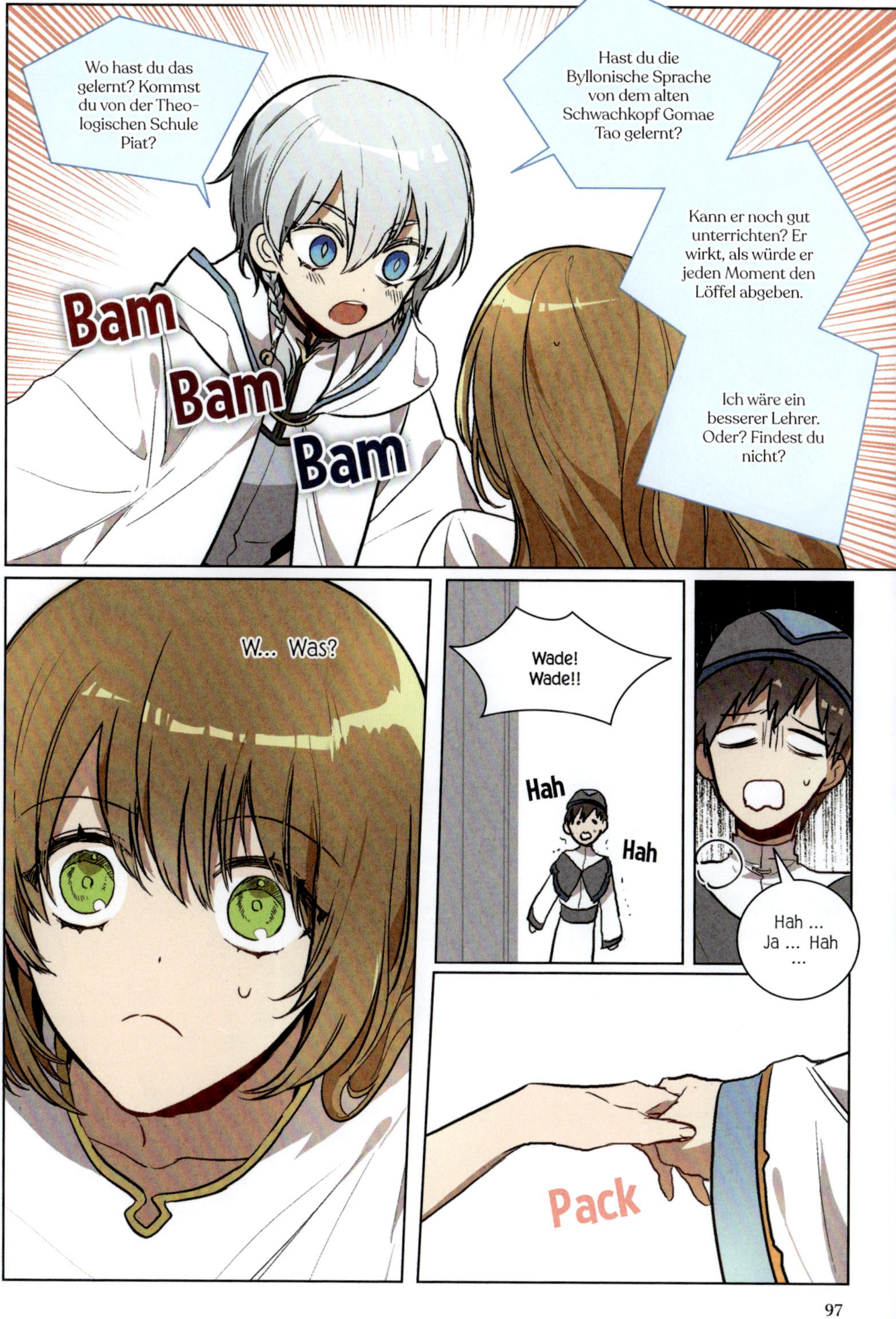
Wo hast du das gelernt? Kommst du von der Theologischen Schule Piat?
Hast du die Byllonische Sprache von dem alten Schwachkopf Gomae Tao gelernt?
Kann er noch gut unterrichten? Er wirkt, als würde er jeden Moment den Löffel abgeben.
Ich wäre ein besserer Lehrer. Oder? Findest du nicht?
Bam
Bam
Bam
W... Was?
Wade! Wade!!
Hah
Hah
Hah ... Ja ... Hah ...
Pack

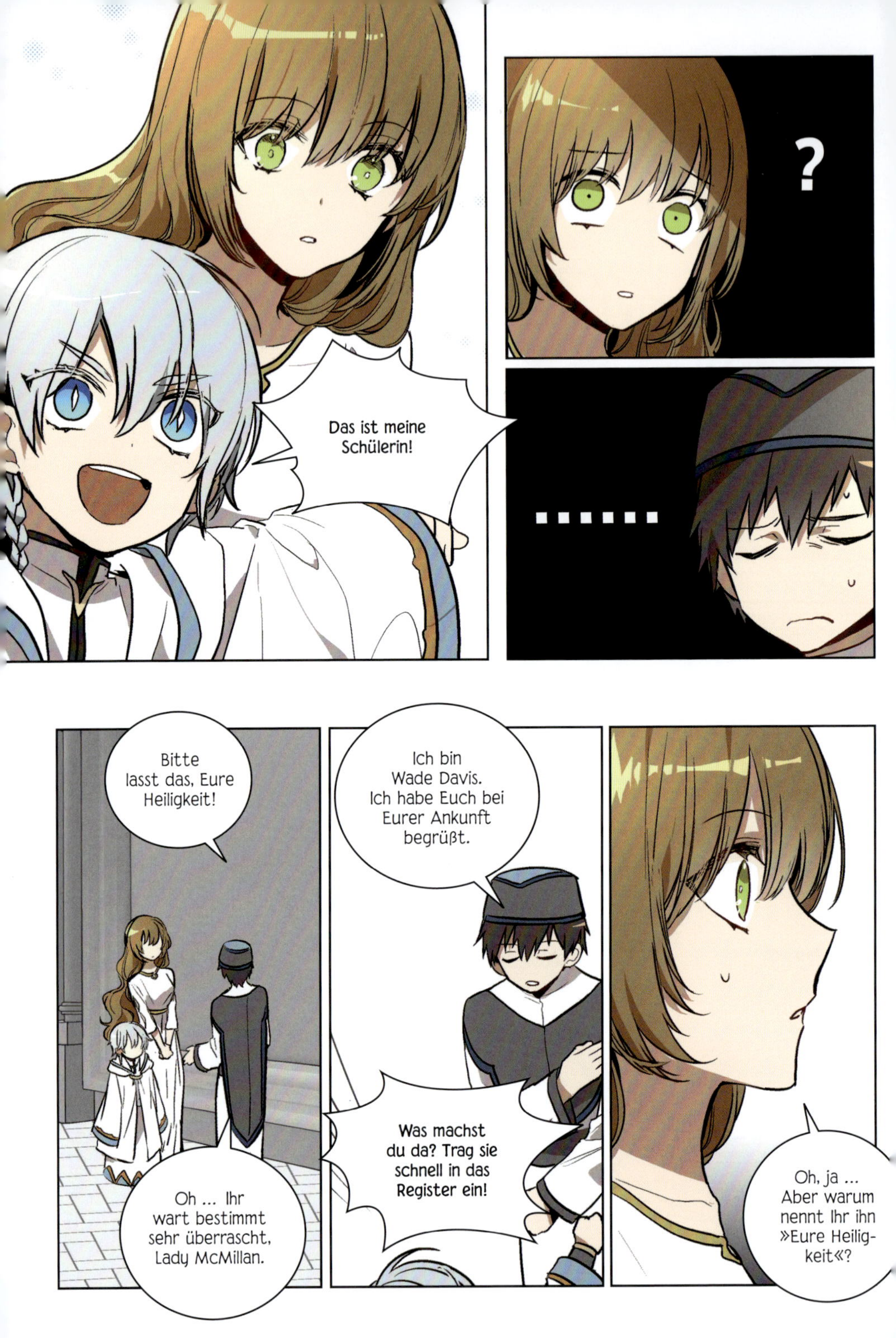
Das ist meine Schülerin!
?
......
Bitte lasst das, Eure Heiligkeit!
Oh ... Ihr wart bestimmt sehr überrascht, Lady McMillan.
Ich bin Wade Davis. Ich habe Euch bei Eurer Ankunft begrüßt.
Was machst du da? Trag sie schnell in das Register ein!
Oh, ja ... Aber warum nennt Ihr ihn »Eure Heilig-keit«?

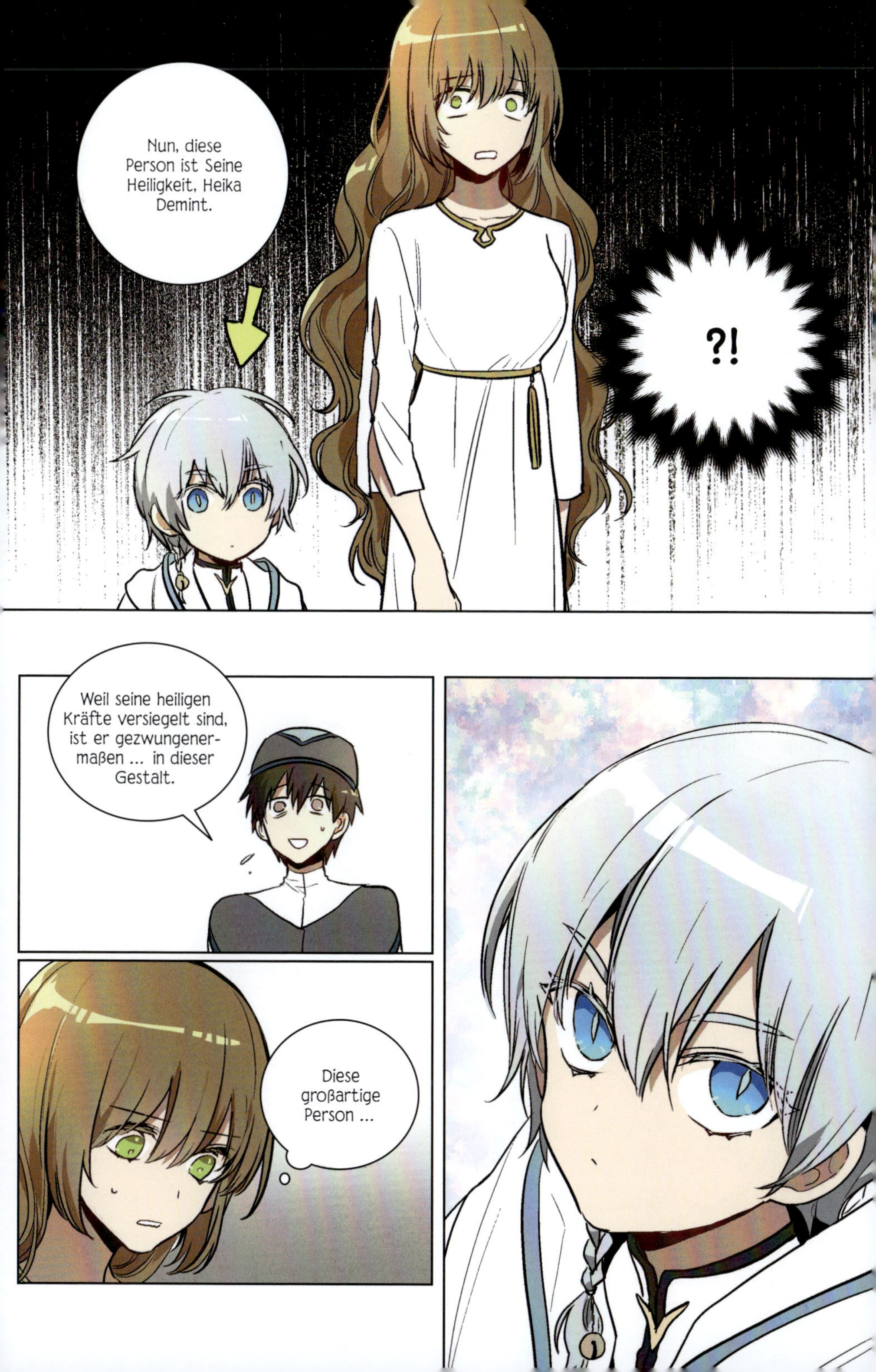
Nun, diese Person ist Seine Heiligkeit, Heika Demint.
?!
Weil seine heiligen Kräfte versiegelt sind, ist er gezwungenermaßen ... in dieser Gestalt.
Diese großartige Person ...

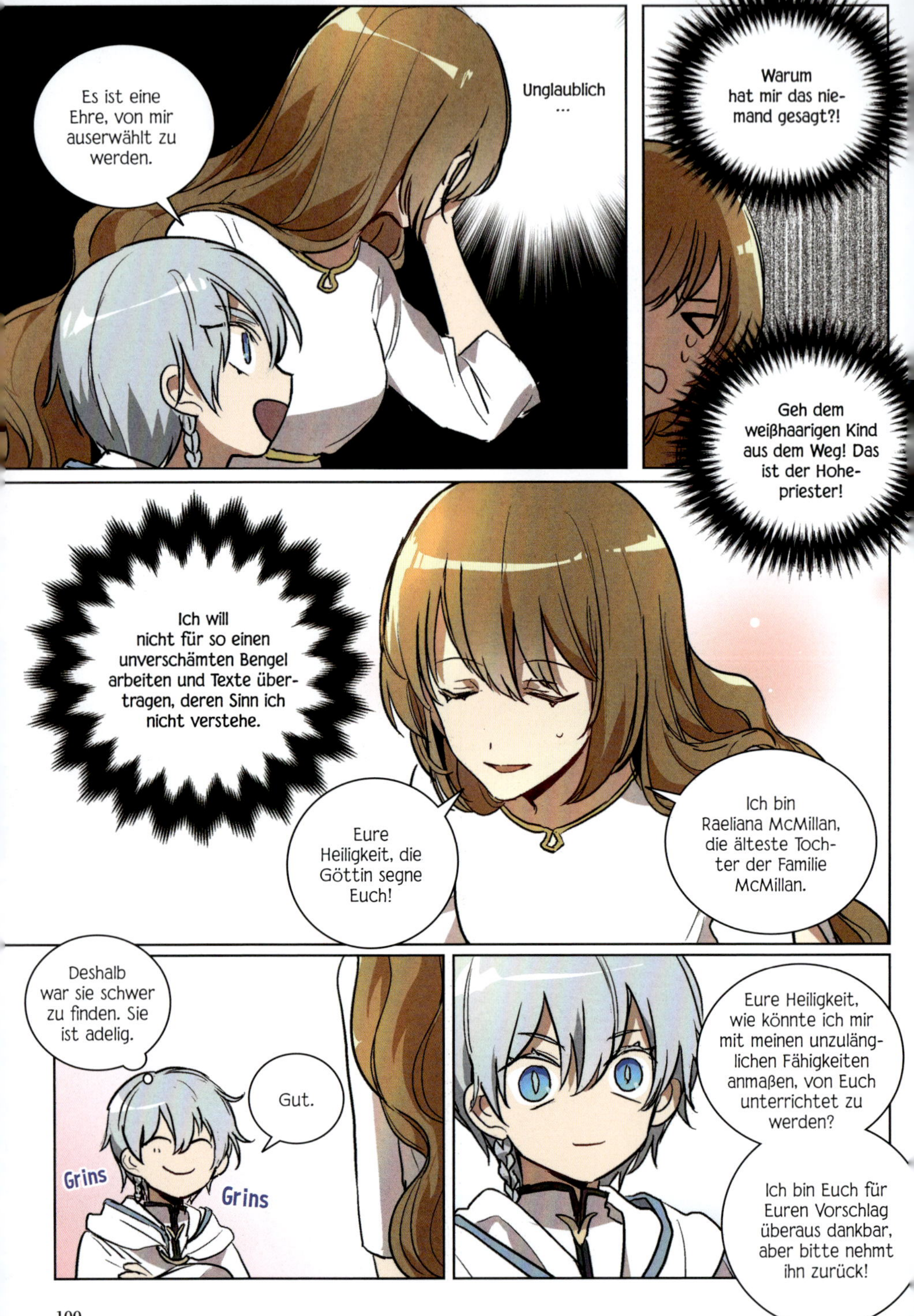
Es ist eine Ehre, von mir auserwählt zu werden.
Unglaublich ...
Warum hat mir das niemand gesagt?!
Geh dem weißhaarigen Kind aus dem Weg! Das ist der Hohepriester!
Ich will nicht für so einen unverschämten Bengel arbeiten und Texte übertragen, deren Sinn ich nicht verstehe.
Ich bin Raeliana McMillan, die älteste Tochter der Familie McMillan.
Eure Heiligkeit, die Göttin segne Euch!
Deshalb war sie schwer zu finden. Sie ist adelig.
Gut.
Grins
Grins
Eure Heiligkeit, wie könnte ich mir mit meinen unzulänglichen Fähigkeiten anmaßen, von Euch unterrichtet zu werden?
Ich bin Euch für Euren Vorschlag überaus dankbar, aber bitte nehmt ihn zurück!

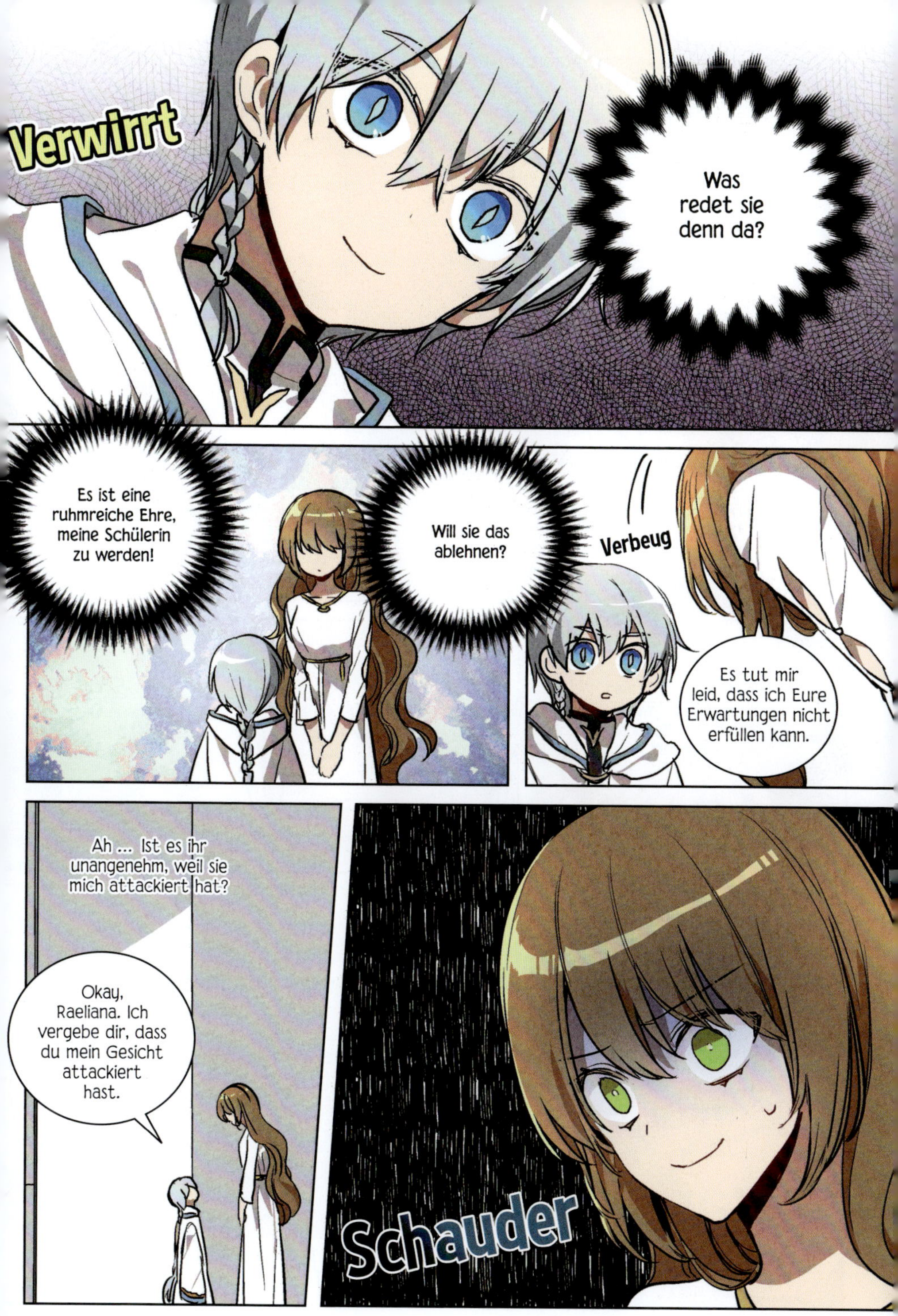
Verwirrt
Was redet sie denn da?
Es ist eine ruhmreiche Ehre, meine Schülerin zu werden!
Will sie das ablehnen?
Verbeug
Es tut mir leid, dass ich Eure Erwartungen nicht erfüllen kann.
Ah ... Ist es ihr unangenehm, weil sie mich attackiert hat?
Okay, Raeliana. Ich vergebe dir, dass du mein Gesicht attackiert hast.
Schauder

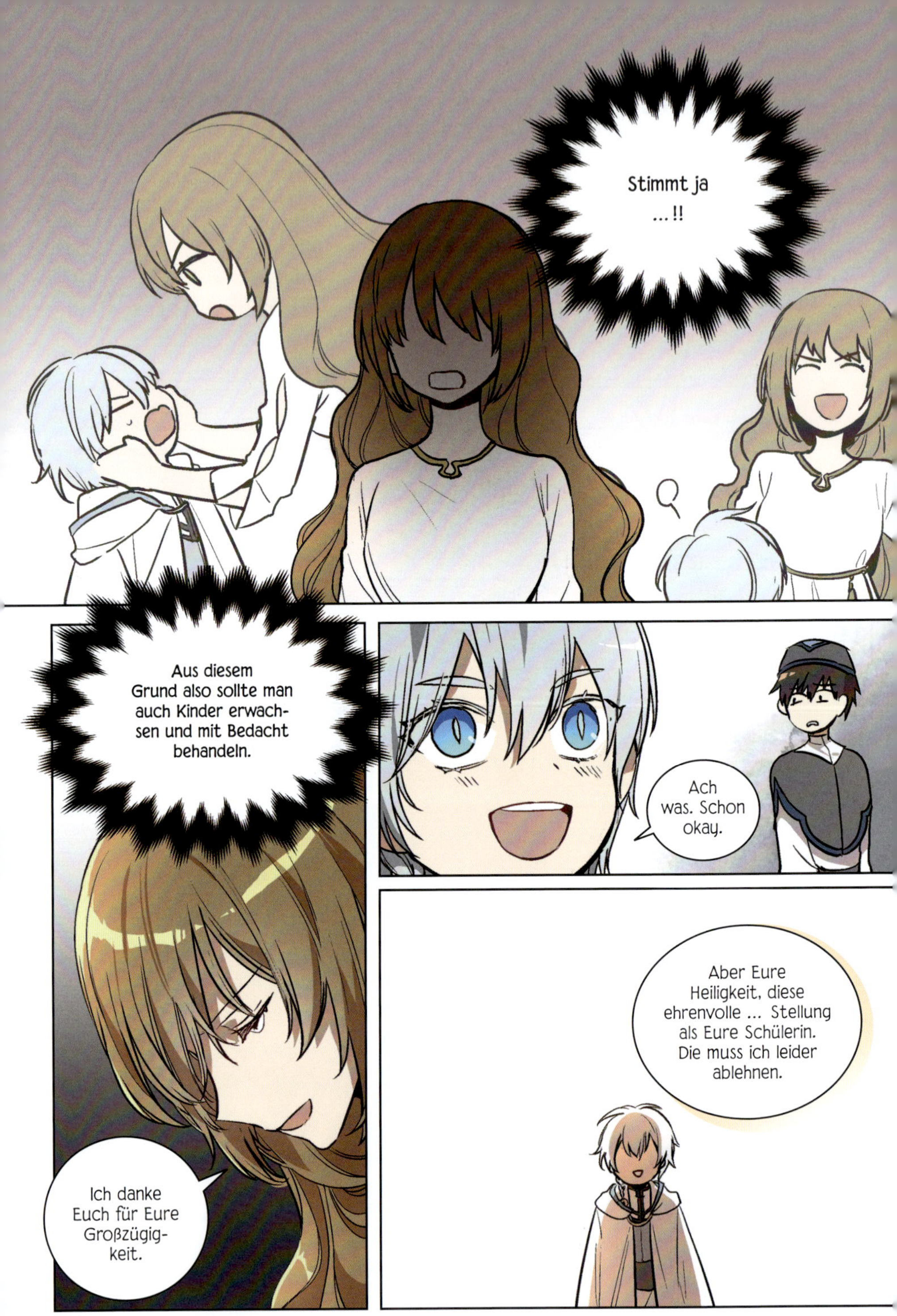

Stimmt ja ...!!
Aus diesem Grund also sollte man auch Kinder erwachsen und mit Bedacht behandeln.
Ach was. Schon okay.
Ich danke Euch für Eure Großzügigkeit.
Aber Eure Heiligkeit, diese ehrenvolle ... Stellung als Eure Schülerin. Die muss ich leider ablehnen.

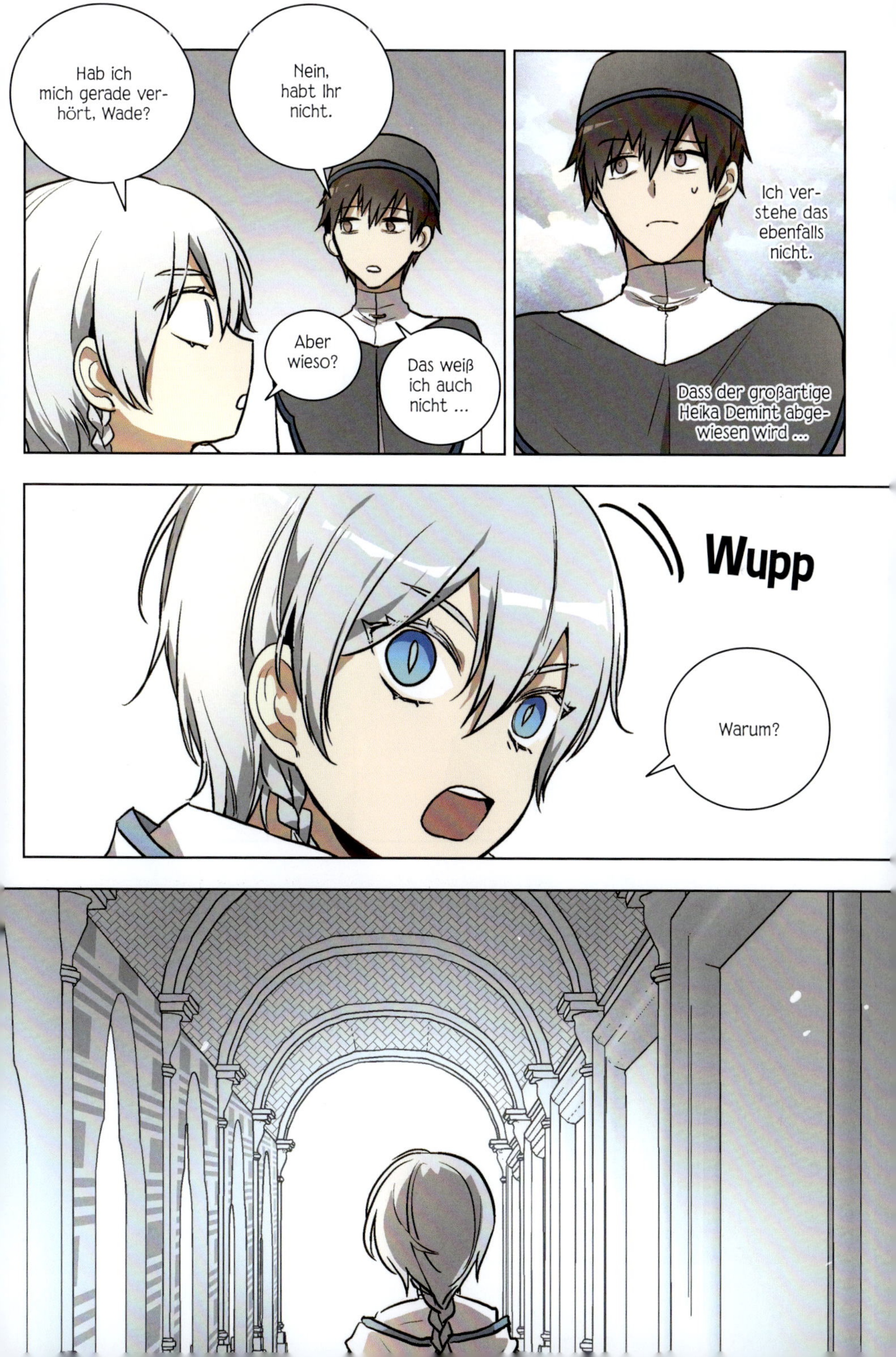
Hab ich mich gerade verhört, Wade?
Nein, habt Ihr nicht.
Aber wieso?
Das weiß ich auch nicht …
Ich verstehe das ebenfalls nicht.
Dass der großartige Heika Demint abgewiesen wird …
Wupp
Warum?

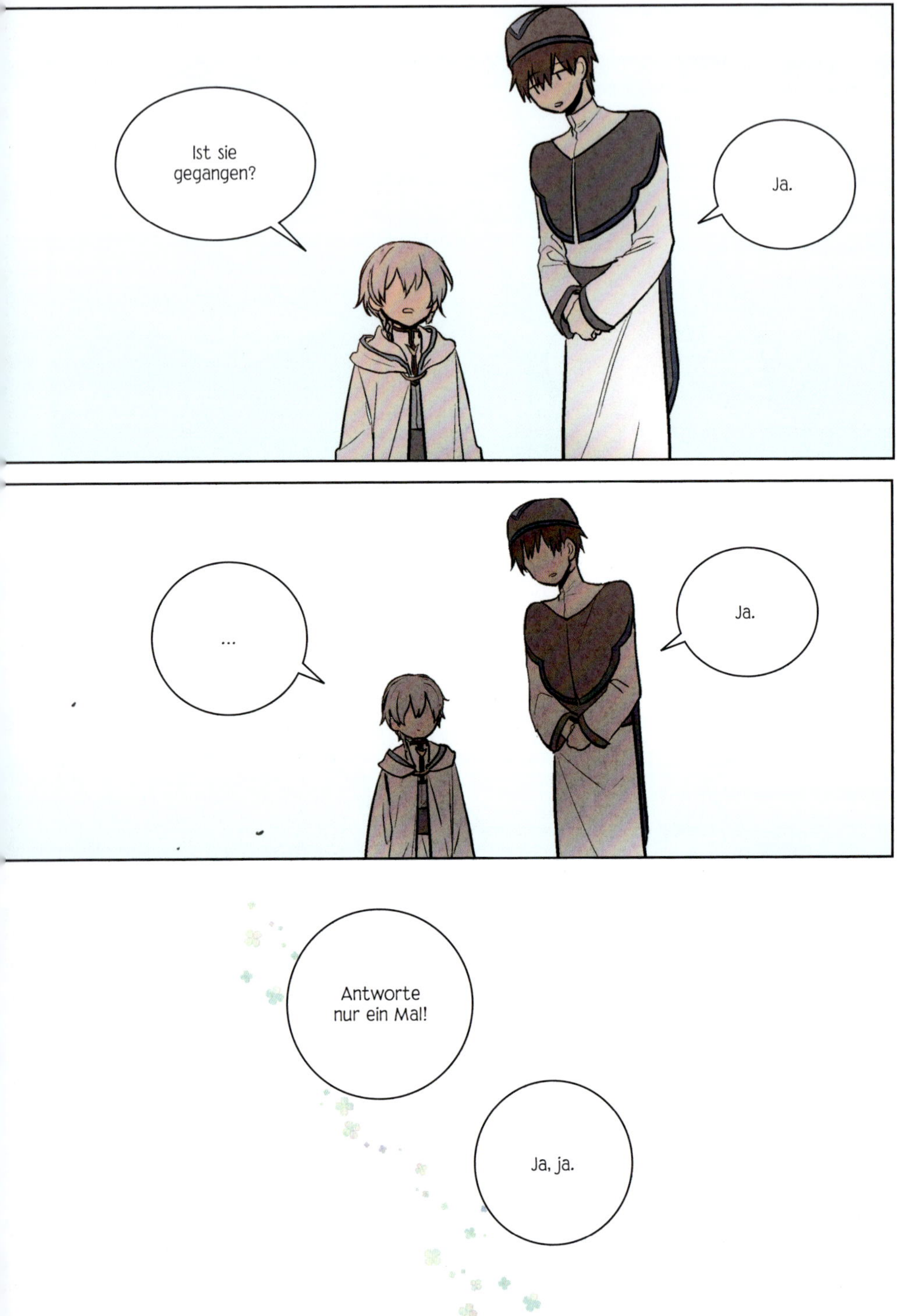
Ist sie gegangen?
Ja.
...
Ja.
Antworte nur ein Mal!
Ja, ja.

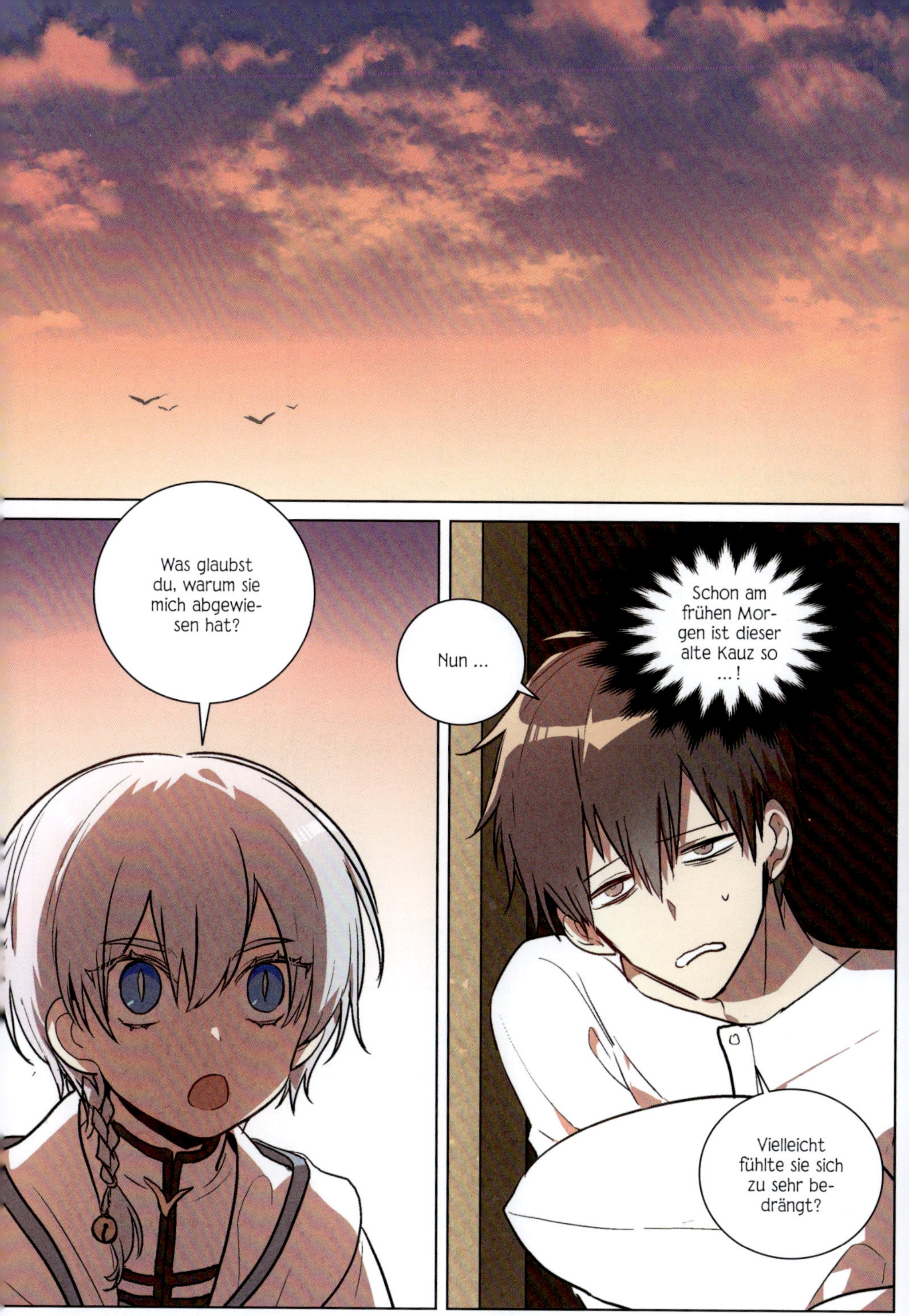
Was glaubst du, warum sie mich abgewiesen hat?
Nun ...
Schon am frühen Morgen ist dieser alte Kauz so ...!
Vielleicht fühlte sie sich zu sehr bedrängt?

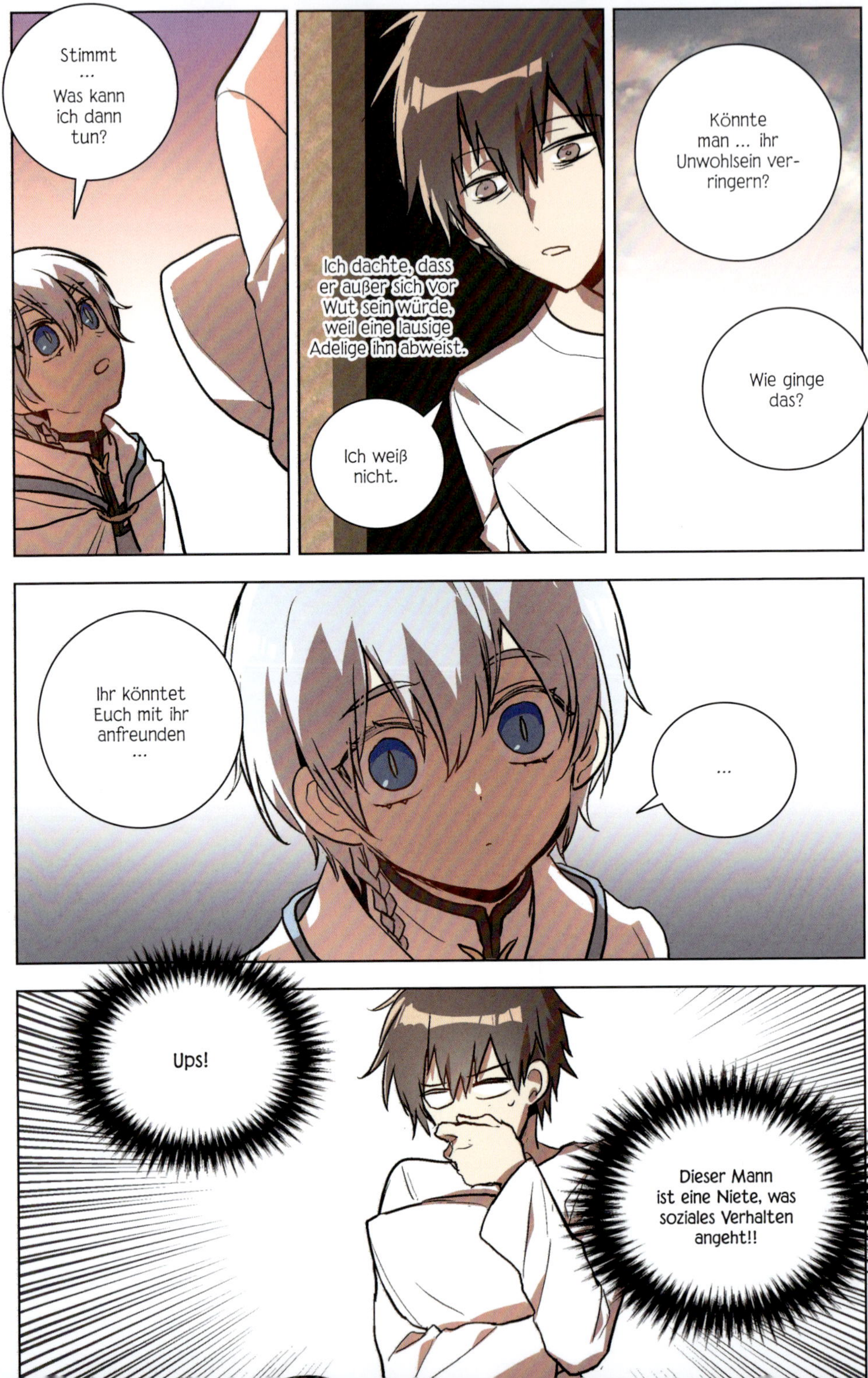
Stimmt
...
Was kann
ich dann
tun?
Ich dachte, dass
er außer sich vor
Wut sein würde,
weil eine lausige
Adelige ihn abweist.
Ich weiß
nicht.
Könnte
man ... ihr
Unwohlsein ver-
ringern?
Wie ginge
das?
Ihr könntet
Euch mit ihr
anfreunden
...
...
Ups!
Dieser Mann
ist eine Niete, was
soziales Verhalten
angeht!!

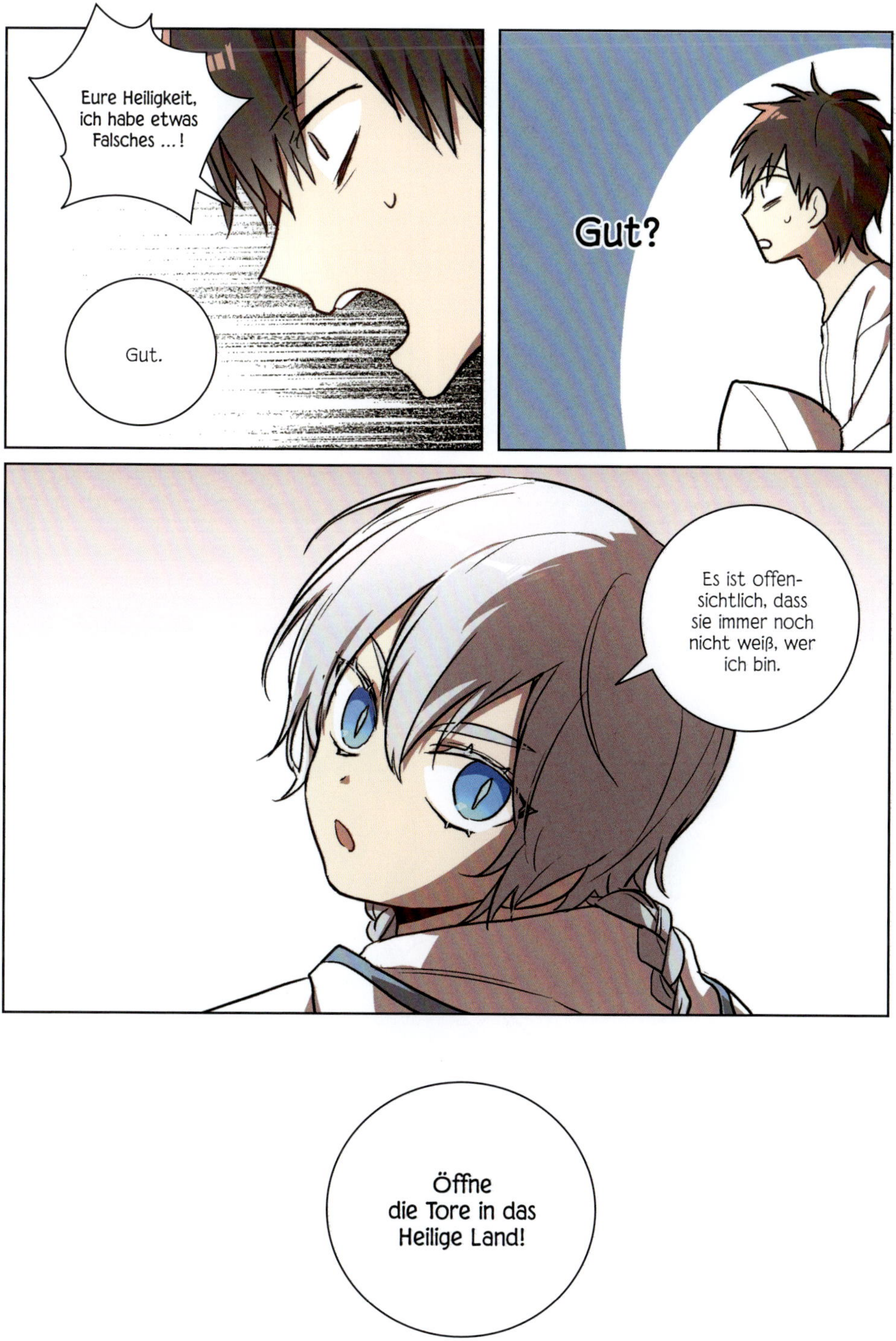
Eure Heiligkeit,
ich habe etwas
Falsches ...!
Gut.
Gut?
Es ist offen-
sichtlich, dass
sie immer noch
nicht weiß, wer
ich bin.
Öffne
die Tore in das
Heilige Land!

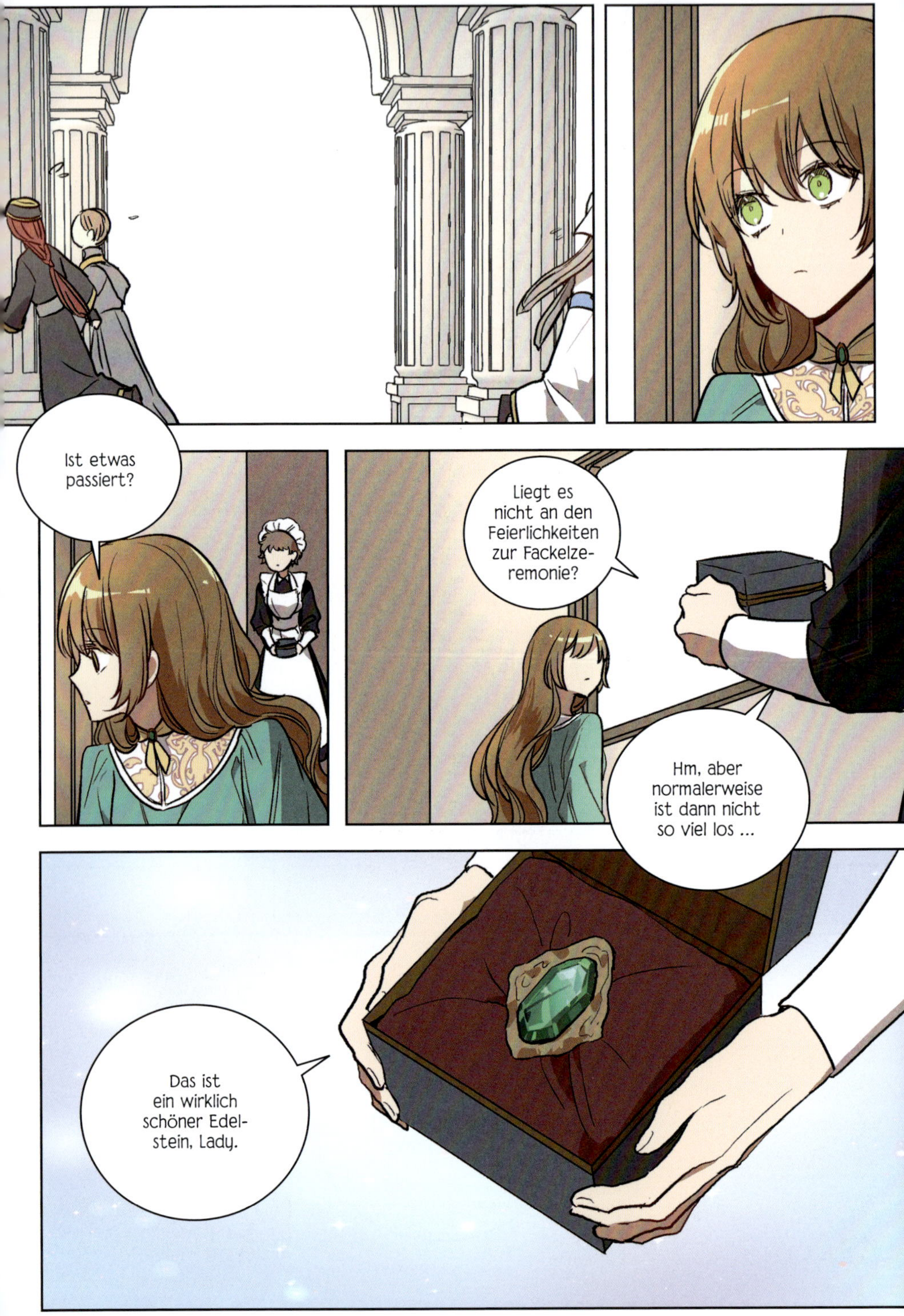
Ist etwas passiert?
Liegt es nicht an den Feierlichkeiten zur Fackelze-remonie?
Hm, aber normalerweise ist dann nicht so viel los ...
Das ist ein wirklich schöner Edel-stein, Lady.

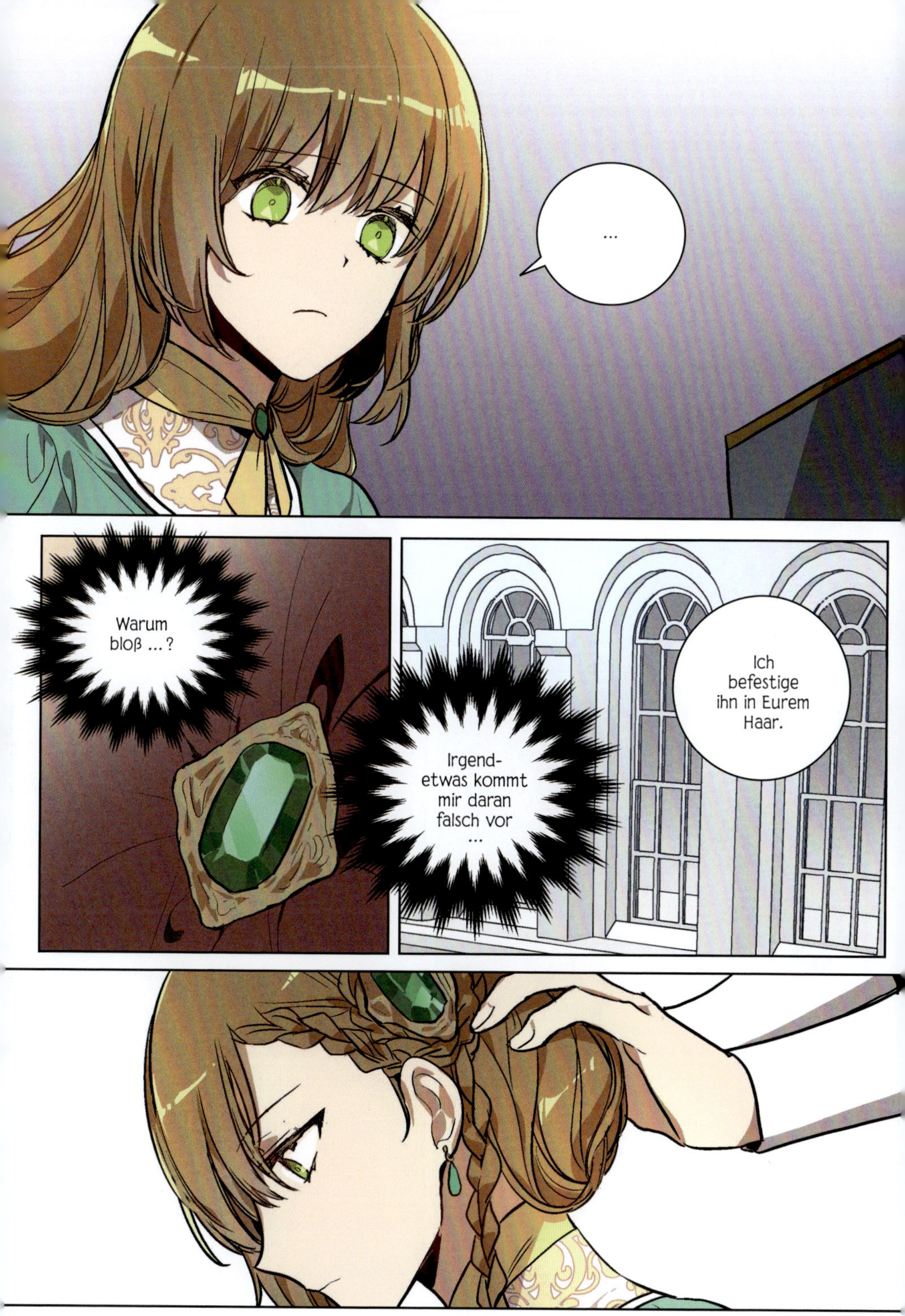
...
Warum bloß ...?
Irgend-etwas kommt mir daran falsch vor ...
Ich befestige ihn in Eurem Haar.

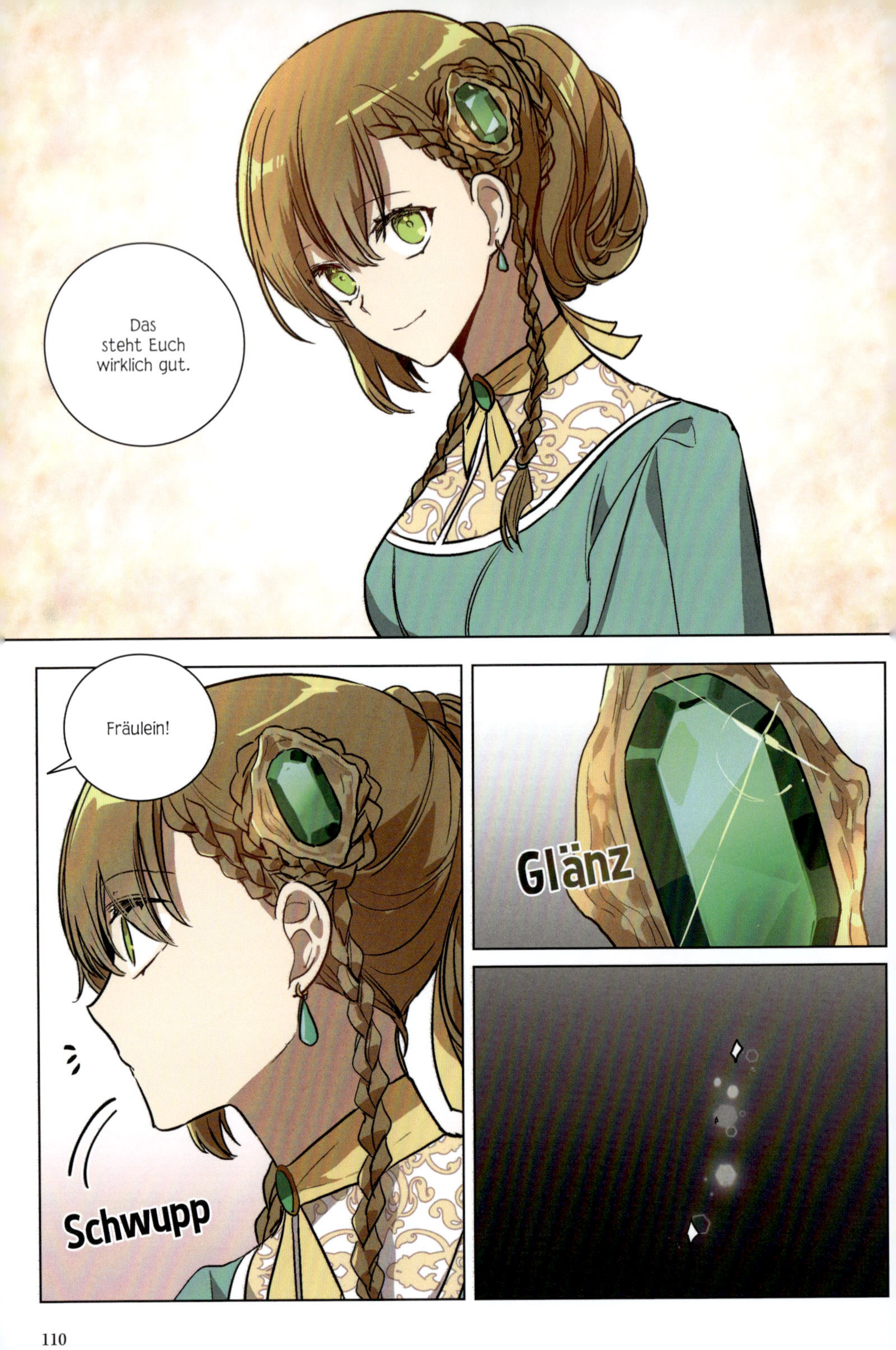
Das steht Euch wirklich gut.
Fräulein!
Glänz
Schwupp

RAELIANA

Warum sie die Verlobte des Dukes wurde

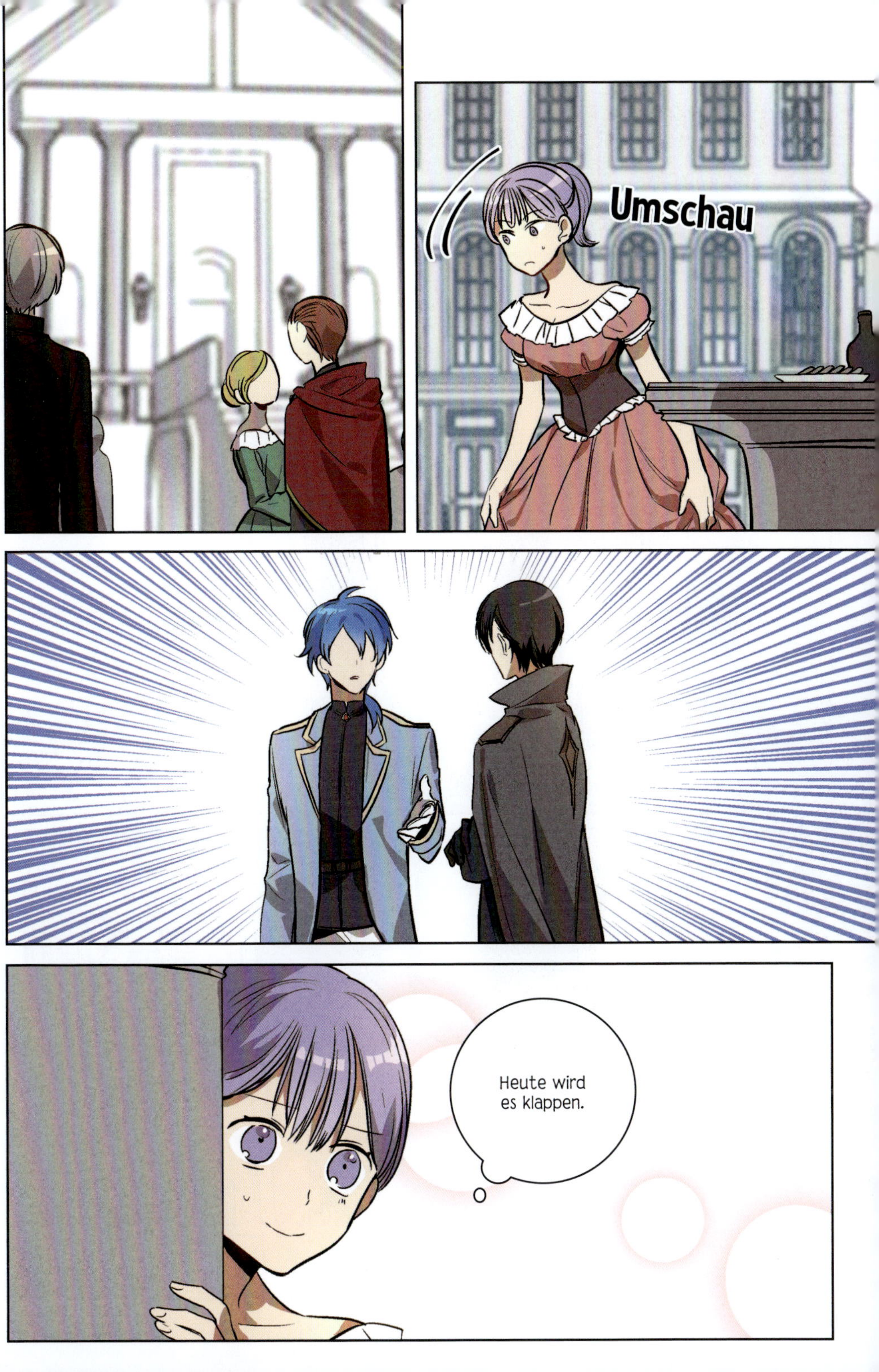
Umschau
Heute wird es klappen.

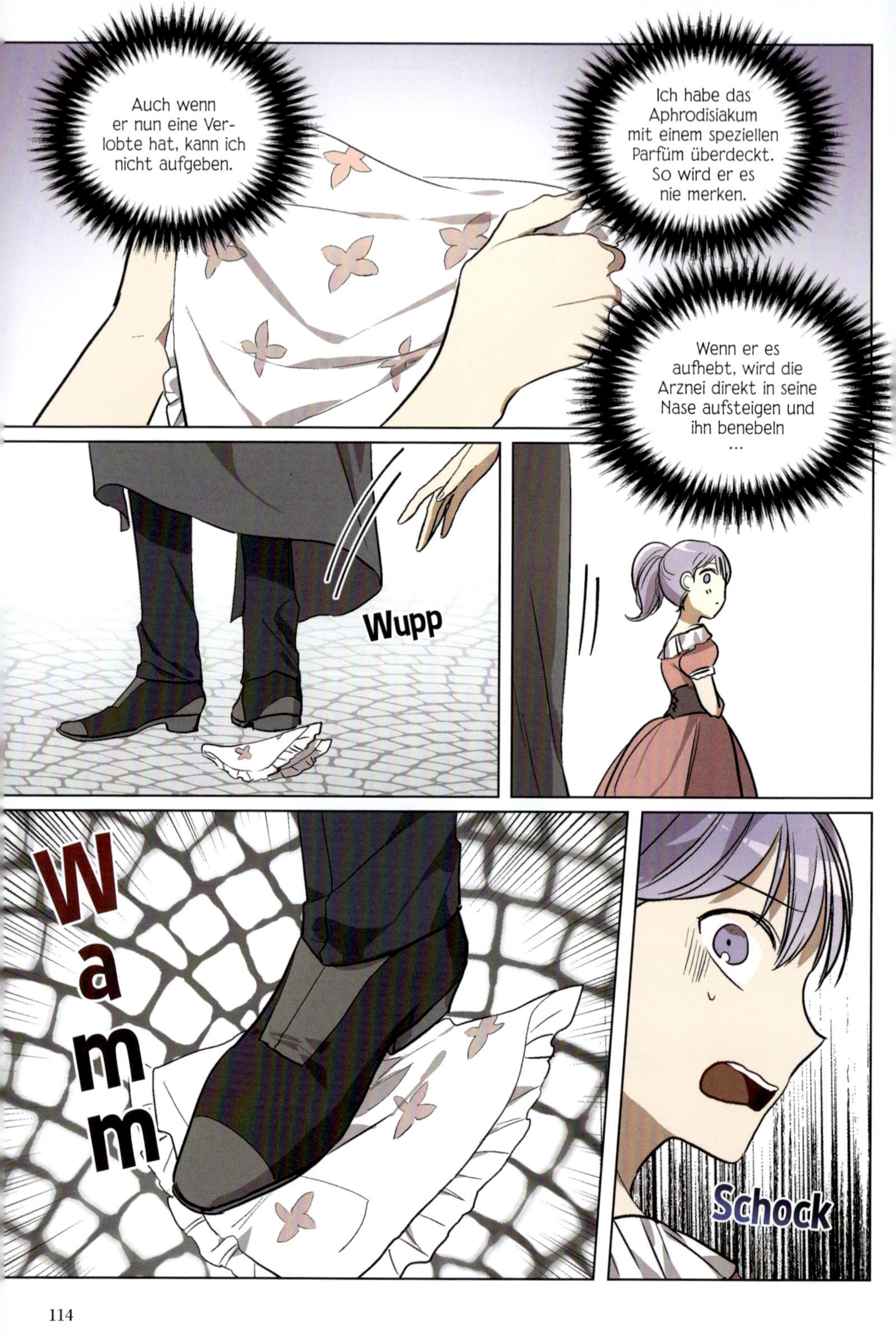

Auch wenn er nun eine Verlobte hat, kann ich nicht aufgeben.
Ich habe das Aphrodisiakum mit einem speziellen Parfüm überdeckt. So wird er es nie merken.
Wenn er es aufhebt, wird die Arznei direkt in seine Nase aufsteigen und ihn benebeln …
Wupp
Wamm
Schock

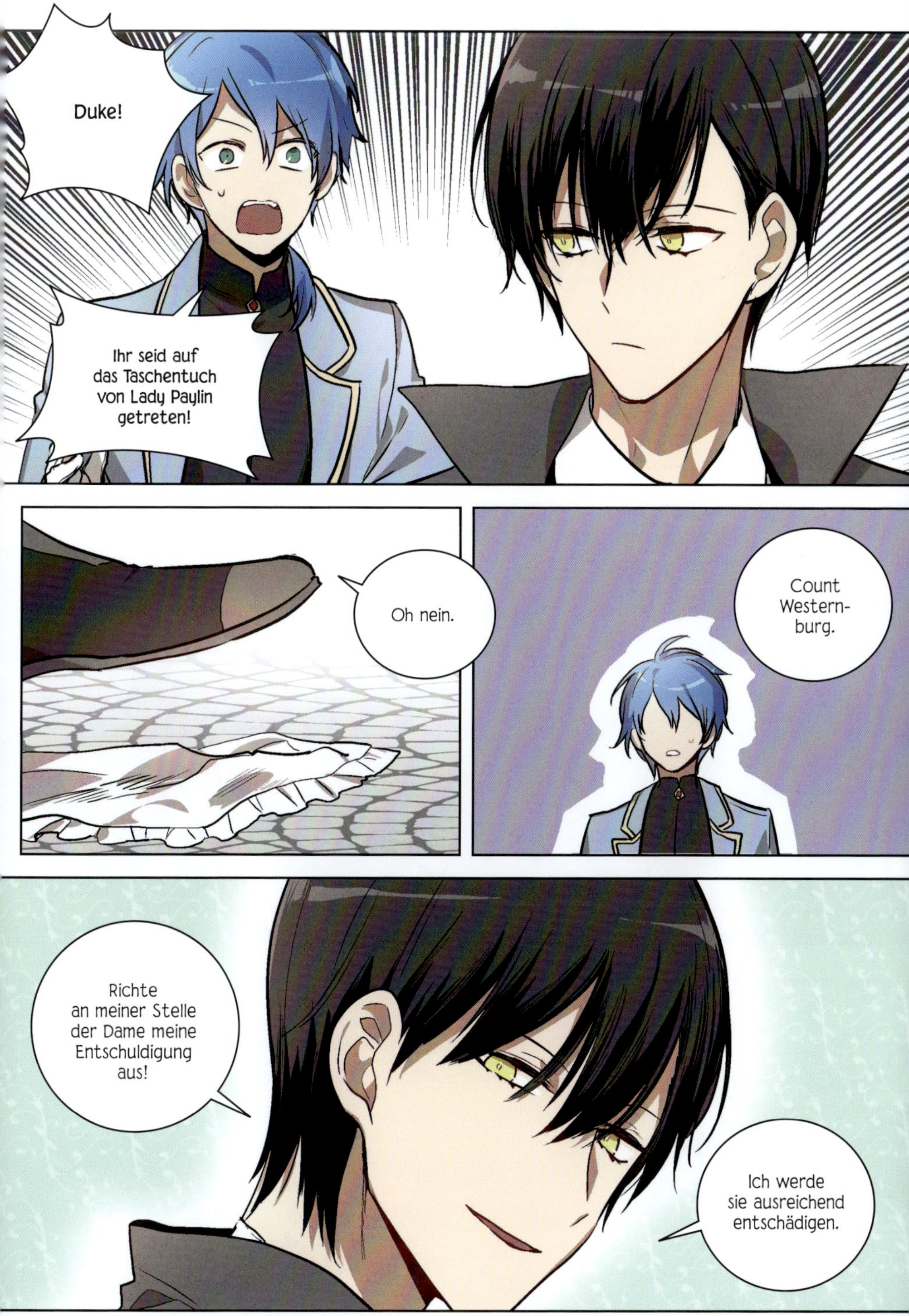
Duke!
Ihr seid auf das Taschentuch von Lady Paylin getreten!
Oh nein.
Count Western-burg.
Richte an meiner Stelle der Dame meine Entschuldigung aus!
Ich werde sie ausreichend entschädigen.

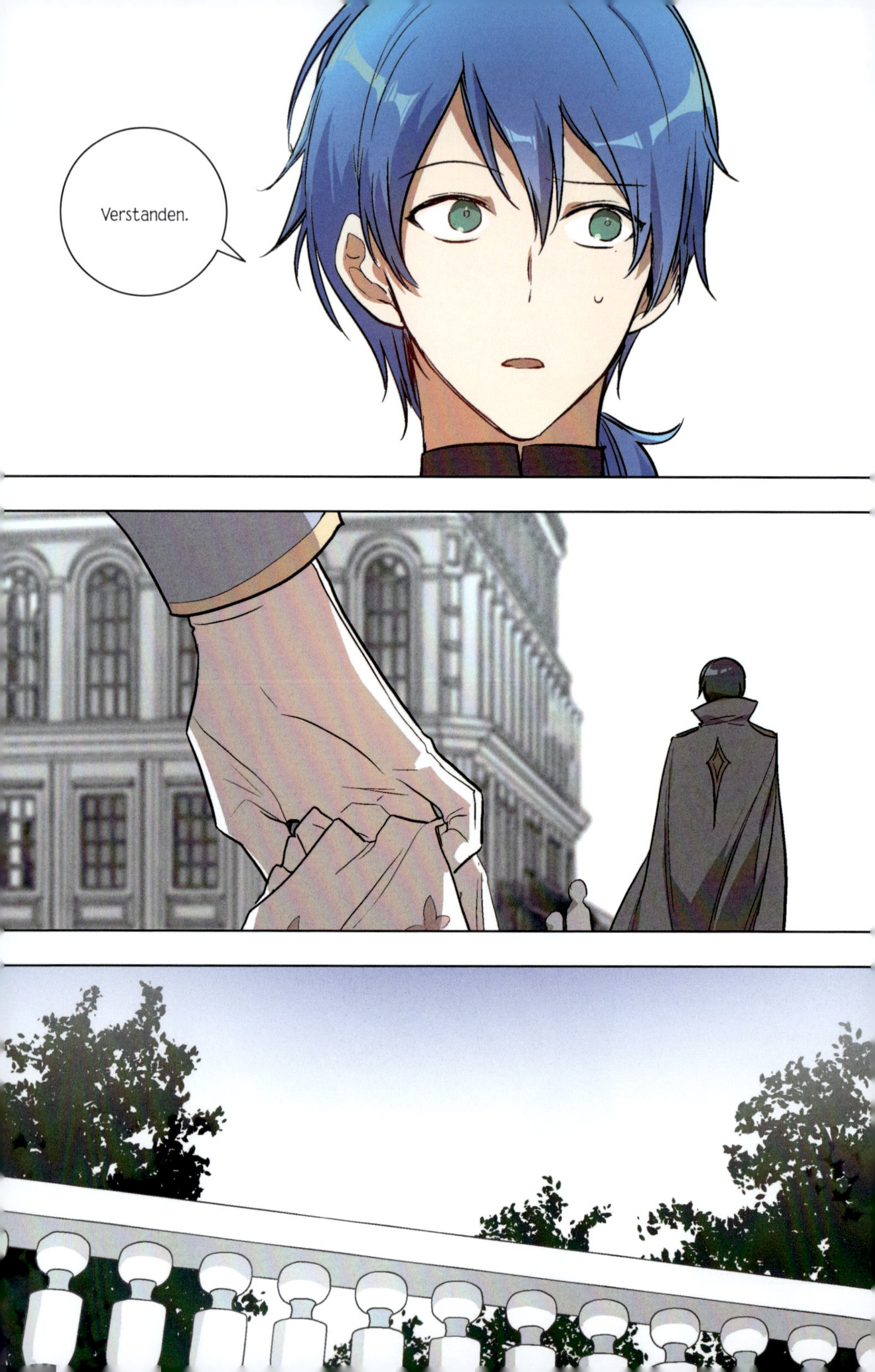
Verstanden.

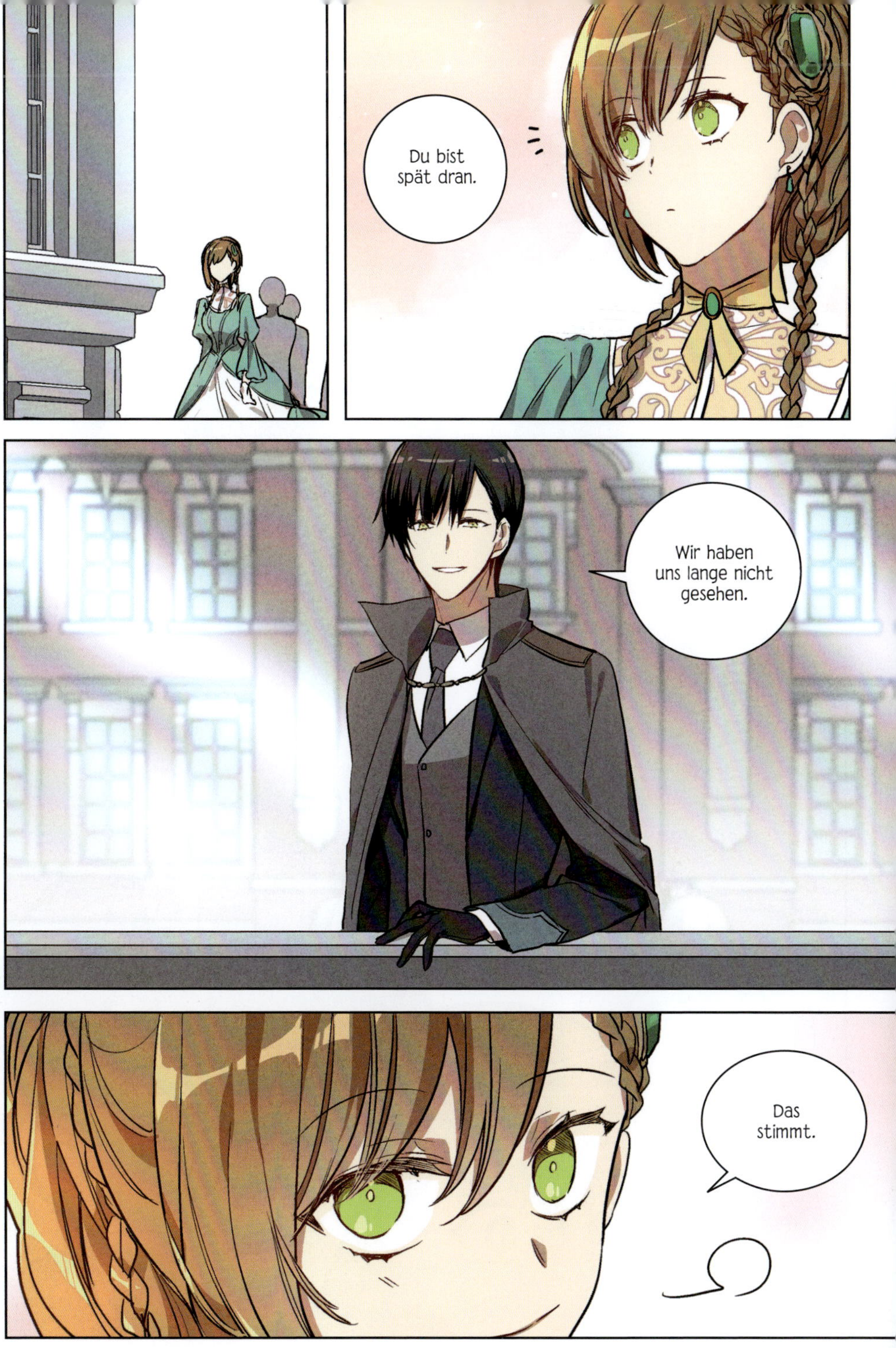
Du bist
spät dran.
Wir haben
uns lange nicht
gesehen.
Das
stimmt.

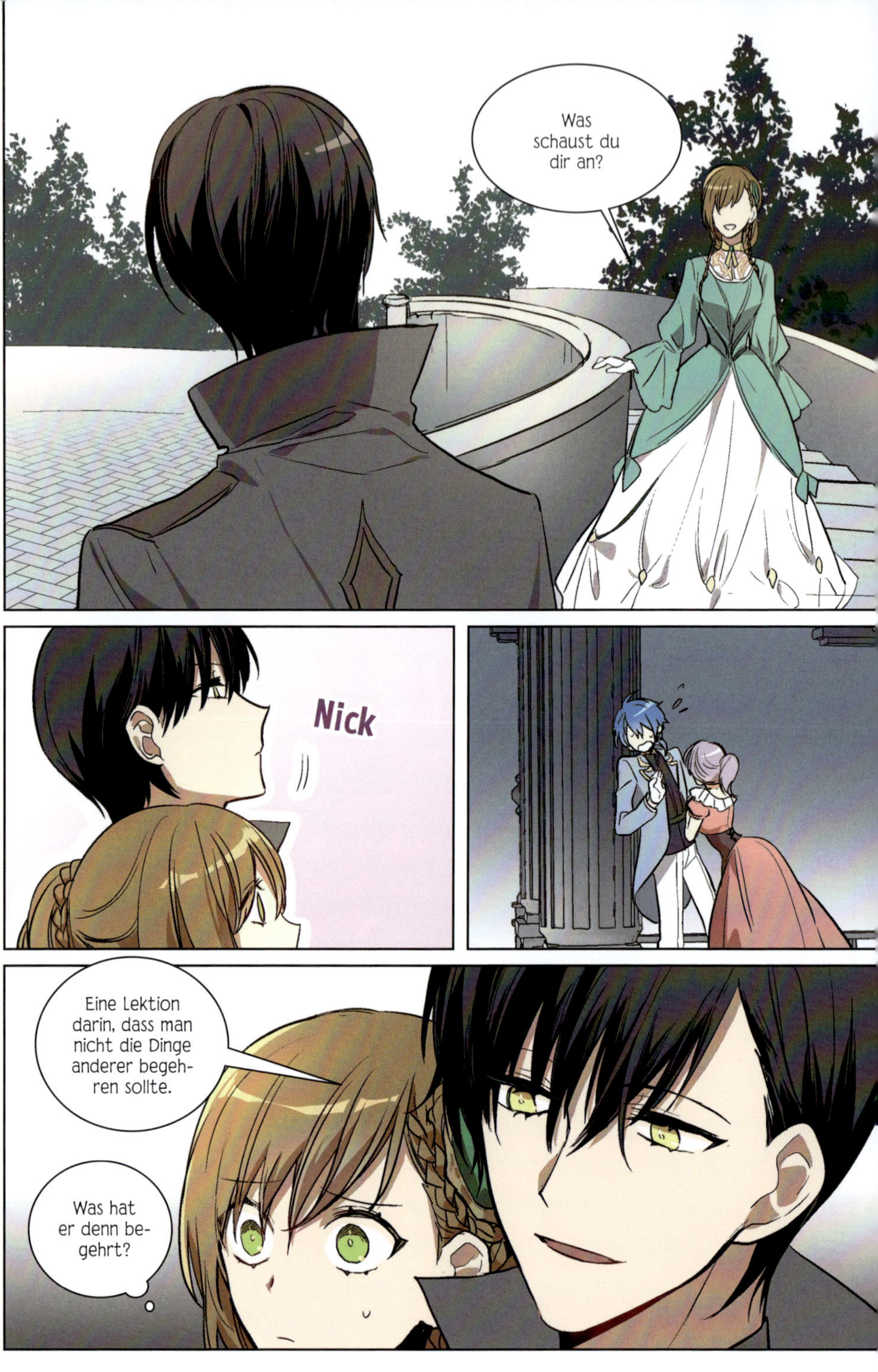
Was schaust du dir an?
Nick
Eine Lektion darin, dass man nicht die Dinge anderer begehren sollte.
Was hat er denn begehrt?

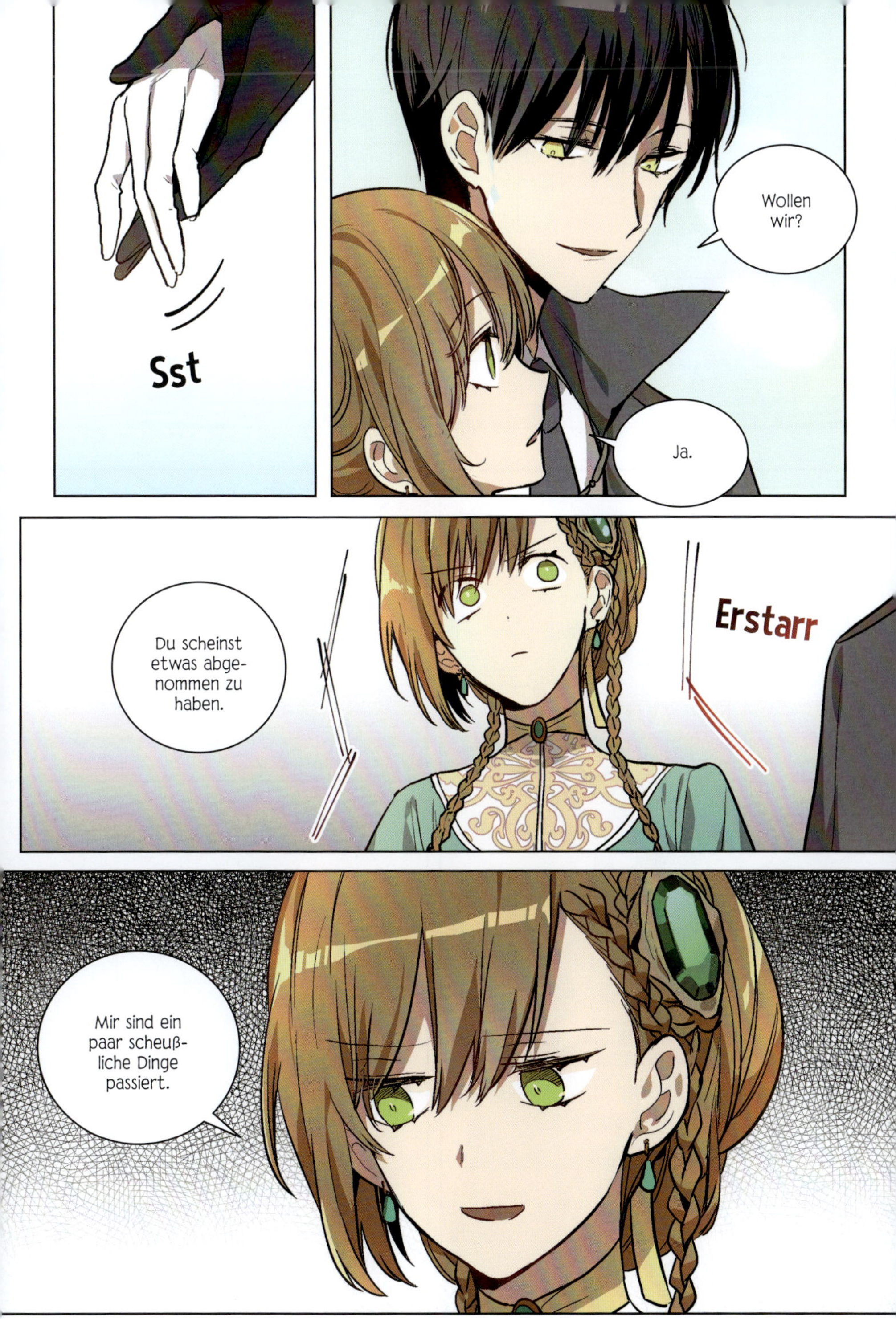
Sst
Wollen wir?
Ja.
Du scheinst etwas abgenommen zu haben.
Erstarr
Mir sind ein paar scheußliche Dinge passiert.

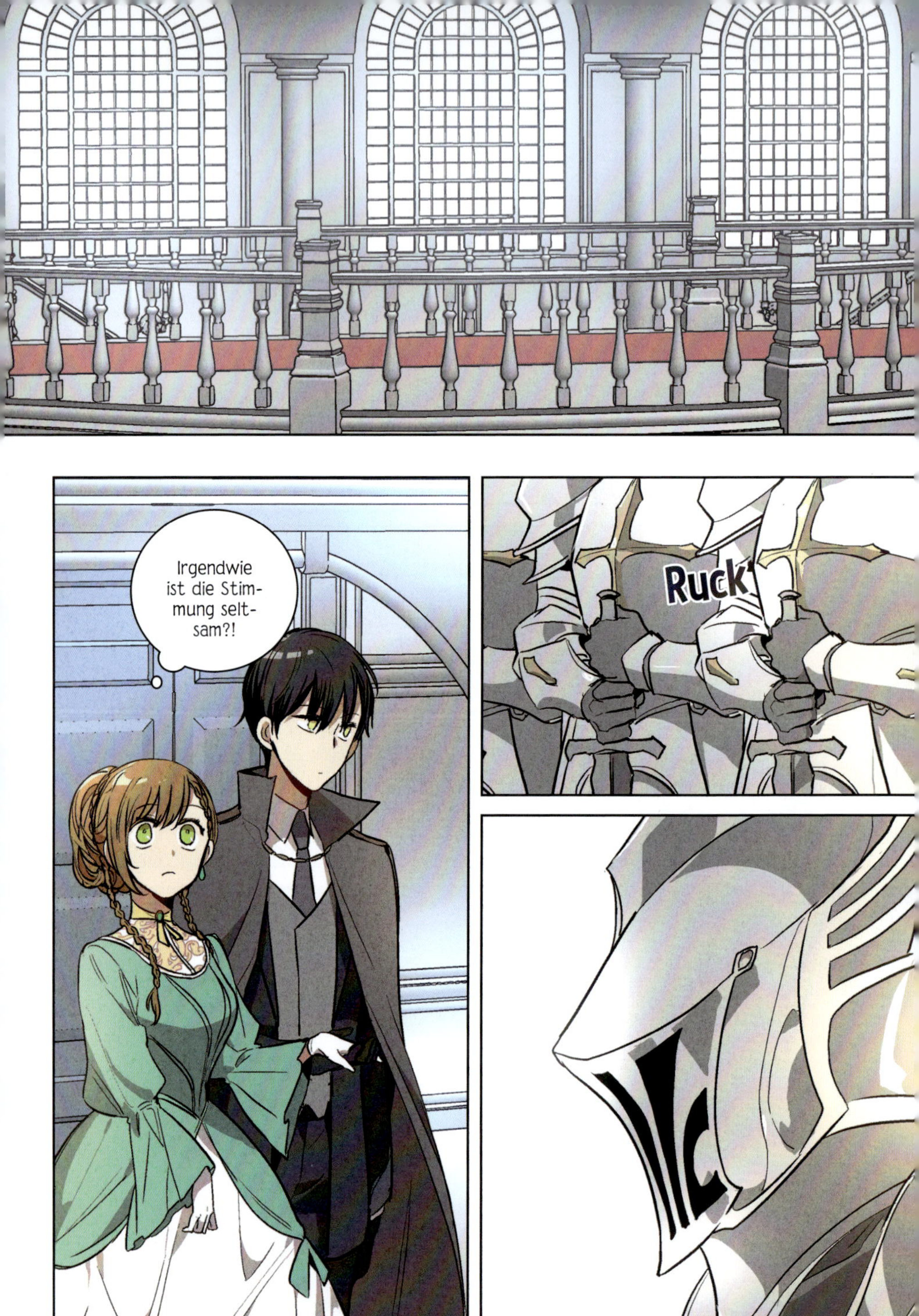
Irgendwie ist die Stimmung seltsam?!
Ruck

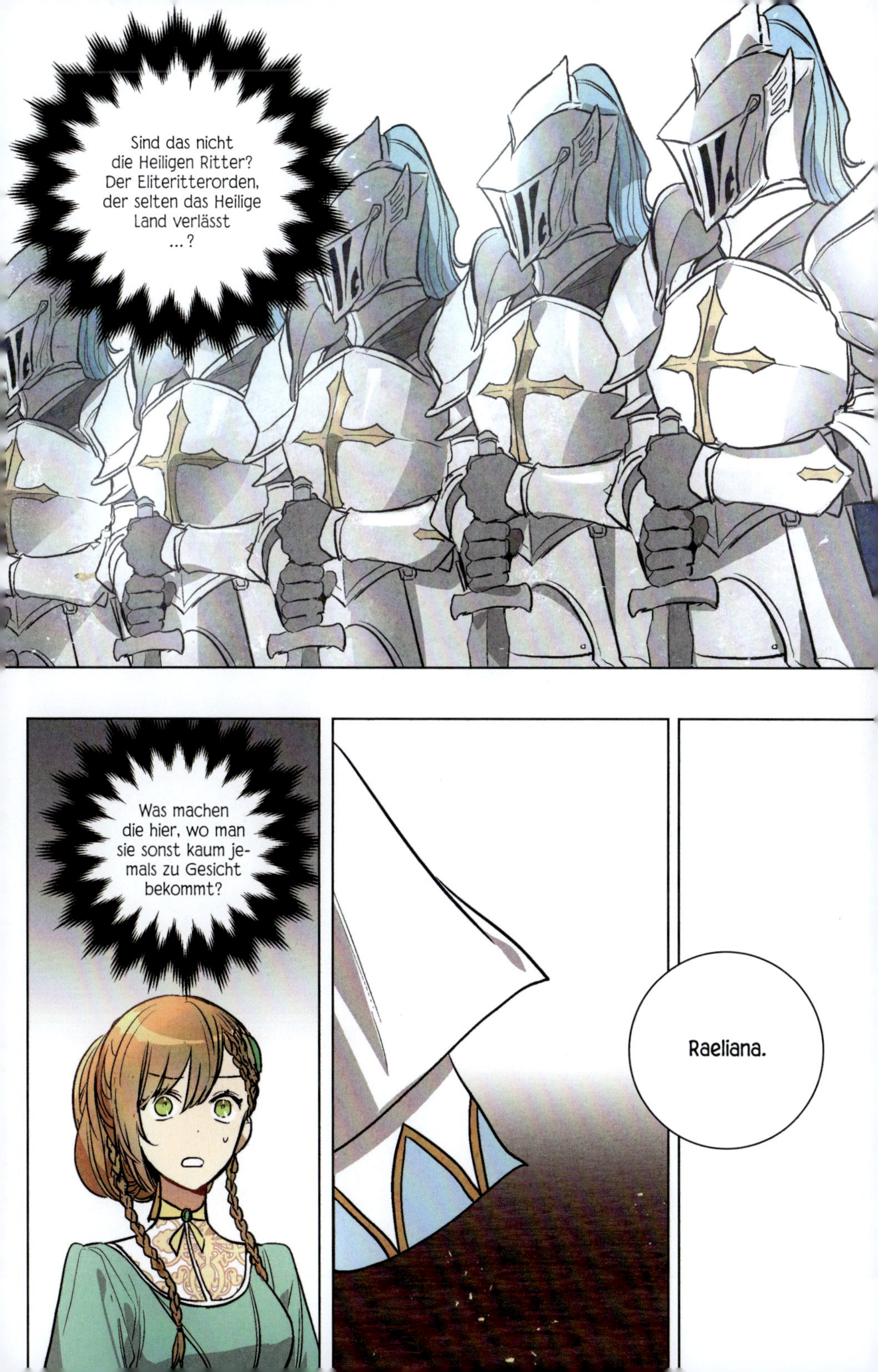
Sind das nicht die Heiligen Ritter? Der Eliteritterorden, der selten das Heilige Land verlässt …?
Was machen die hier, wo man sie sonst kaum je-mals zu Gesicht bekommt?
Raeliana.

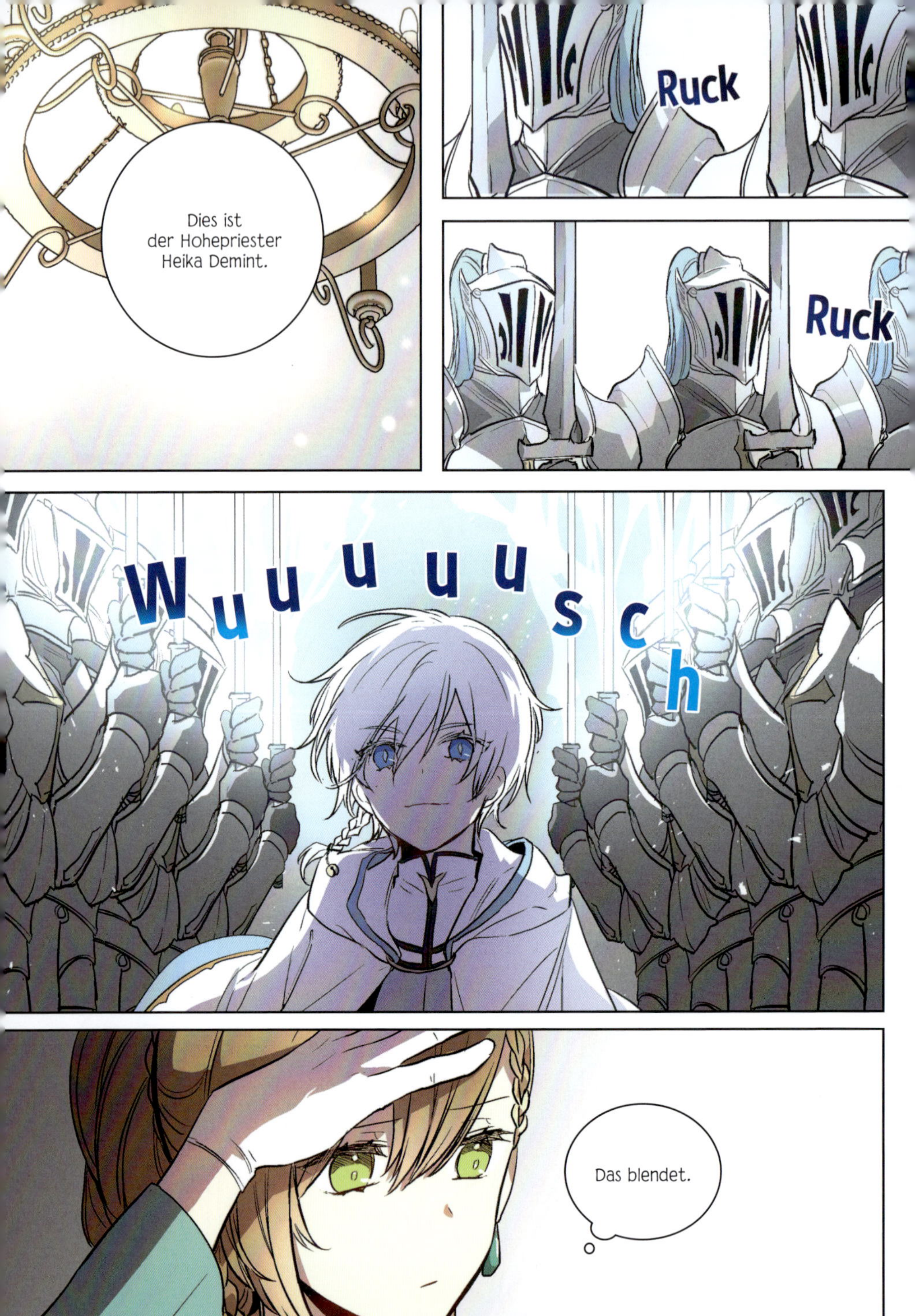

Dies ist der Hohepriester Heika Demint.
Ruck
Ruck
Wuuuuusch
Das blendet.

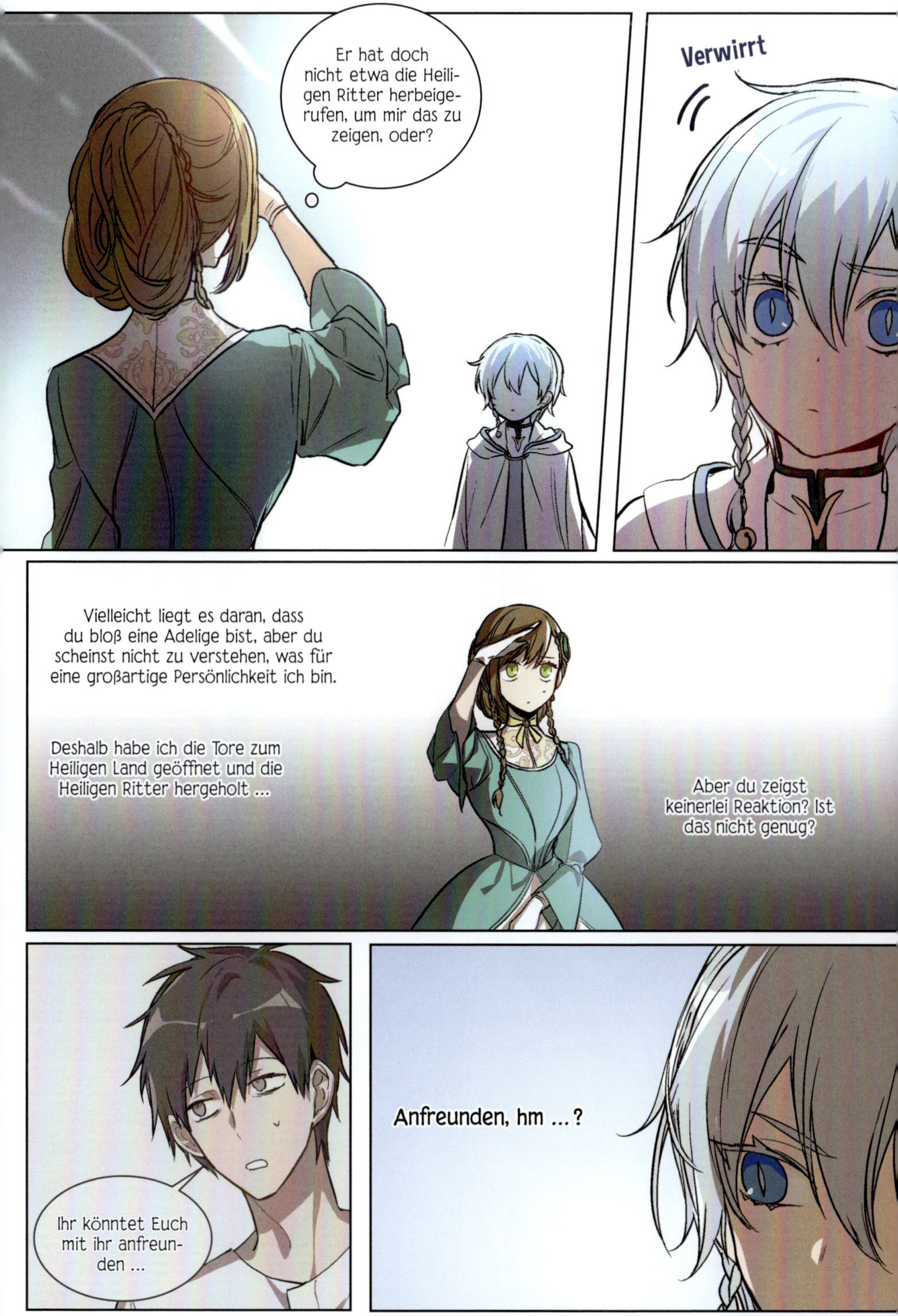
Er hat doch nicht etwa die Heiligen Ritter herbeigerufen, um mir das zu zeigen, oder?
Verwirrt
Vielleicht liegt es daran, dass du bloß eine Adelige bist, aber du scheinst nicht zu verstehen, was für eine großartige Persönlichkeit ich bin.
Deshalb habe ich die Tore zum Heiligen Land geöffnet und die Heiligen Ritter hergeholt ...
Aber du zeigst keinerlei Reaktion? Ist das nicht genug?
Ihr könntet Euch mit ihr anfreunden ...
Anfreunden, hm ...?

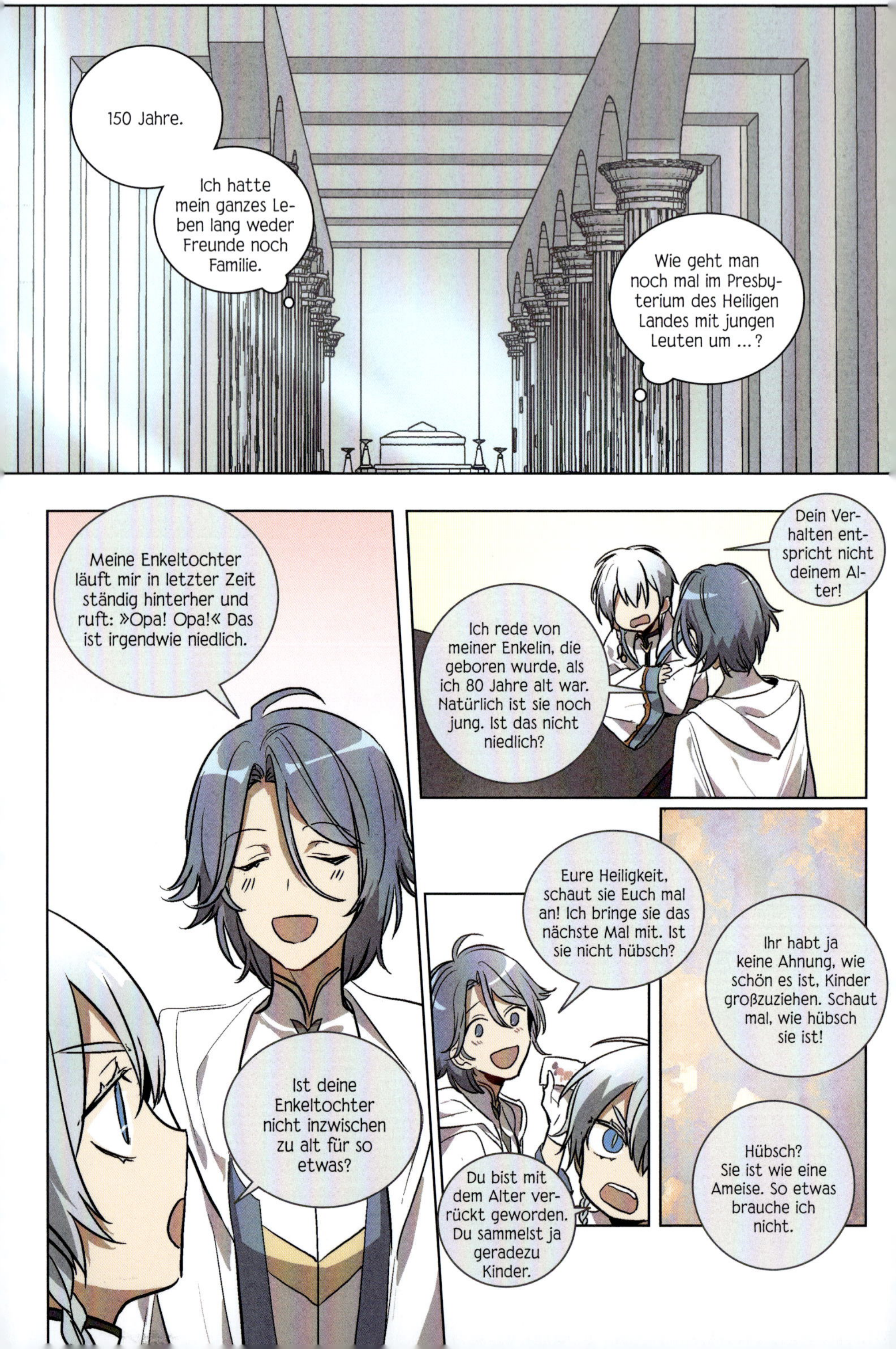
150 Jahre.
Ich hatte mein ganzes Leben lang weder Freunde noch Familie.
Wie geht man noch mal im Presbyterium des Heiligen Landes mit jungen Leuten um ...?
Meine Enkeltochter läuft mir in letzter Zeit ständig hinterher und ruft: »Opa! Opa!« Das ist irgendwie niedlich.
Ist deine Enkeltochter nicht inzwischen zu alt für so etwas?
Ich rede von meiner Enkelin, die geboren wurde, als ich 80 Jahre alt war. Natürlich ist sie noch jung. Ist das nicht niedlich?
Dein Verhalten entspricht nicht deinem Alter!
Eure Heiligkeit, schaut sie Euch mal an! Ich bringe sie das nächste Mal mit. Ist sie nicht hübsch?
Du bist mit dem Alter verrückt geworden. Du sammelst ja geradezu Kinder.
Ihr habt ja keine Ahnung, wie schön es ist, Kinder großzuziehen. Schaut mal, wie hübsch sie ist!
Hübsch? Sie ist wie eine Ameise. So etwas brauche ich nicht.

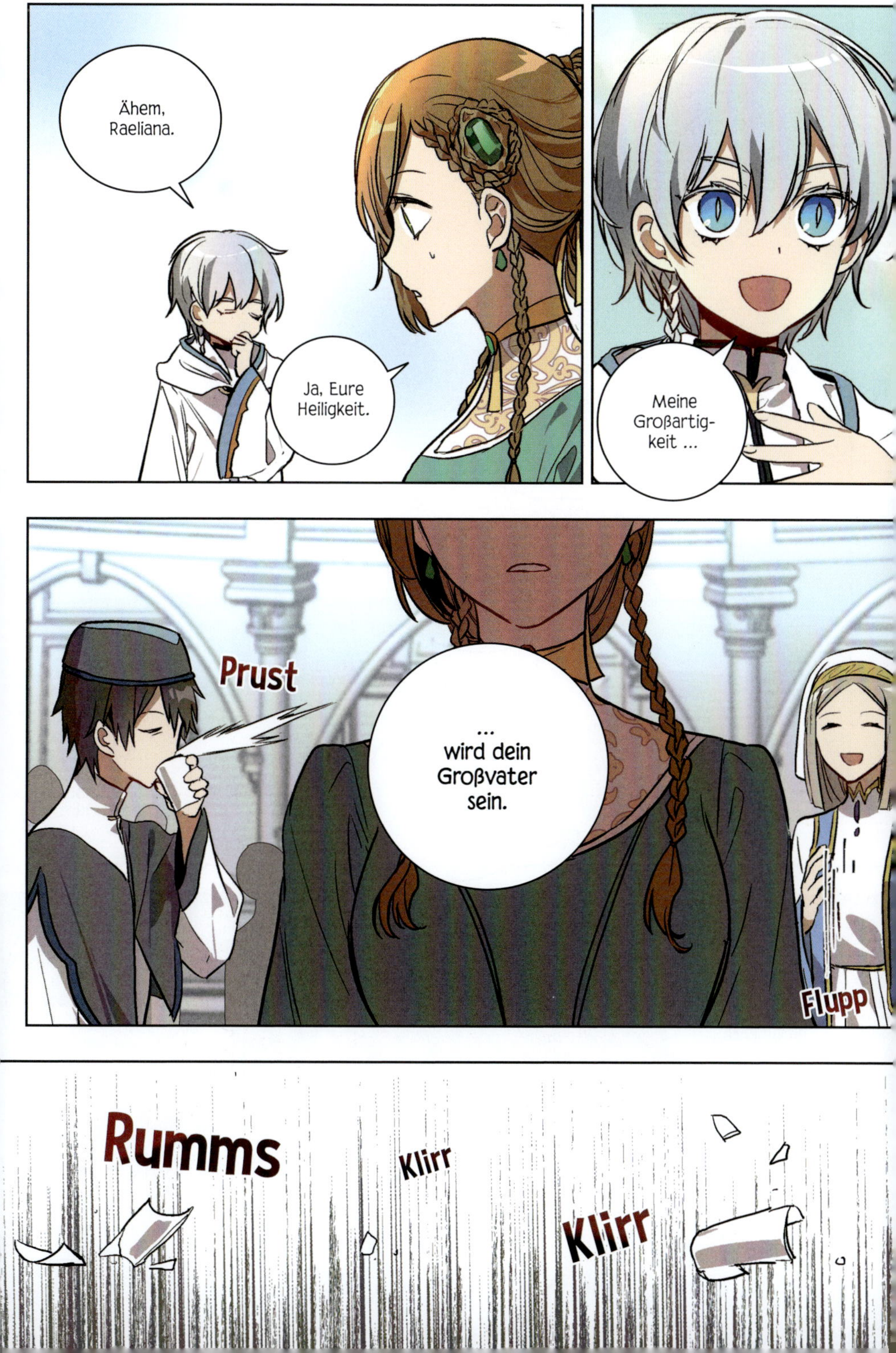
Ähem, Raeliana.
Ja, Eure Heiligkeit.
Meine Großartig-keit ...
Prust
... wird dein Großvater sein.
Flupp
Rumms
Klirr
Klirr

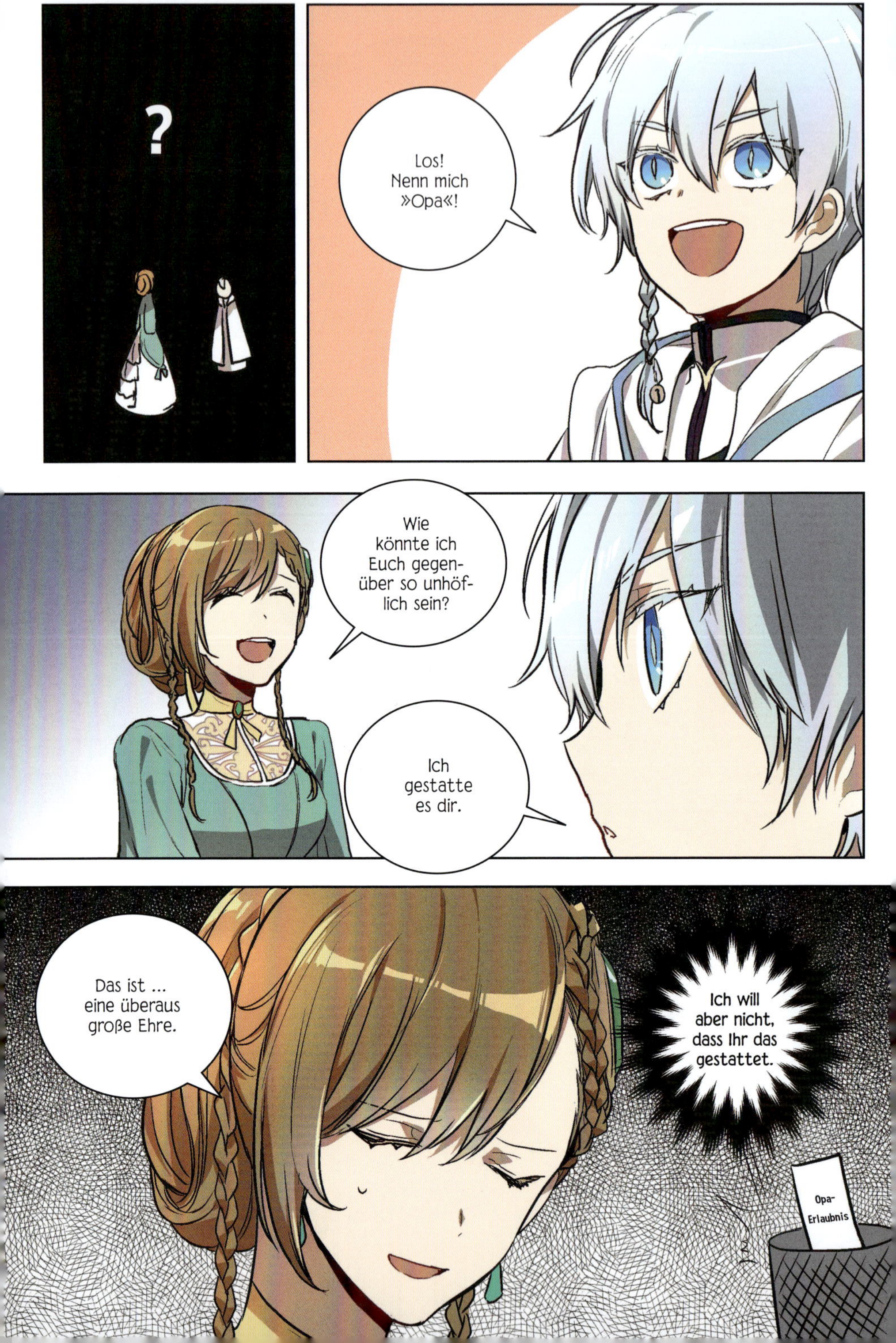
?
Los! Nenn mich »Opa«!
Wie könnte ich Euch gegenüber so unhöflich sein?
Ich gestatte es dir.
Das ist … eine überaus große Ehre.
Ich will aber nicht, dass Ihr das gestattet.
Opa-Erlaubnis

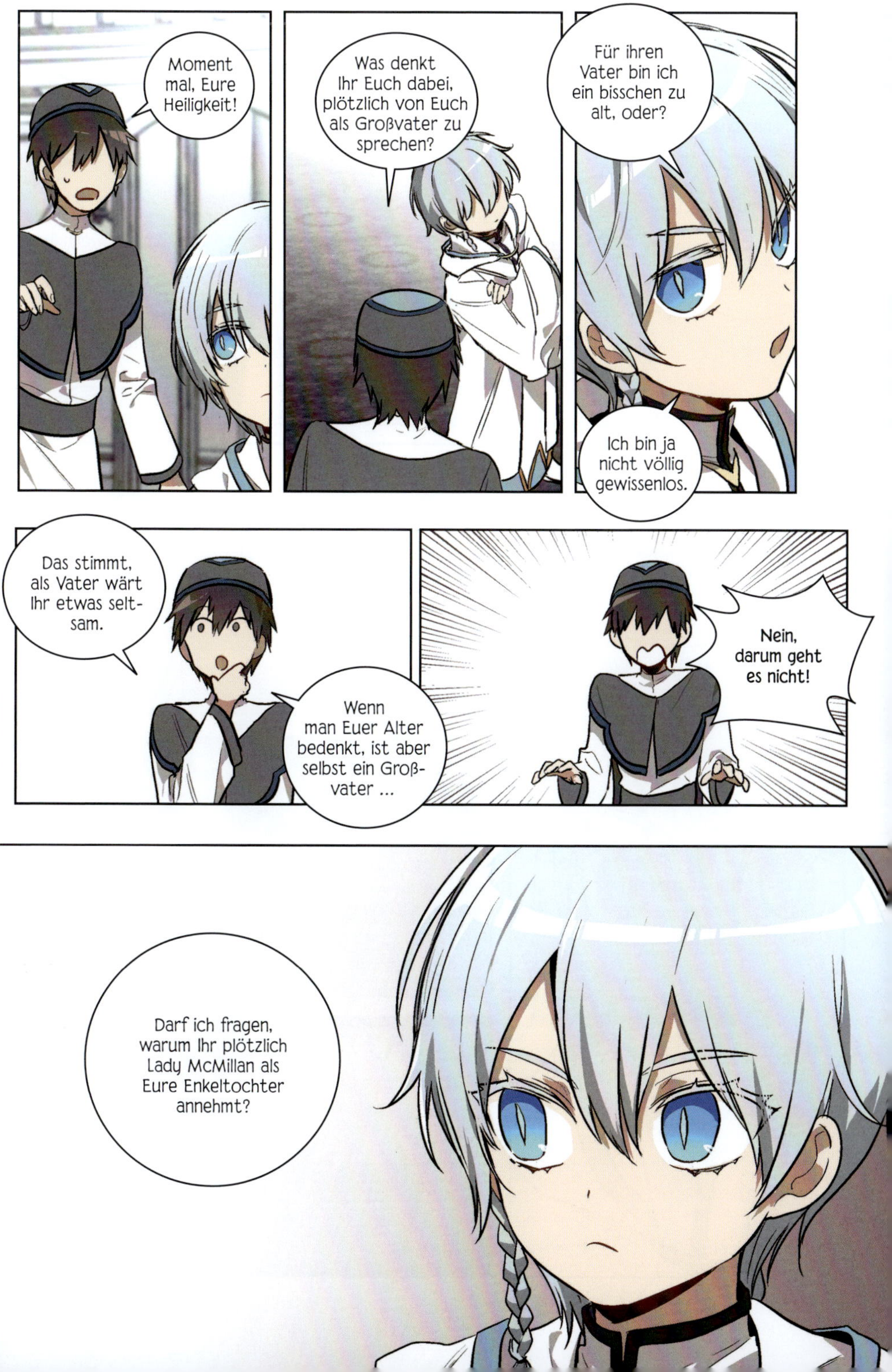
Moment mal, Eure Heiligkeit!
Was denkt Ihr Euch dabei, plötzlich von Euch als Großvater zu sprechen?
Für ihren Vater bin ich ein bisschen zu alt, oder?
Ich bin ja nicht völlig gewissenlos.
Das stimmt, als Vater wärt Ihr etwas seltsam.
Wenn man Euer Alter bedenkt, ist aber selbst ein Großvater ...
Nein, darum geht es nicht!
Darf ich fragen, warum Ihr plötzlich Lady McMillan als Eure Enkeltochter annehmt?

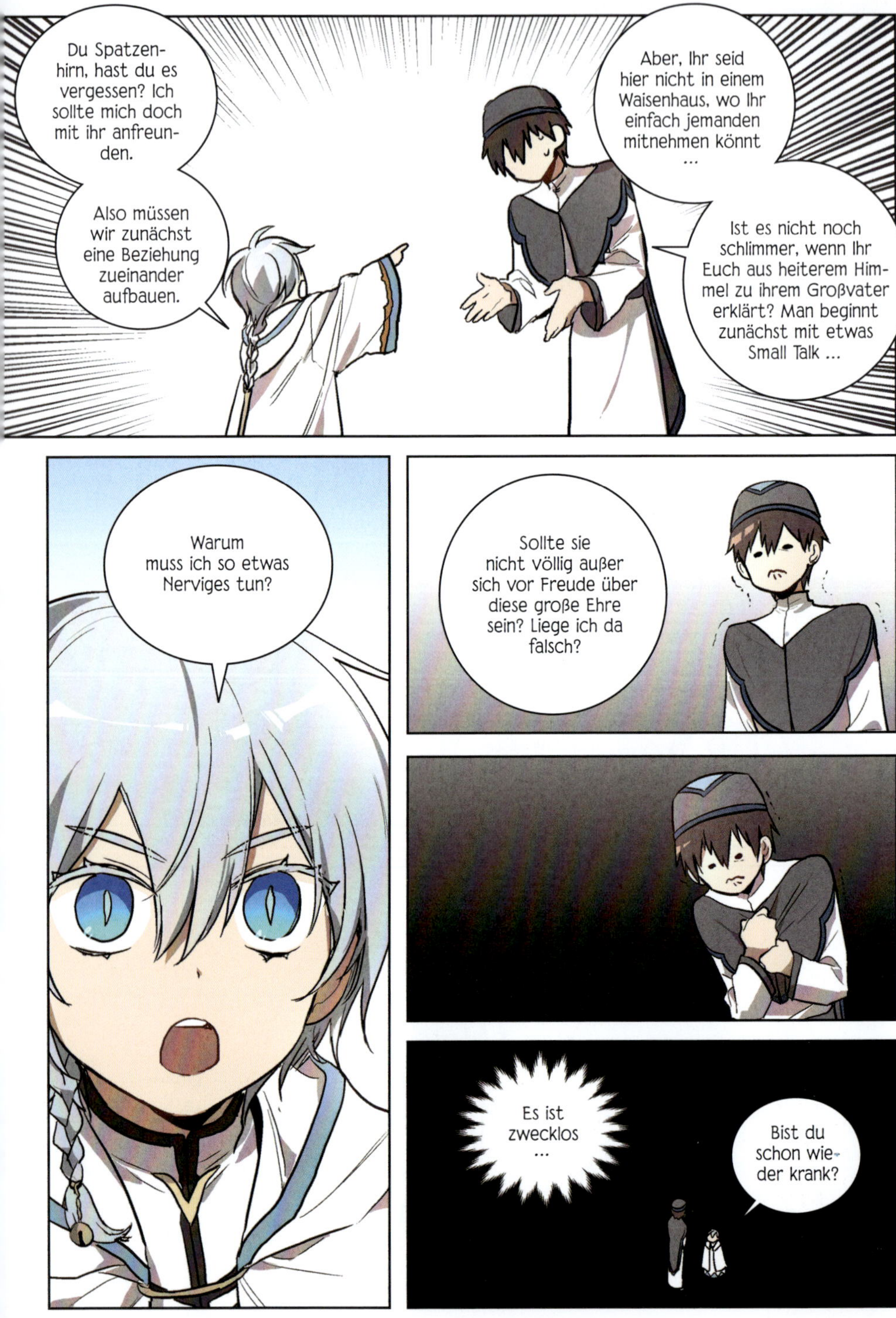
Du Spatzenhirn, hast du es vergessen? Ich sollte mich doch mit ihr anfreunden.
Also müssen wir zunächst eine Beziehung zueinander aufbauen.
Aber, Ihr seid hier nicht in einem Waisenhaus, wo Ihr einfach jemanden mitnehmen könnt ...
Ist es nicht noch schlimmer, wenn Ihr Euch aus heiterem Himmel zu ihrem Großvater erklärt? Man beginnt zunächst mit etwas Small Talk ...
Warum muss ich so etwas Nerviges tun?
Sollte sie nicht völlig außer sich vor Freude über diese große Ehre sein? Liege ich da falsch?
Es ist zwecklos ...
Bist du schon wieder krank?

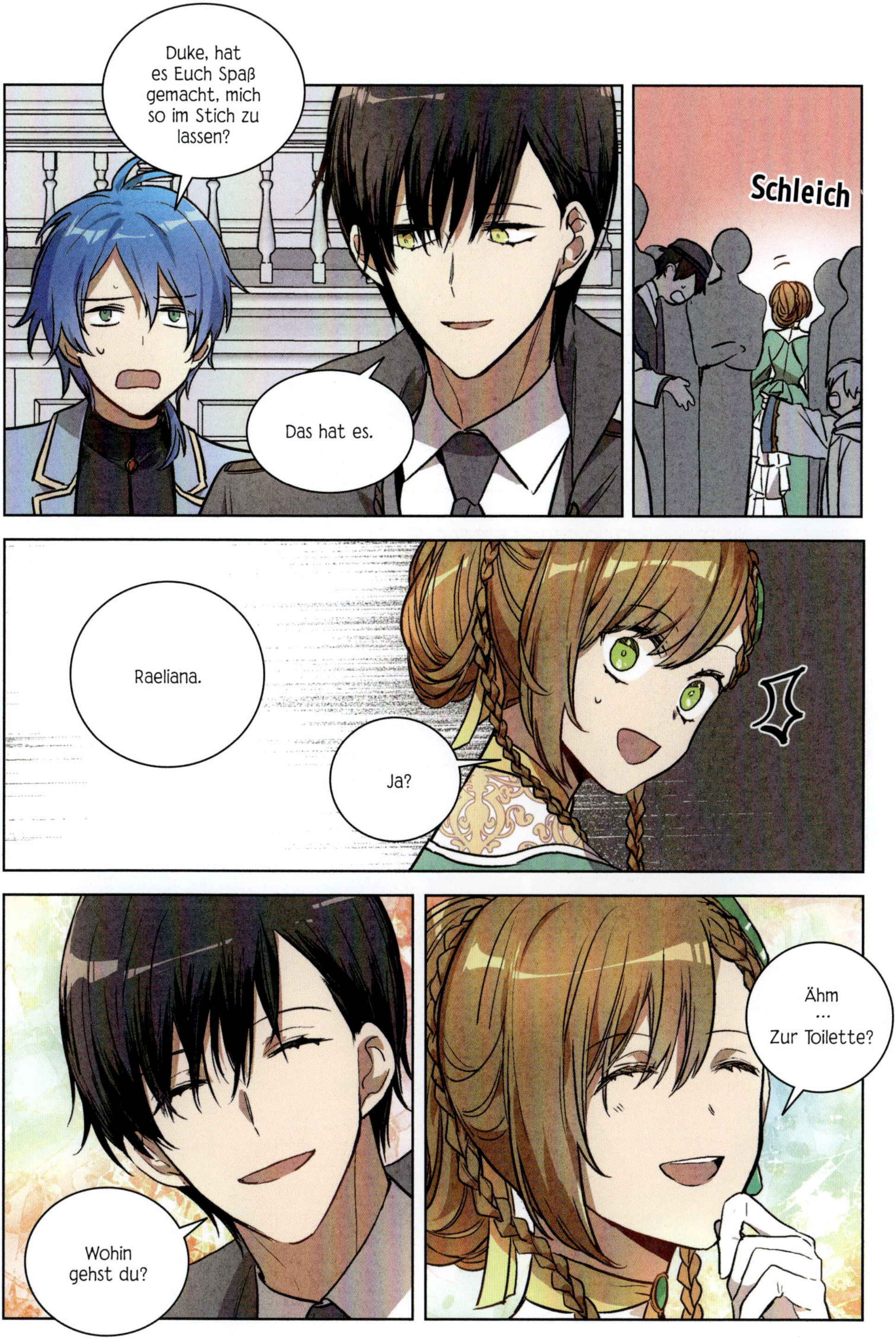
Duke, hat es Euch Spaß gemacht, mich so im Stich zu lassen?
Das hat es.
Schleich
Raeliana.
Ja?
Wohin gehst du?
Ähm … Zur Toilette?

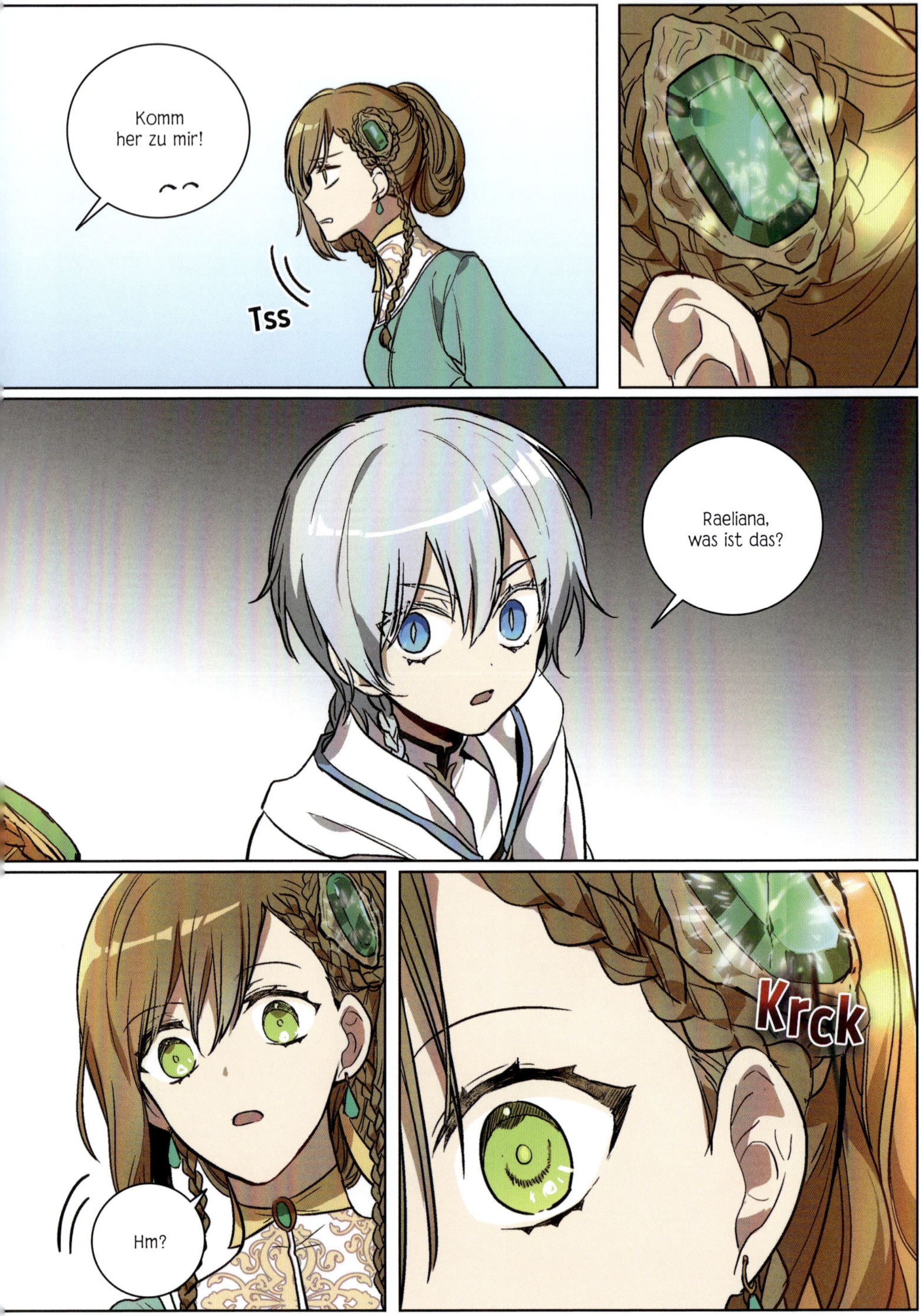
Komm her zu mir!
Tss
Raeliana, was ist das?
Hm?
Krck

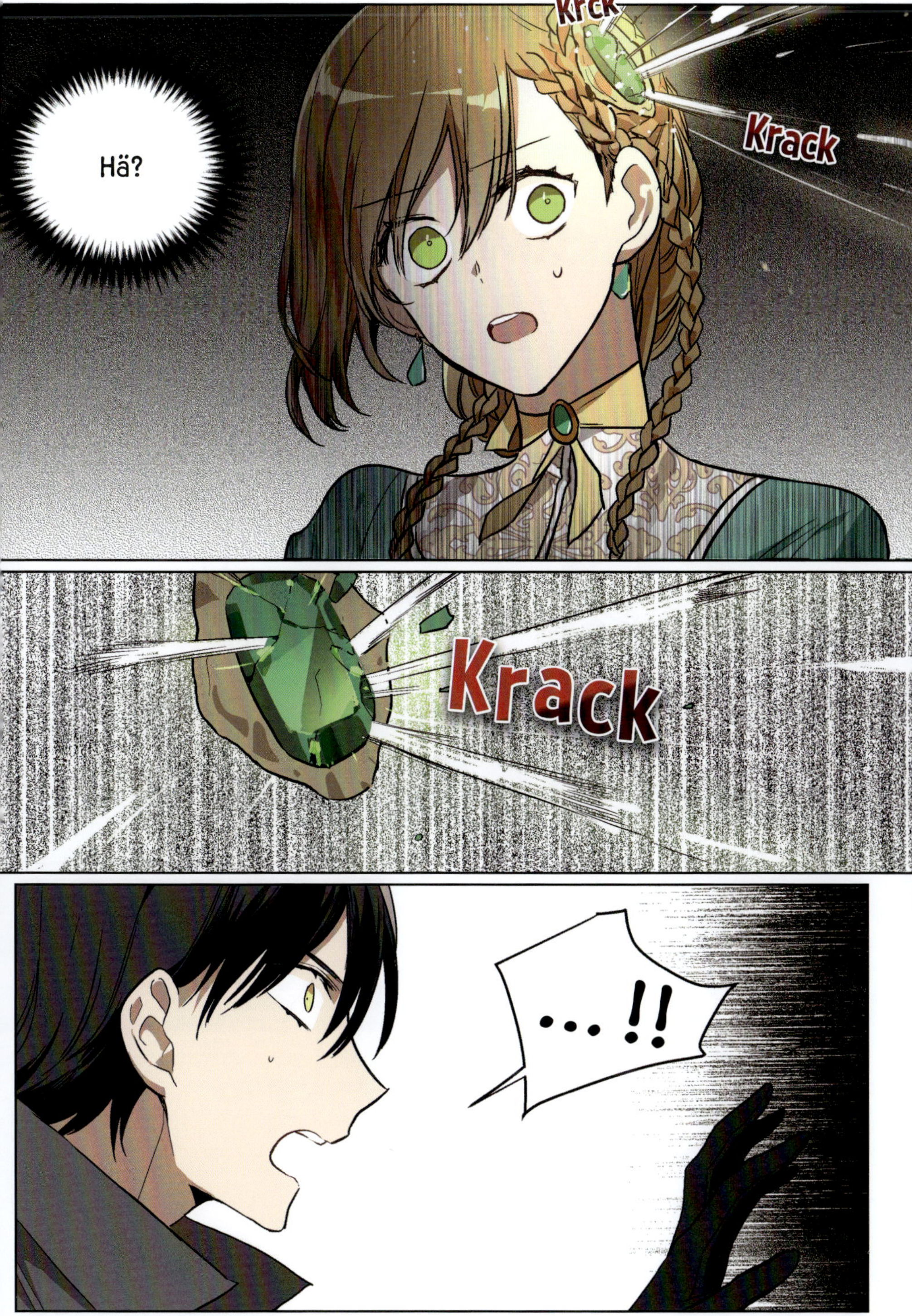
Hä?
Krck
Krack
Krack
...!!

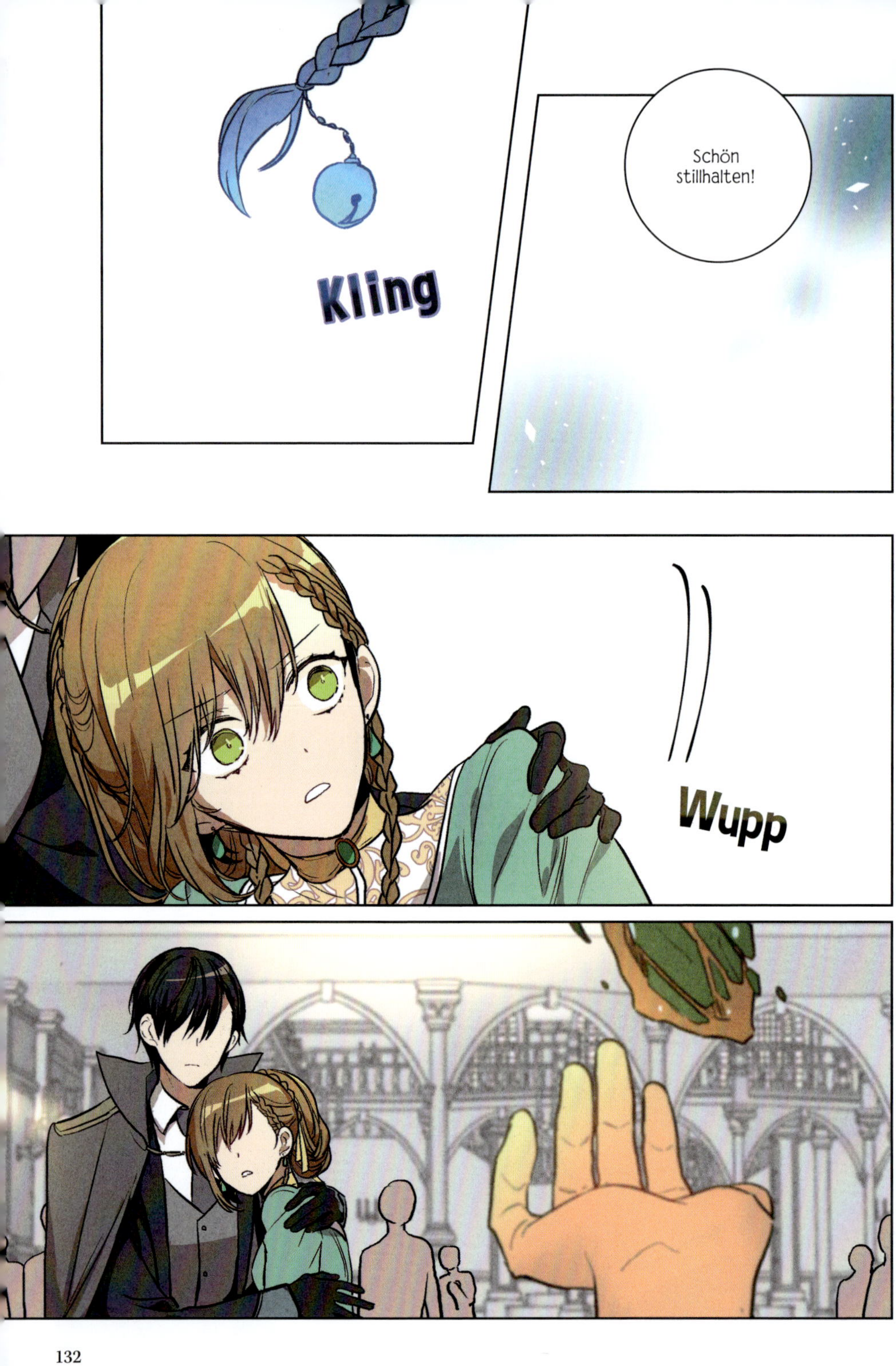
Kling
Schön stillhalten!
Wupp

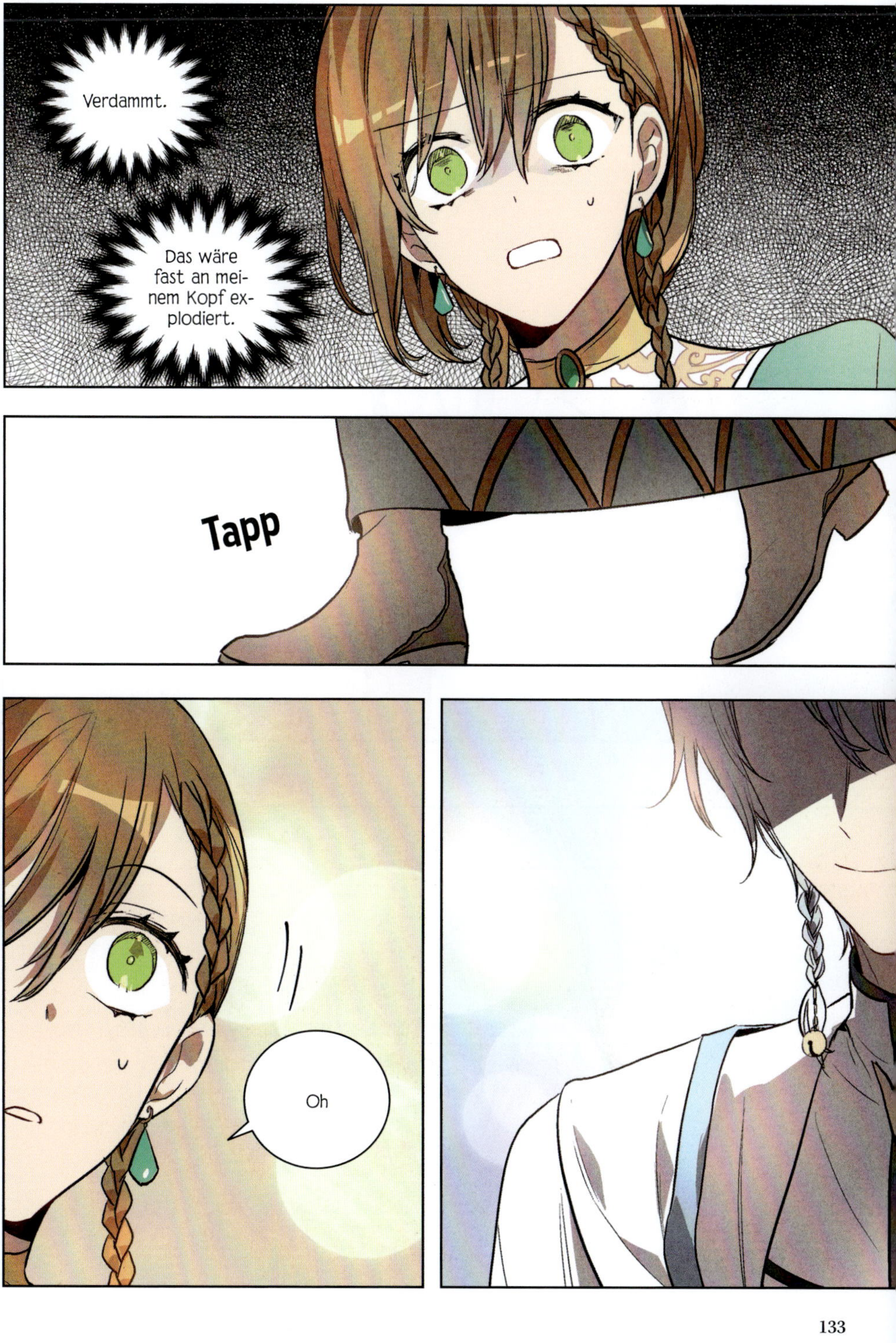
Verdammt.
Das wäre fast an meinem Kopf explodiert.
Tapp
Oh

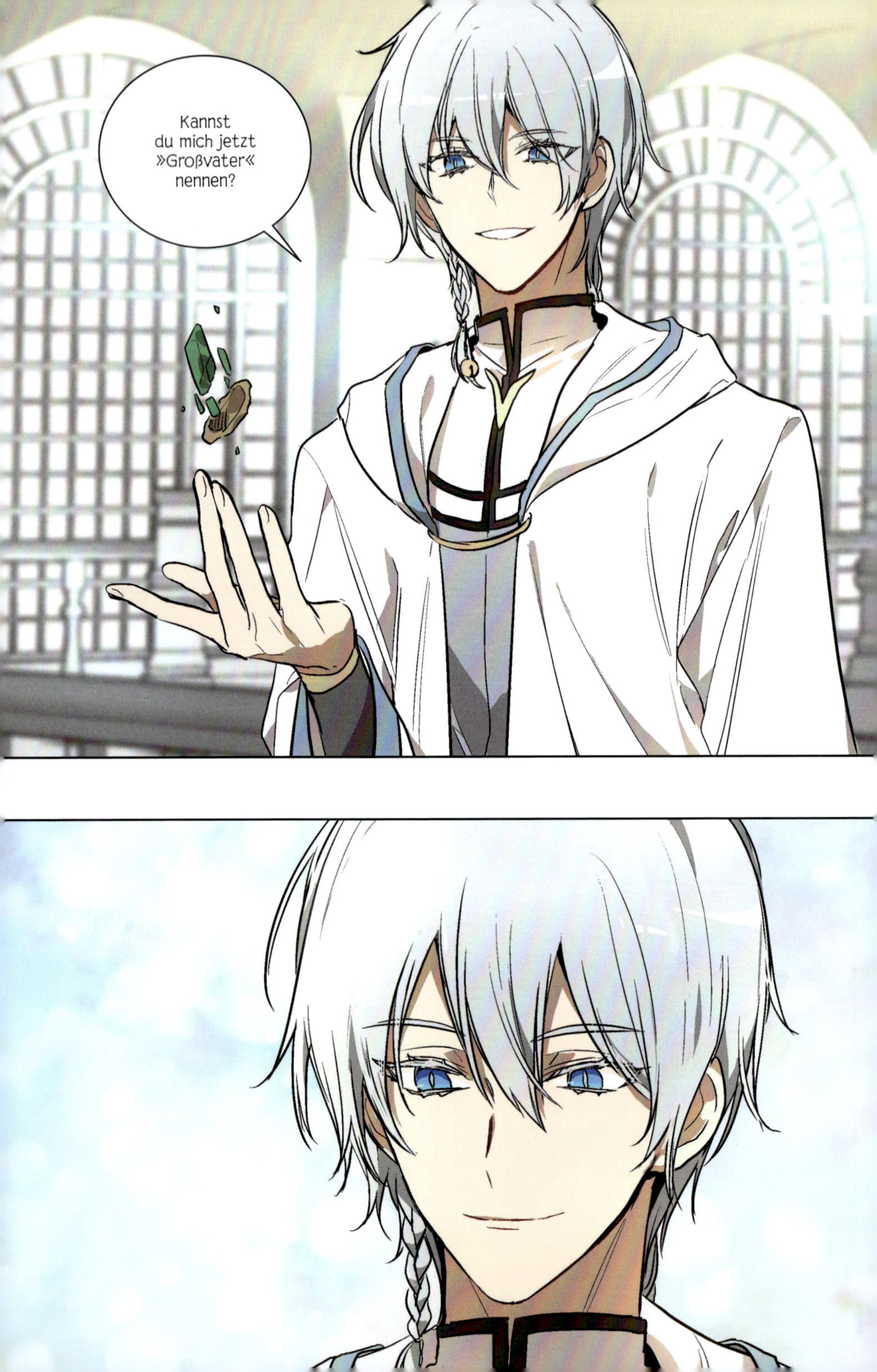
Kannst du mich jetzt »Großvater« nennen?

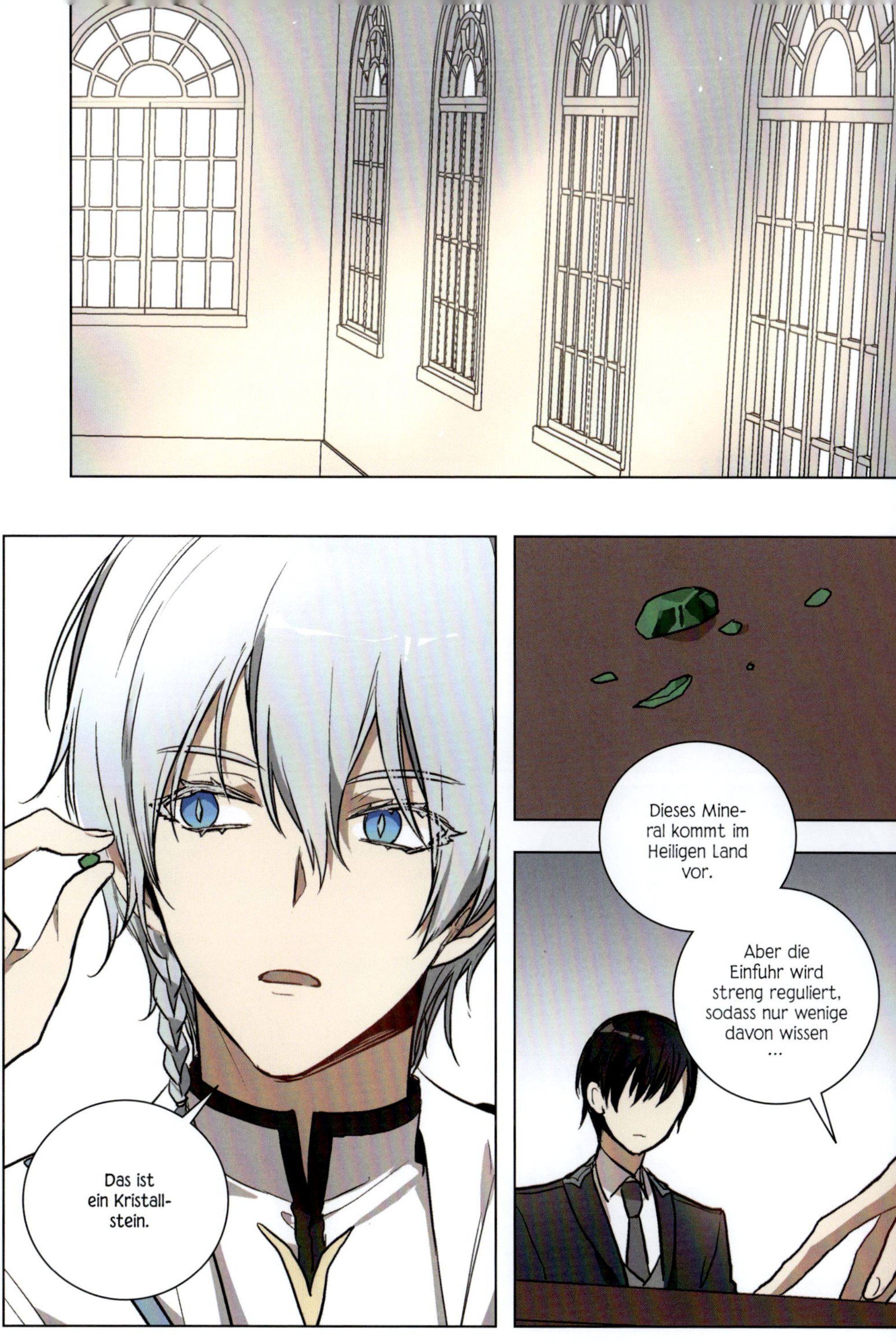
Das ist ein Kristallstein.
Dieses Mineral kommt im Heiligen Land vor.
Aber die Einfuhr wird streng reguliert, sodass nur wenige davon wissen …

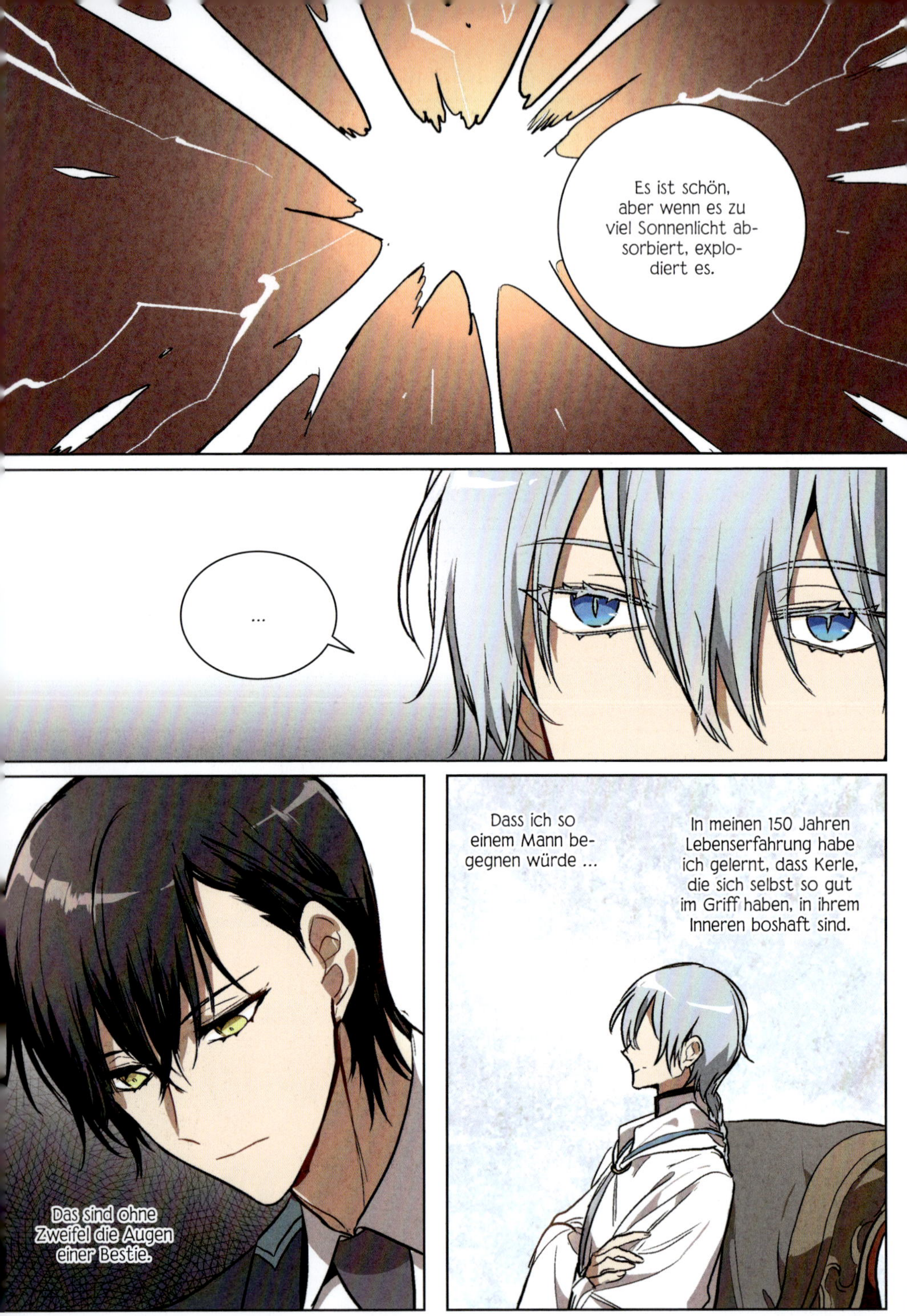
Es ist schön, aber wenn es zu viel Sonnenlicht absorbiert, explodiert es.
...
Dass ich so einem Mann begegnen würde ...
In meinen 150 Jahren Lebenserfahrung habe ich gelernt, dass Kerle, die sich selbst so gut im Griff haben, in ihrem Inneren boshaft sind.
Das sind ohne Zweifel die Augen einer Bestie.

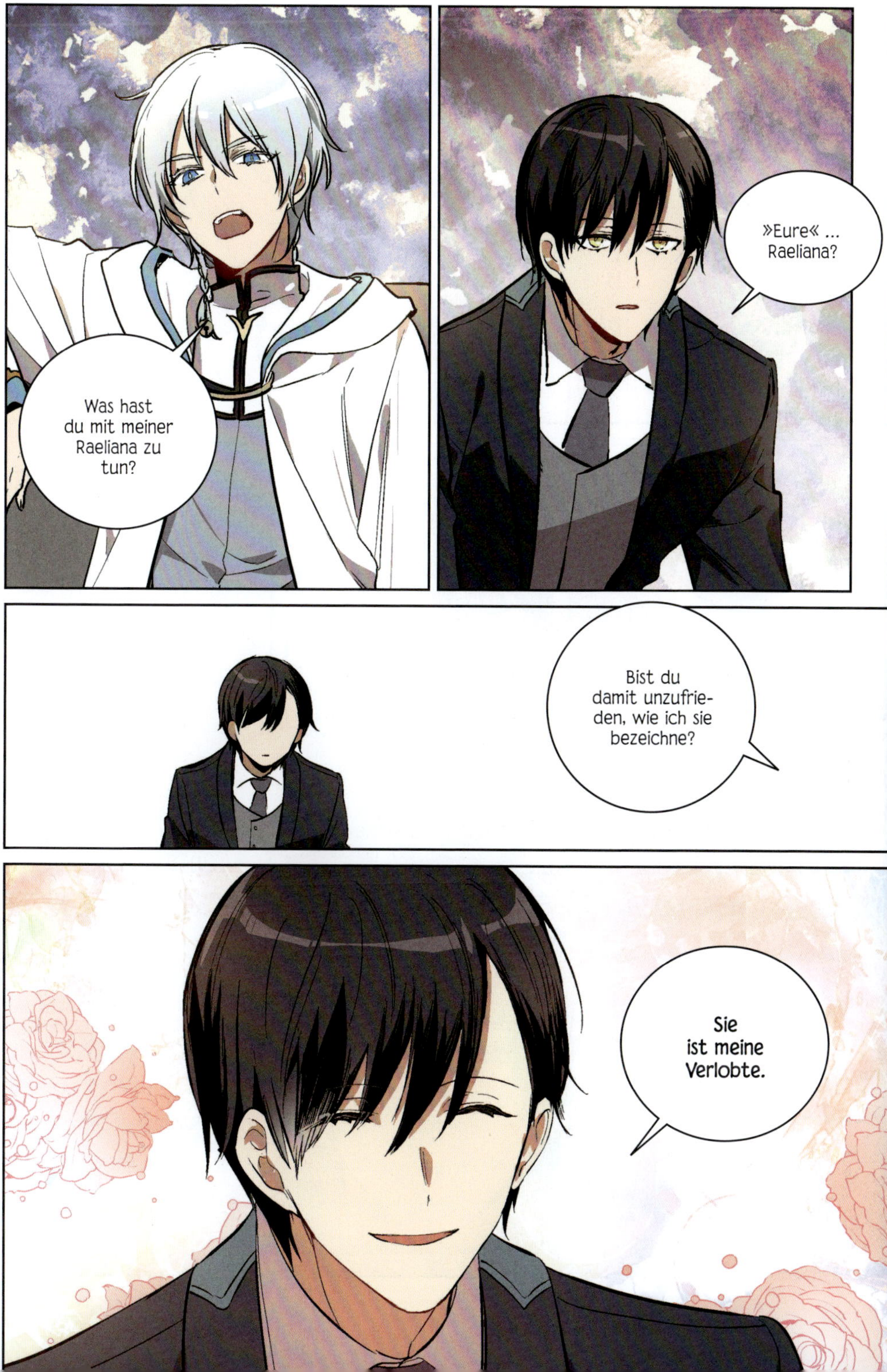
Was hast du mit meiner Raeliana zu tun?
»Eure« ... Raeliana?
Bist du damit unzufrieden, wie ich sie bezeichne?
Sie ist meine Verlobte.

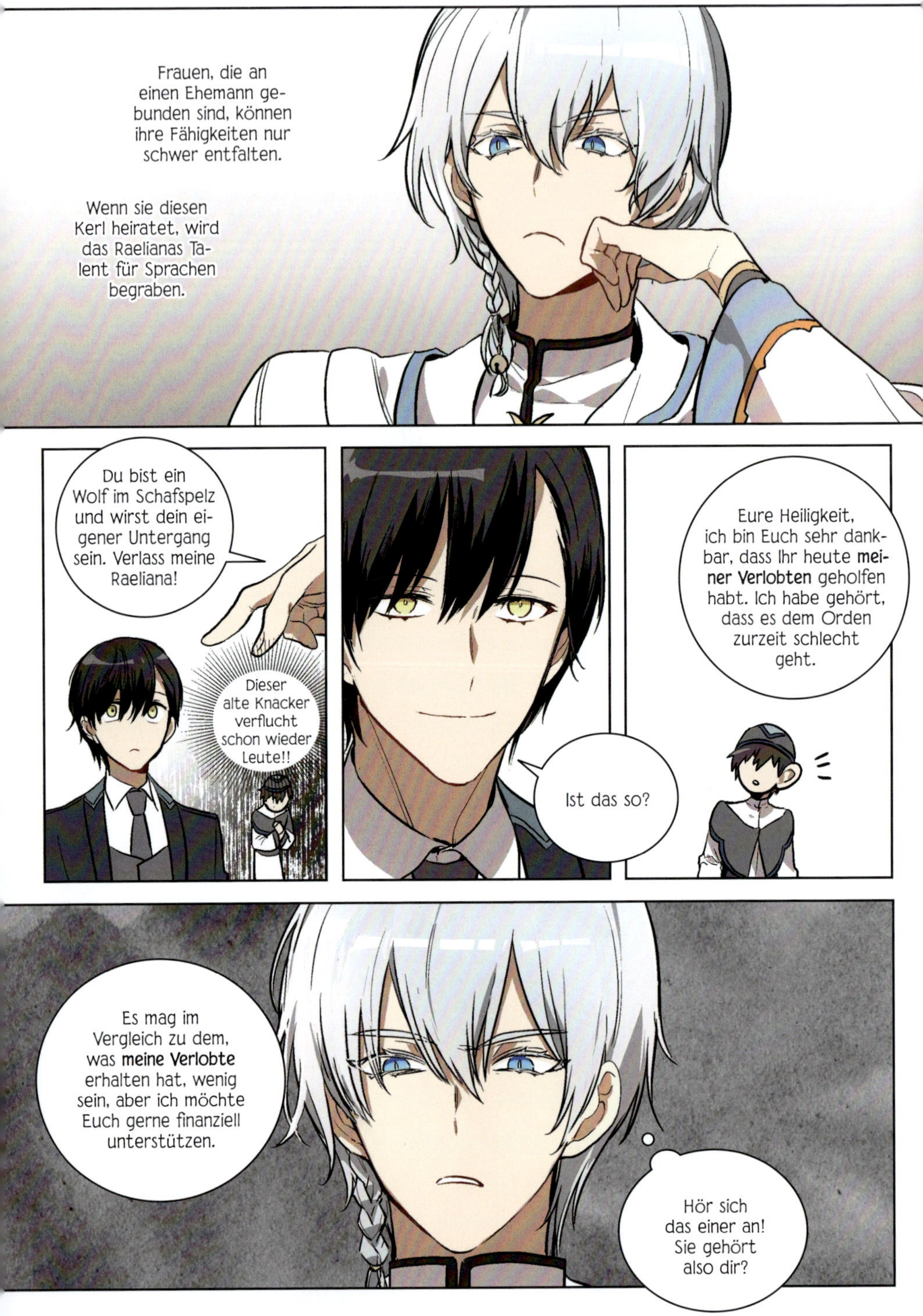
Frauen, die an einen Ehemann gebunden sind, können ihre Fähigkeiten nur schwer entfalten.
Wenn sie diesen Kerl heiratet, wird das Raelianas Talent für Sprachen begraben.
Du bist ein Wolf im Schafspelz und wirst dein eigener Untergang sein. Verlass meine Raeliana!
Dieser alte Knacker verflucht schon wieder Leute!!
Ist das so?
Eure Heiligkeit, ich bin Euch sehr dankbar, dass Ihr heute **meiner Verlobten** geholfen habt. Ich habe gehört, dass es dem Orden zurzeit schlecht geht.
Es mag im Vergleich zu dem, was **meine Verlobte** erhalten hat, wenig sein, aber ich möchte Euch gerne finanziell unterstützen.
Hör sich das einer an! Sie gehört also dir?

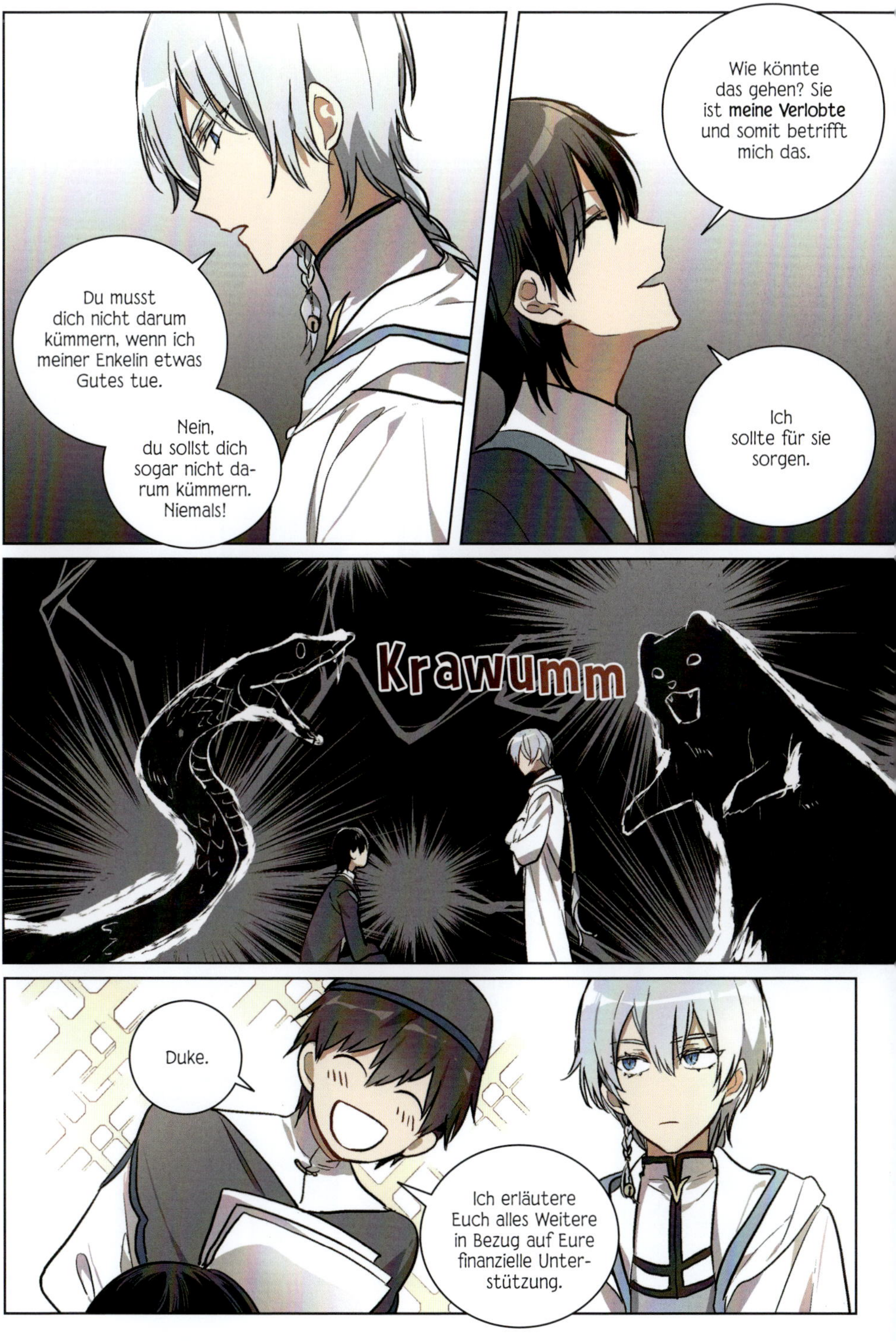
Du musst dich nicht darum kümmern, wenn ich meiner Enkelin etwas Gutes tue.
Nein, du sollst dich sogar nicht darum kümmern. Niemals!
Wie könnte das gehen? Sie ist **meine Verlobte** und somit betrifft mich das.
Ich sollte für sie sorgen.
Krawumm
Duke.
Ich erläutere Euch alles Weitere in Bezug auf Eure finanzielle Unterstützung.

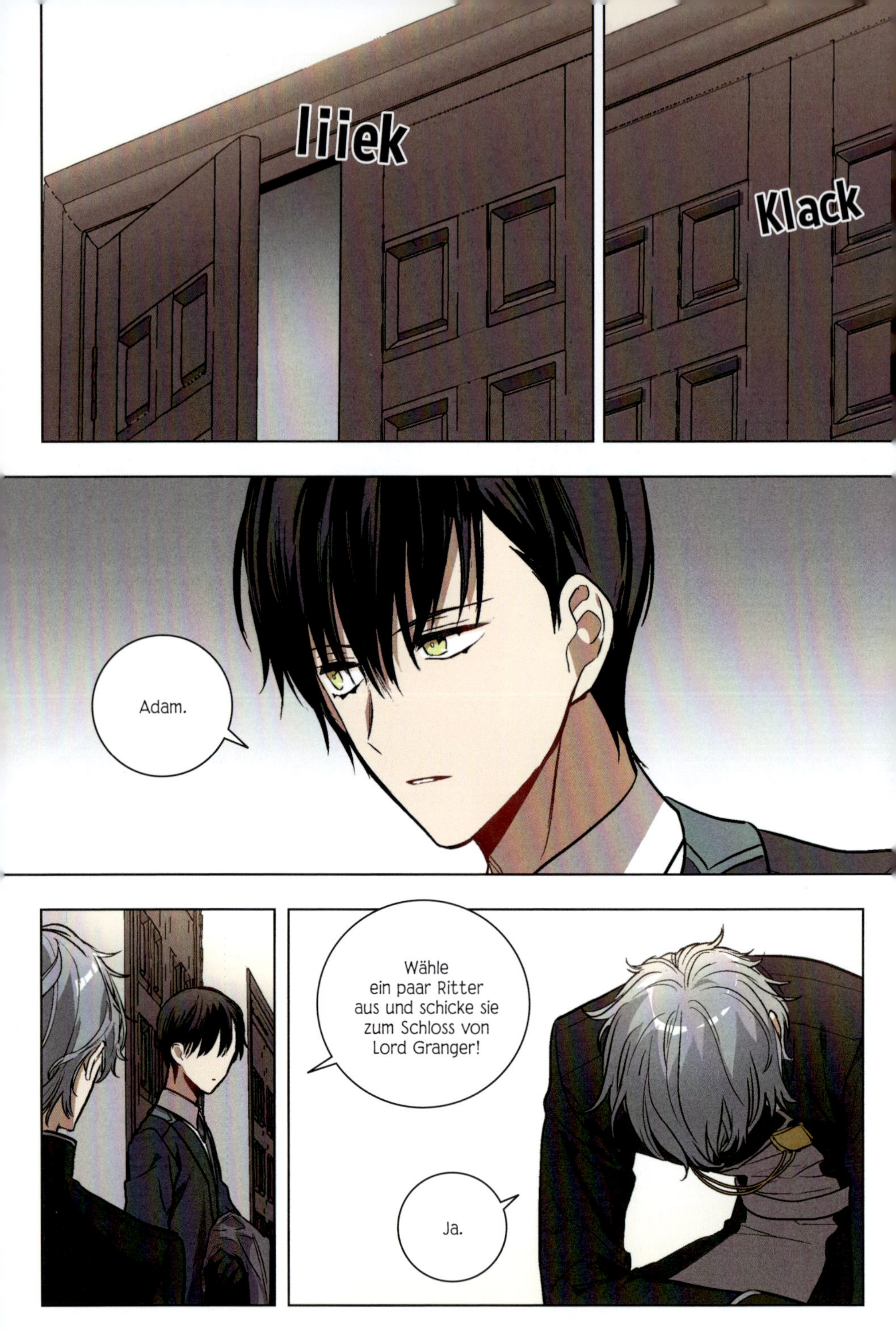
Iiiek
Klack
Adam.
Wähle ein paar Ritter aus und schicke sie zum Schloss von Lord Granger!
Ja.

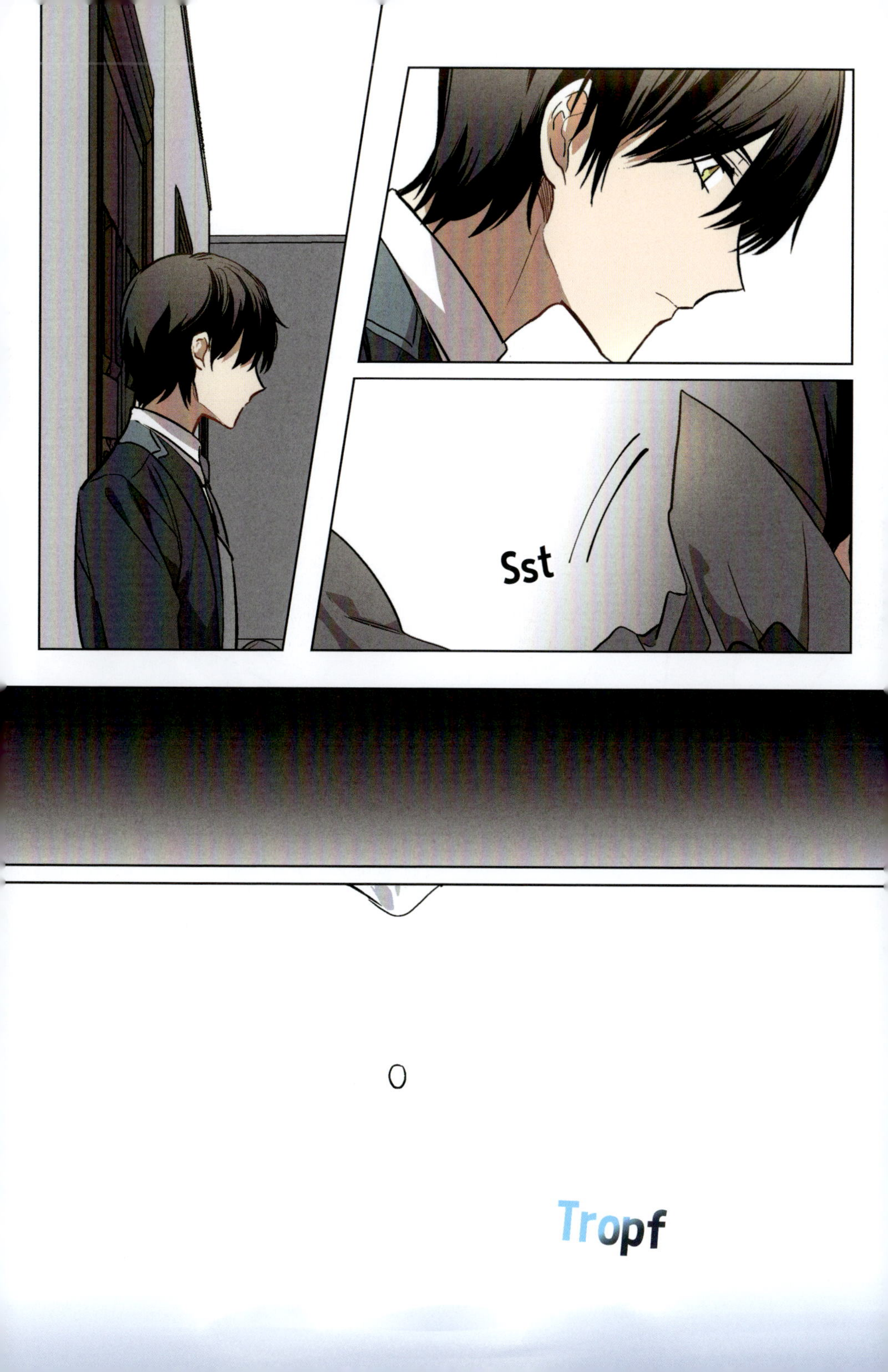
Sst
Tropf

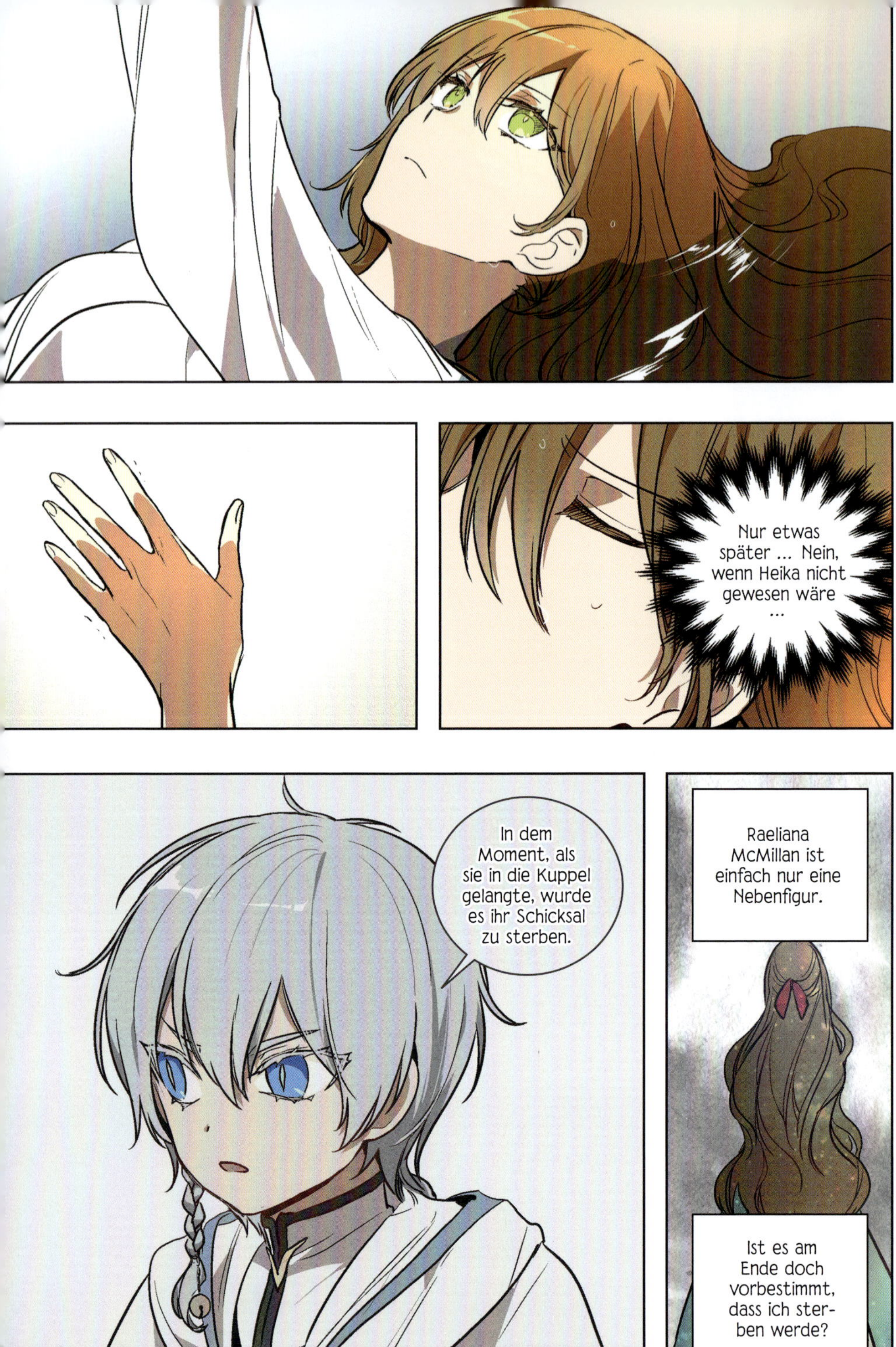
Nur etwas später ... Nein, wenn Heika nicht gewesen wäre ...
In dem Moment, als sie in die Kuppel gelangte, wurde es ihr Schicksal zu sterben.
Raeliana McMillan ist einfach nur eine Nebenfigur.
Ist es am Ende doch vorbestimmt, dass ich sterben werde?

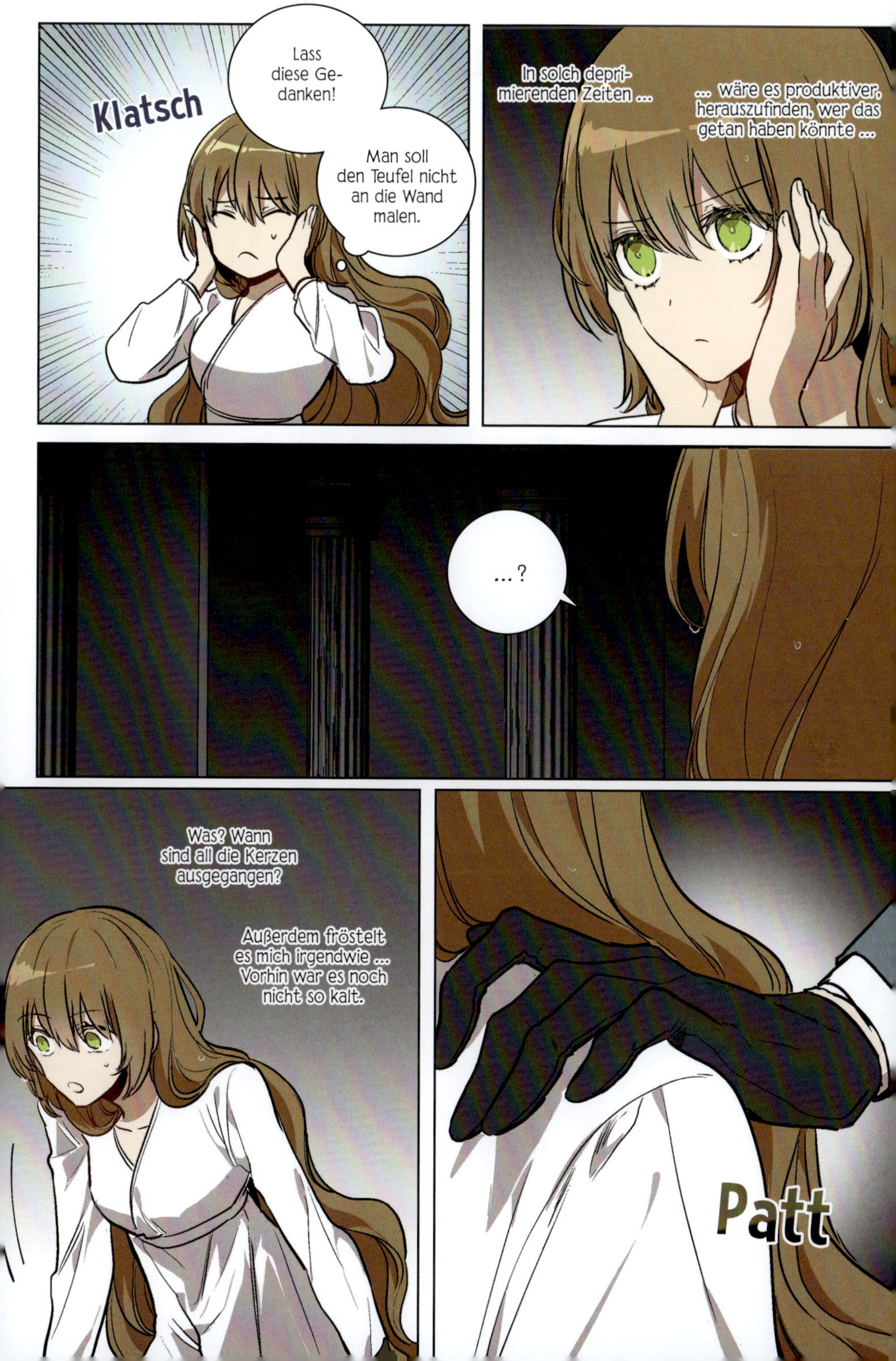
Klatsch
Lass diese Gedanken!
Man soll den Teufel nicht an die Wand malen.
In solch deprimierenden Zeiten ...
... wäre es produktiver, herauszufinden, wer das getan haben könnte ...
... ?
Was? Wann sind all die Kerzen ausgegangen?
Außerdem fröstelt es mich irgendwie ... Vorhin war es noch nicht so kalt.
Patt

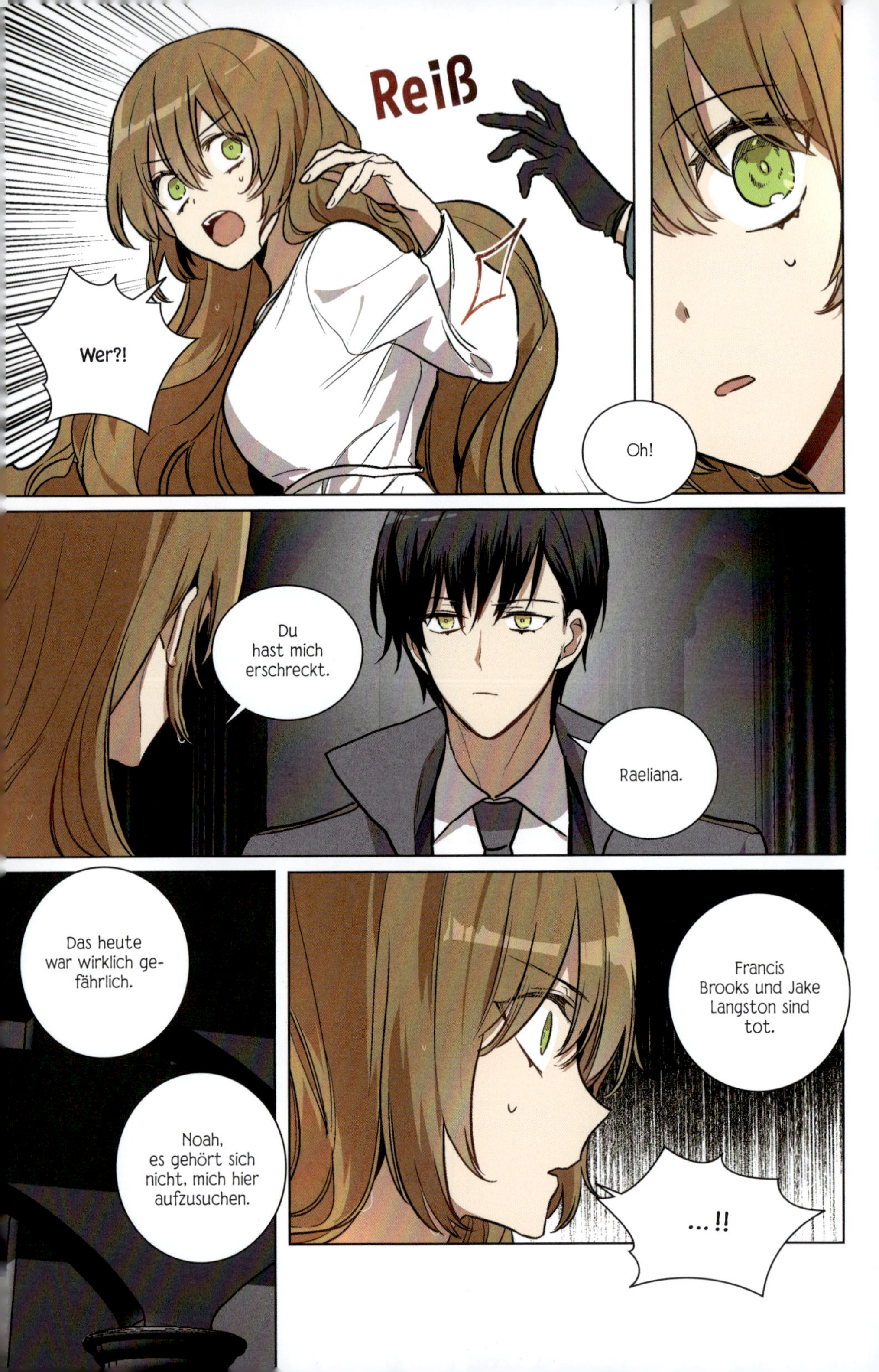
Reiß
Wer?!
Oh!
Du hast mich erschreckt.
Raeliana.
Das heute war wirklich gefährlich.
Noah, es gehört sich nicht, mich hier aufzusuchen.
Francis Brooks und Jake Langston sind tot.
...!!

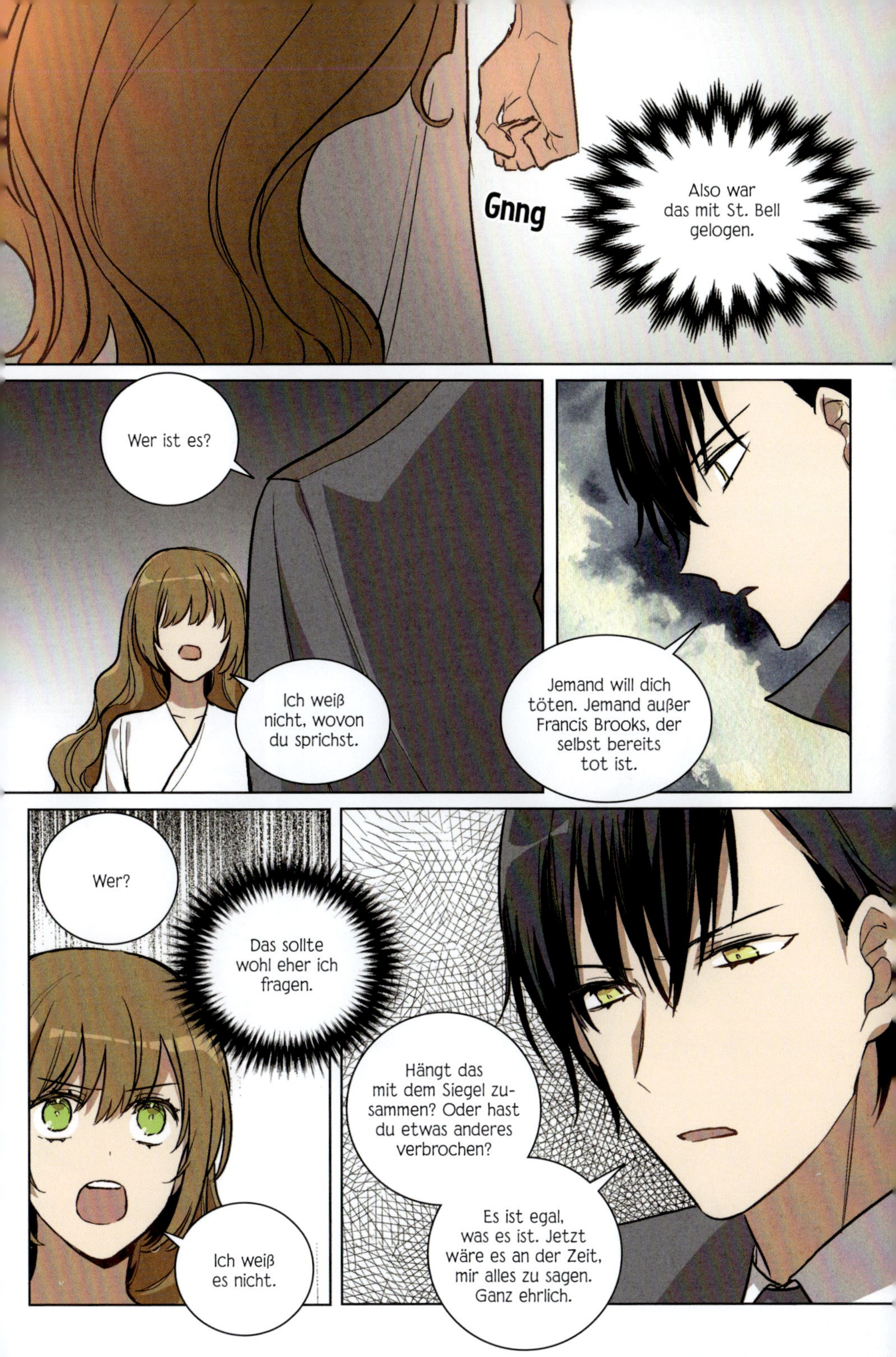
Gnng
Also war das mit St. Bell gelogen.
Wer ist es?
Ich weiß nicht, wovon du sprichst.
Jemand will dich töten. Jemand außer Francis Brooks, der selbst bereits tot ist.
Wer?
Das sollte wohl eher ich fragen.
Ich weiß es nicht.
Hängt das mit dem Siegel zusammen? Oder hast du etwas anderes verbrochen?
Es ist egal, was es ist. Jetzt wäre es an der Zeit, mir alles zu sagen. Ganz ehrlich.

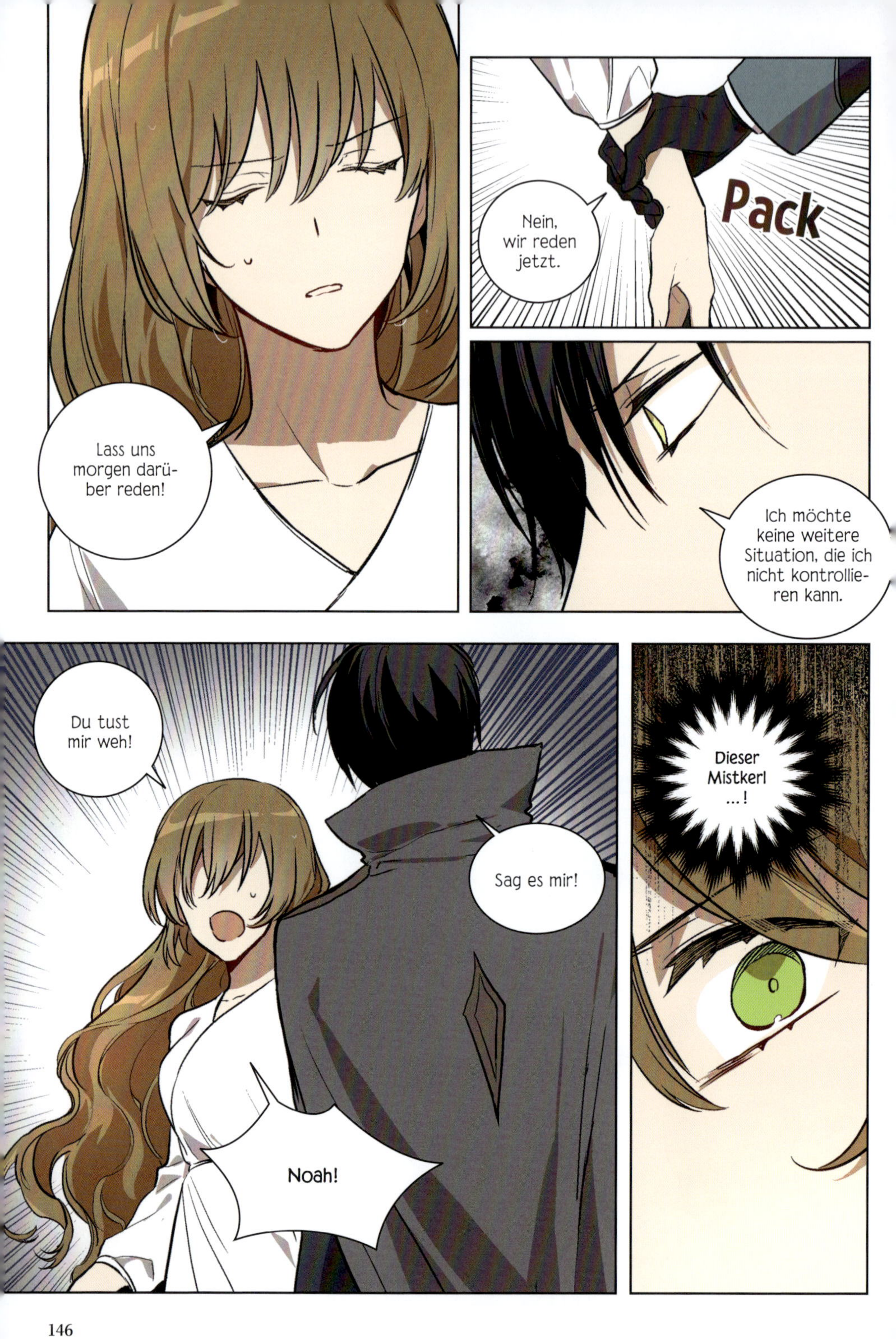
Lass uns morgen darüber reden!
Nein, wir reden jetzt.
Pack
Ich möchte keine weitere Situation, die ich nicht kontrollieren kann.
Du tust mir weh!
Sag es mir!
Noah!
Dieser Mistkerl ...!

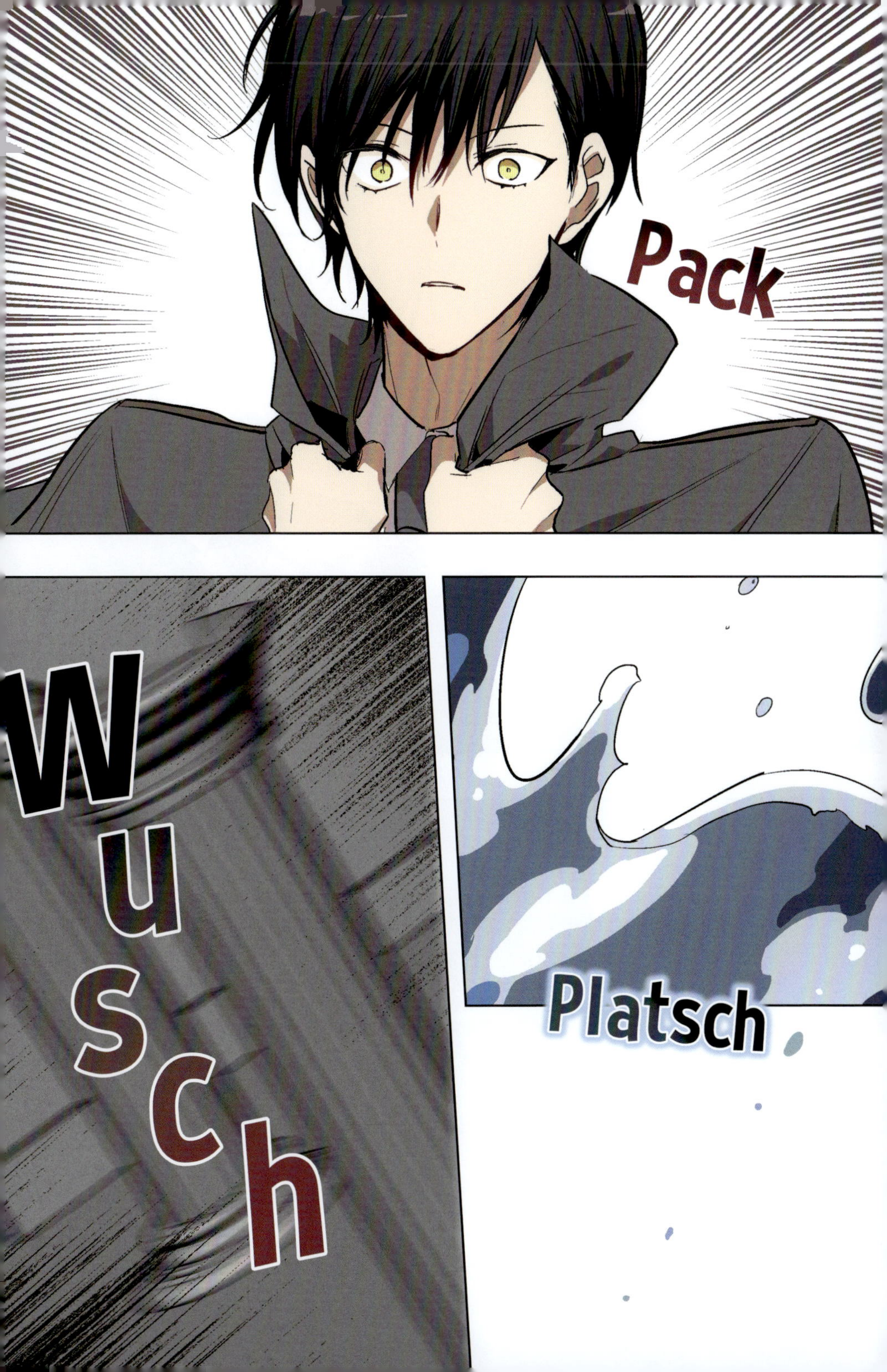
Pack
Wusch
Platsch

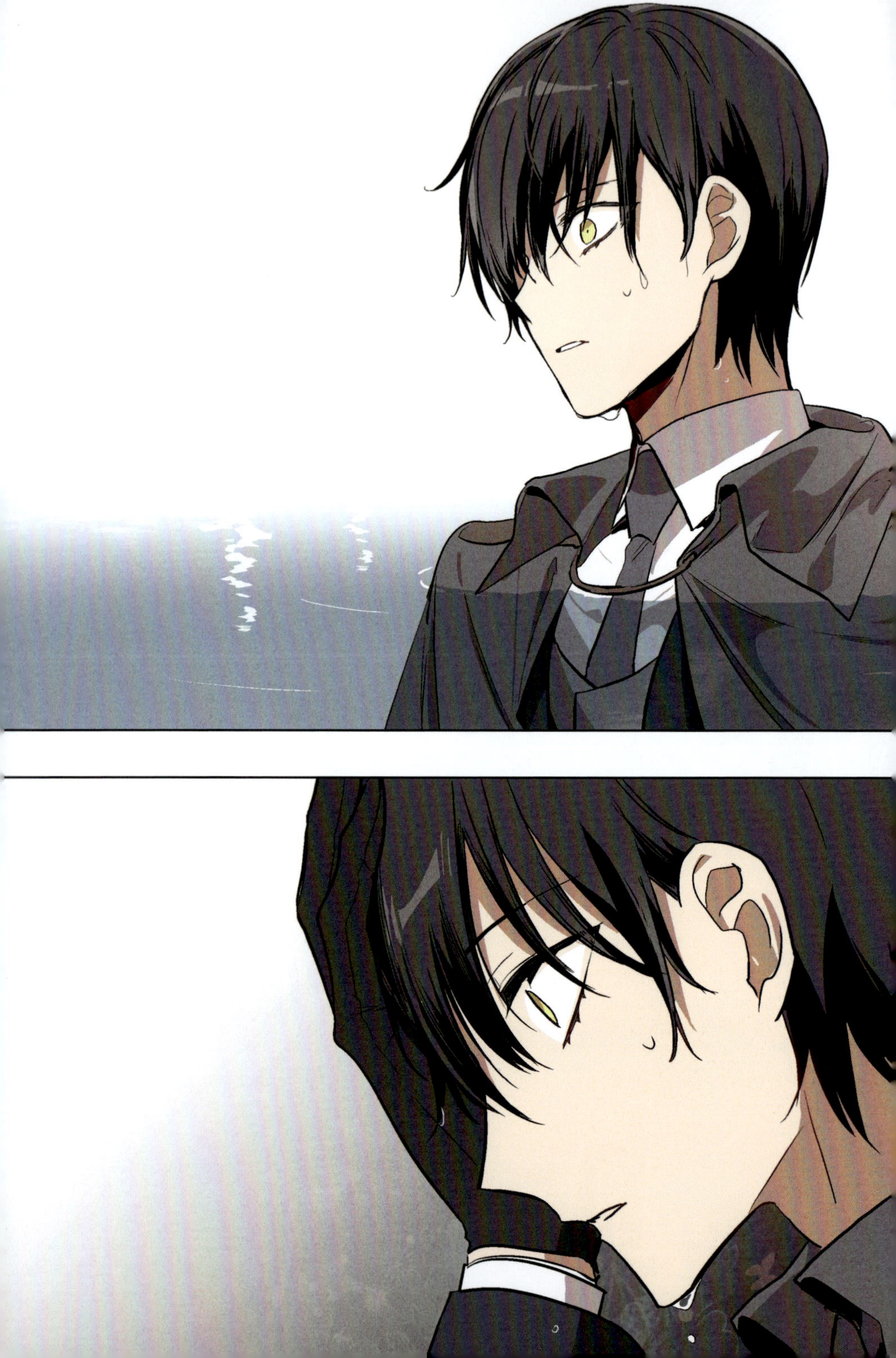

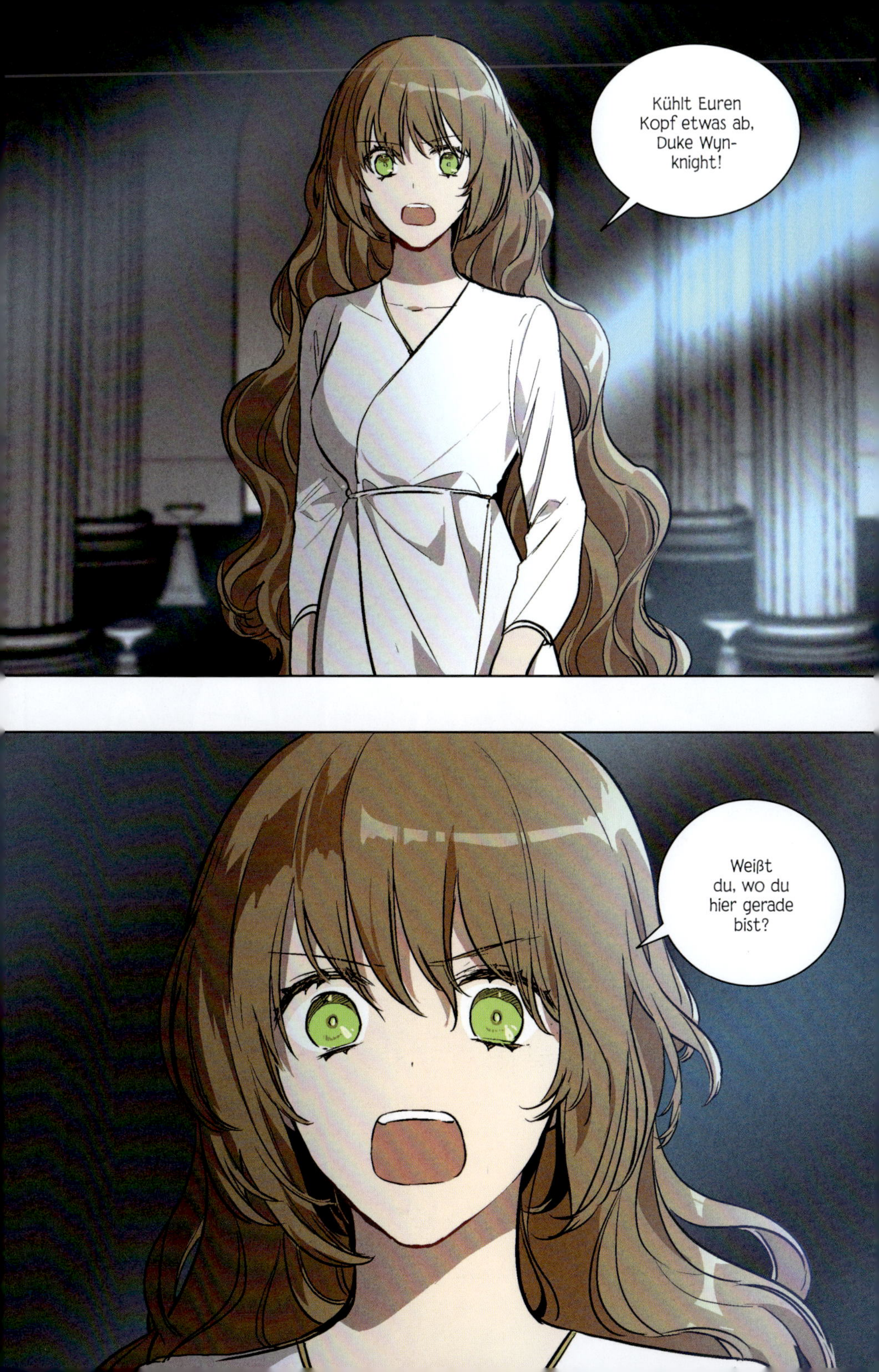
Kühlt Euren Kopf etwas ab, Duke Wyn-knight!
Weißt du, wo du hier gerade bist?

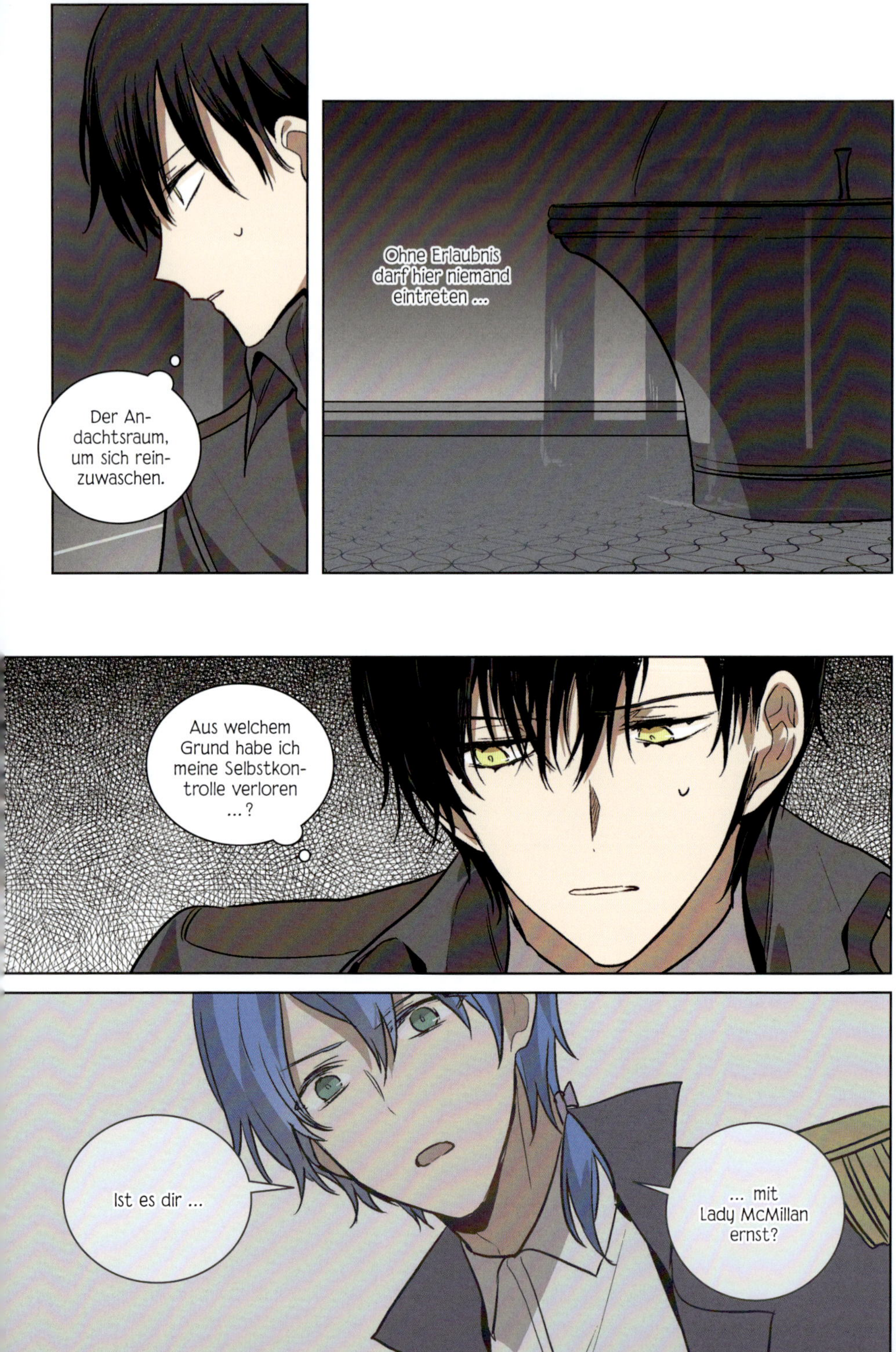
Der Andachtsraum, um sich reinzuwaschen.
Ohne Erlaubnis darf hier niemand eintreten ...
Aus welchem Grund habe ich meine Selbstkontrolle verloren ...?
Ist es dir ...
... mit Lady McMillan ernst?

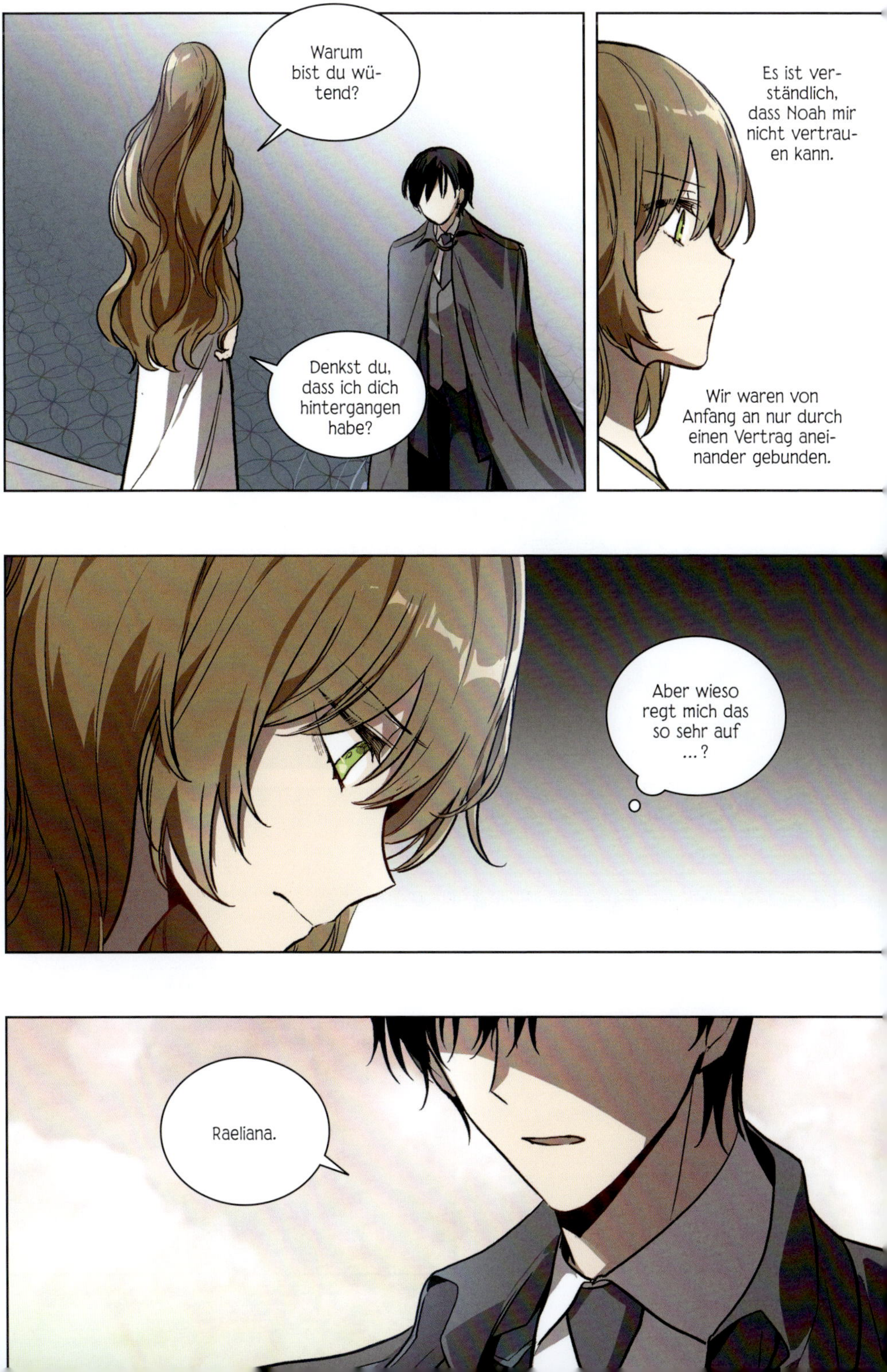
Warum bist du wütend?
Denkst du, dass ich dich hintergangen habe?
Es ist verständlich, dass Noah mir nicht vertrauen kann.
Wir waren von Anfang an nur durch einen Vertrag aneinander gebunden.
Aber wieso regt mich das so sehr auf ...?
Raeliana.

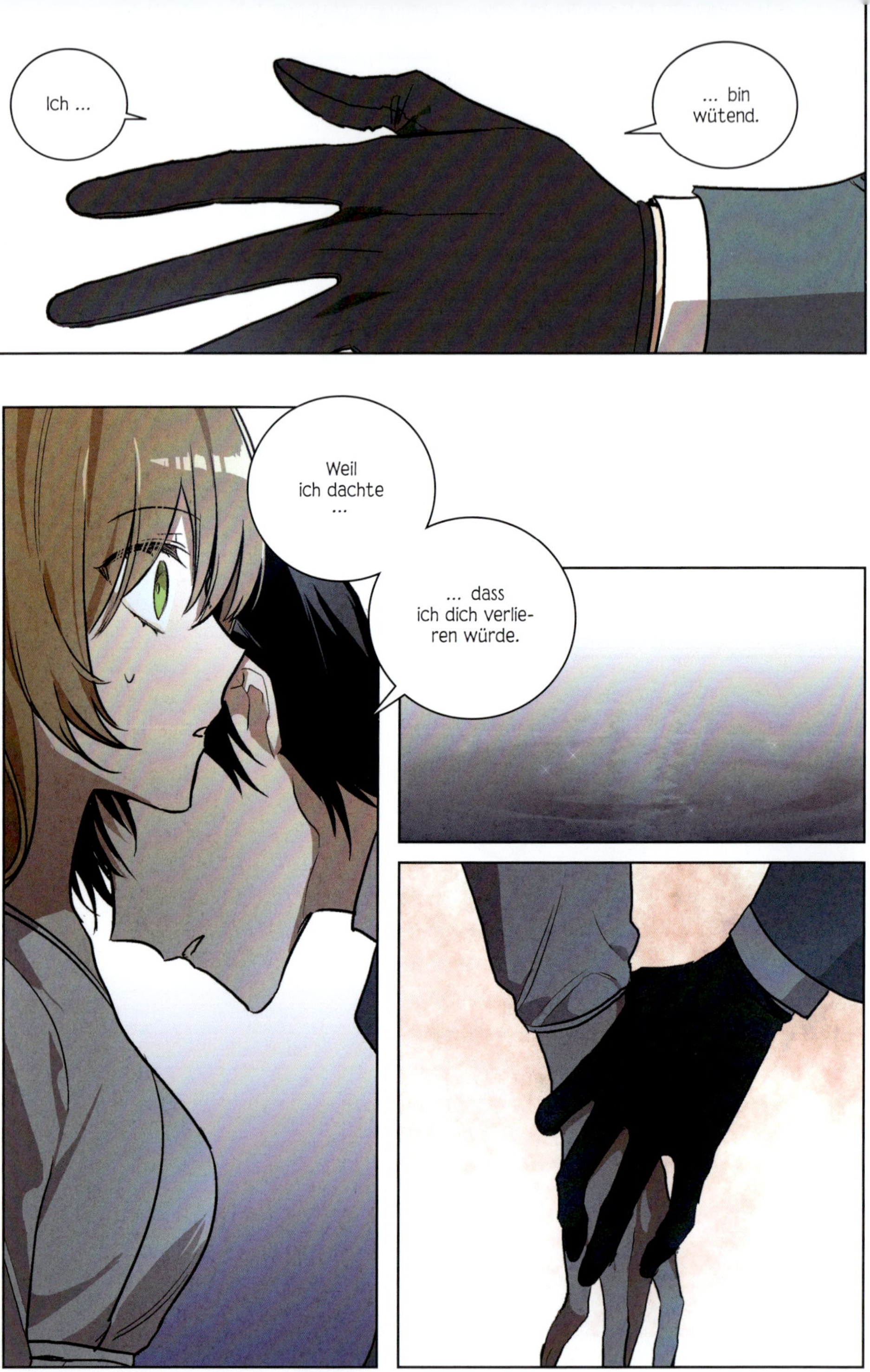
Ich ...
... bin wütend.
Weil ich dachte ...
... dass ich dich verlieren würde.

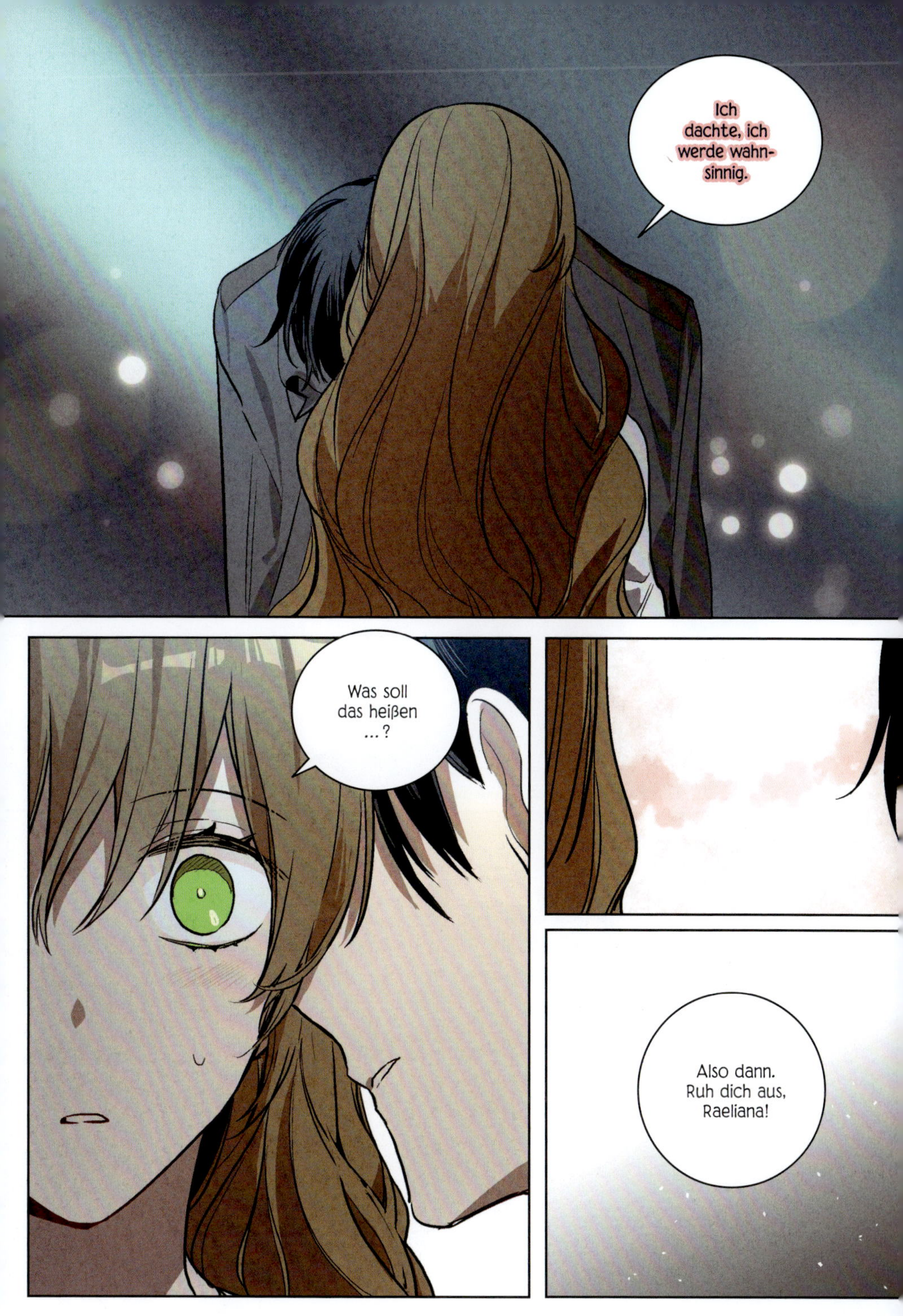
Ich dachte, ich werde wahnsinnig.
Was soll das heißen ...?
Also dann. Ruh dich aus, Raeliana!

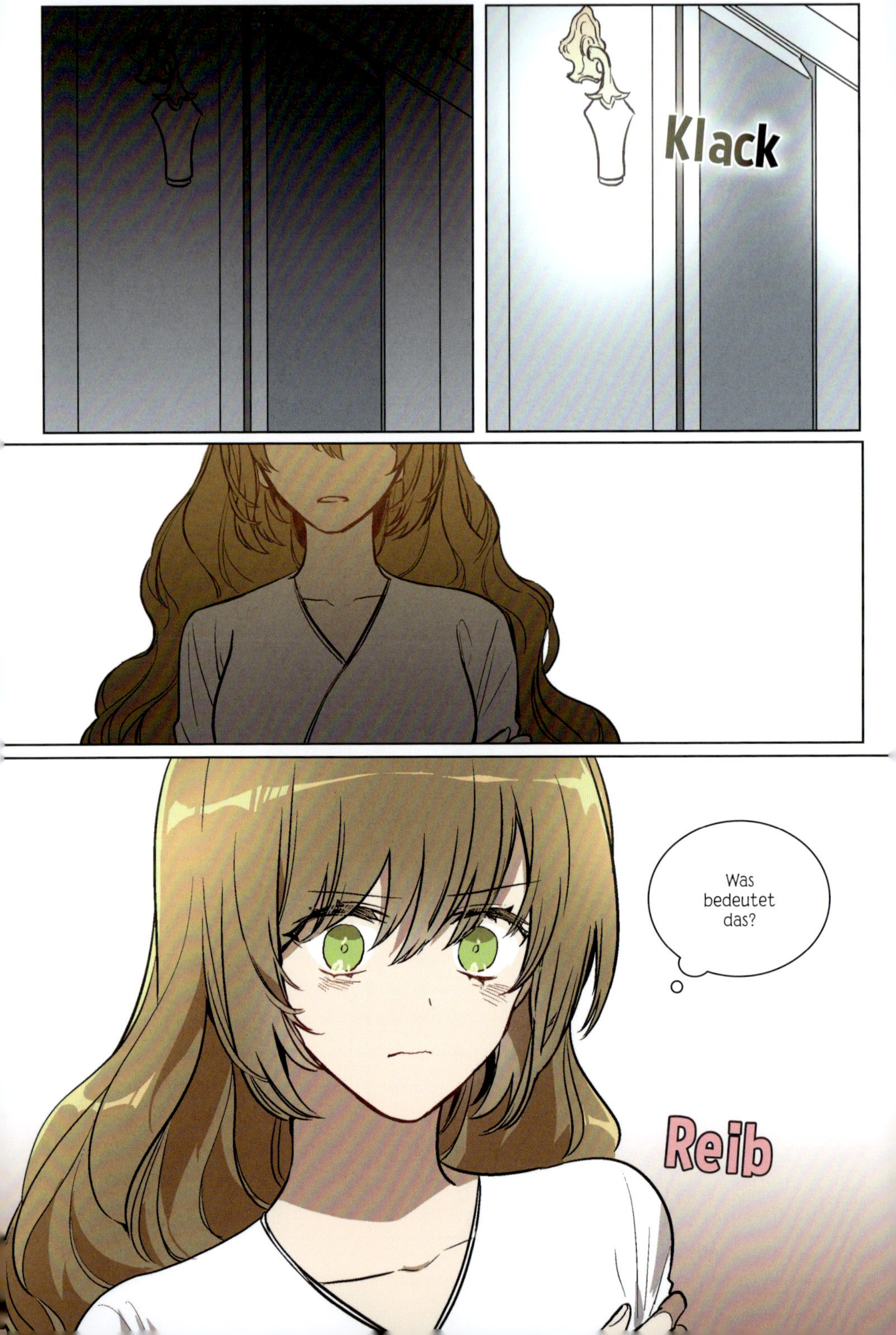
Klack
Was bedeutet das?
Reib

RAELIANA
Warum sie die Verlobte
des Dukes wurde

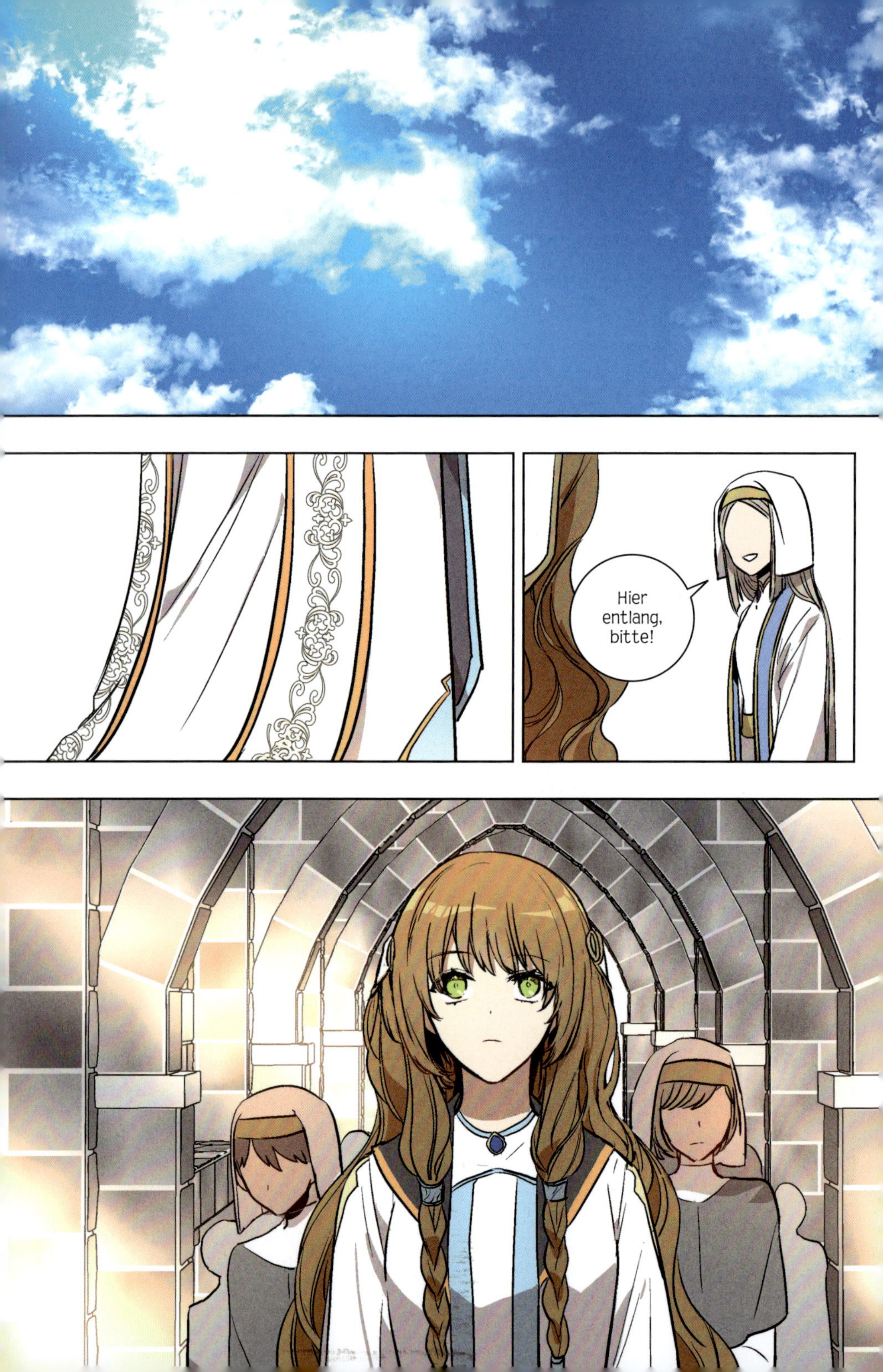
Hier entlang, bitte!

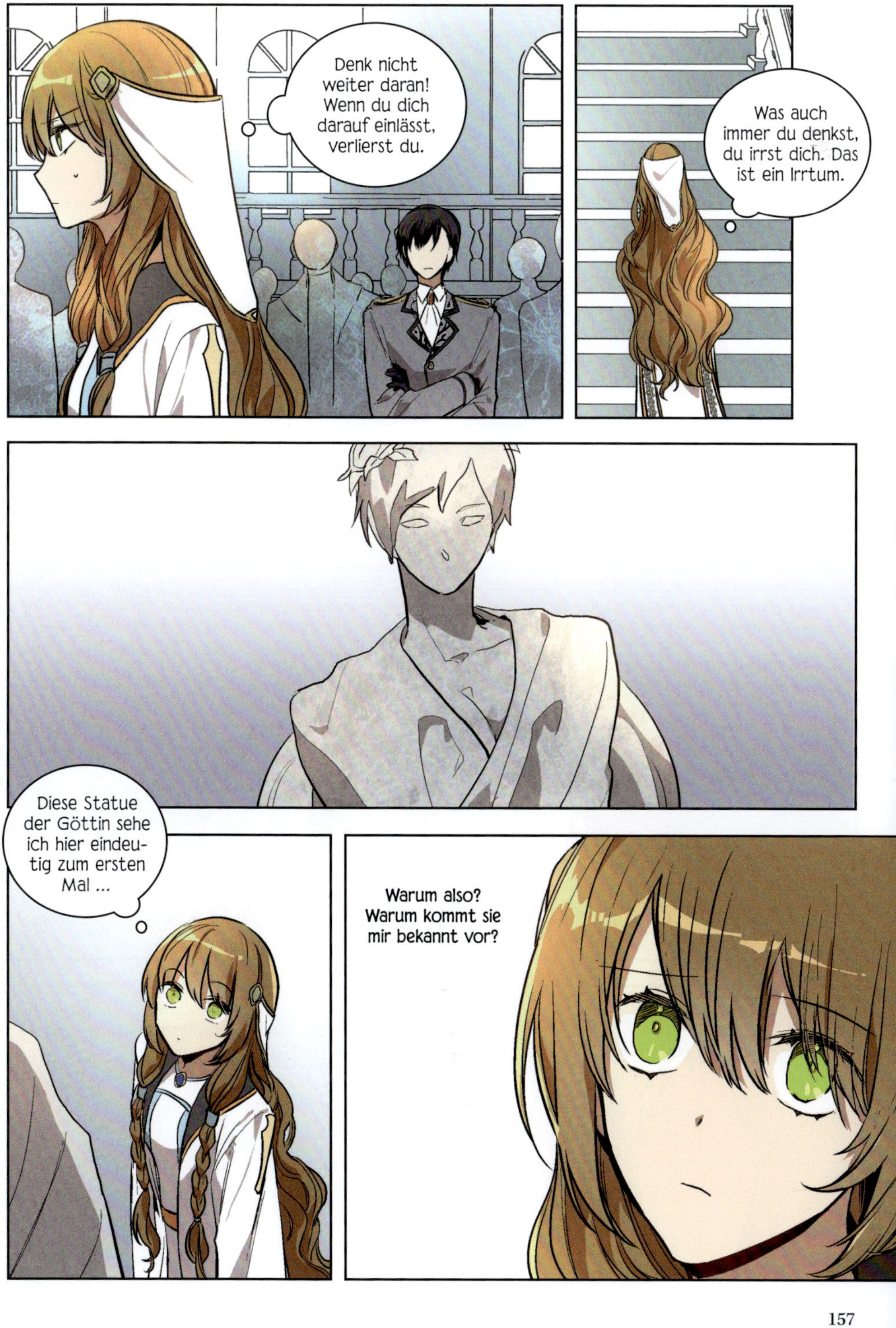

Denk nicht weiter daran! Wenn du dich darauf einlässt, verlierst du.
Was auch immer du denkst, du irrst dich. Das ist ein Irrtum.
Diese Statue der Göttin sehe ich hier eindeutig zum ersten Mal ...
Warum also? Warum kommt sie mir bekannt vor?

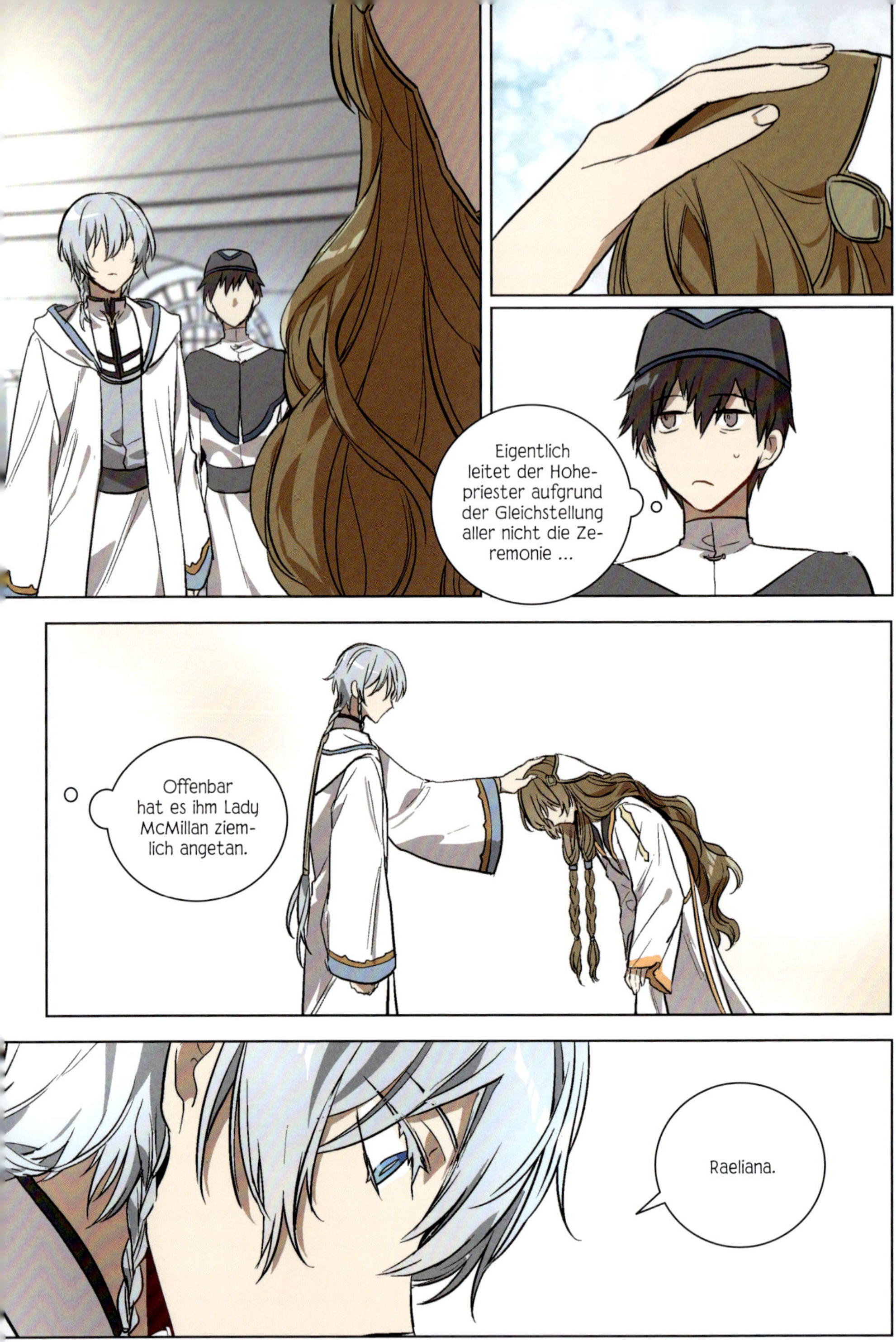
Eigentlich leitet der Hohepriester aufgrund der Gleichstellung aller nicht die Zeremonie ...
Offenbar hat es ihm Lady McMillan ziemlich angetan.
Raeliana.

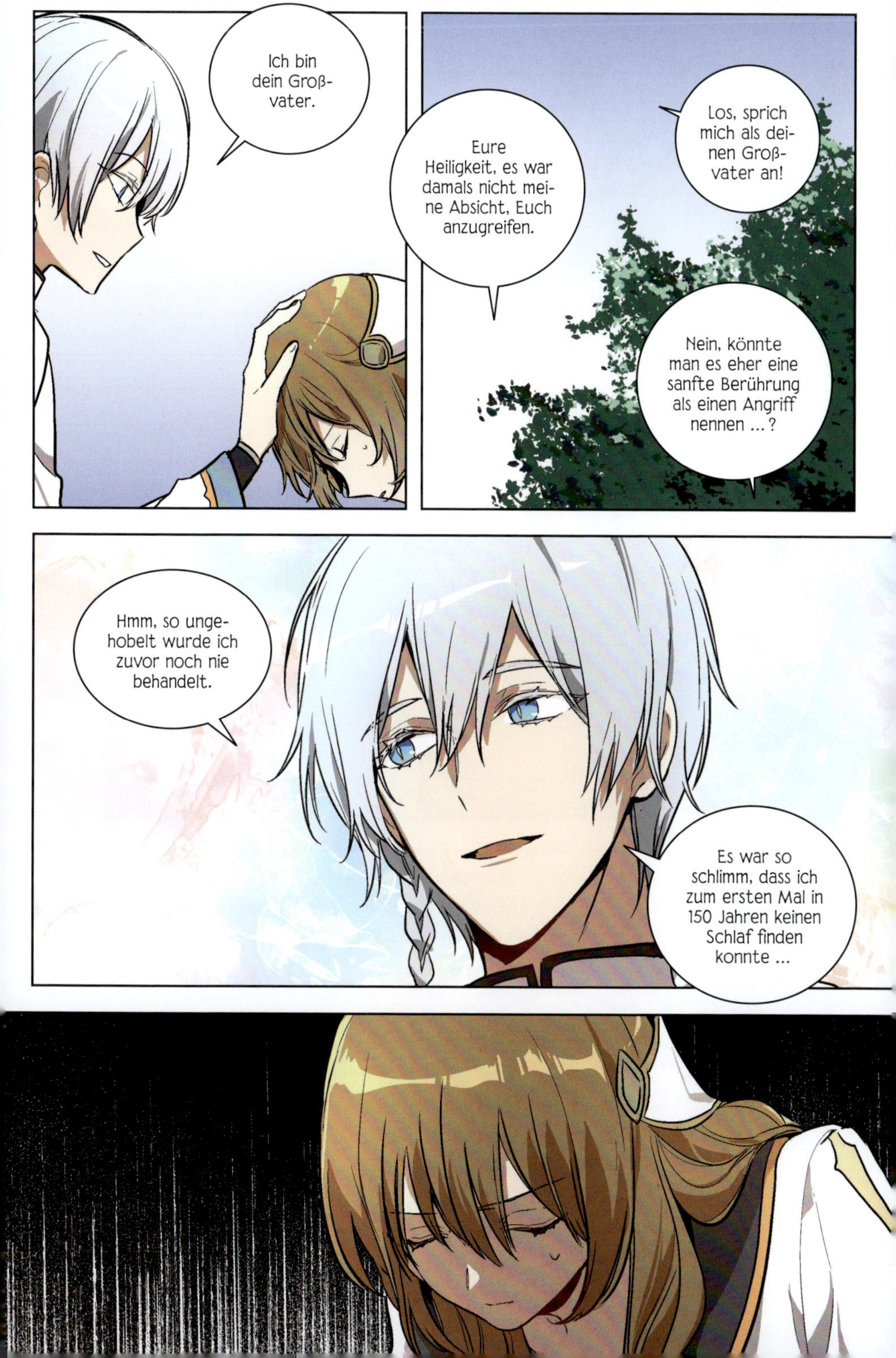
Ich bin dein Groß-vater.
Los, sprich mich als dei-nen Groß-vater an!
Eure Heiligkeit, es war damals nicht mei-ne Absicht, Euch anzugreifen.
Nein, könnte man es eher eine sanfte Berührung als einen Angriff nennen ...?
Hmm, so unge-hobelt wurde ich zuvor noch nie behandelt.
Es war so schlimm, dass ich zum ersten Mal in 150 Jahren keinen Schlaf finden konnte ...

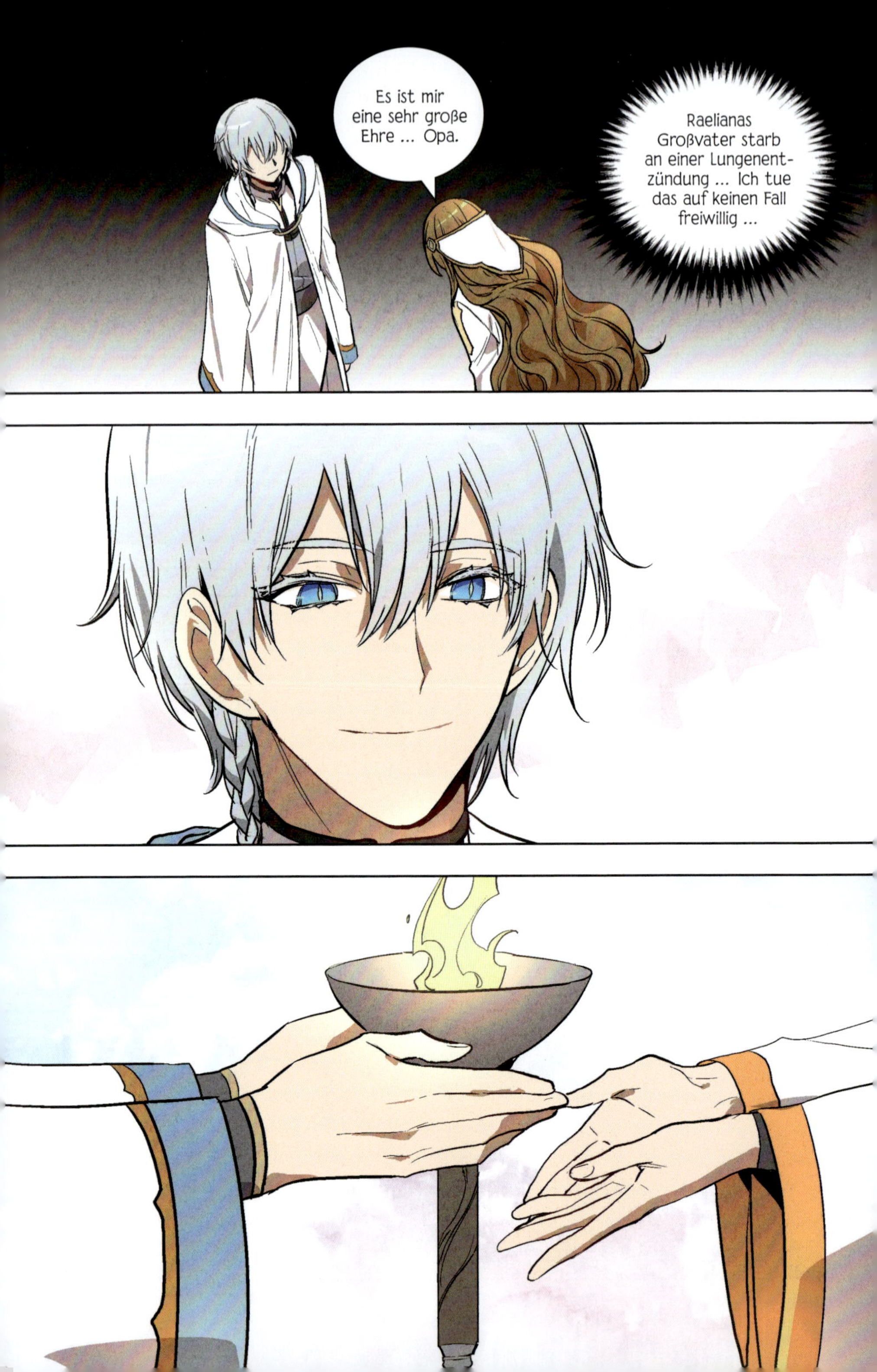
Es ist mir eine sehr große Ehre ... Opa.
Raelianas Großvater starb an einer Lungenentzündung ... Ich tue das auf keinen Fall freiwillig ...

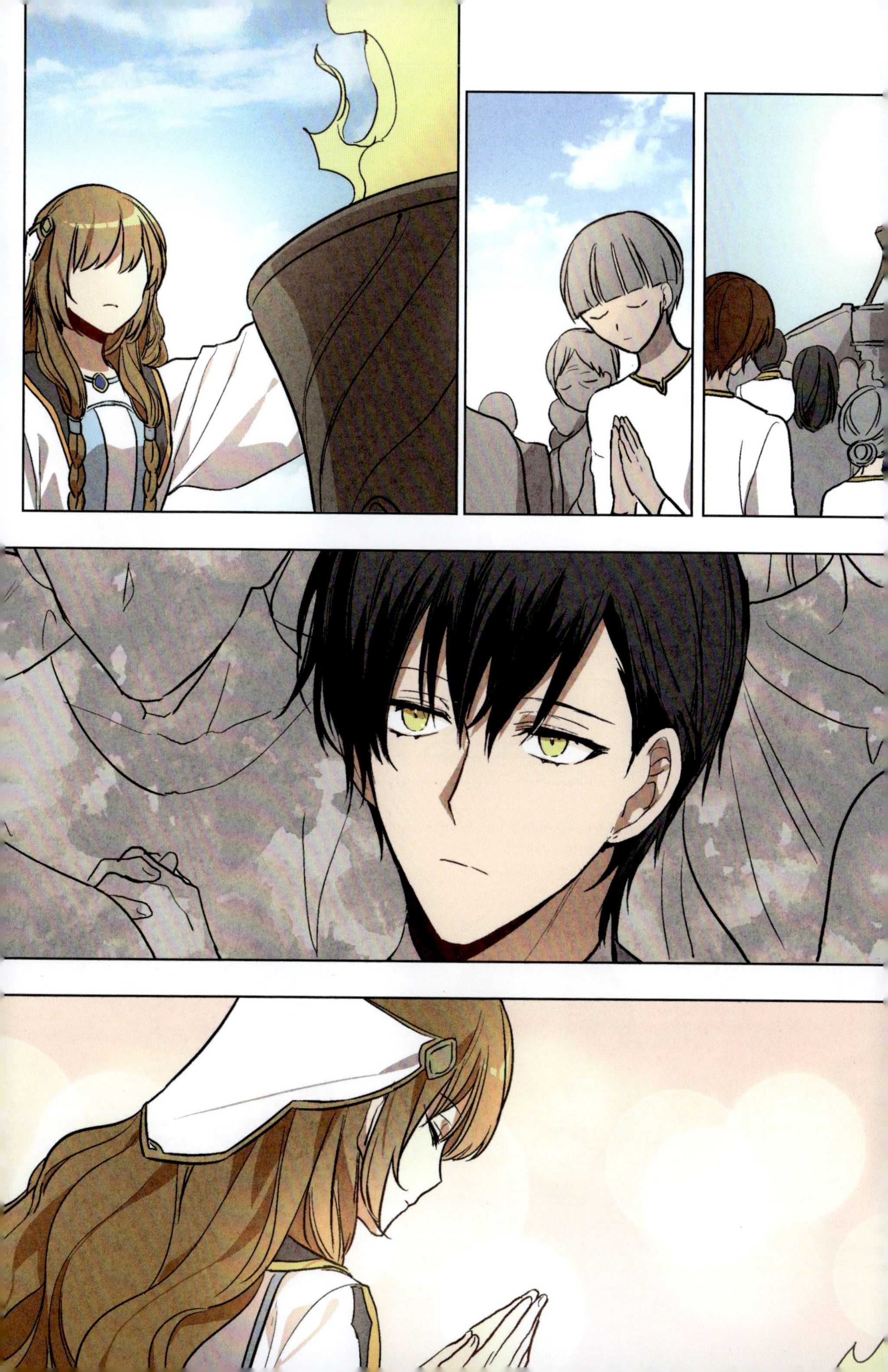

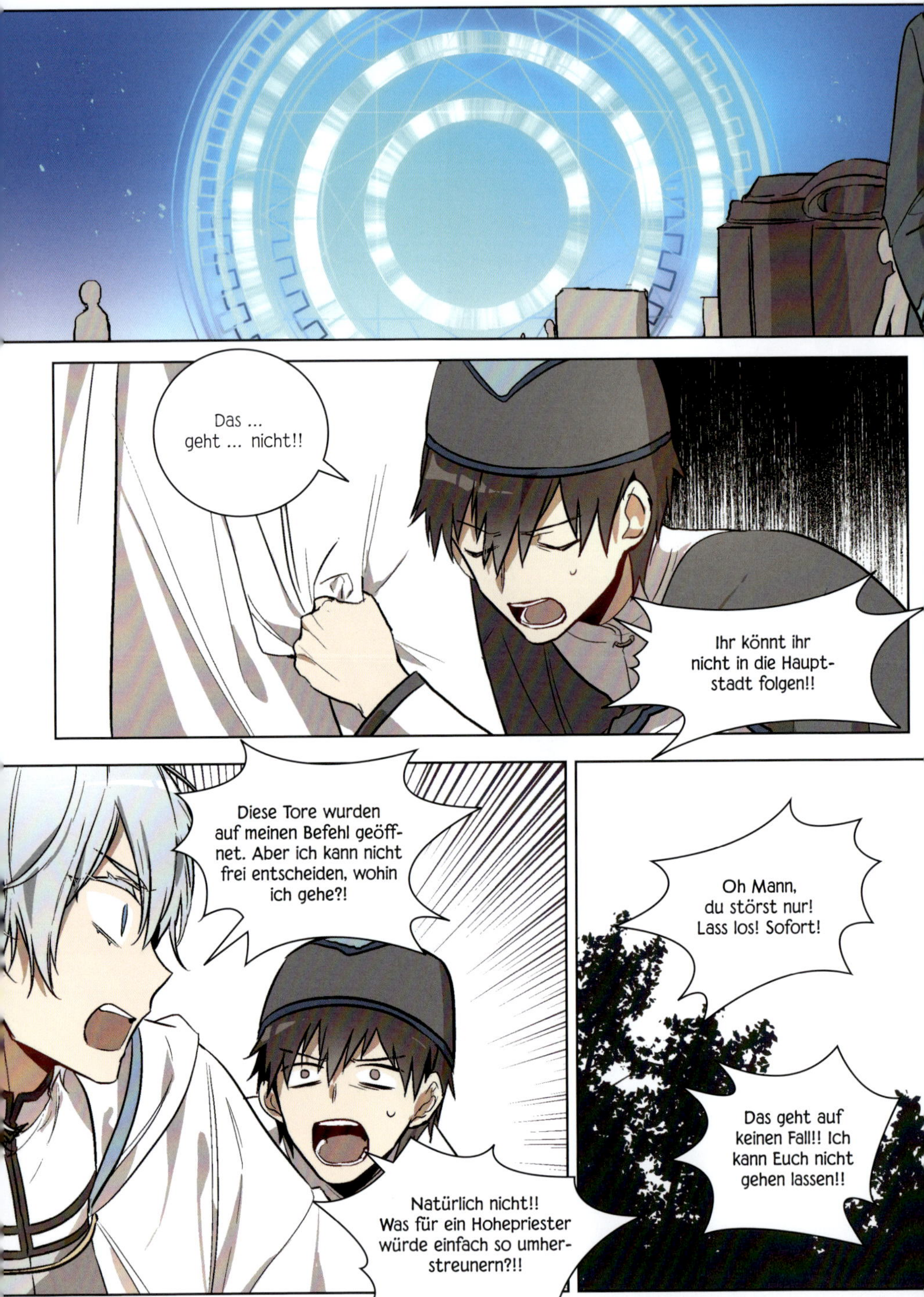
Das ... geht ... nicht!!
Ihr könnt ihr nicht in die Hauptstadt folgen!!
Diese Tore wurden auf meinen Befehl geöffnet. Aber ich kann nicht frei entscheiden, wohin ich gehe?!
Natürlich nicht!! Was für ein Hohepriester würde einfach so umherstreunern?!!
Oh Mann, du störst nur! Lass los! Sofort!
Das geht auf keinen Fall!! Ich kann Euch nicht gehen lassen!!

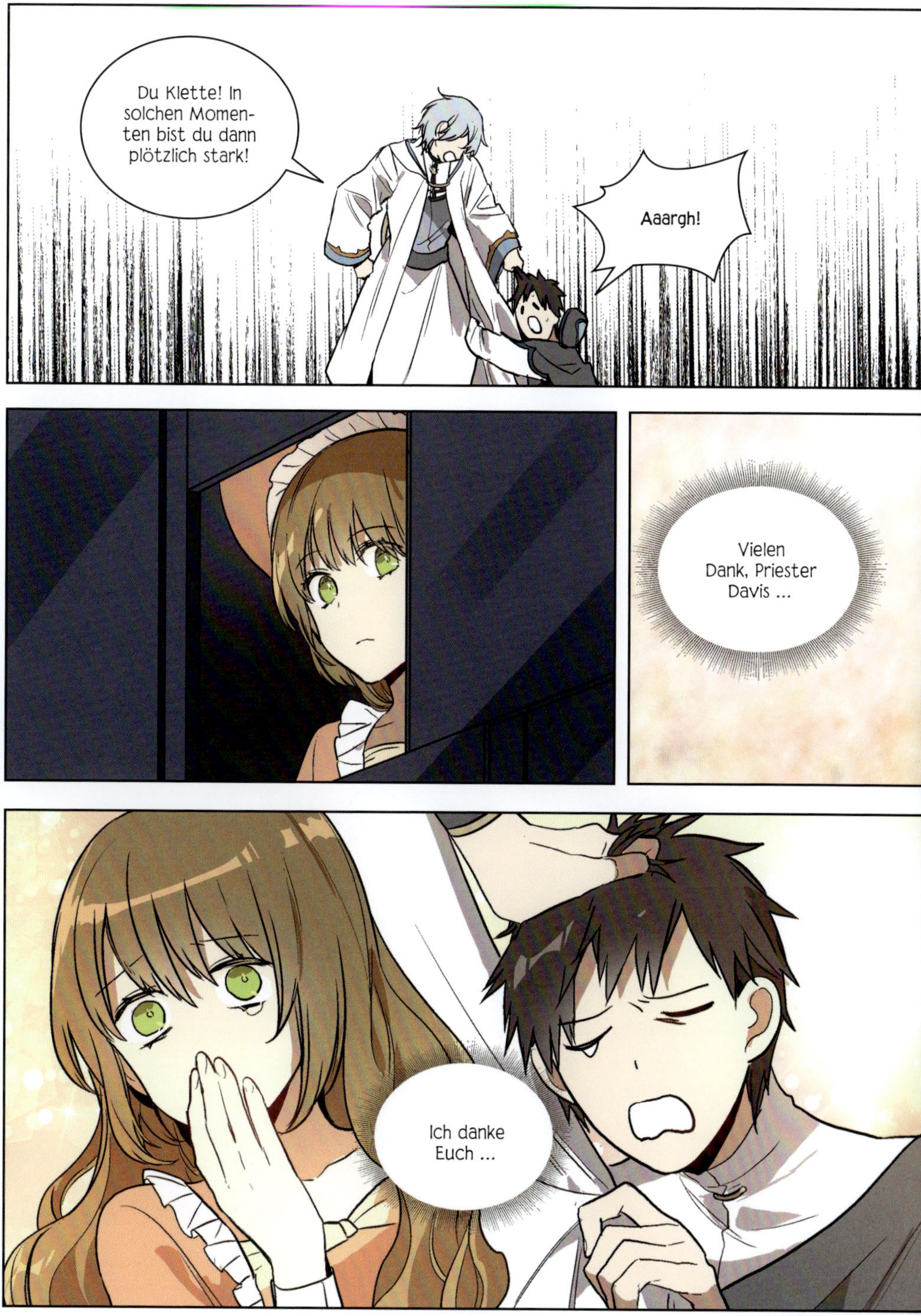
Du Klette! In solchen Momenten bist du dann plötzlich stark!
Aaargh!
Vielen Dank, Priester Davis ...
Ich danke Euch ...

Kapitel 7
Friedlicher Alltag?

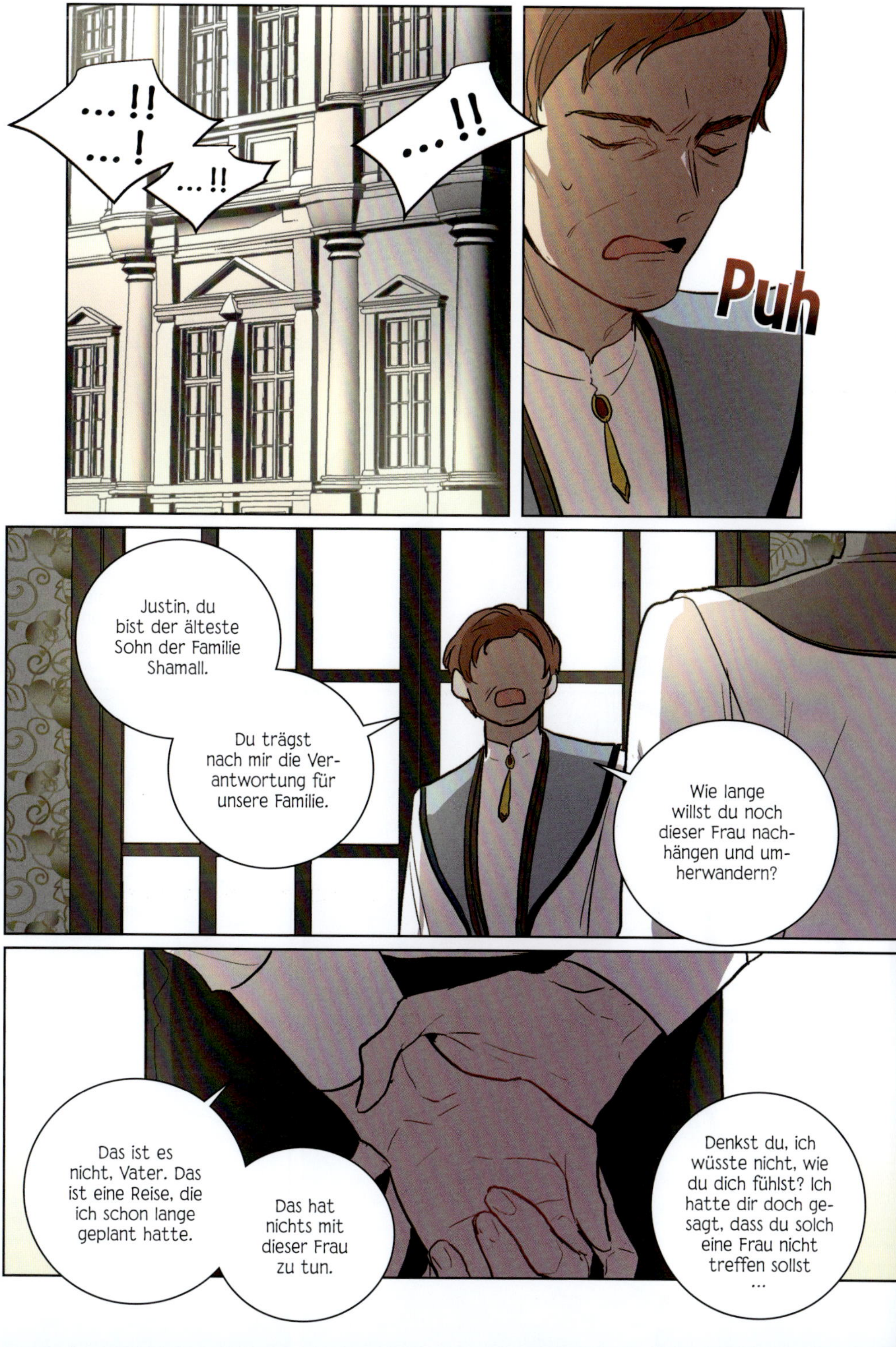

...!!
...!
...!!
...!!
Puh
Justin, du bist der älteste Sohn der Familie Shamall.
Du trägst nach mir die Verantwortung für unsere Familie.
Wie lange willst du noch dieser Frau nachhängen und umherwandern?
Das ist es nicht, Vater. Das ist eine Reise, die ich schon lange geplant hatte.
Das hat nichts mit dieser Frau zu tun.
Denkst du, ich wüsste nicht, wie du dich fühlst? Ich hatte dir doch gesagt, dass du solch eine Frau nicht treffen sollst ...

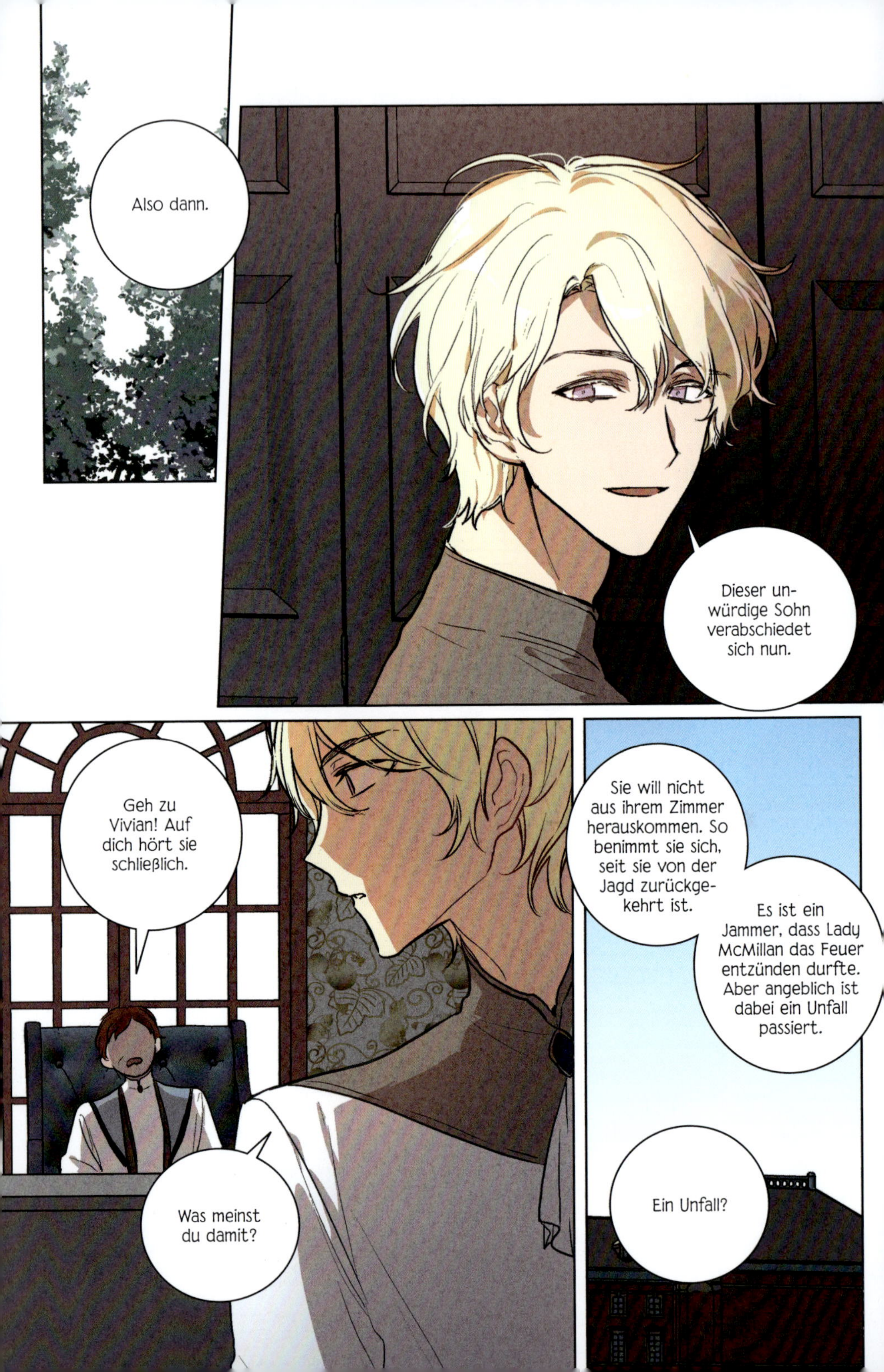
Also dann.
Dieser unwürdige Sohn verabschiedet sich nun.
Geh zu Vivian! Auf dich hört sie schließlich.
Was meinst du damit?
Sie will nicht aus ihrem Zimmer herauskommen. So benimmt sie sich, seit sie von der Jagd zurückgekehrt ist.
Es ist ein Jammer, dass Lady McMillan das Feuer entzünden durfte. Aber angeblich ist dabei ein Unfall passiert.
Ein Unfall?

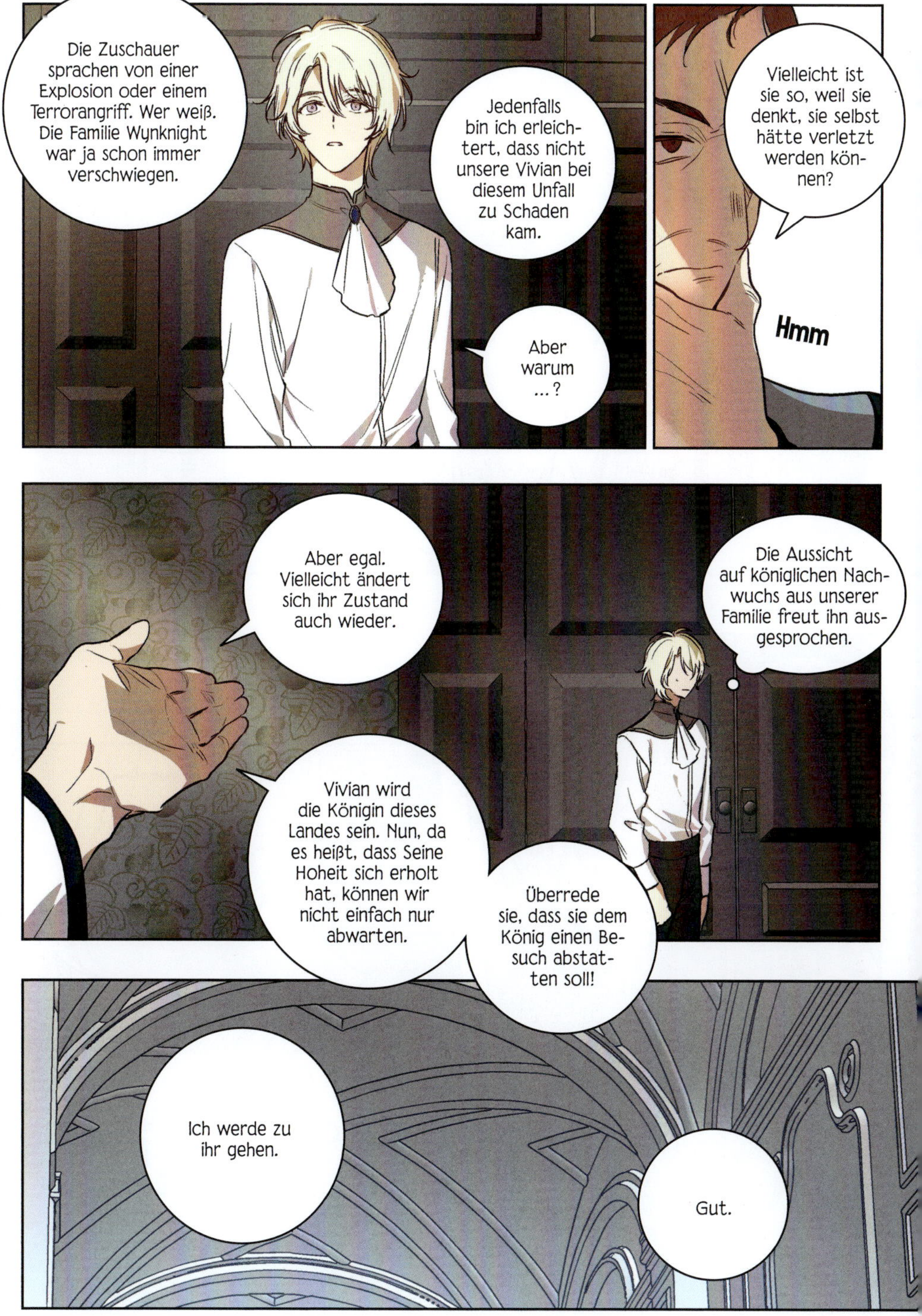
Die Zuschauer sprachen von einer Explosion oder einem Terrorangriff. Wer weiß. Die Familie Wynknight war ja schon immer verschwiegen.
Jedenfalls bin ich erleichtert, dass nicht unsere Vivian bei diesem Unfall zu Schaden kam.
Aber warum ...?
Vielleicht ist sie so, weil sie denkt, sie selbst hätte verletzt werden können?
Hmm
Aber egal. Vielleicht ändert sich ihr Zustand auch wieder.
Die Aussicht auf königlichen Nachwuchs aus unserer Familie freut ihn ausgesprochen.
Vivian wird die Königin dieses Landes sein. Nun, da es heißt, dass Seine Hoheit sich erholt hat, können wir nicht einfach nur abwarten.
Überrede sie, dass sie dem König einen Besuch abstatten soll!
Ich werde zu ihr gehen.
Gut.

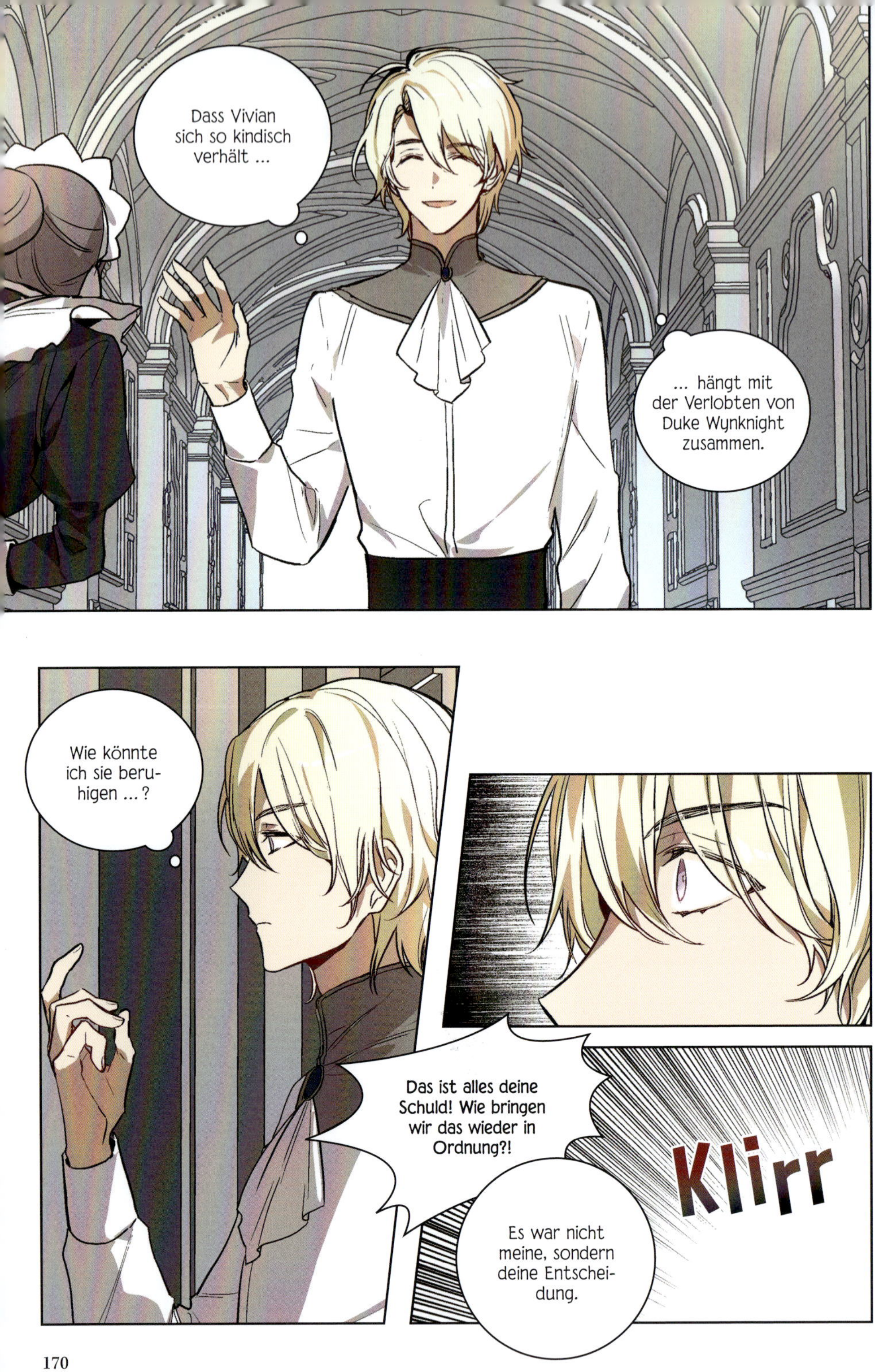
Dass Vivian sich so kindisch verhält ...
... hängt mit der Verlobten von Duke Wynknight zusammen.
Wie könnte ich sie beruhigen ...?
Das ist alles deine Schuld! Wie bringen wir das wieder in Ordnung?!
Klirr
Es war nicht meine, sondern deine Entscheidung.

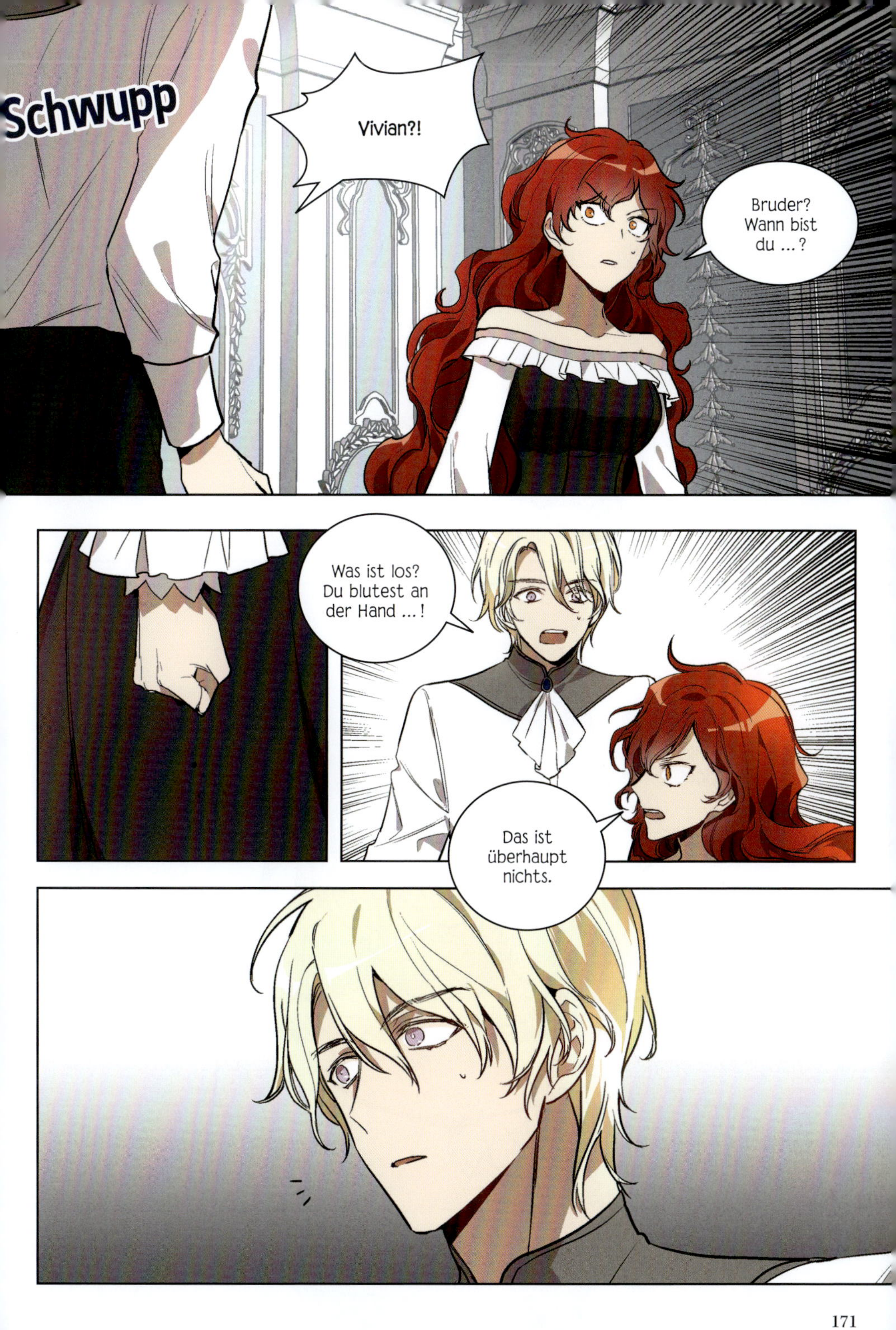
Schwupp
Vivian?!
Bruder? Wann bist du ...?
Was ist los? Du blutest an der Hand ...!
Das ist überhaupt nichts.

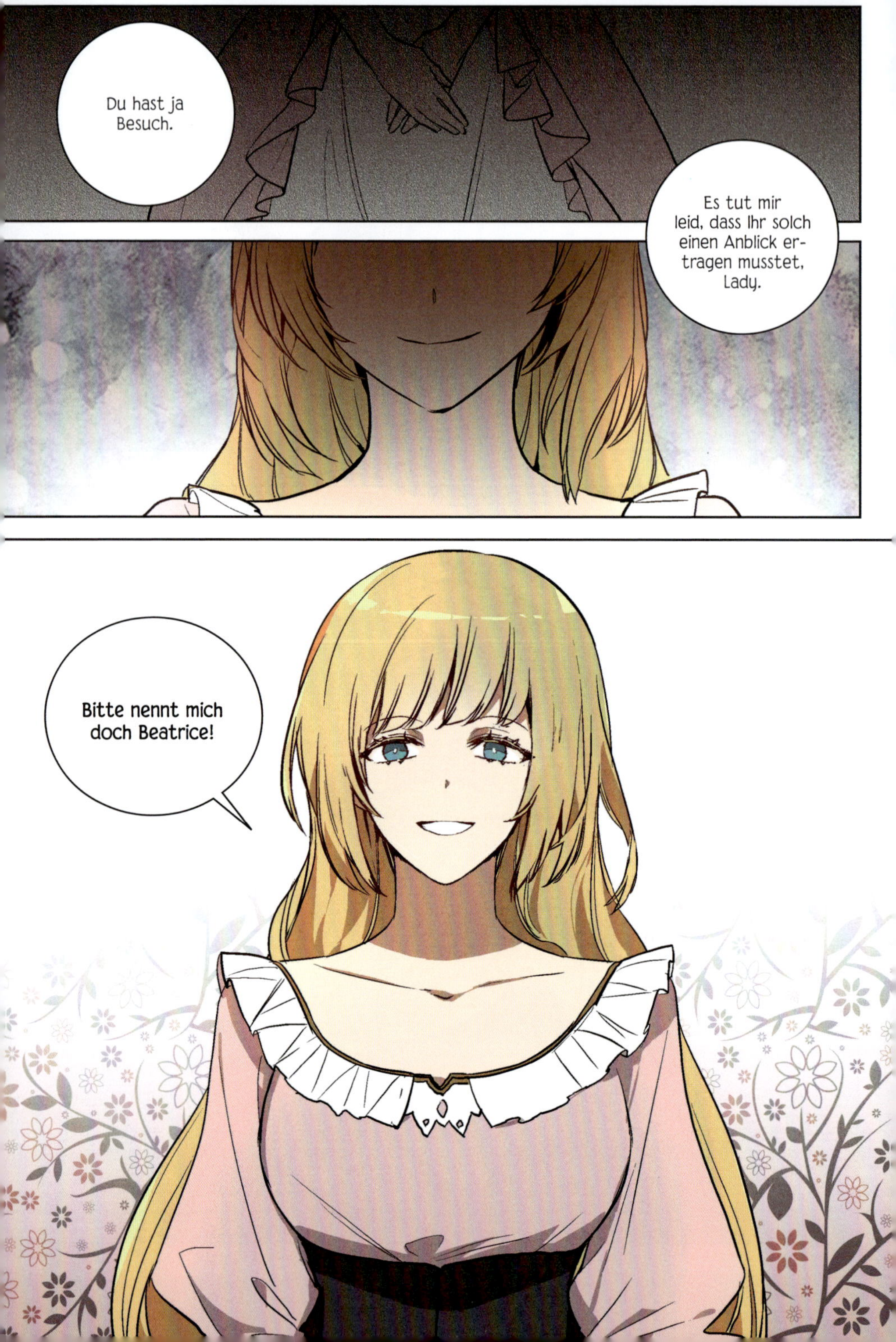
Du hast ja Besuch.
Es tut mir leid, dass Ihr solch einen Anblick ertragen musstet, Lady.
Bitte nennt mich doch Beatrice!

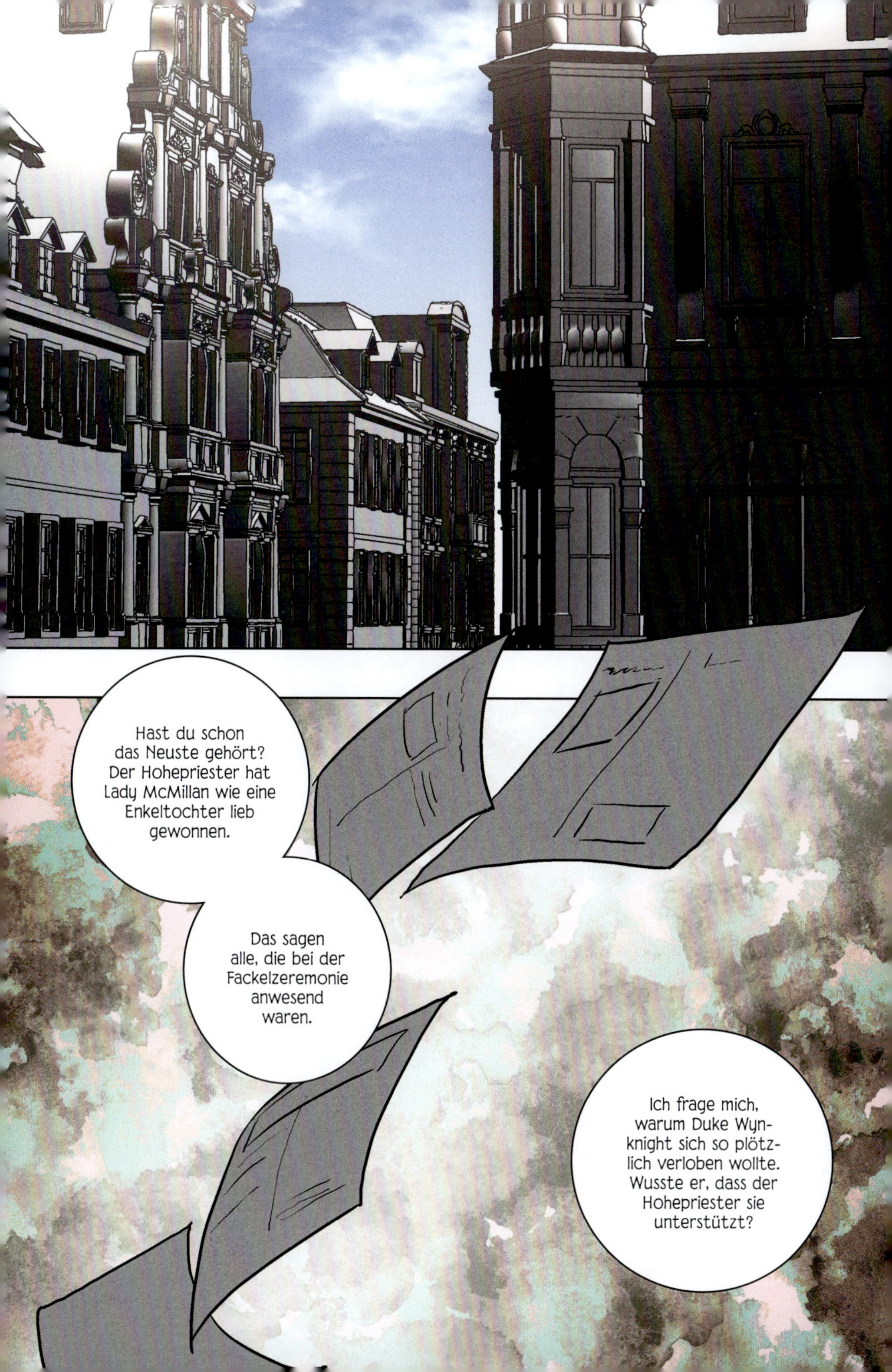
Hast du schon das Neuste gehört? Der Hohepriester hat Lady McMillan wie eine Enkeltochter lieb gewonnen.
Das sagen alle, die bei der Fackelzeremonie anwesend waren.
Ich frage mich, warum Duke Wyn-knight sich so plötz-lich verloben wollte. Wusste er, dass der Hohepriester sie unterstützt?

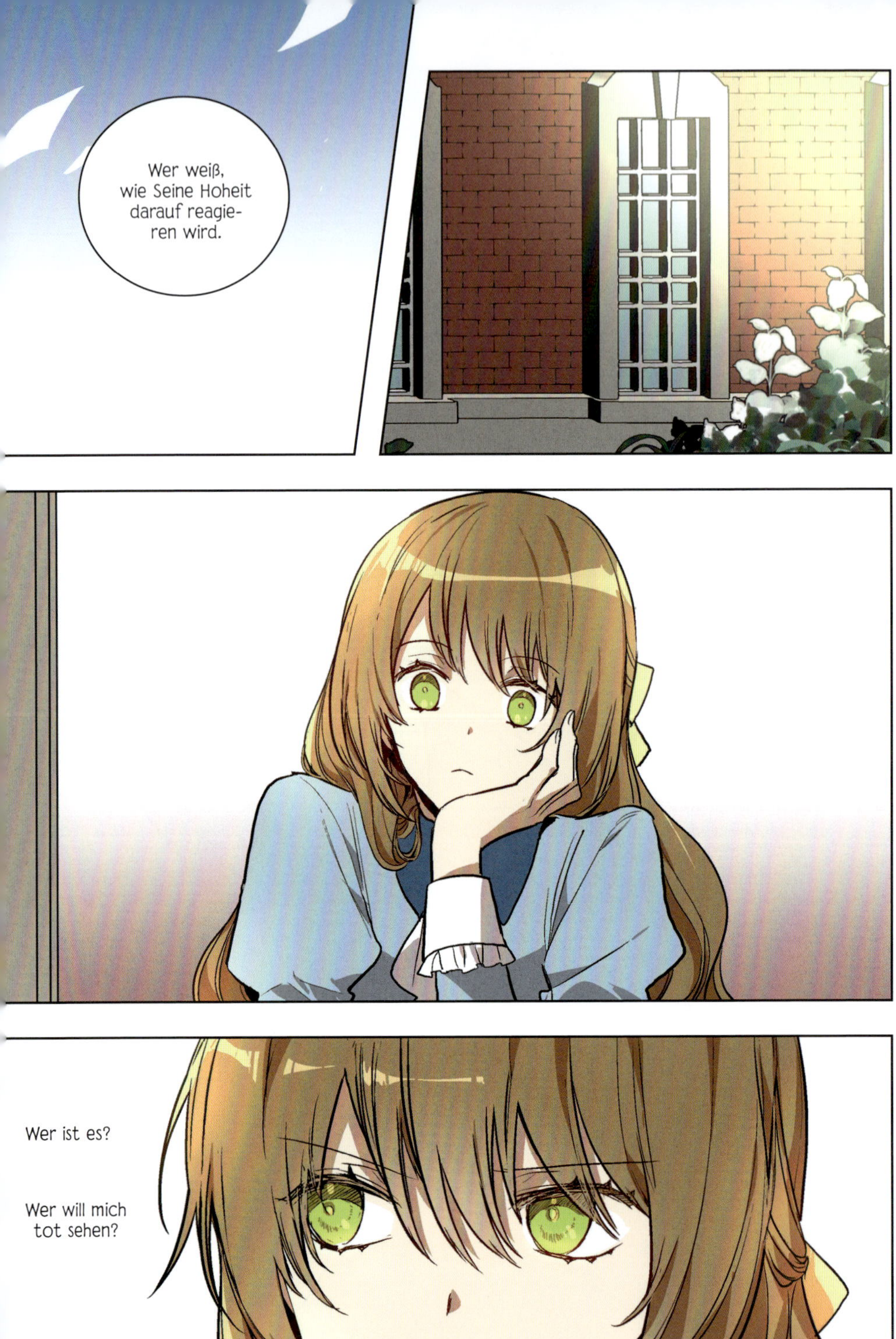
Wer weiß, wie Seine Hoheit darauf reagieren wird.
Wer ist es?
Wer will mich tot sehen?

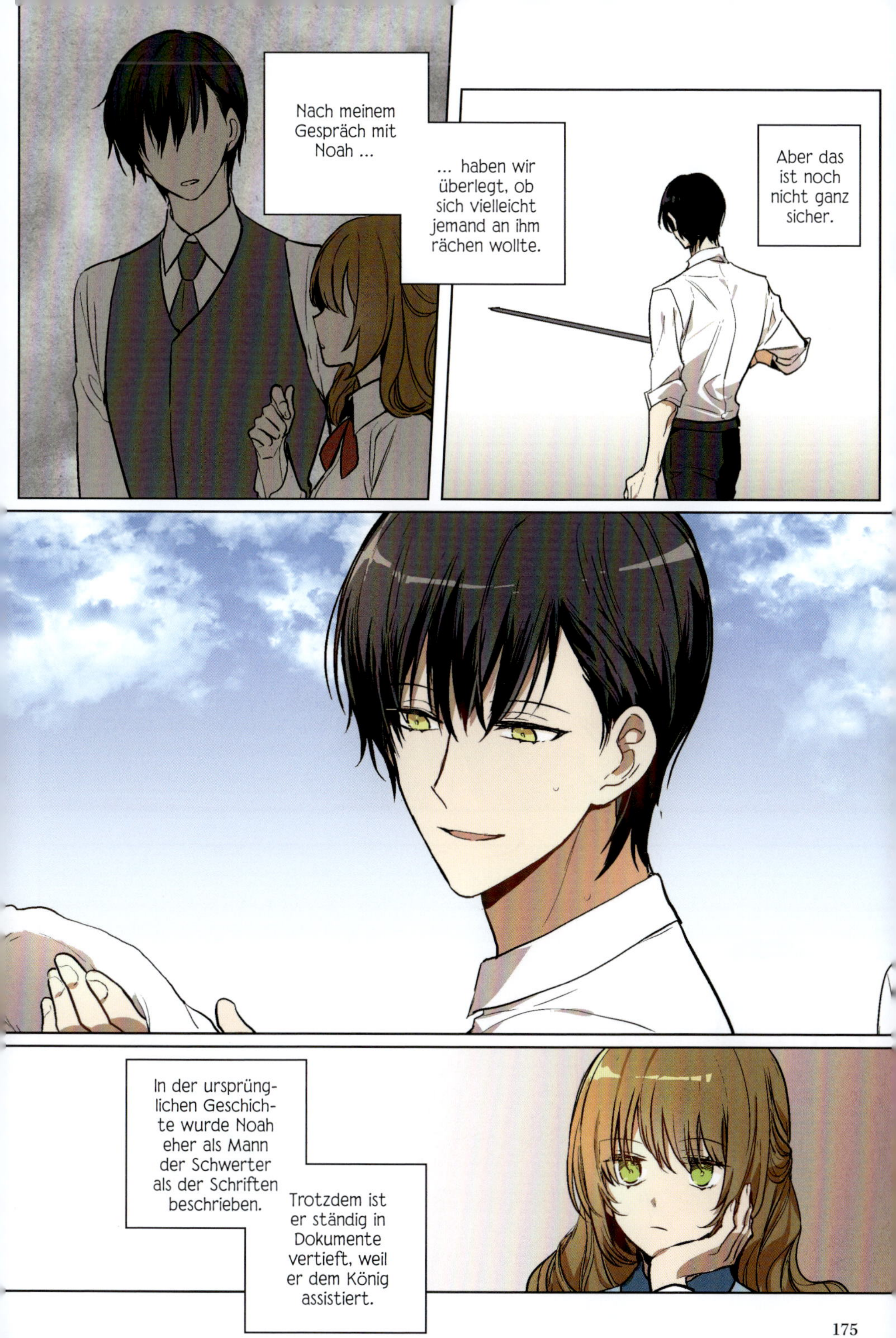
Nach meinem Gespräch mit Noah ...
... haben wir überlegt, ob sich vielleicht jemand an ihm rächen wollte.
Aber das ist noch nicht ganz sicher.
In der ursprünglichen Geschichte wurde Noah eher als Mann der Schwerter als der Schriften beschrieben.
Trotzdem ist er ständig in Dokumente vertieft, weil er dem König assistiert.

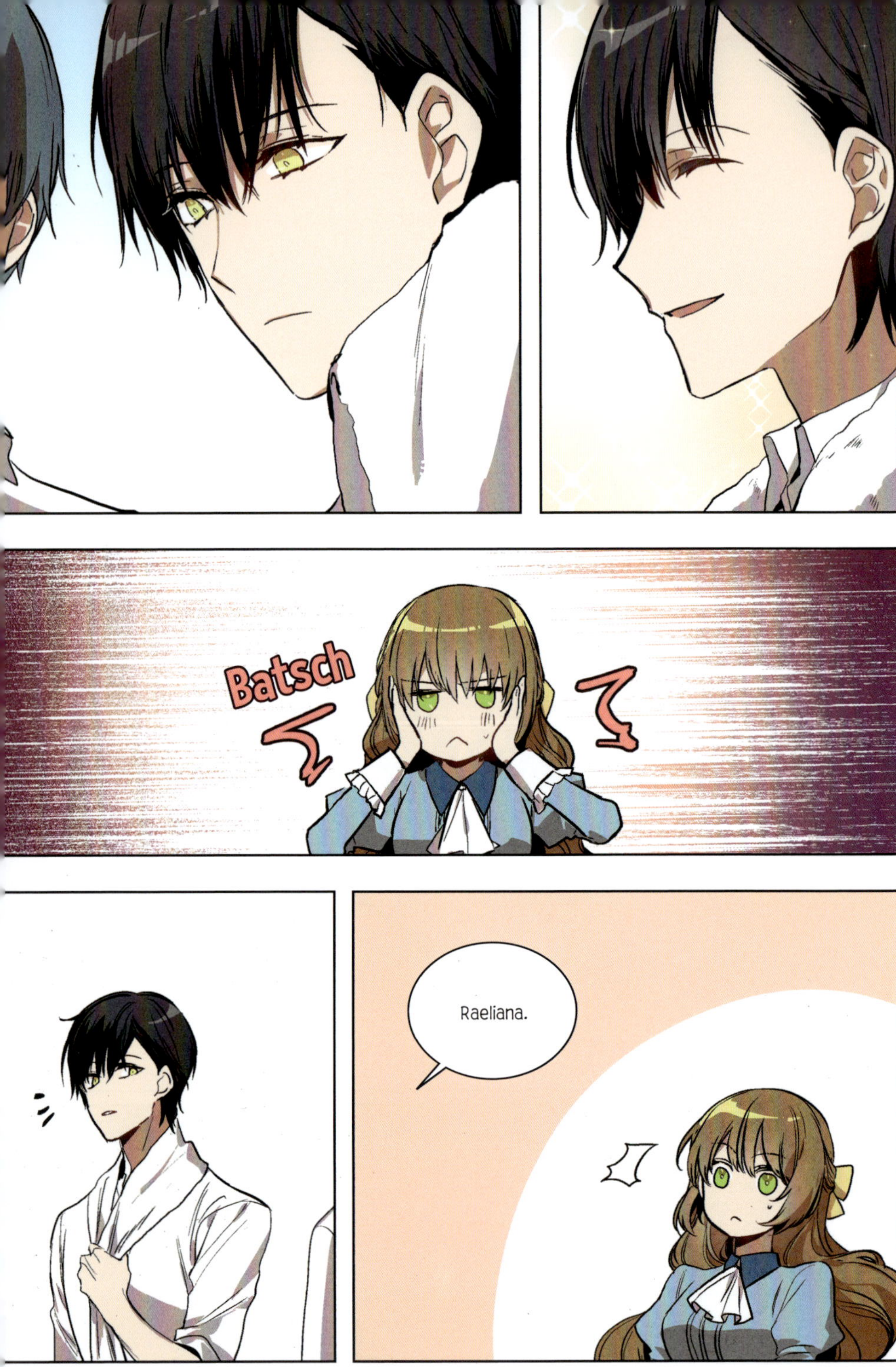
Batsch
Raeliana.

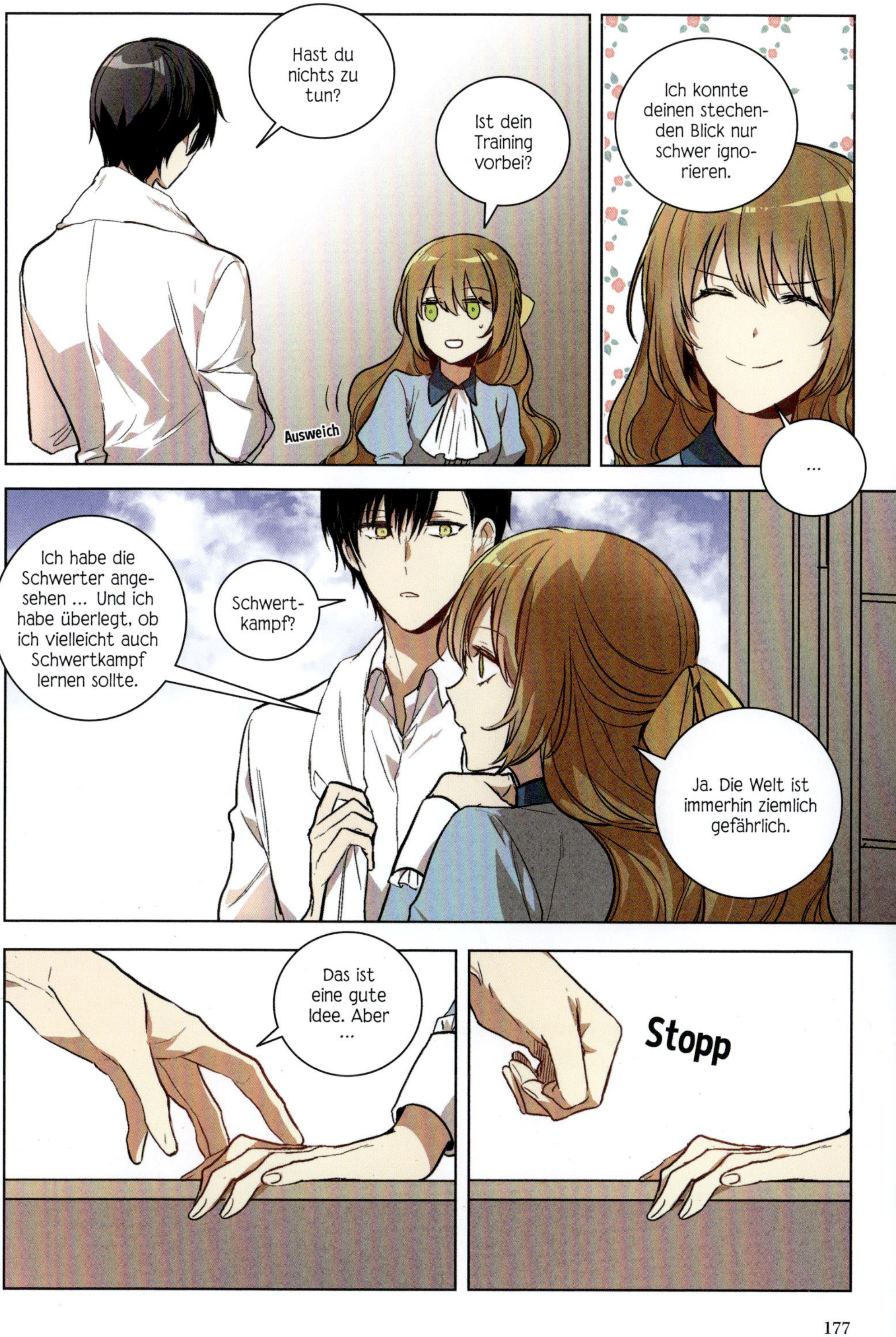
Hast du nichts zu tun?
Ist dein Training vorbei?
Ausweich
Ich konnte deinen stechenden Blick nur schwer ignorieren.
...
Ich habe die Schwerter angesehen ... Und ich habe überlegt, ob ich vielleicht auch Schwertkampf lernen sollte.
Schwertkampf?
Ja. Die Welt ist immerhin ziemlich gefährlich.
Das ist eine gute Idee. Aber ...
Stopp

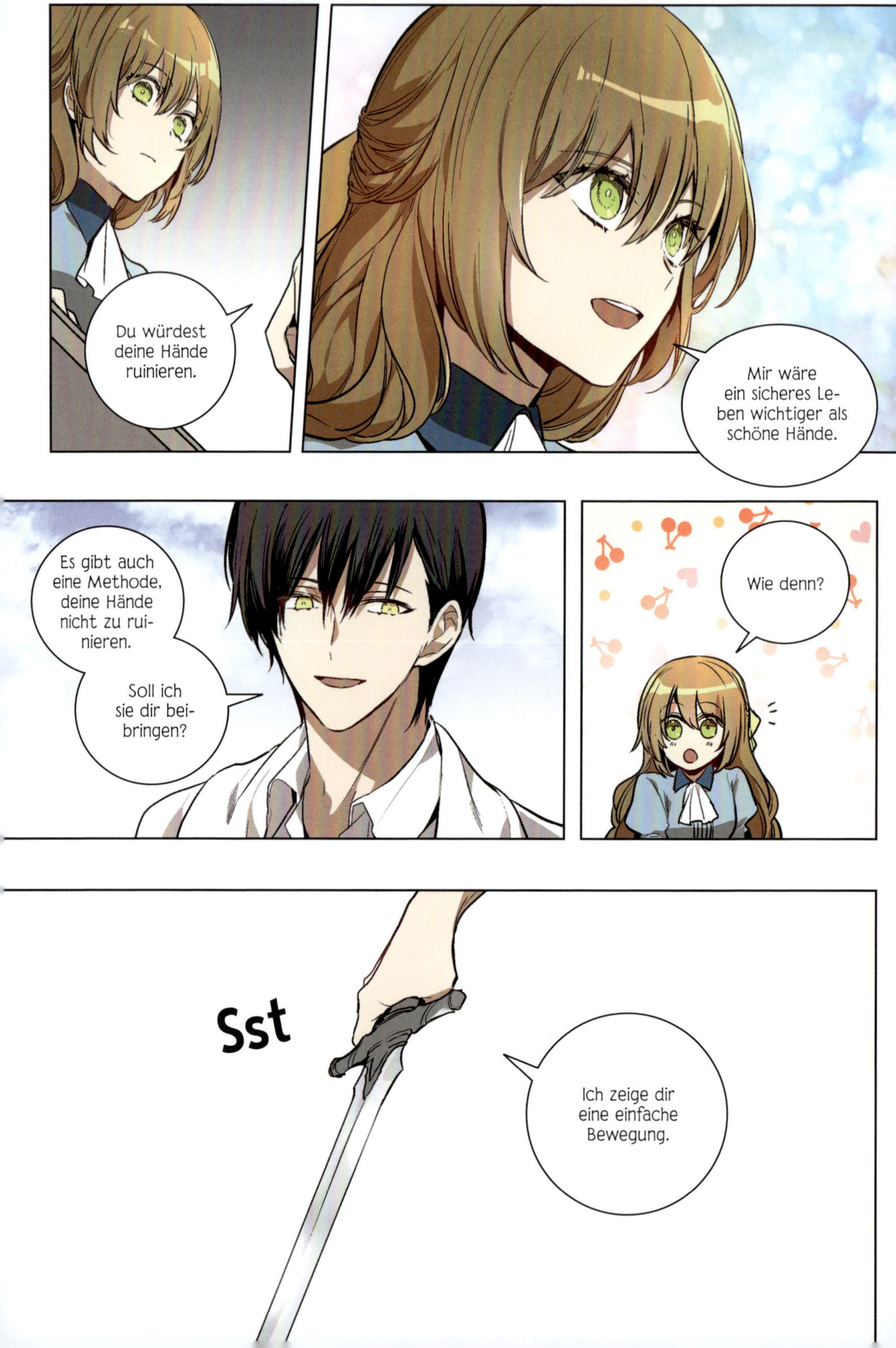

Du würdest deine Hände ruinieren.
Mir wäre ein sicheres Leben wichtiger als schöne Hände.
Es gibt auch eine Methode, deine Hände nicht zu ruinieren.
Soll ich sie dir beibringen?
Wie denn?
Sst
Ich zeige dir eine einfache Bewegung.

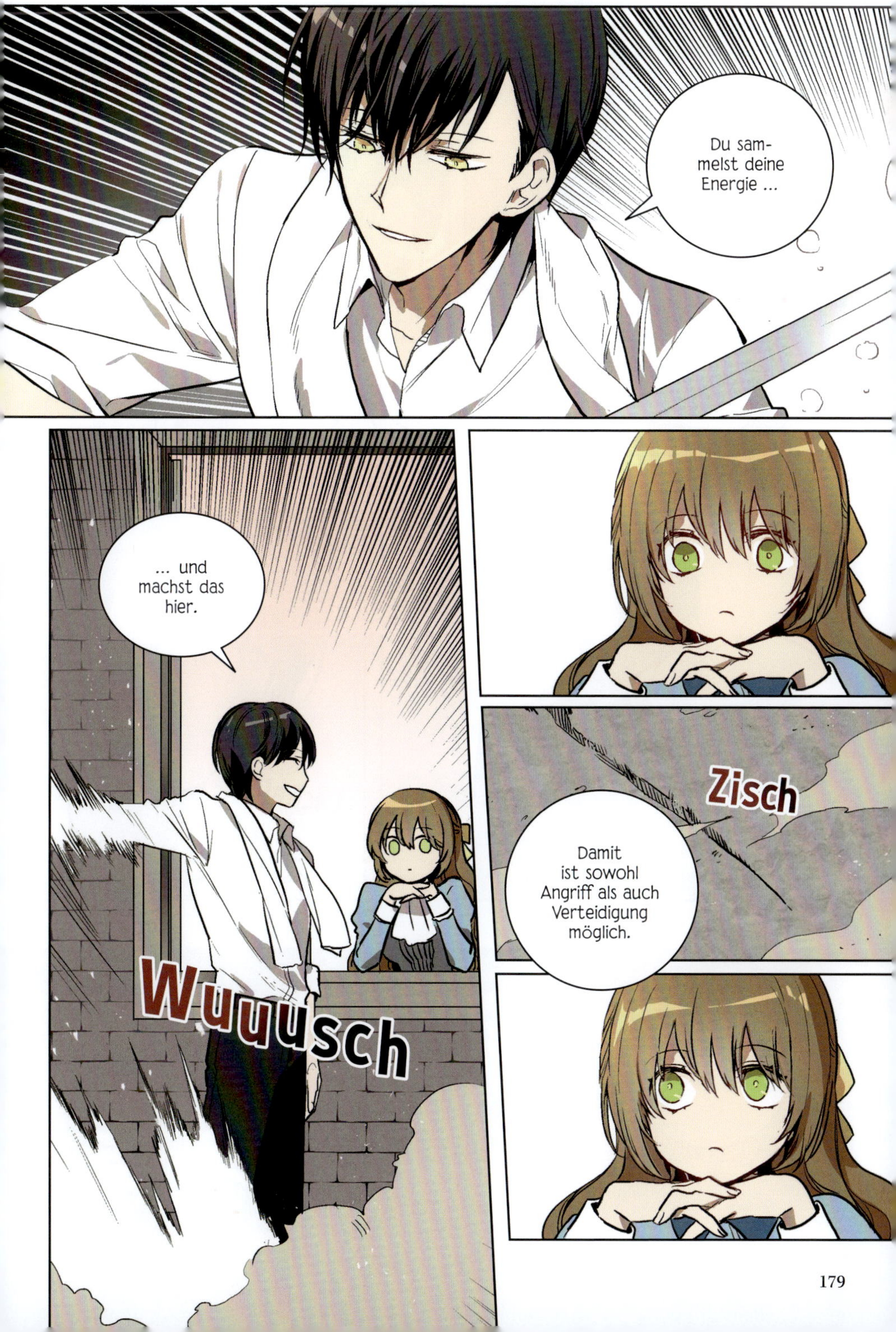

Du sammelst deine Energie ...
... und machst das hier.
Wuuusch
Zisch
Damit ist sowohl Angriff als auch Verteidigung möglich.

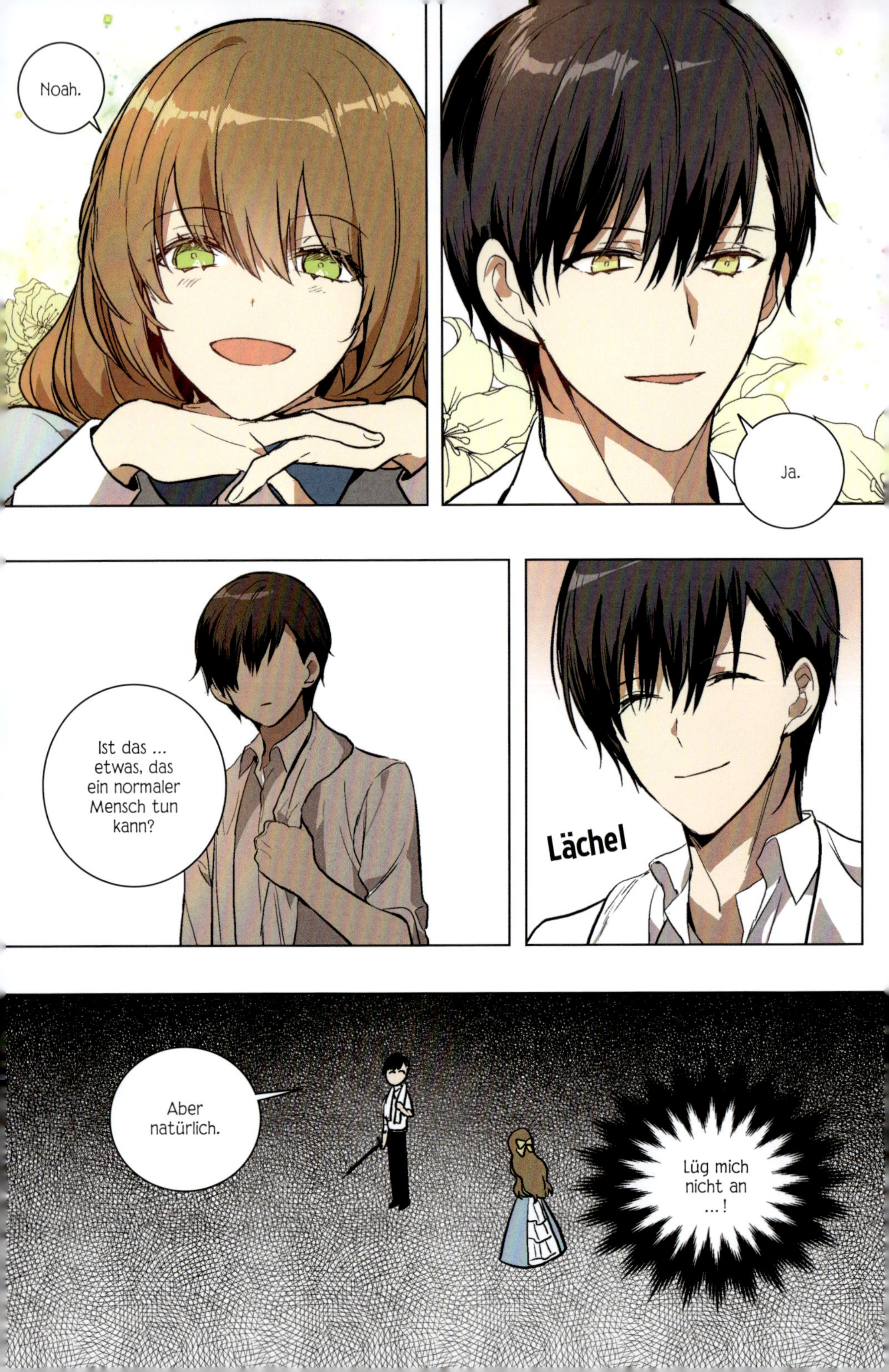
Noah.
Ja.
Ist das … etwas, das ein normaler Mensch tun kann?
Lächel
Aber natürlich.
Lüg mich nicht an …!

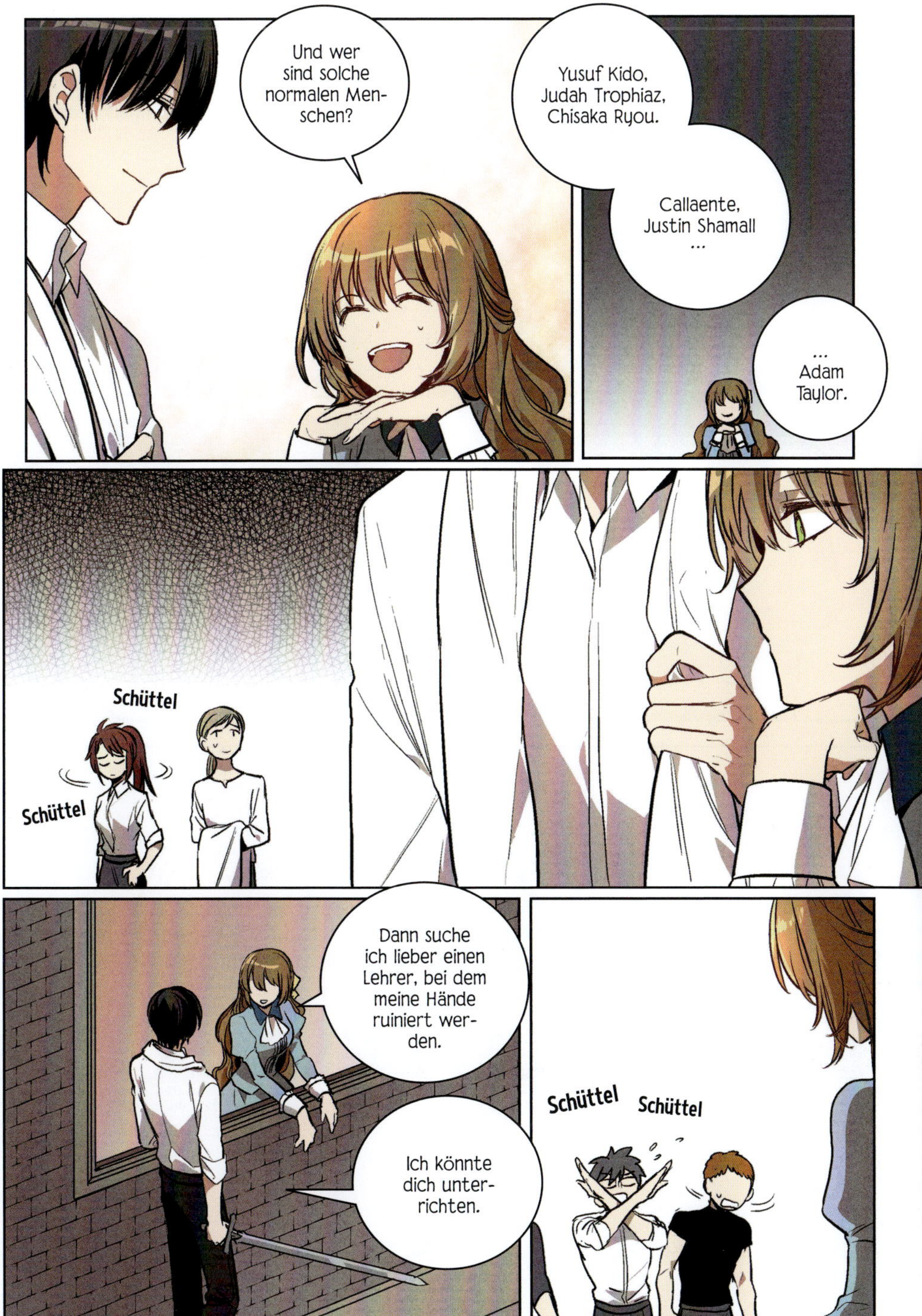
Und wer sind solche normalen Menschen?
Yusuf Kido, Judah Trophiaz, Chisaka Ryou.
Callaente, Justin Shamall ...
... Adam Taylor.
Schüttel
Schüttel
Dann suche ich lieber einen Lehrer, bei dem meine Hände ruiniert werden.
Ich könnte dich unterrichten.
Schüttel
Schüttel

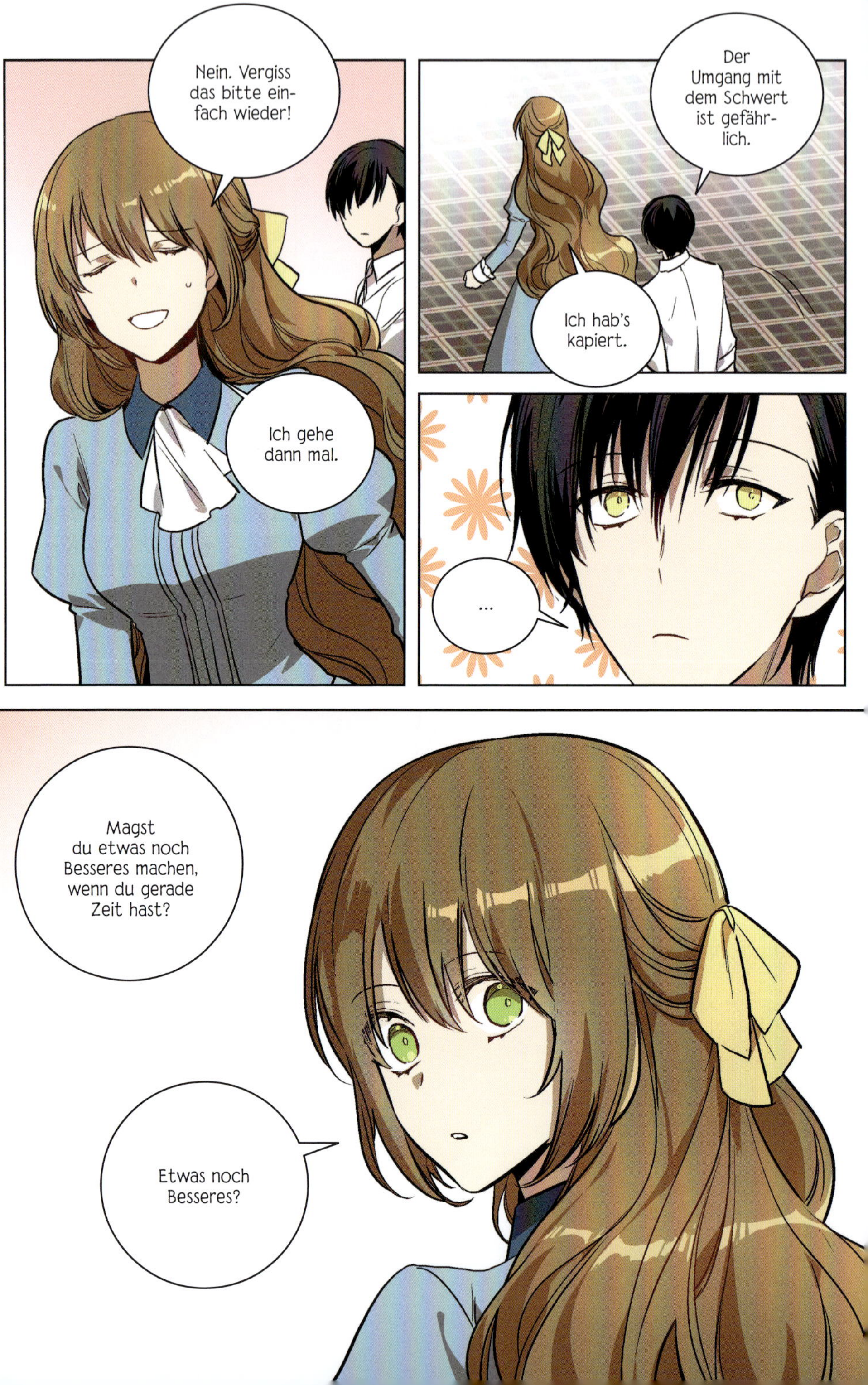

Nein. Vergiss das bitte ein-fach wieder!
Ich gehe dann mal.
Der Umgang mit dem Schwert ist gefähr-lich.
Ich hab's kapiert.
...
Magst du etwas noch Besseres machen, wenn du gerade Zeit hast?
Etwas noch Besseres?

RAELIANA
Warum sie die Verlobte
des Dukes wurde

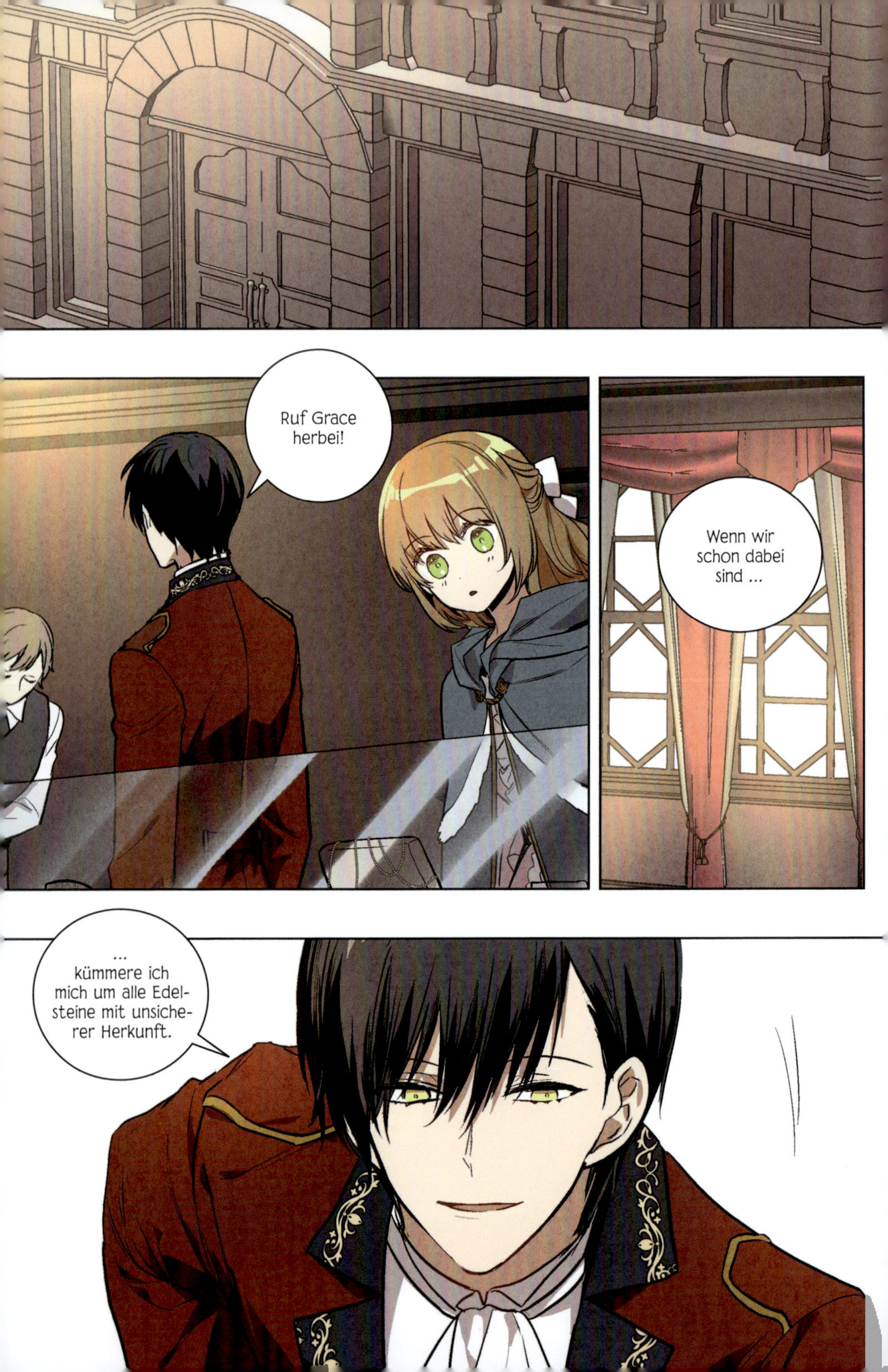
Ruf Grace herbei!
Wenn wir schon dabei sind ...
... kümmere ich mich um alle Edelsteine mit unsicherer Herkunft.

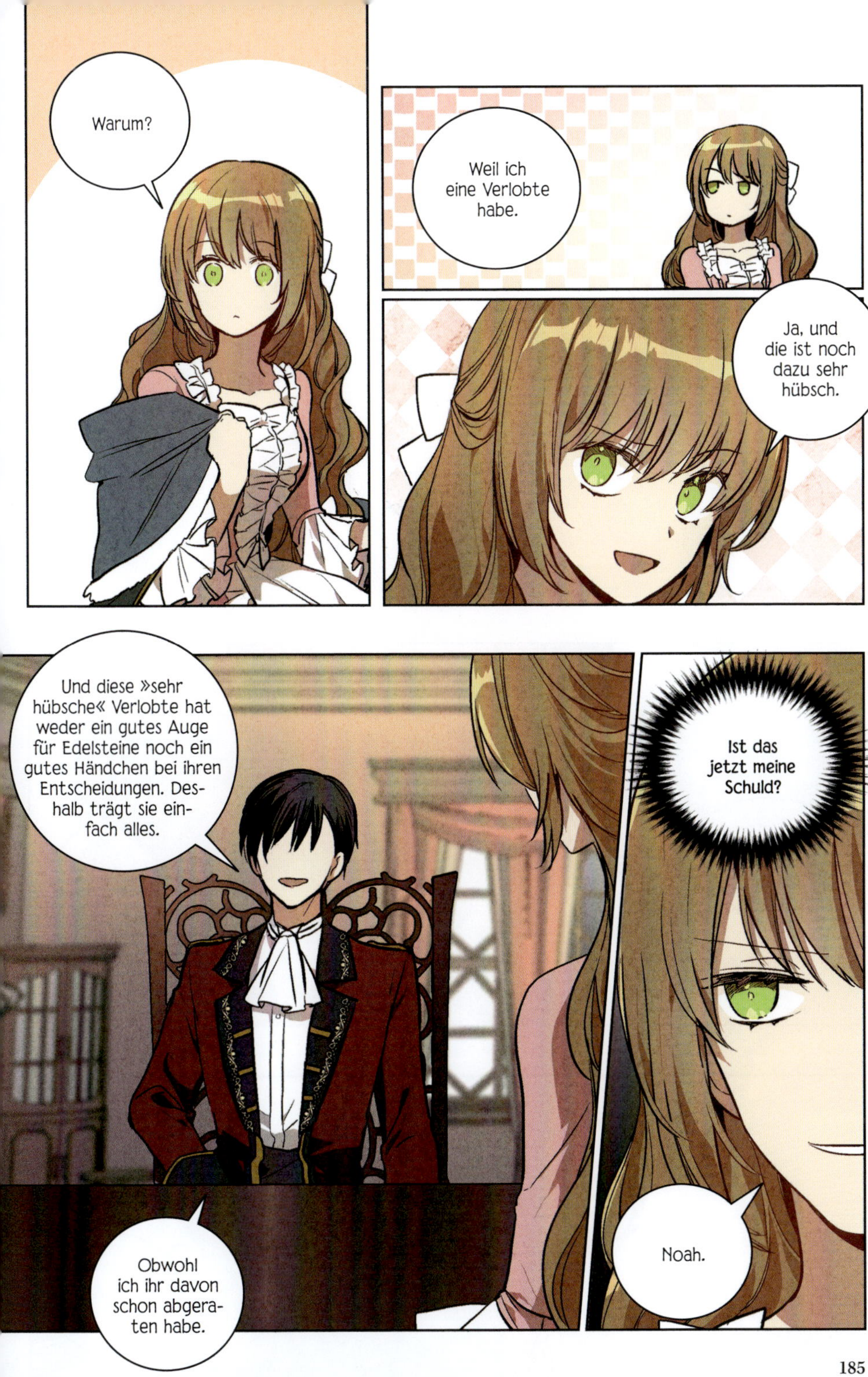
Warum?
Weil ich eine Verlobte habe.
Ja, und die ist noch dazu sehr hübsch.
Und diese »sehr hübsche« Verlobte hat weder ein gutes Auge für Edelsteine noch ein gutes Händchen bei ihren Entscheidungen. Deshalb trägt sie einfach alles.
Obwohl ich ihr davon schon abgeraten habe.
Ist das jetzt meine Schuld?
Noah.

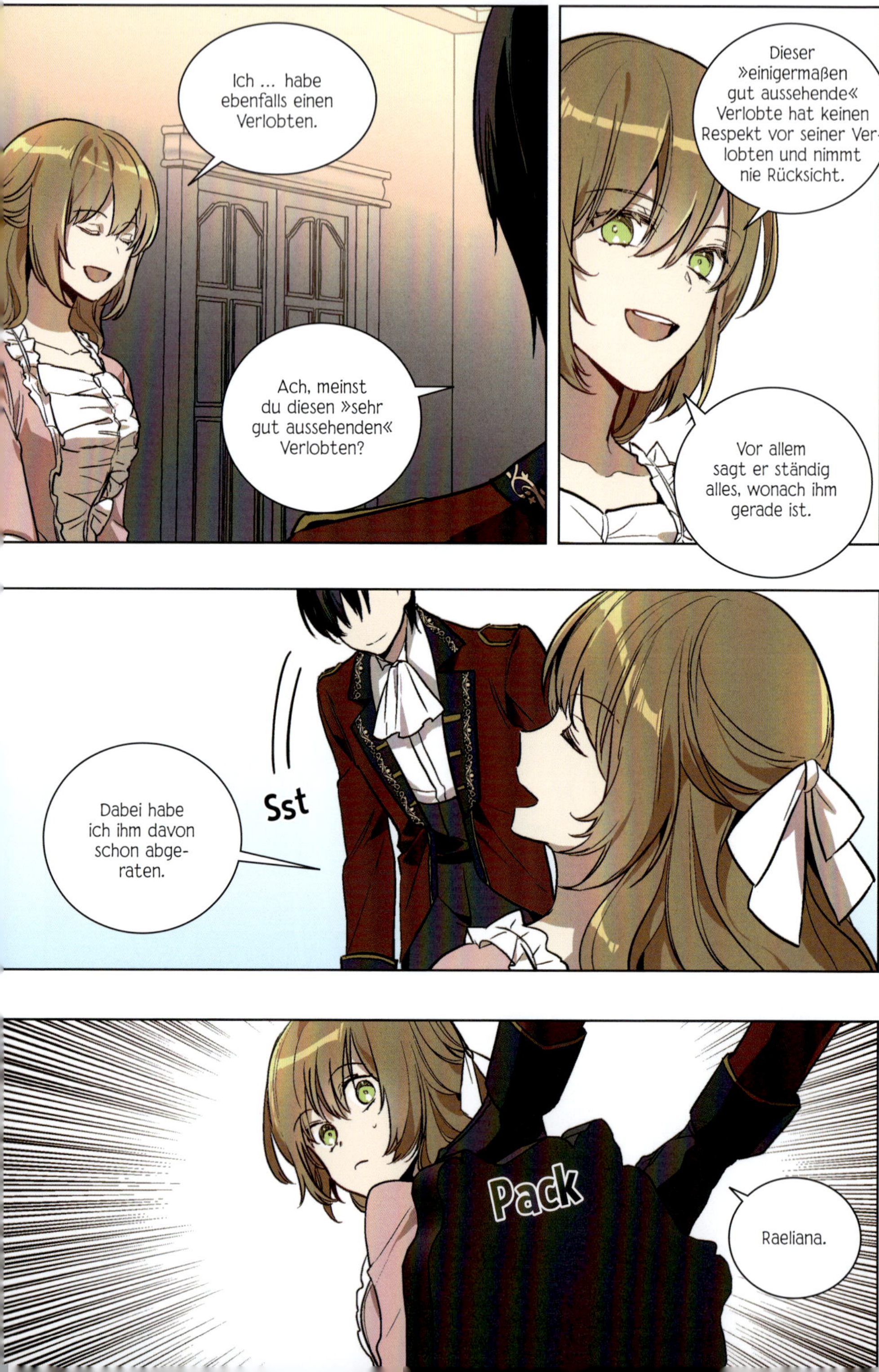

Ich ... habe ebenfalls einen Verlobten.
Ach, meinst du diesen »sehr gut aussehenden« Verlobten?
Dieser »einigermaßen gut aussehende« Verlobte hat keinen Respekt vor seiner Verlobten und nimmt nie Rücksicht.
Vor allem sagt er ständig alles, wonach ihm gerade ist.
Dabei habe ich ihm davon schon abgeraten.
Sst
Pack
Raeliana.

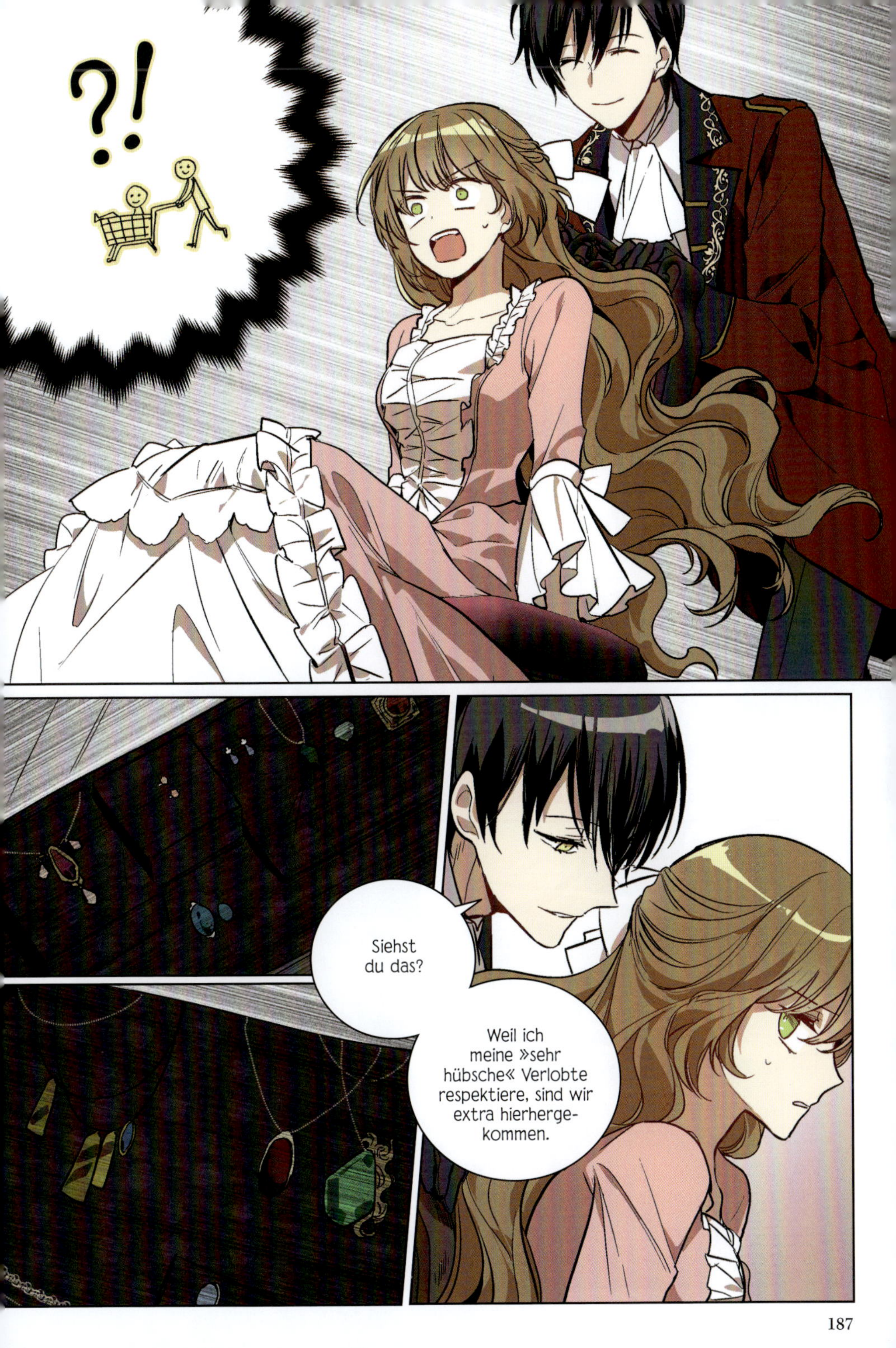
?!
Siehst du das?
Weil ich meine »sehr hübsche« Verlobte respektiere, sind wir extra hierherge-kommen.

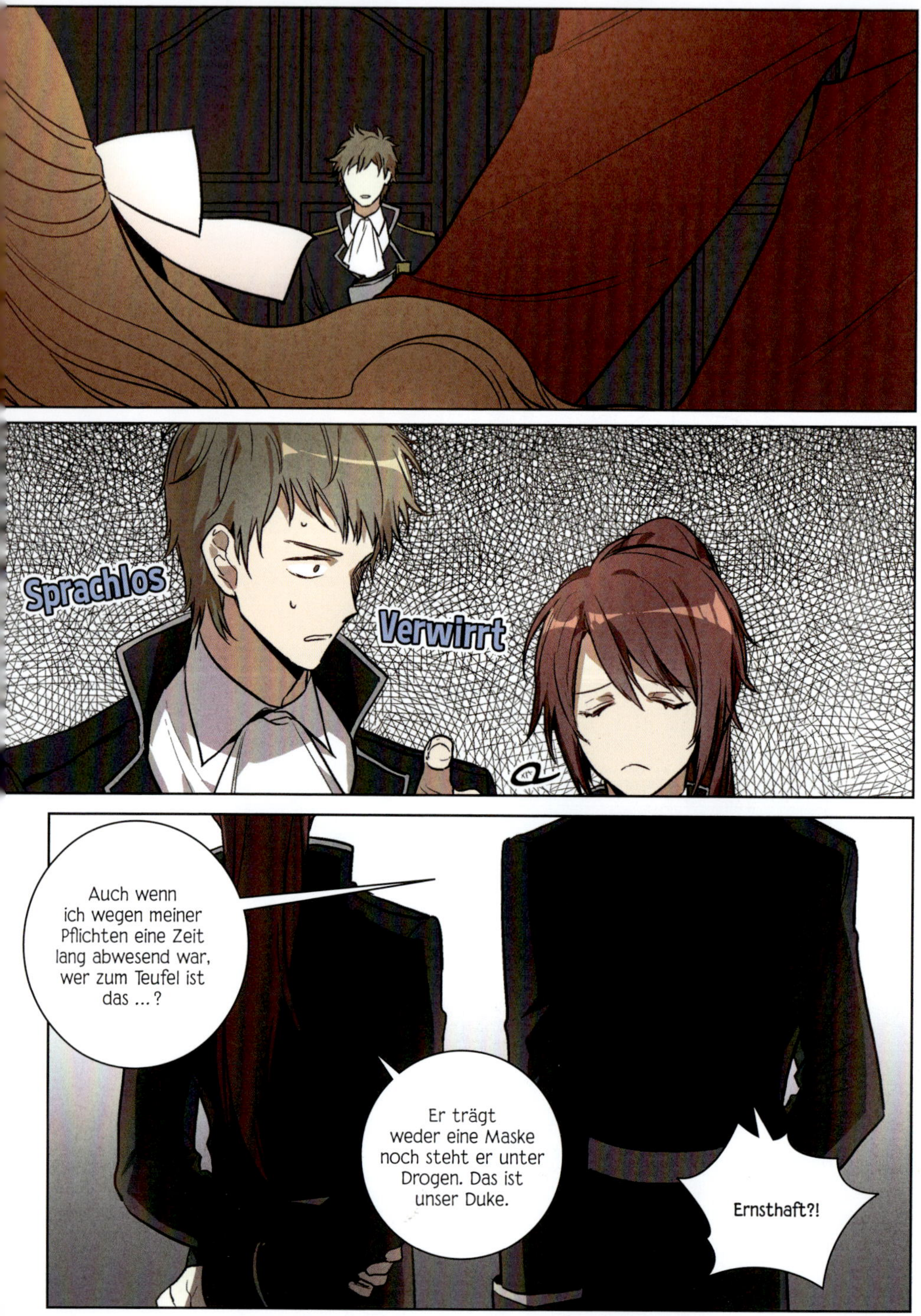
Sprachlos
Verwirrt
Auch wenn ich wegen meiner Pflichten eine Zeit lang abwesend war, wer zum Teufel ist das ...?
Er trägt weder eine Maske noch steht er unter Drogen. Das ist unser Duke.
Ernsthaft?!

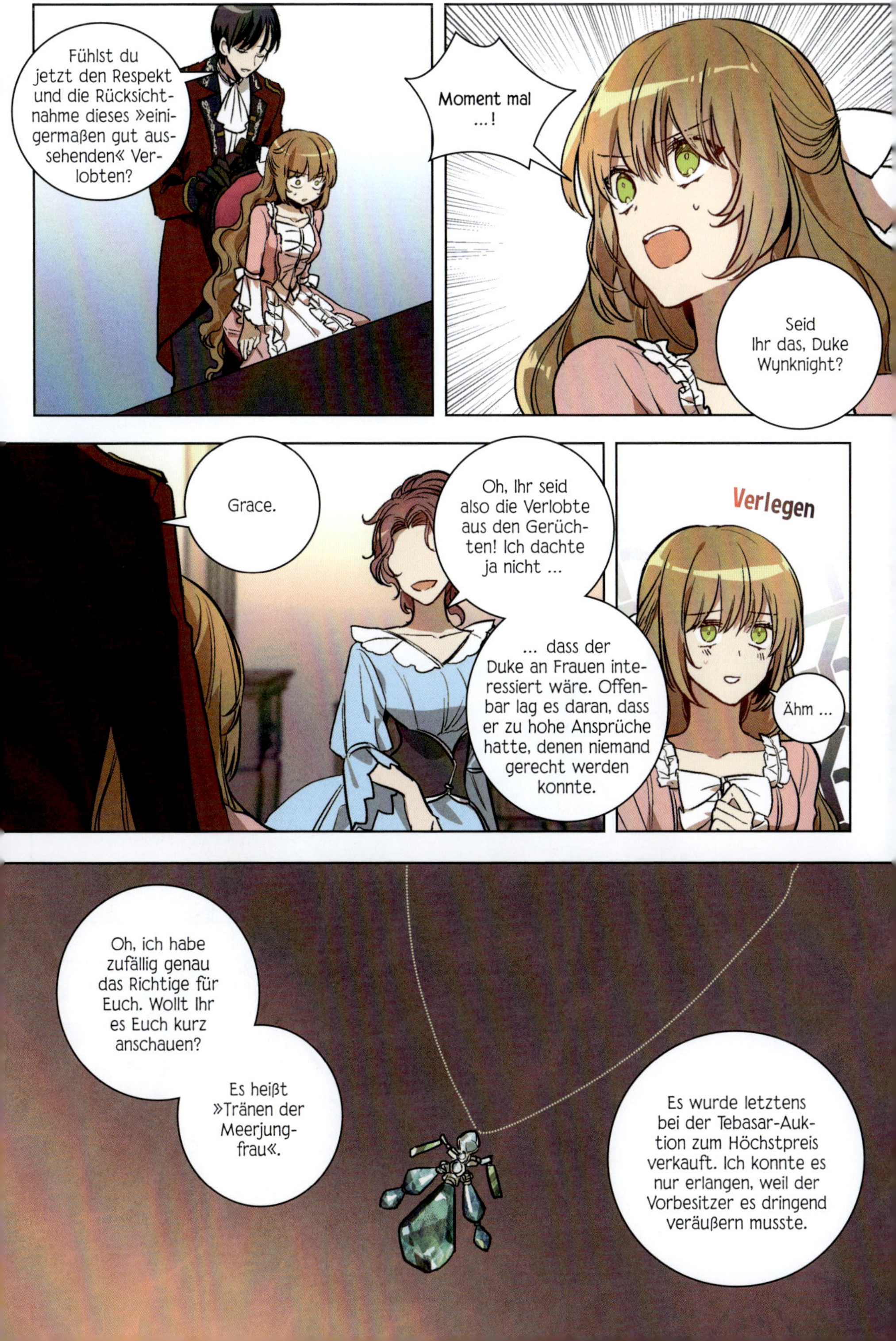
Fühlst du jetzt den Respekt und die Rücksichtnahme dieses »einigermaßen gut aussehenden« Verlobten?
Moment mal ...!
Seid Ihr das, Duke Wynknight?
Grace.
Oh, Ihr seid also die Verlobte aus den Gerüchten! Ich dachte ja nicht ...
... dass der Duke an Frauen interessiert wäre. Offenbar lag es daran, dass er zu hohe Ansprüche hatte, denen niemand gerecht werden konnte.
Verlegen
Ähm ...
Oh, ich habe zufällig genau das Richtige für Euch. Wollt Ihr es Euch kurz anschauen?
Es heißt »Tränen der Meerjungfrau«.
Es wurde letztens bei der Tebasar-Auktion zum Höchstpreis verkauft. Ich konnte es nur erlangen, weil der Vorbesitzer es dringend veräußern musste.

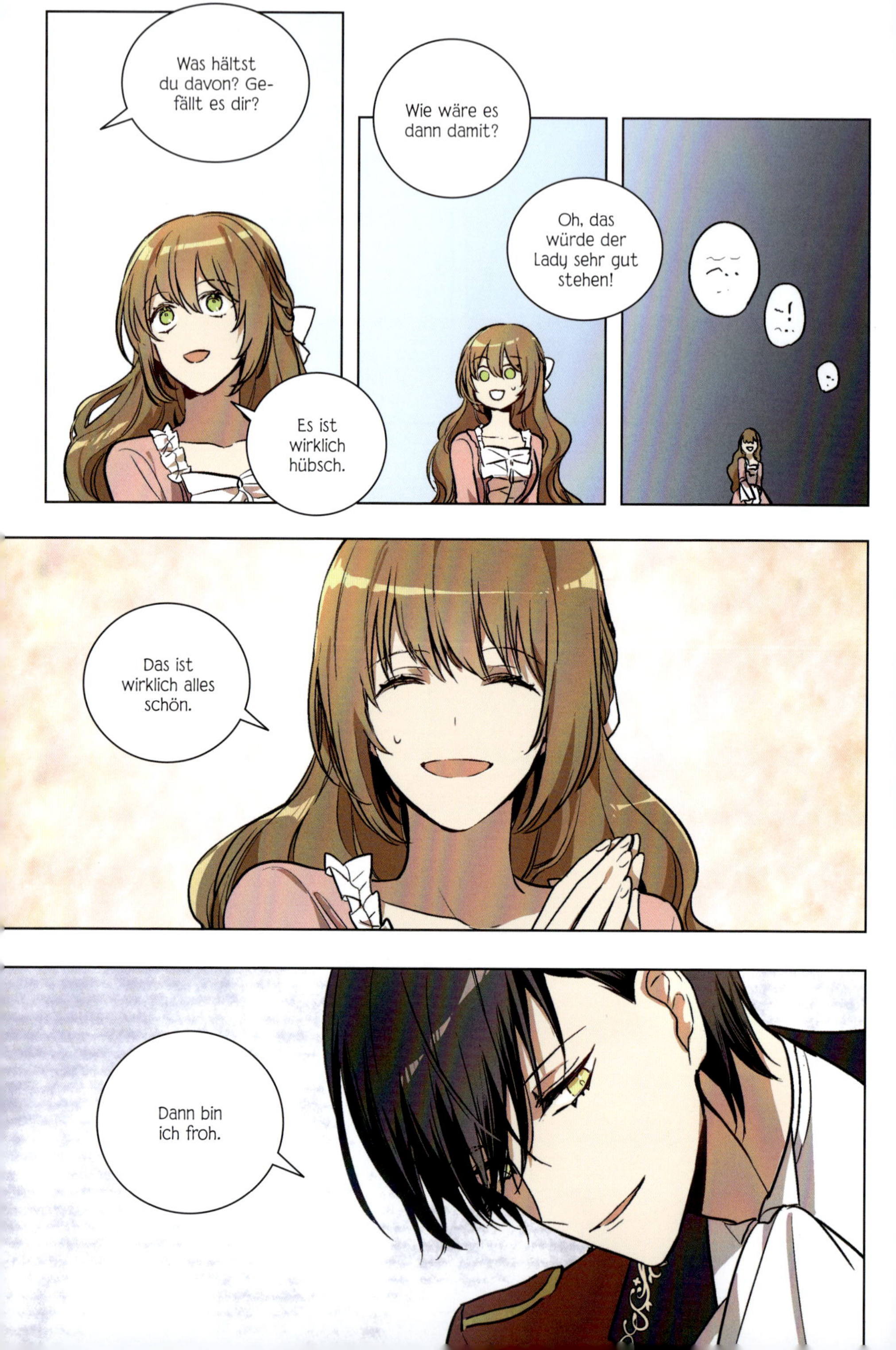
Was hältst du davon? Gefällt es dir?
Es ist wirklich hübsch.
Wie wäre es dann damit?
Oh, das würde der Lady sehr gut stehen!
Das ist wirklich alles schön.
Dann bin ich froh.

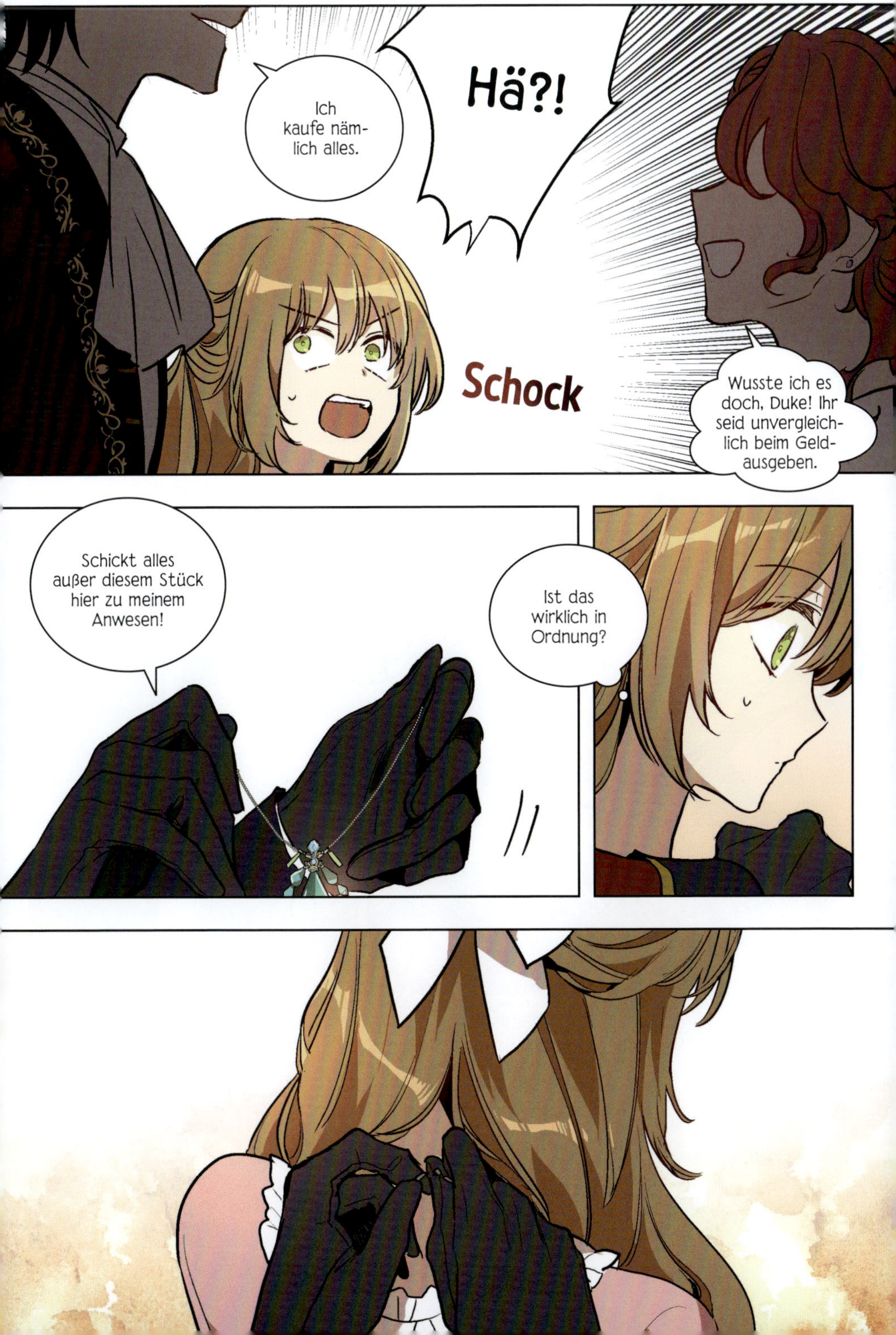
Ich kaufe nämlich alles.
Hä?!
Schock
Wusste ich es doch, Duke! Ihr seid unvergleichlich beim Geldausgeben.
Schickt alles außer diesem Stück hier zu meinem Anwesen!
Ist das wirklich in Ordnung?

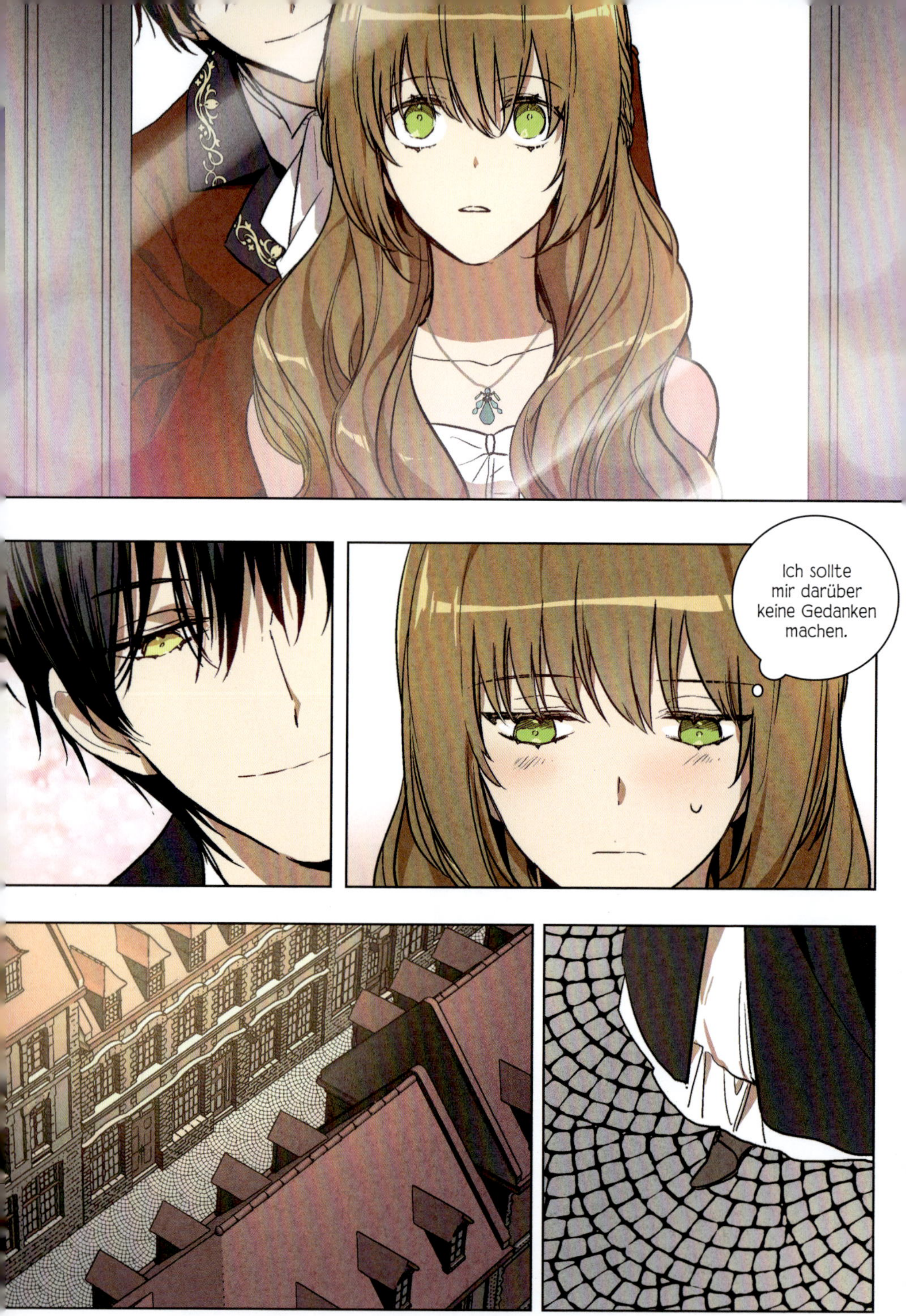
Ich sollte mir darüber keine Gedanken machen.

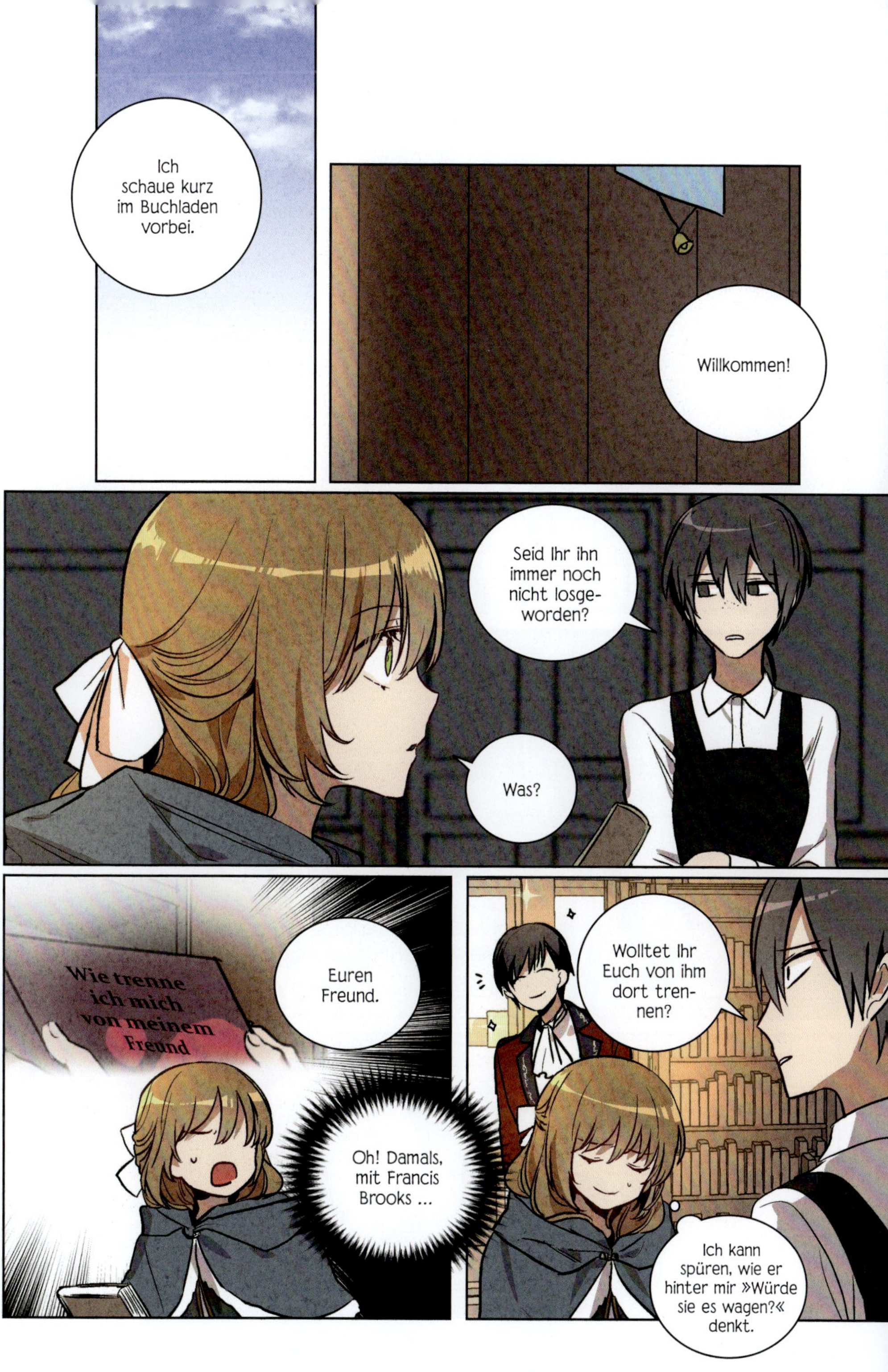
Ich schaue kurz im Buchladen vorbei.
Willkommen!
Seid Ihr ihn immer noch nicht losgeworden?
Was?
Wie trenne ich mich von meinem Freund
Euren Freund.
Oh! Damals, mit Francis Brooks ...
Wolltet Ihr Euch von ihm dort trennen?
Ich kann spüren, wie er hinter mir »Würde sie es wagen?« denkt.

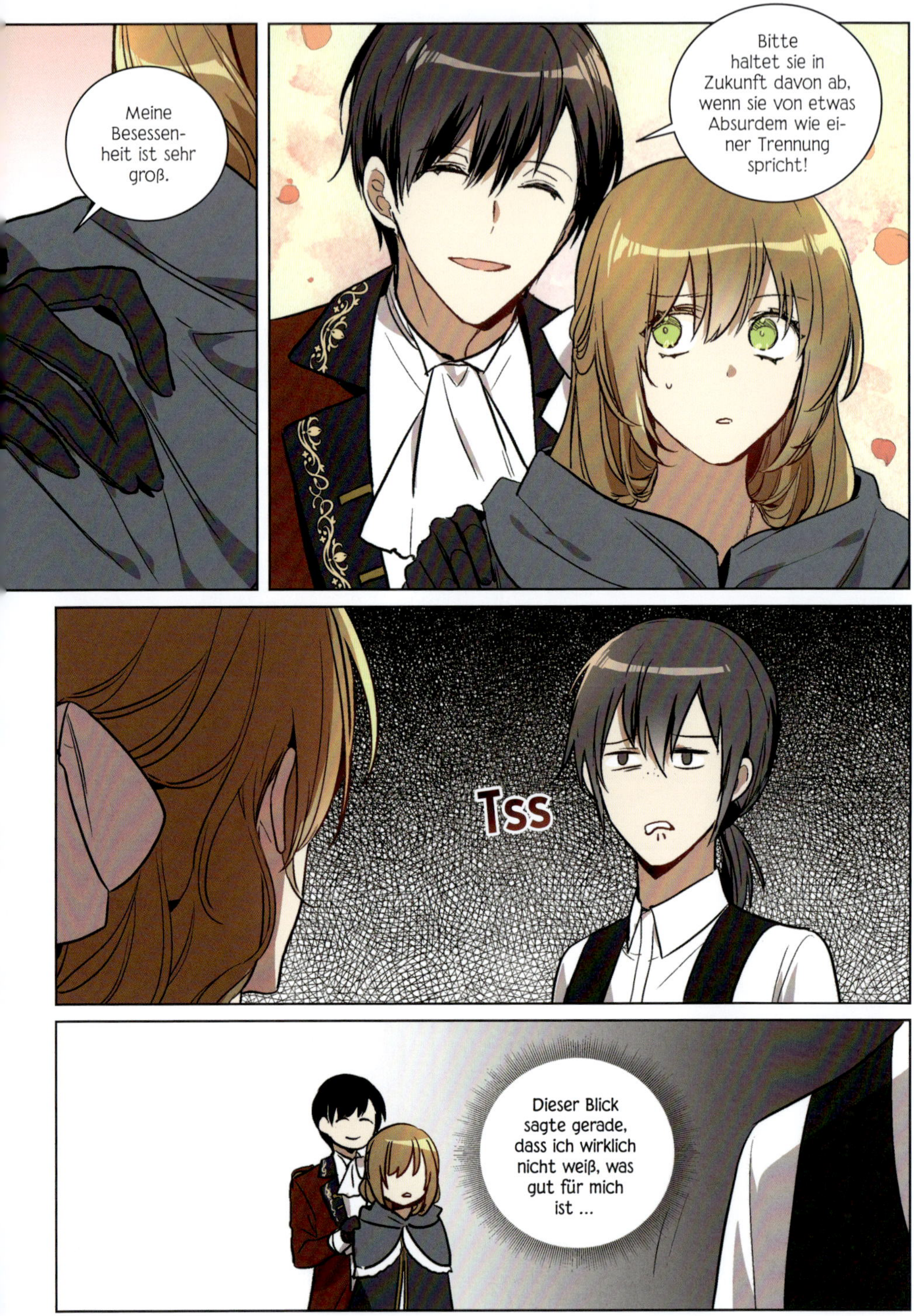
Bitte haltet sie in Zukunft davon ab, wenn sie von etwas Absurdem wie einer Trennung spricht!
Meine Besessenheit ist sehr groß.
Tss
Dieser Blick sagte gerade, dass ich wirklich nicht weiß, was gut für mich ist ...

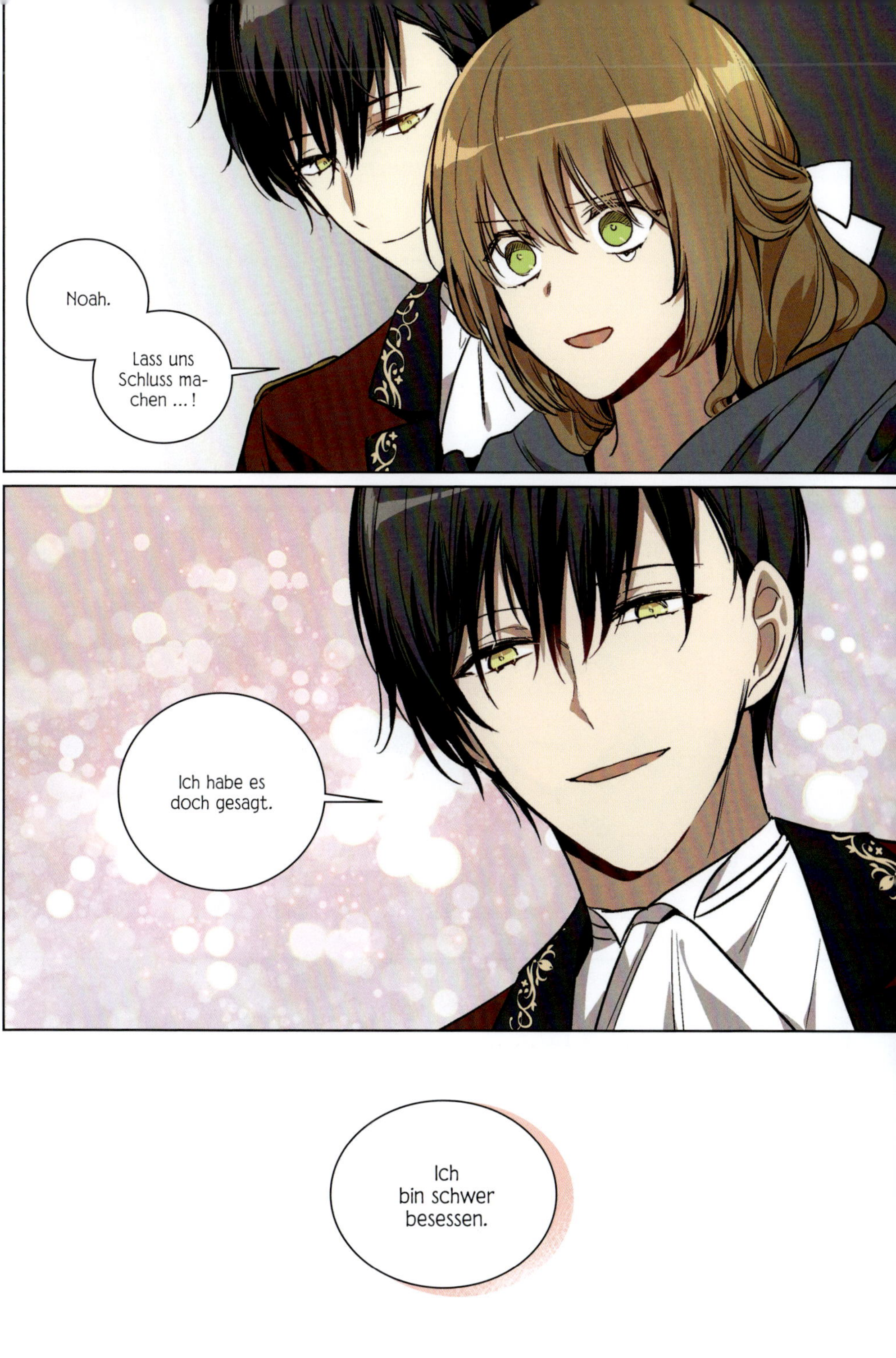
Noah.
Lass uns Schluss machen ...!
Ich habe es doch gesagt.
Ich bin schwer besessen.

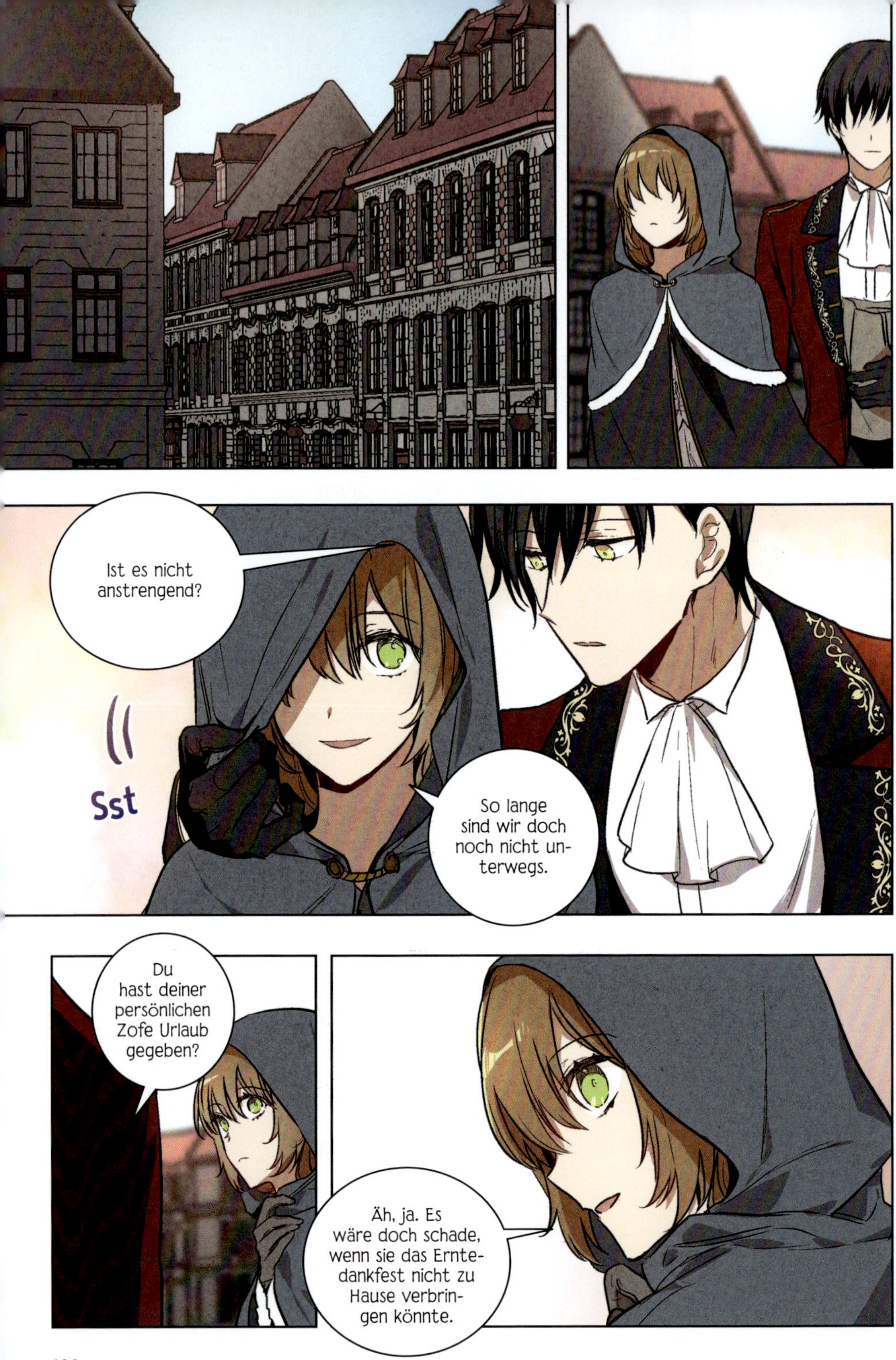
Ist es nicht anstrengend?
Sst
So lange sind wir doch noch nicht unterwegs.
Du hast deiner persönlichen Zofe Urlaub gegeben?
Äh, ja. Es wäre doch schade, wenn sie das Erntedankfest nicht zu Hause verbringen könnte.

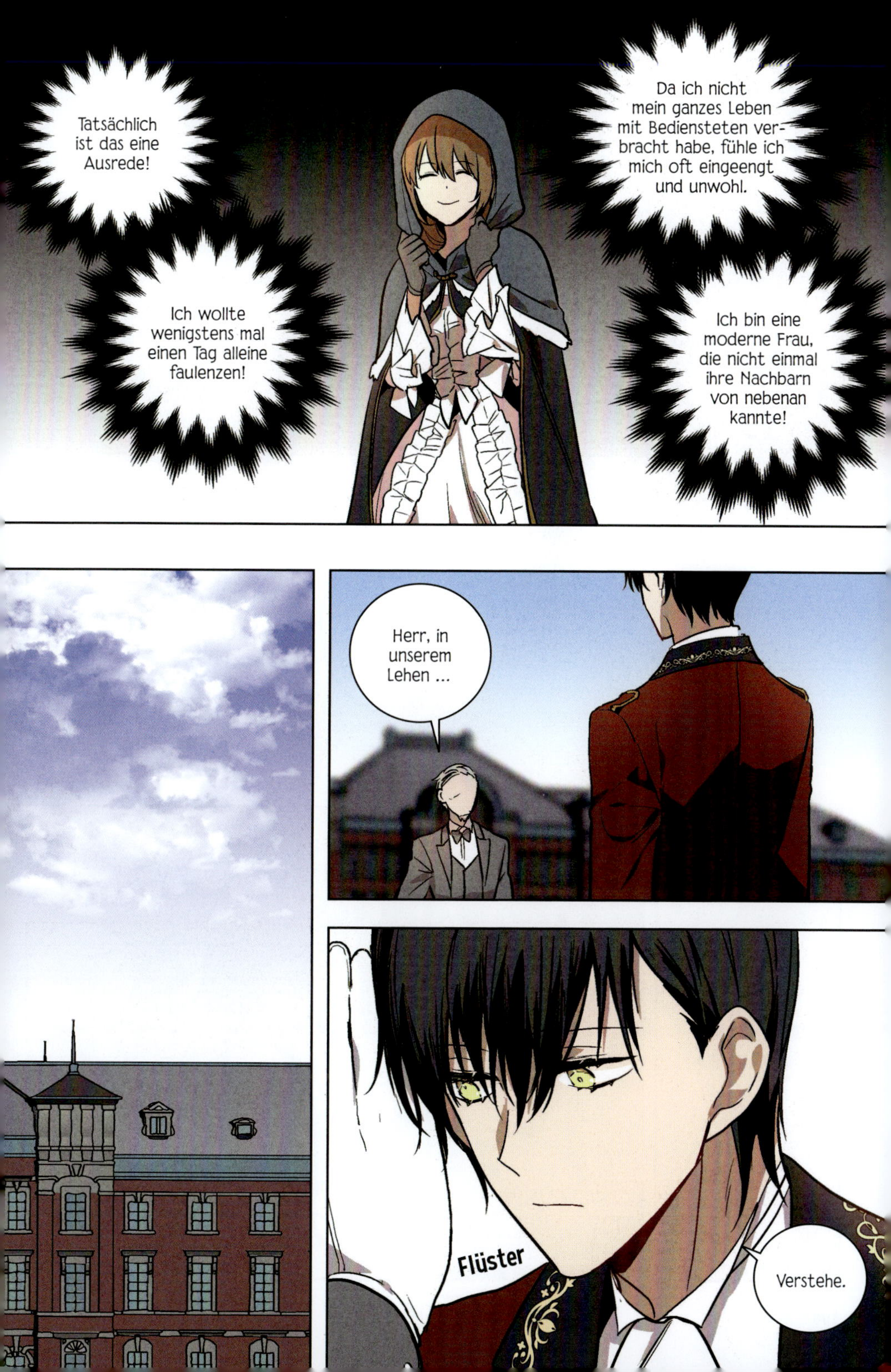

Tatsächlich ist das eine Ausrede!
Da ich nicht mein ganzes Leben mit Bediensteten verbracht habe, fühle ich mich oft eingeengt und unwohl.
Ich wollte wenigstens mal einen Tag alleine faulenzen!
Ich bin eine moderne Frau, die nicht einmal ihre Nachbarn von nebenan kannte!
Herr, in unserem Lehen ...
Flüster
Verstehe.

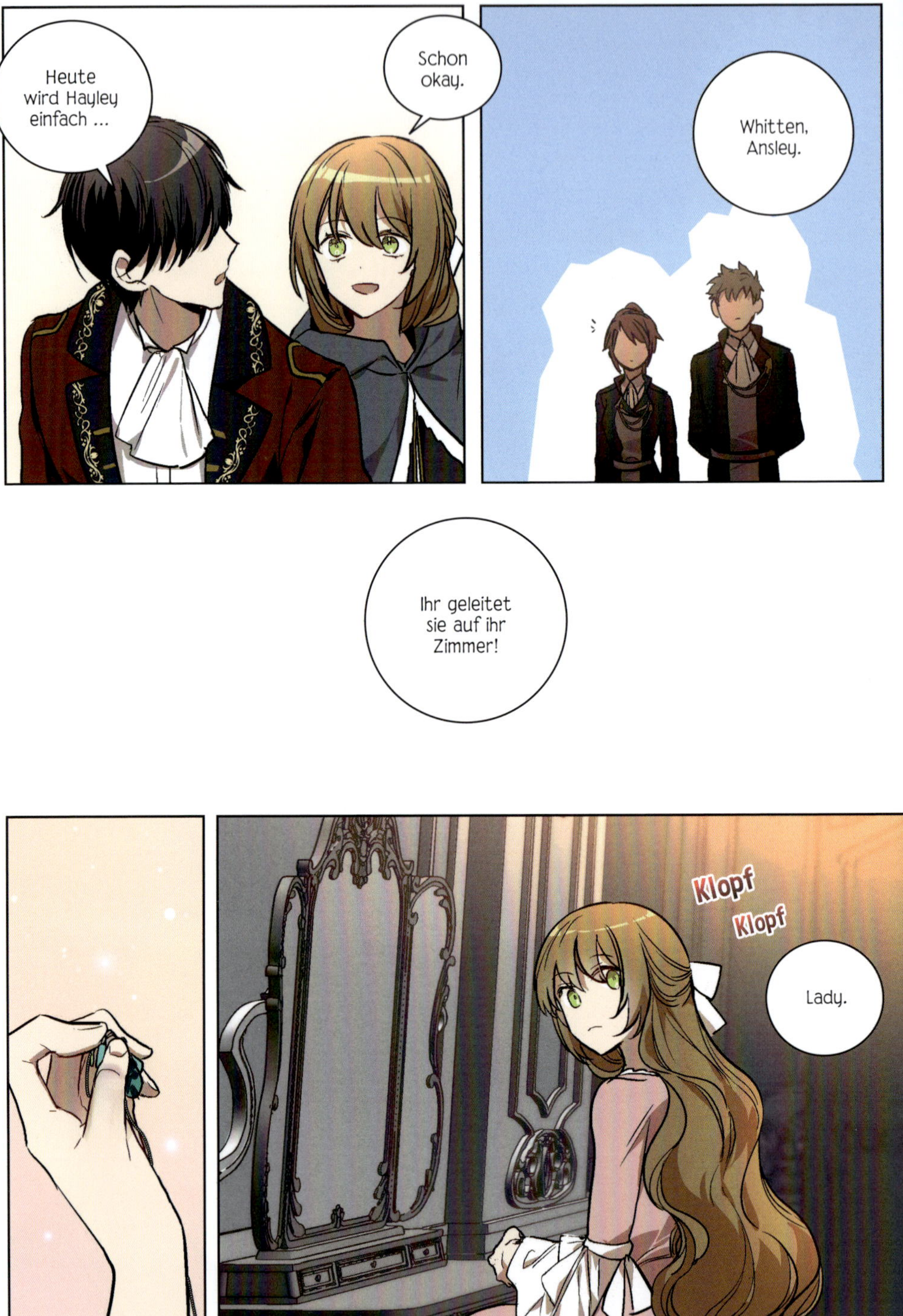
Heute wird Hayley einfach ...
Schon okay.
Whitten, Ansley.
Ihr geleitet sie auf ihr Zimmer!
Klopf
Klopf
Lady.

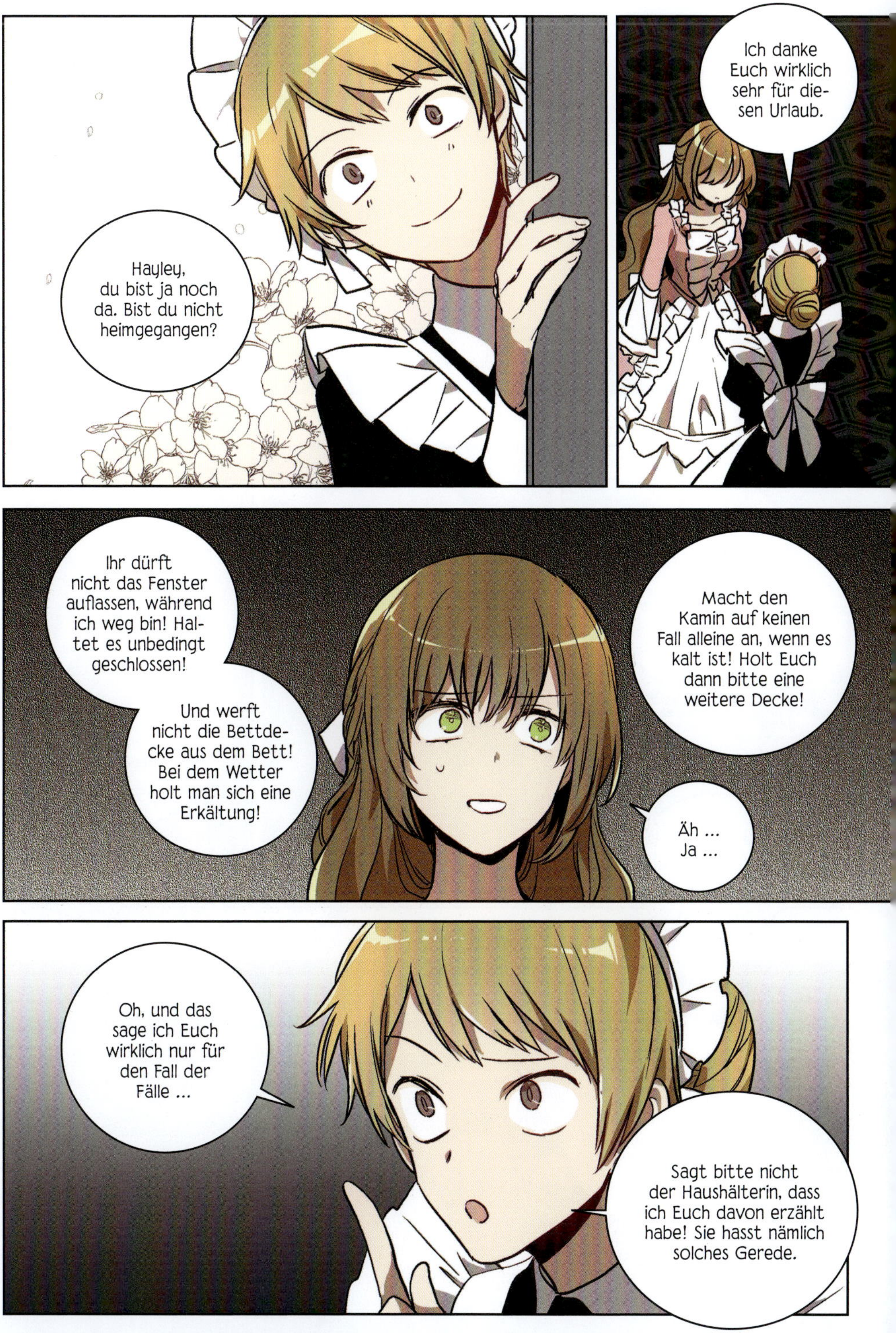
Ich danke Euch wirklich sehr für diesen Urlaub.
Hayley, du bist ja noch da. Bist du nicht heimgegangen?
Macht den Kamin auf keinen Fall alleine an, wenn es kalt ist! Holt Euch dann bitte eine weitere Decke!
Ihr dürft nicht das Fenster auflassen, während ich weg bin! Haltet es unbedingt geschlossen!
Und werft nicht die Bettdecke aus dem Bett! Bei dem Wetter holt man sich eine Erkältung!
Äh ... Ja ...
Oh, und das sage ich Euch wirklich nur für den Fall der Fälle ...
Sagt bitte nicht der Haushälterin, dass ich Euch davon erzählt habe! Sie hasst nämlich solches Gerede.

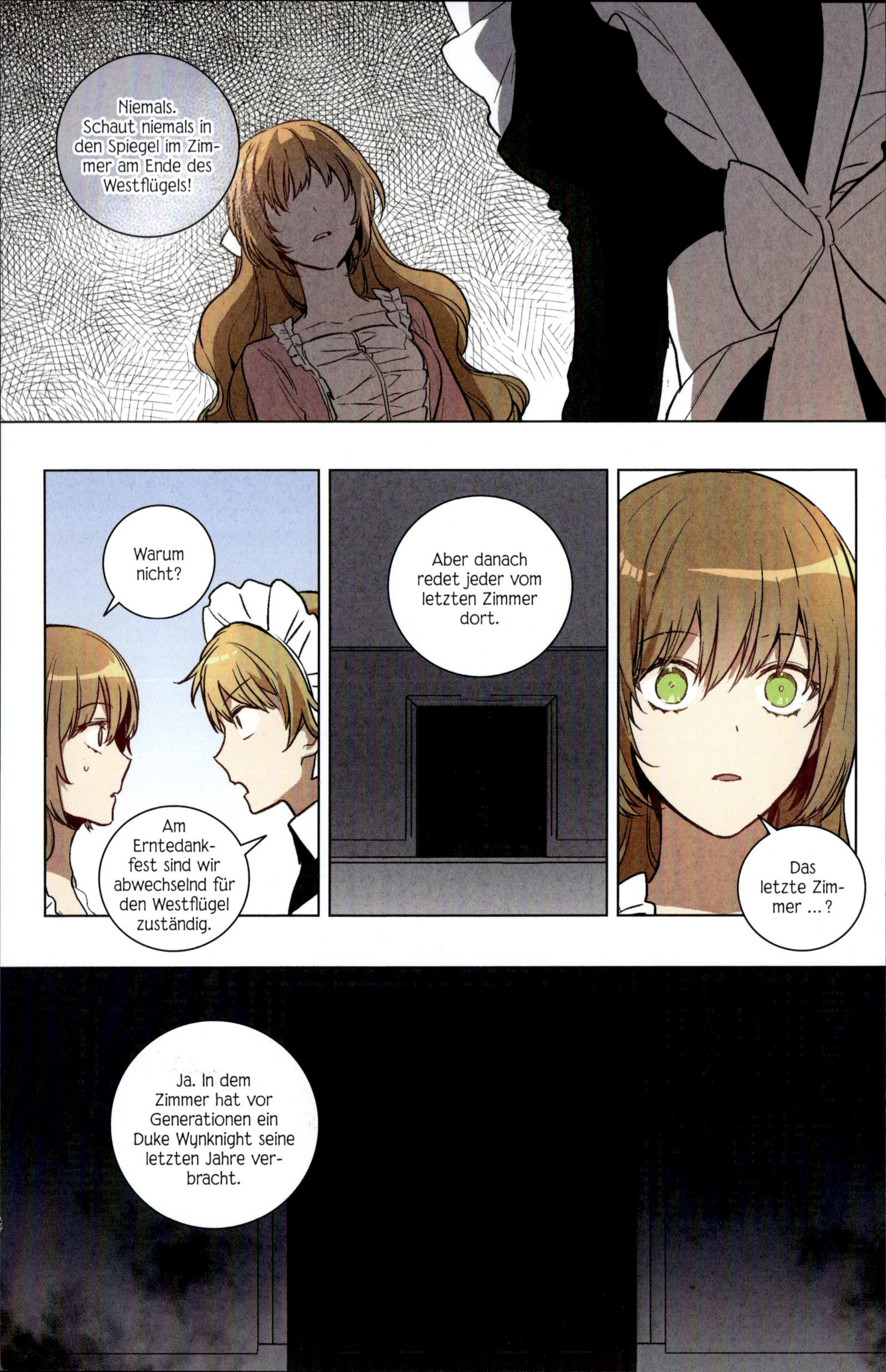
Niemals. Schaut niemals in den Spiegel im Zimmer am Ende des Westflügels!
Warum nicht?
Am Erntedankfest sind wir abwechselnd für den Westflügel zuständig.
Aber danach redet jeder vom letzten Zimmer dort.
Das letzte Zimmer ...?
Ja. In dem Zimmer hat vor Generationen ein Duke Wynknight seine letzten Jahre verbracht.

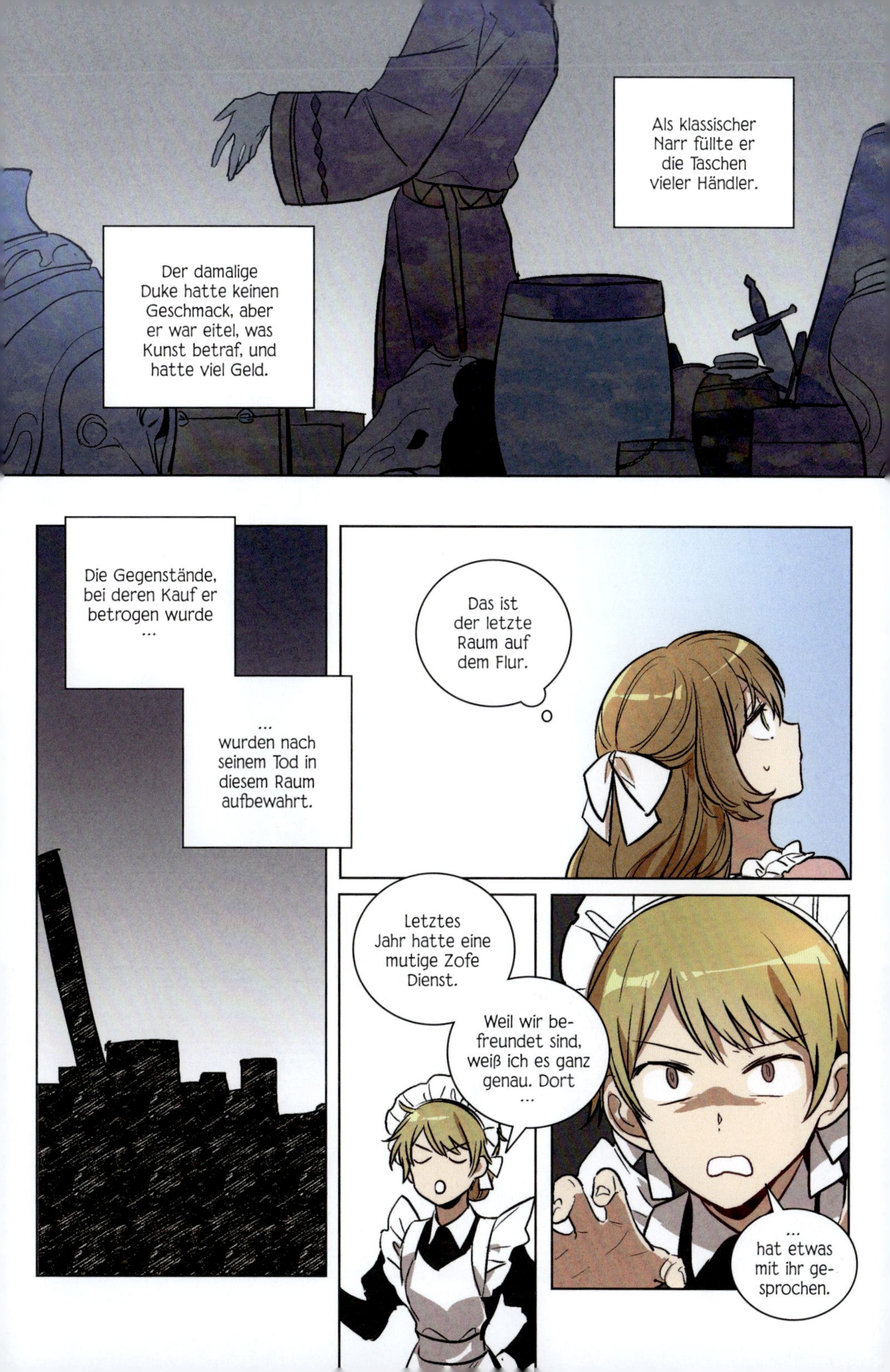
Als klassischer Narr füllte er die Taschen vieler Händler.
Der damalige Duke hatte keinen Geschmack, aber er war eitel, was Kunst betraf, und hatte viel Geld.
Die Gegenstände, bei deren Kauf er betrogen wurde ...
... wurden nach seinem Tod in diesem Raum aufbewahrt.
Das ist der letzte Raum auf dem Flur.
Letztes Jahr hatte eine mutige Zofe Dienst.
Weil wir befreundet sind, weiß ich es ganz genau. Dort ...
... hat etwas mit ihr gesprochen.

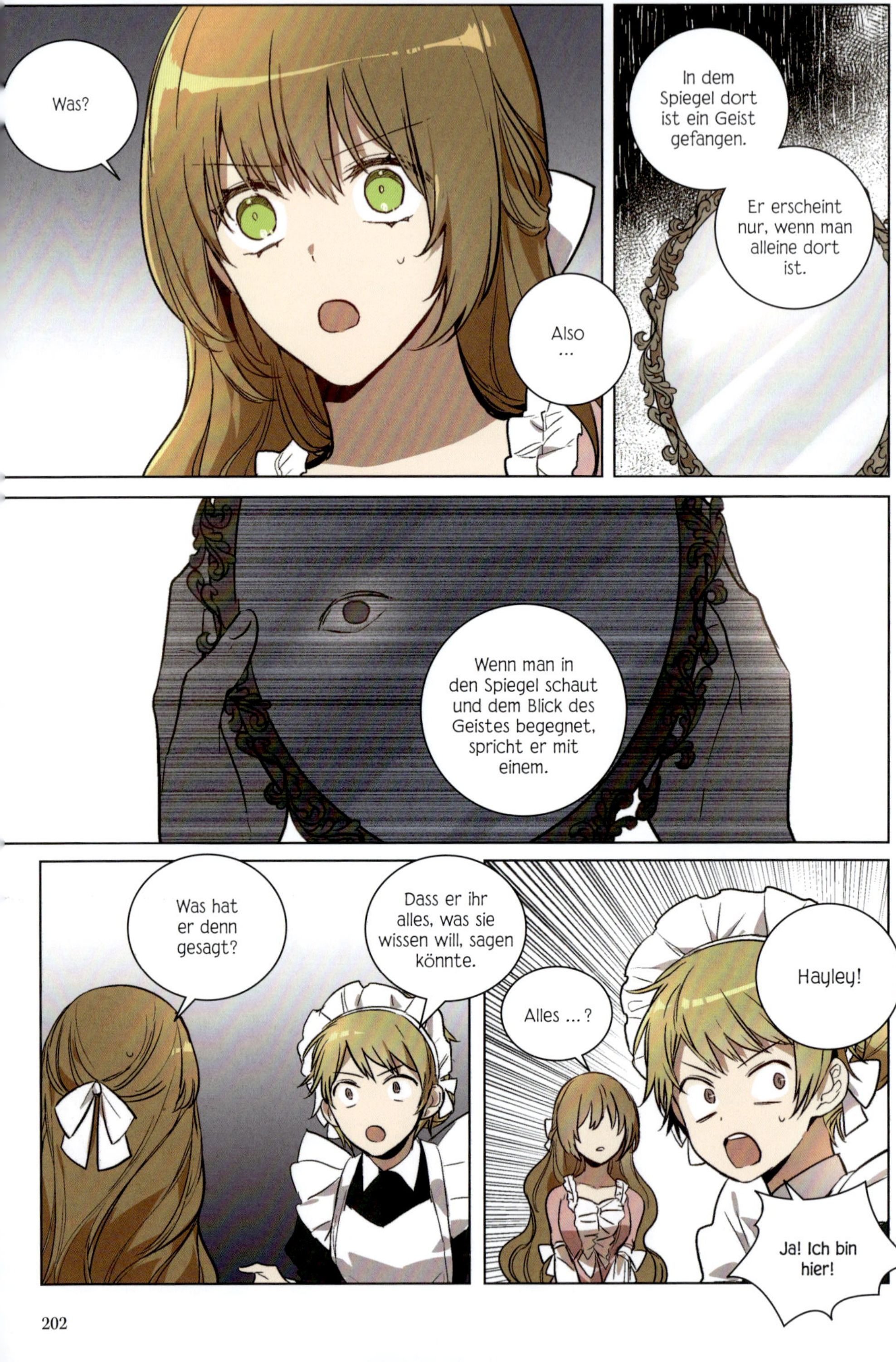

Was?
Also …
In dem Spiegel dort ist ein Geist gefangen.
Er erscheint nur, wenn man alleine dort ist.
Wenn man in den Spiegel schaut und dem Blick des Geistes begegnet, spricht er mit einem.
Was hat er denn gesagt?
Dass er ihr alles, was sie wissen will, sagen könnte.
Alles …?
Hayley!
Ja! Ich bin hier!

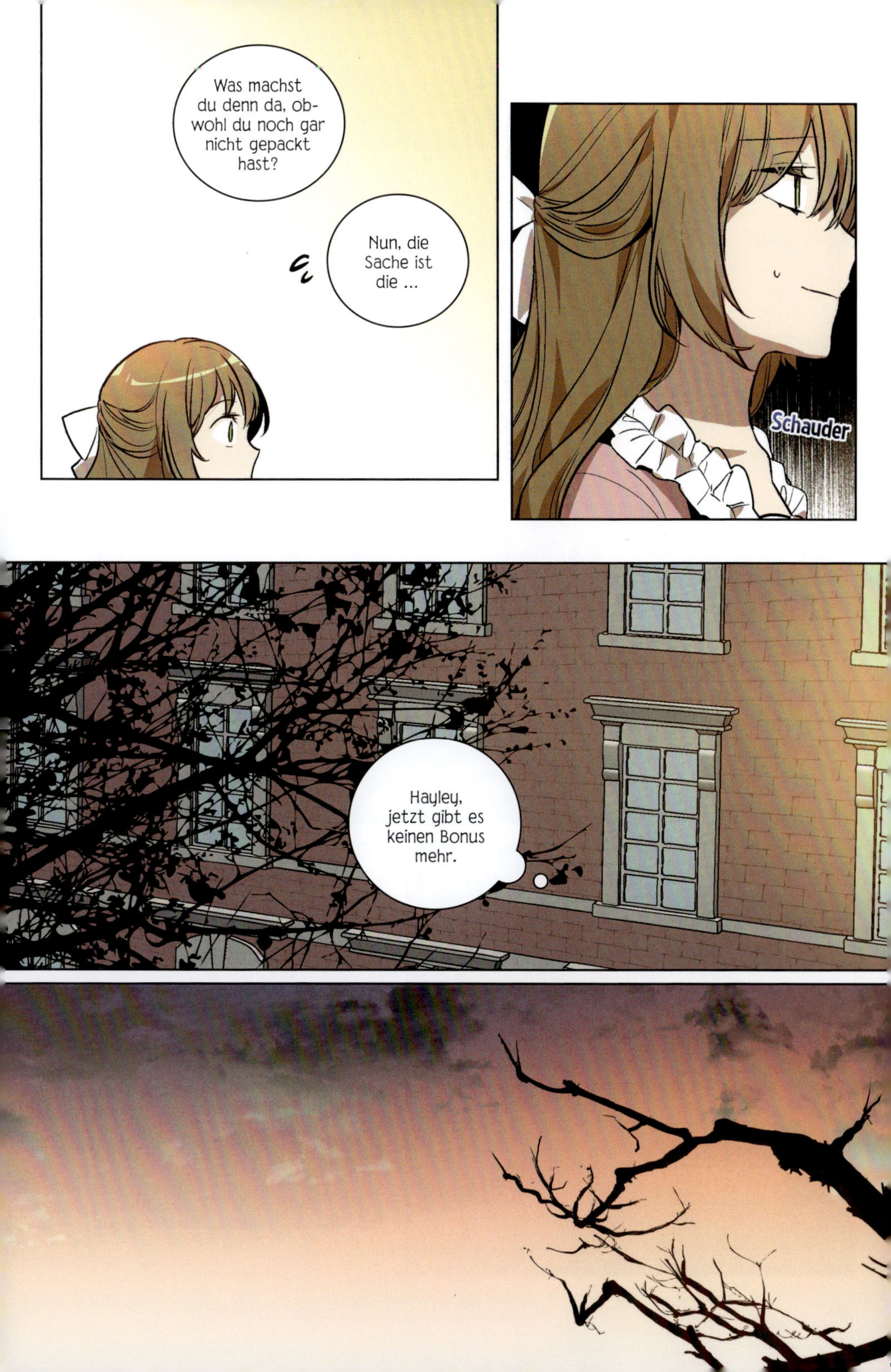
Was machst du denn da, obwohl du noch gar nicht gepackt hast?
Nun, die Sache ist die ...
Schauder
Hayley, jetzt gibt es keinen Bonus mehr.

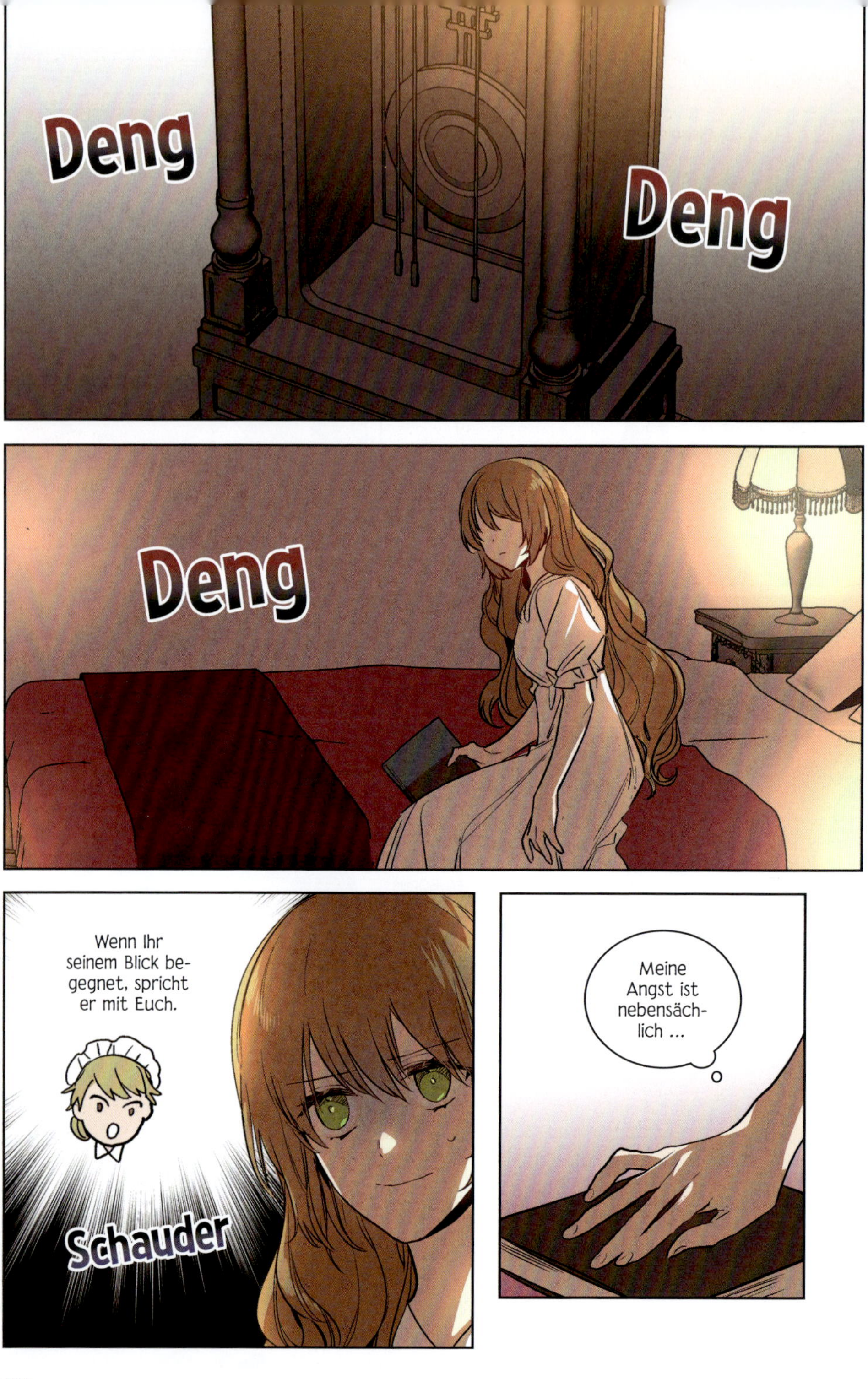
Deng
Deng
Deng
Wenn Ihr seinem Blick begegnet, spricht er mit Euch.
Schauder
Meine Angst ist nebensächlich ...

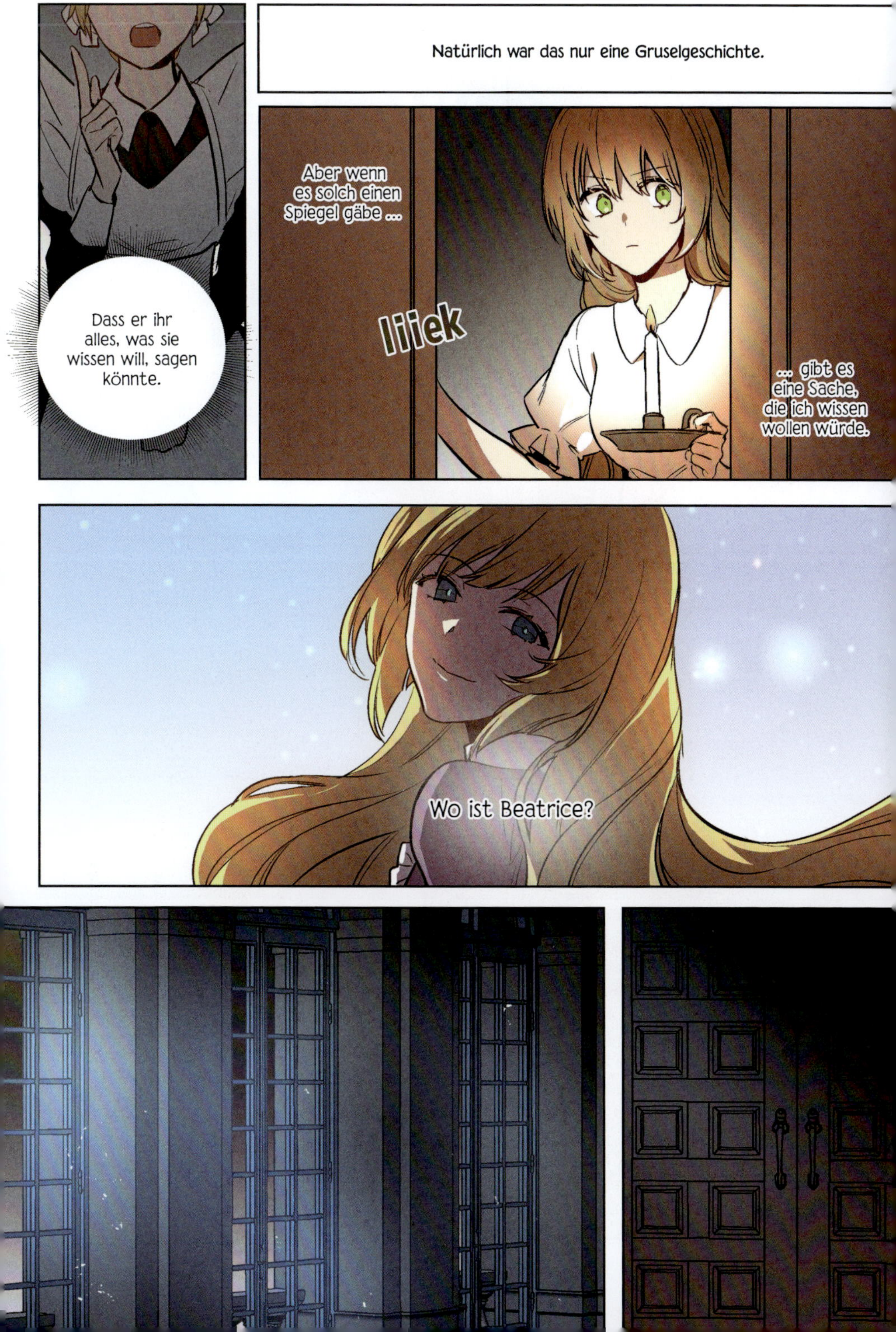
Natürlich war das nur eine Gruselgeschichte.
Dass er ihr alles, was sie wissen will, sagen könnte.
Aber wenn es solch einen Spiegel gäbe ...
Iiiek
... gibt es eine Sache, die ich wissen wollen würde.
Wo ist Beatrice?

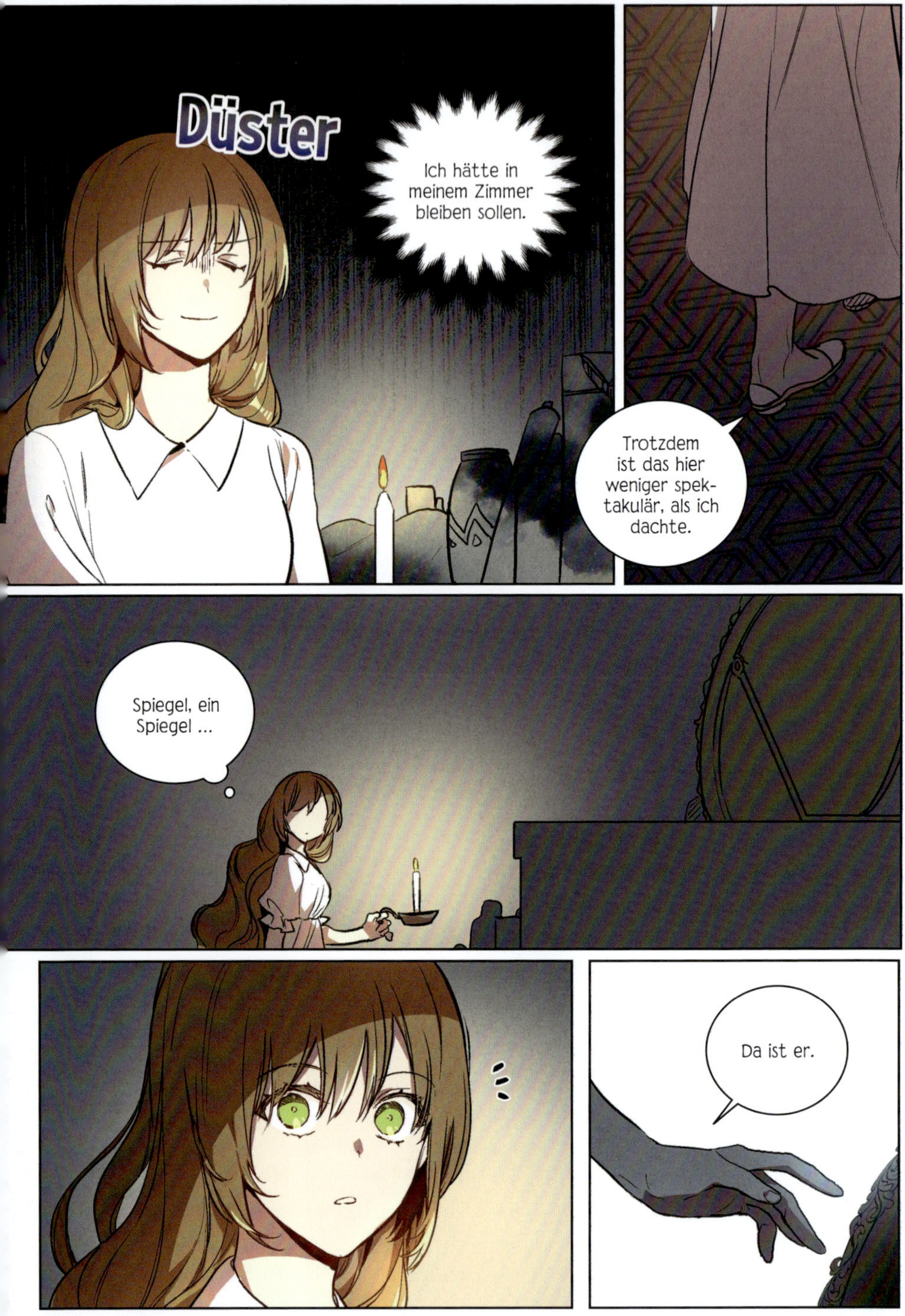
Düster
Ich hätte in meinem Zimmer bleiben sollen.
Trotzdem ist das hier weniger spektakulär, als ich dachte.
Spiegel, ein Spiegel ...
Da ist er.

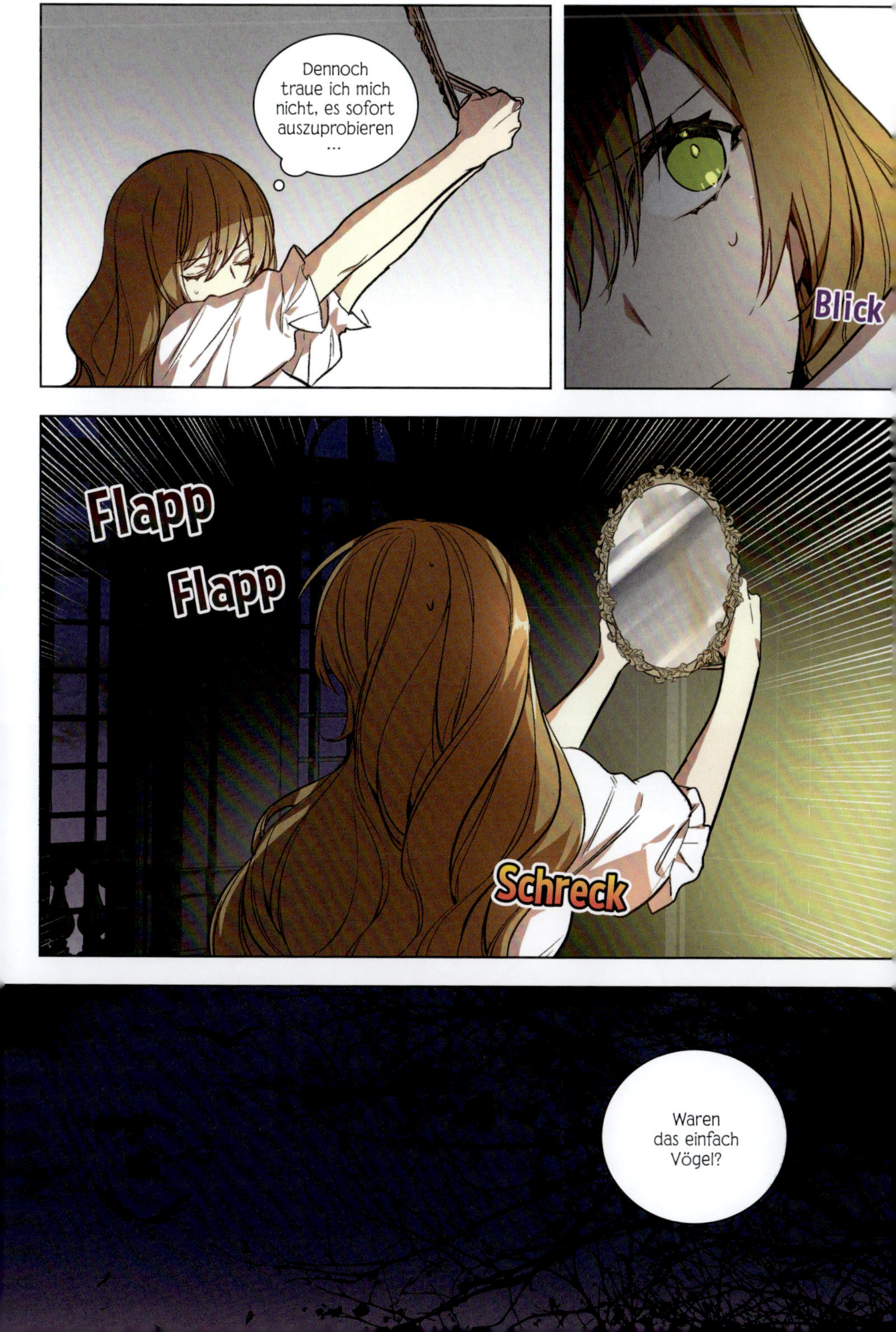

Dennoch traue ich mich nicht, es sofort auszuprobieren ...
Blick
Flapp
Flapp
Schreck
Waren das einfach Vögel?

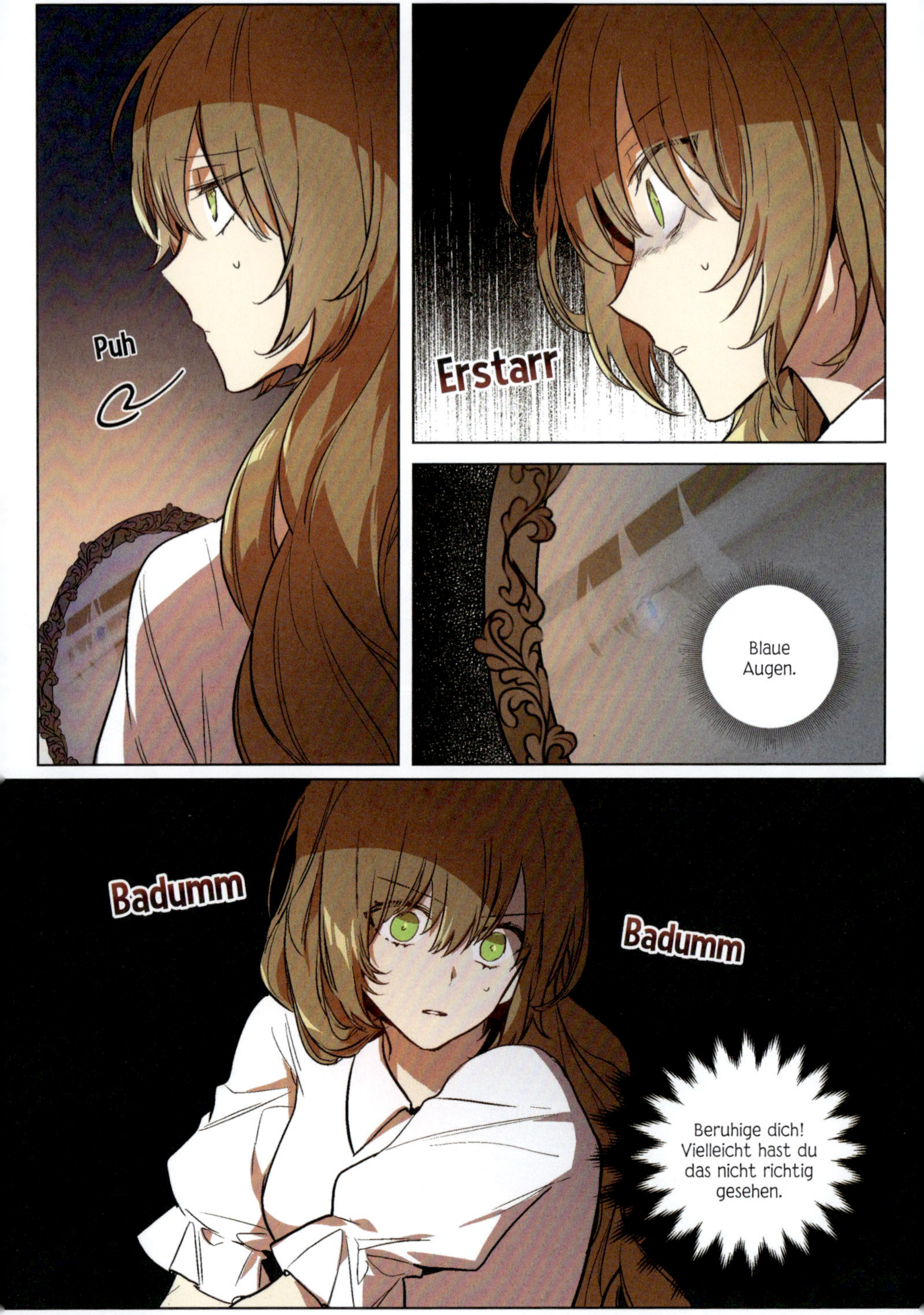
Puh
Erstarr
Blaue Augen.
Badumm
Badumm
Beruhige dich! Vielleicht hast du das nicht richtig gesehen.

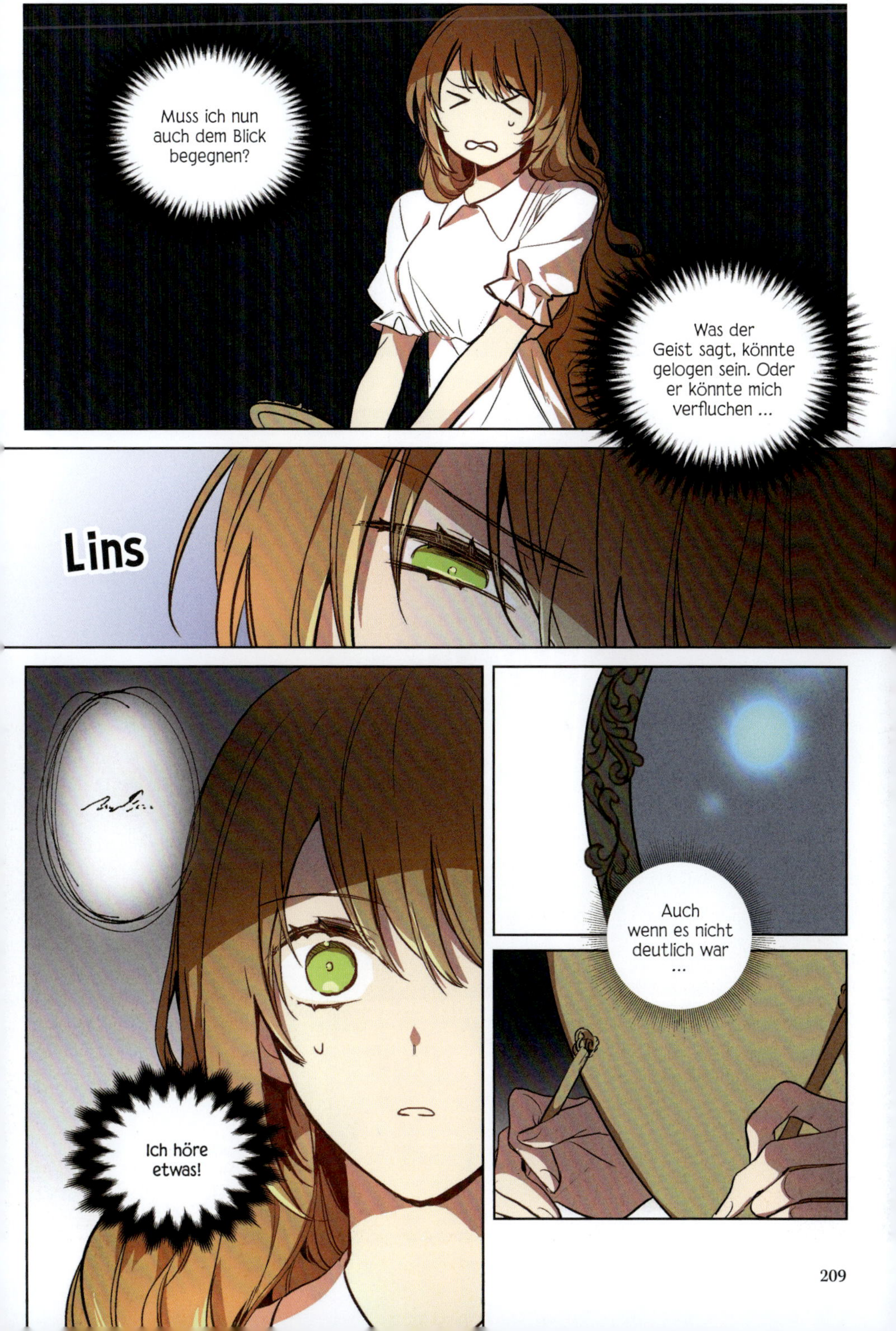
Muss ich nun auch dem Blick begegnen?
Was der Geist sagt, könnte gelogen sein. Oder er könnte mich verfluchen ...
Lins
Ich höre etwas!
Auch wenn es nicht deutlich war ...

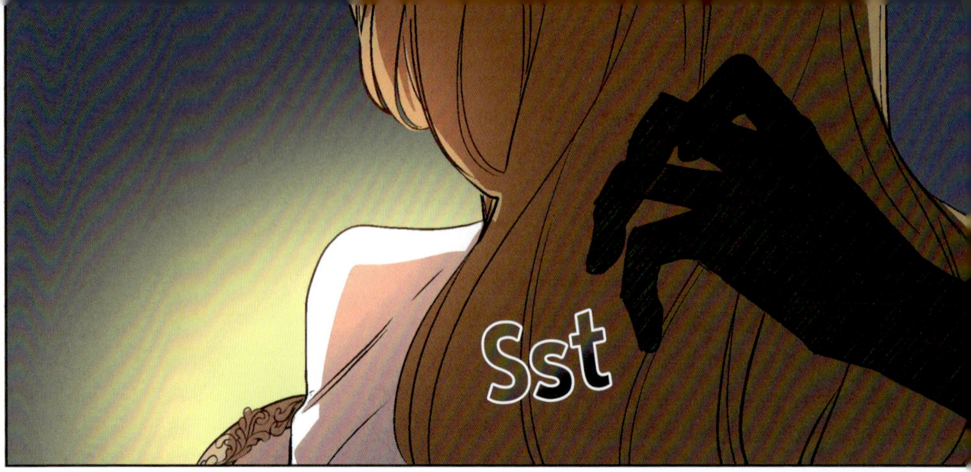
Sst

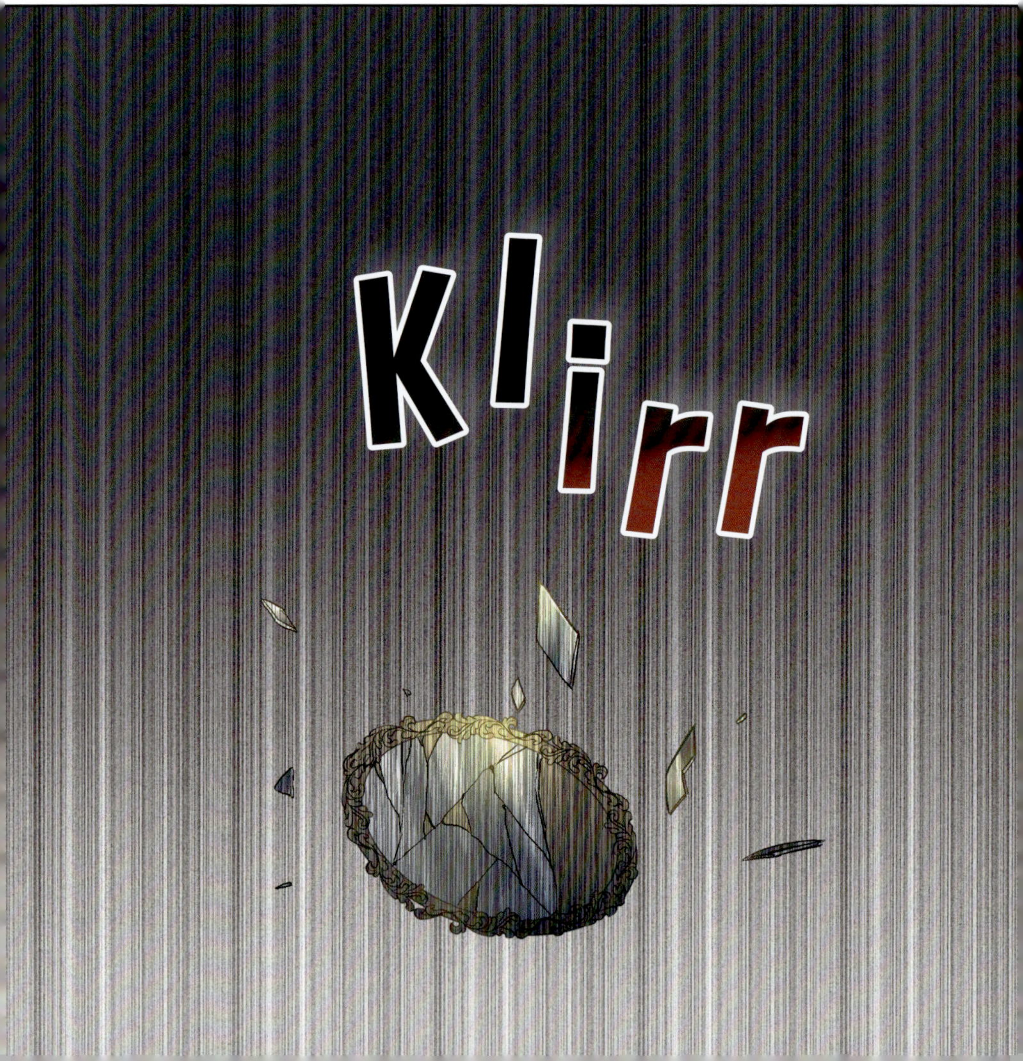
Klirr

Raeliana

Warum sie die Verlobte des Dukes wurde

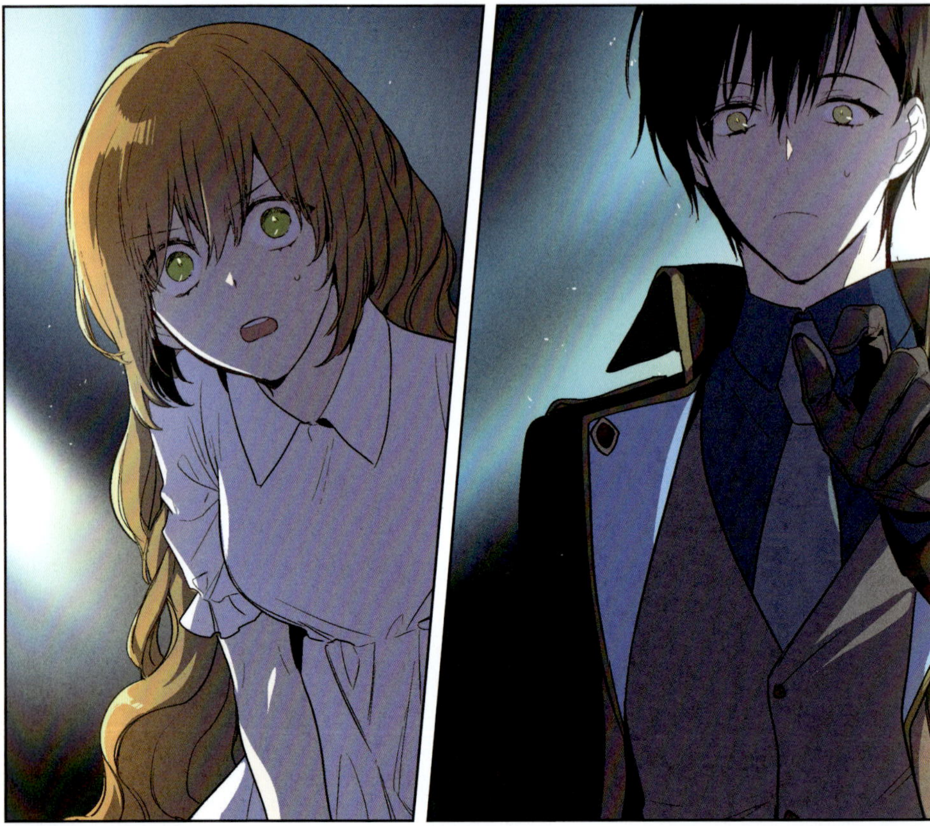

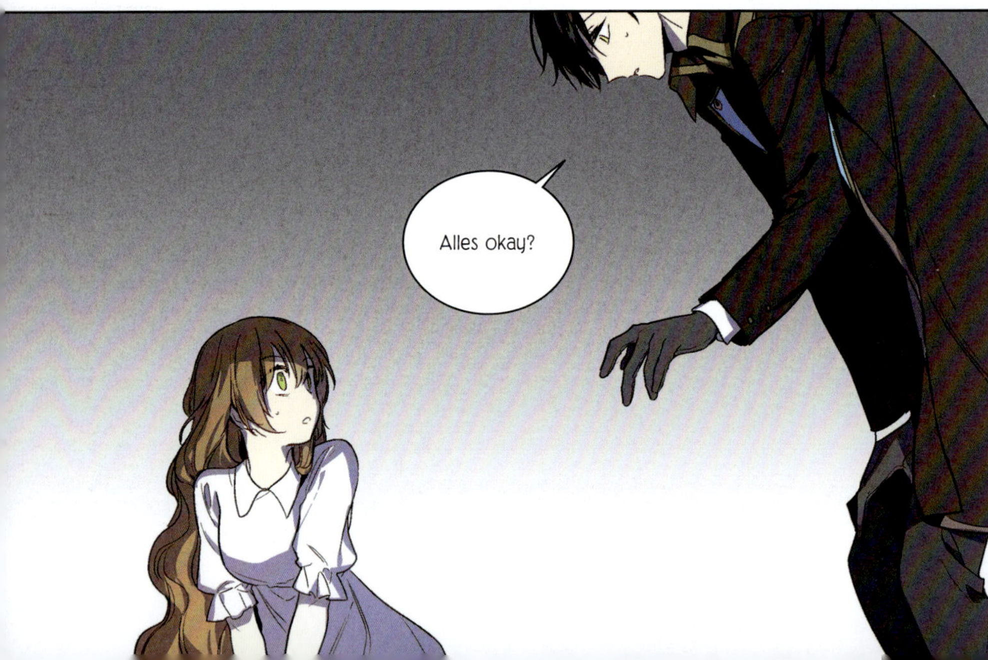
Alles okay?

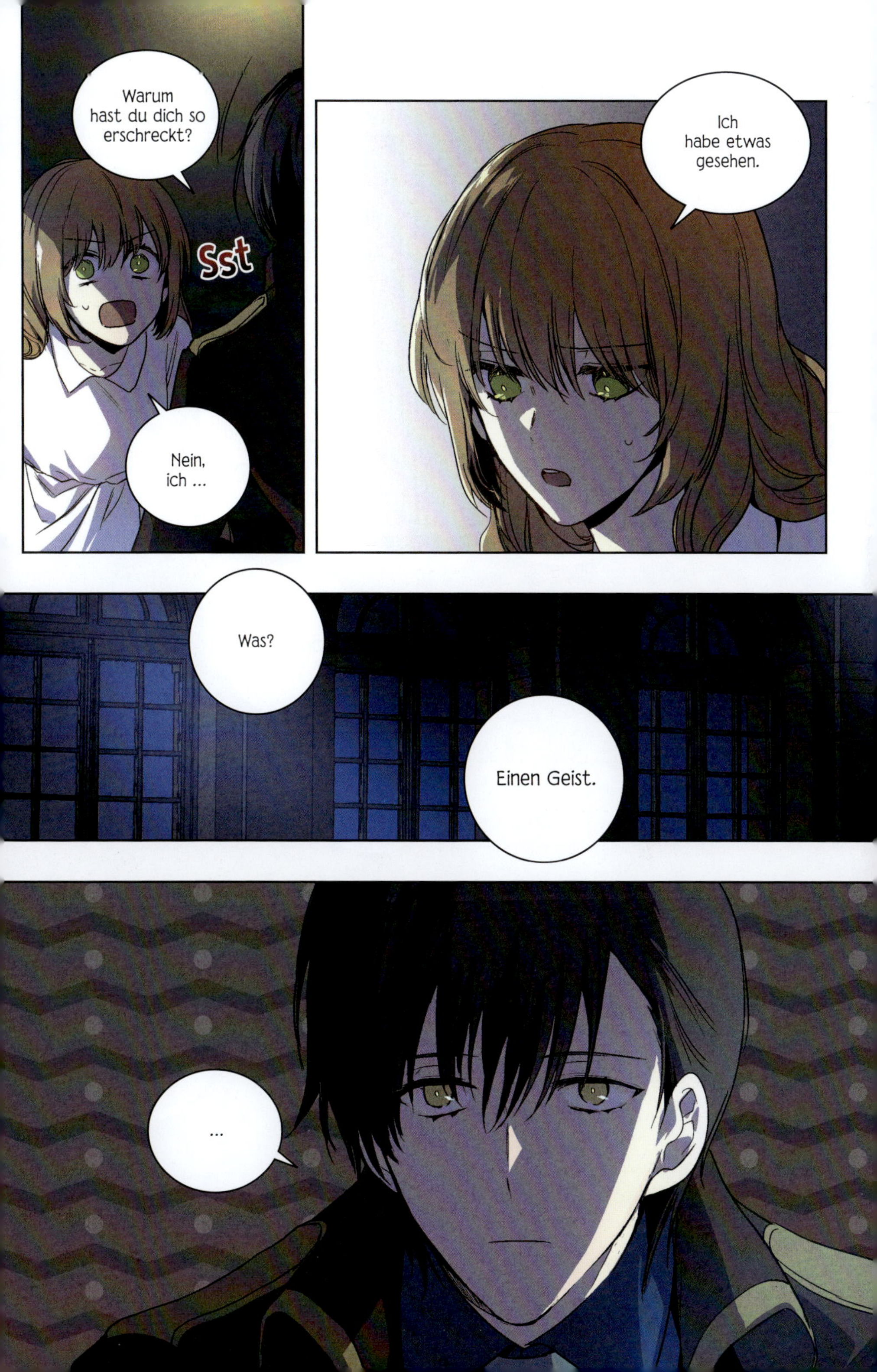
Warum hast du dich so erschreckt?
Sst
Nein, ich ...
Ich habe etwas gesehen.
Was?
Einen Geist.
...

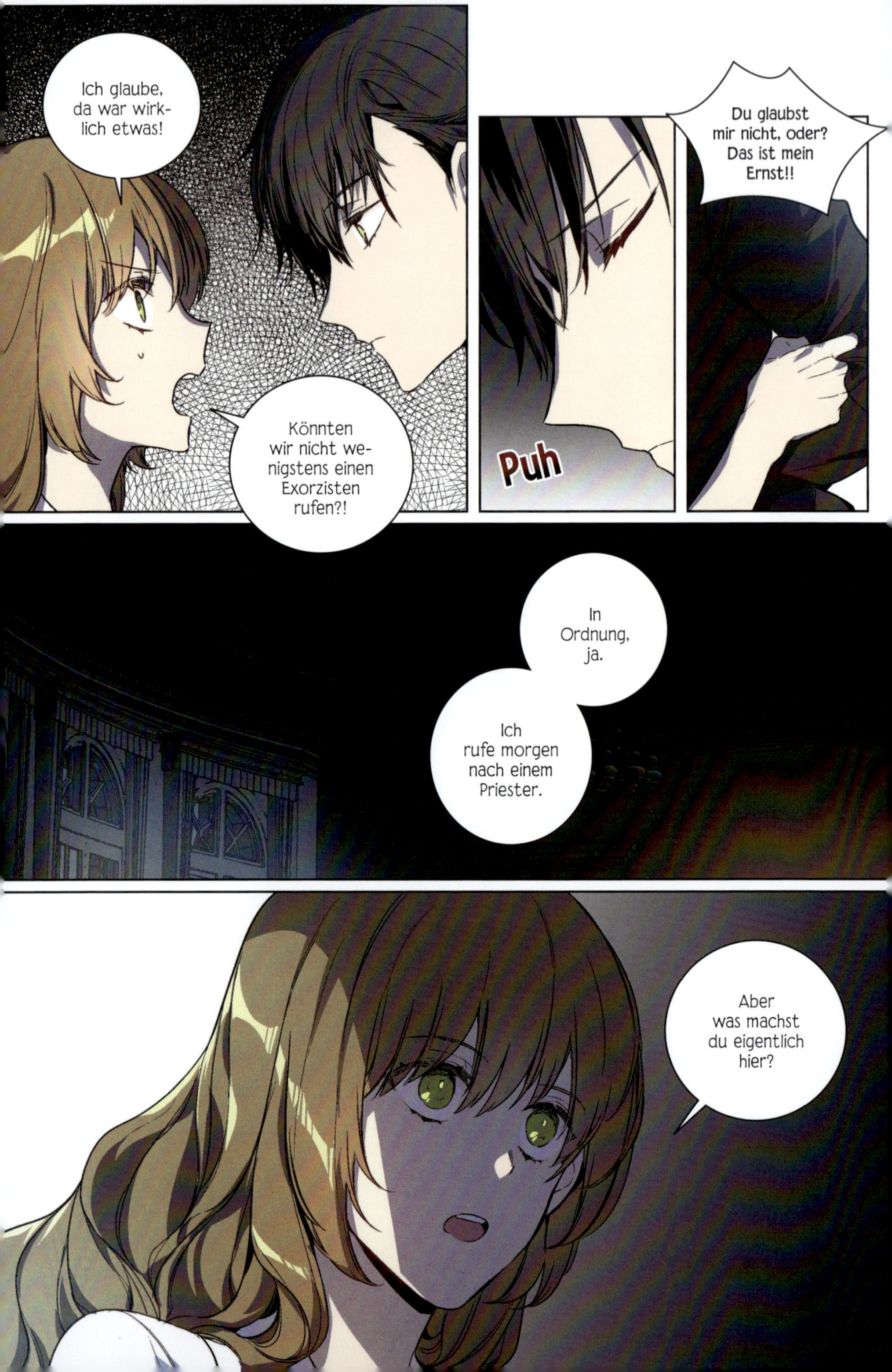
Ich glaube, da war wirklich etwas!
Könnten wir nicht wenigstens einen Exorzisten rufen?!
Puh
Du glaubst mir nicht, oder? Das ist mein Ernst!!
In Ordnung, ja.
Ich rufe morgen nach einem Priester.
Aber was machst du eigentlich hier?

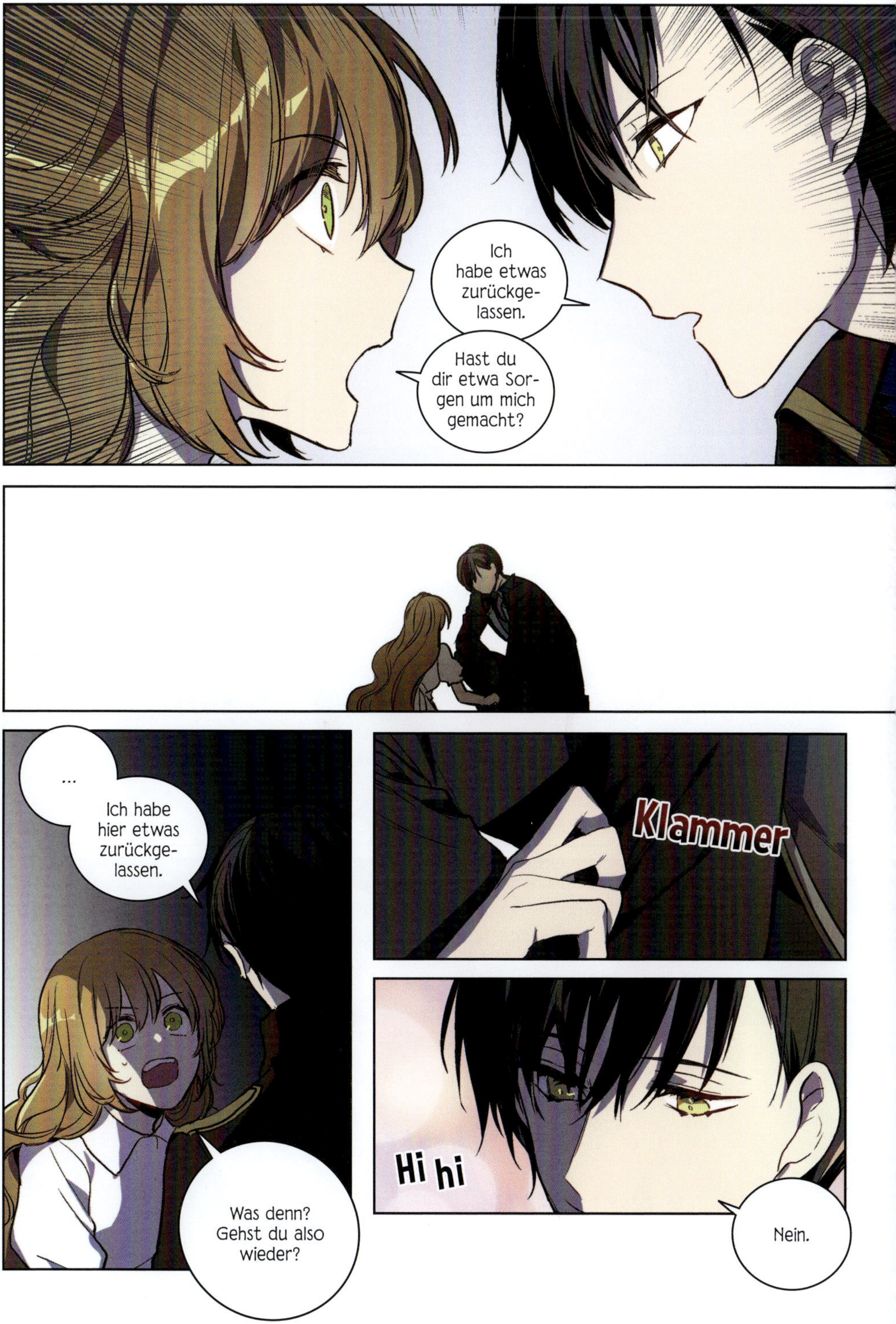
Ich habe etwas zurückgelassen.
Hast du dir etwa Sorgen um mich gemacht?
...
Ich habe hier etwas zurückgelassen.
Was denn? Gehst du also wieder?
Klammer
Hi hi
Nein.

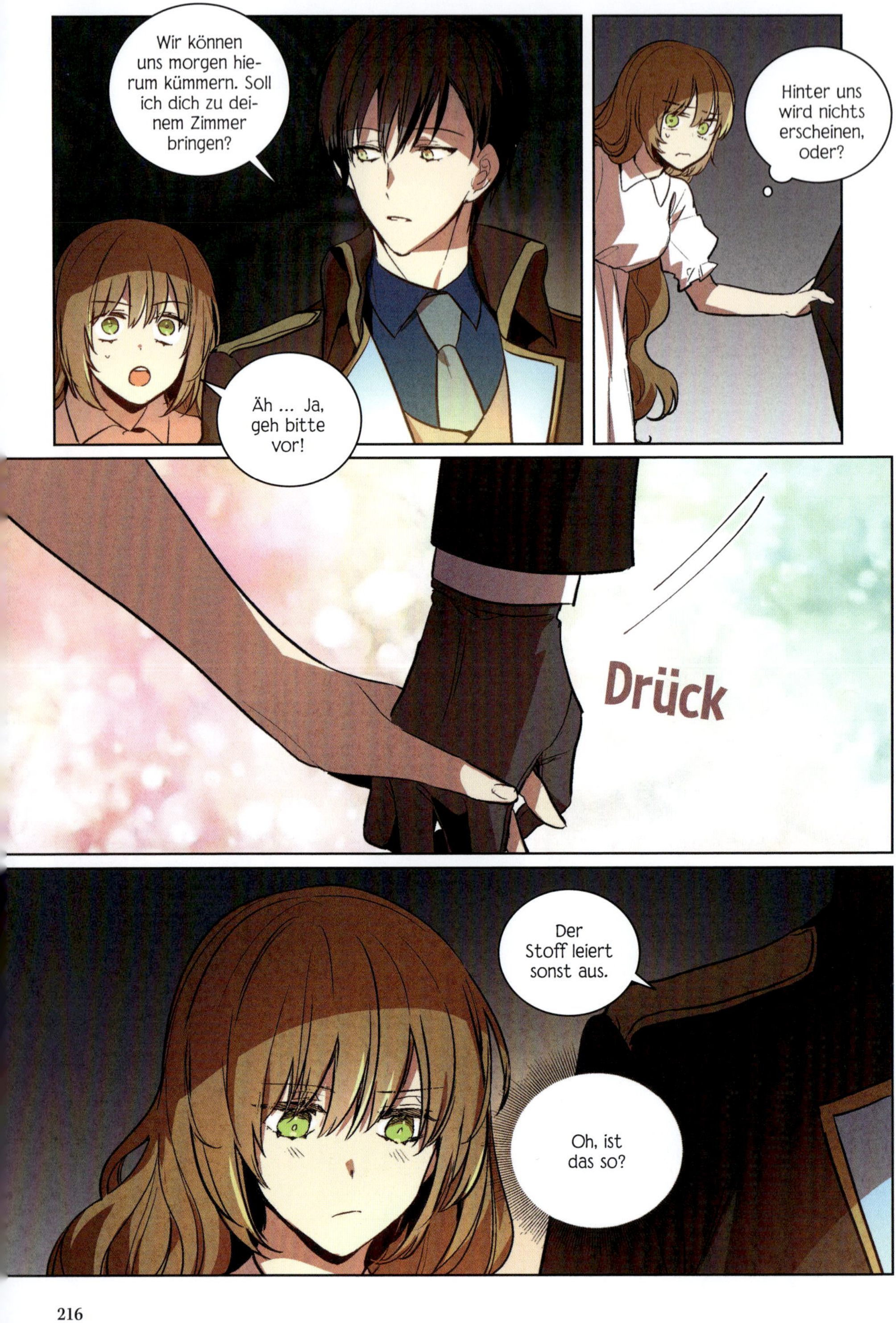
Wir können uns morgen hierum kümmern. Soll ich dich zu deinem Zimmer bringen?
Äh ... Ja, geh bitte vor!
Hinter uns wird nichts erscheinen, oder?
Drück
Der Stoff leiert sonst aus.
Oh, ist das so?

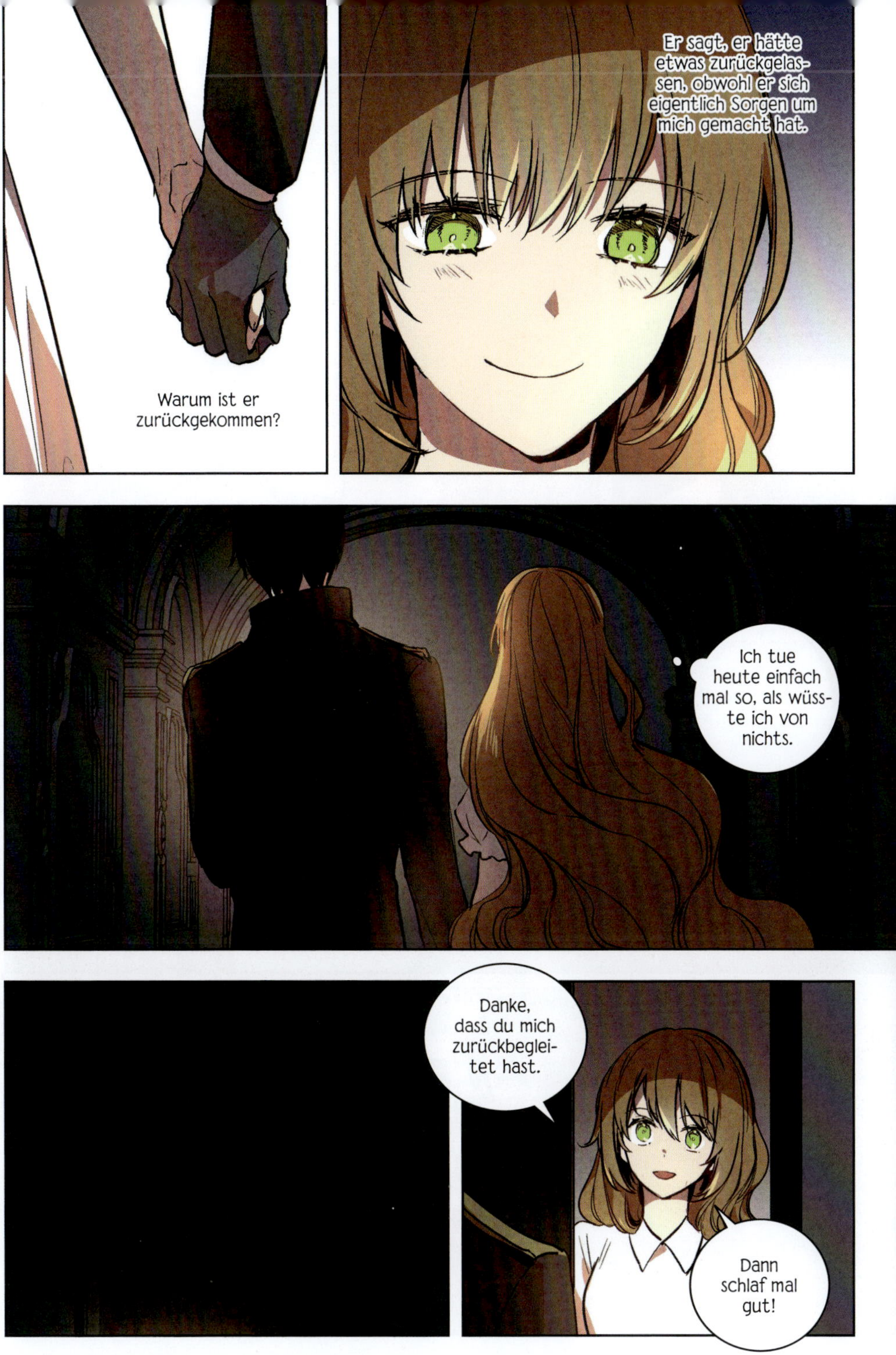
Warum ist er zurückgekommen?
Er sagt, er hätte etwas zurückgelassen, obwohl er sich eigentlich Sorgen um mich gemacht hat.
Ich tue heute einfach mal so, als wüsste ich von nichts.
Danke, dass du mich zurückbegleitet hast.
Dann schlaf mal gut!

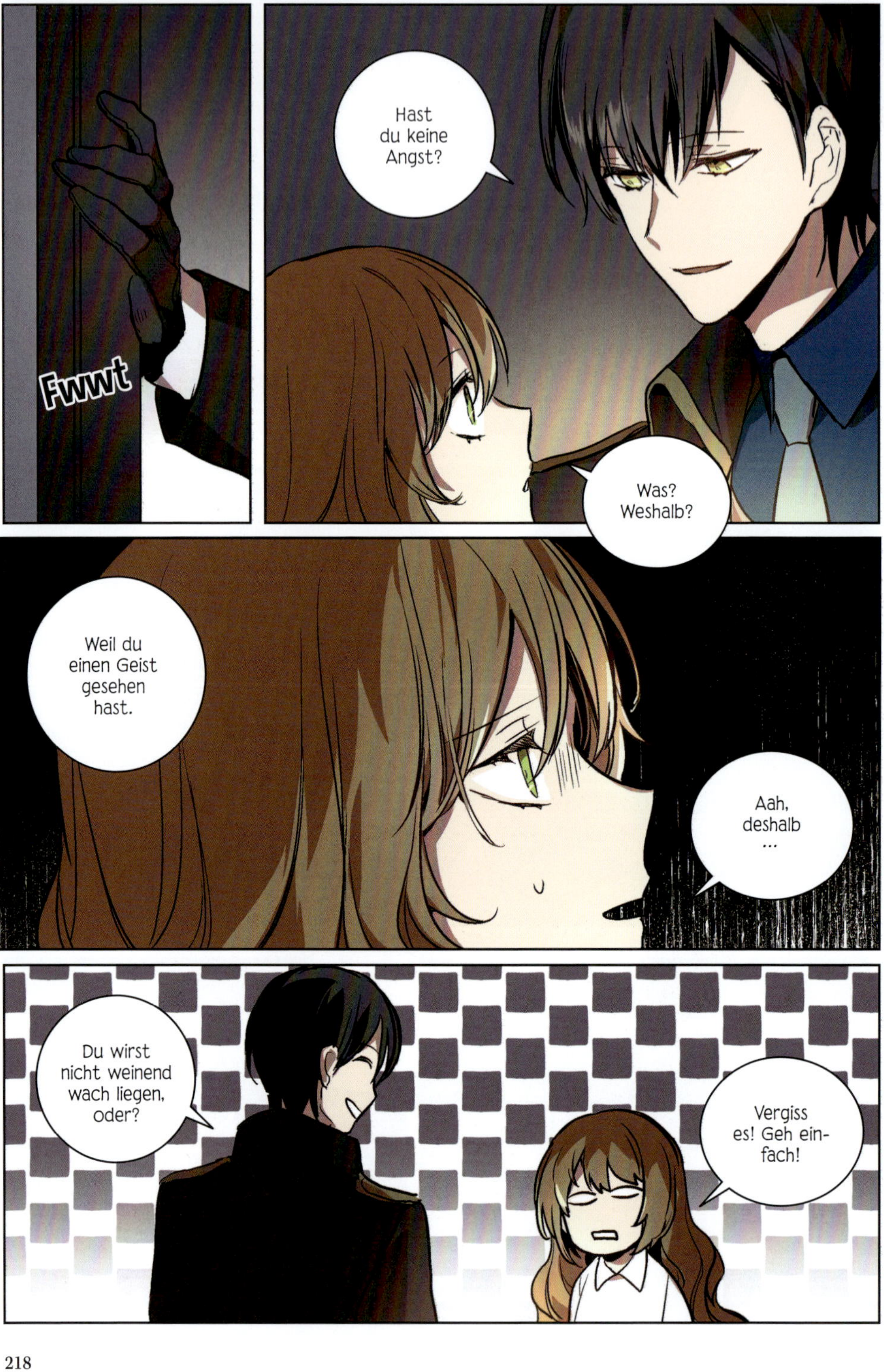
Fwwt
Hast du keine Angst?
Was? Weshalb?
Weil du einen Geist gesehen hast.
Aah, deshalb …
Du wirst nicht weinend wach liegen, oder?
Vergiss es! Geh ein-fach!

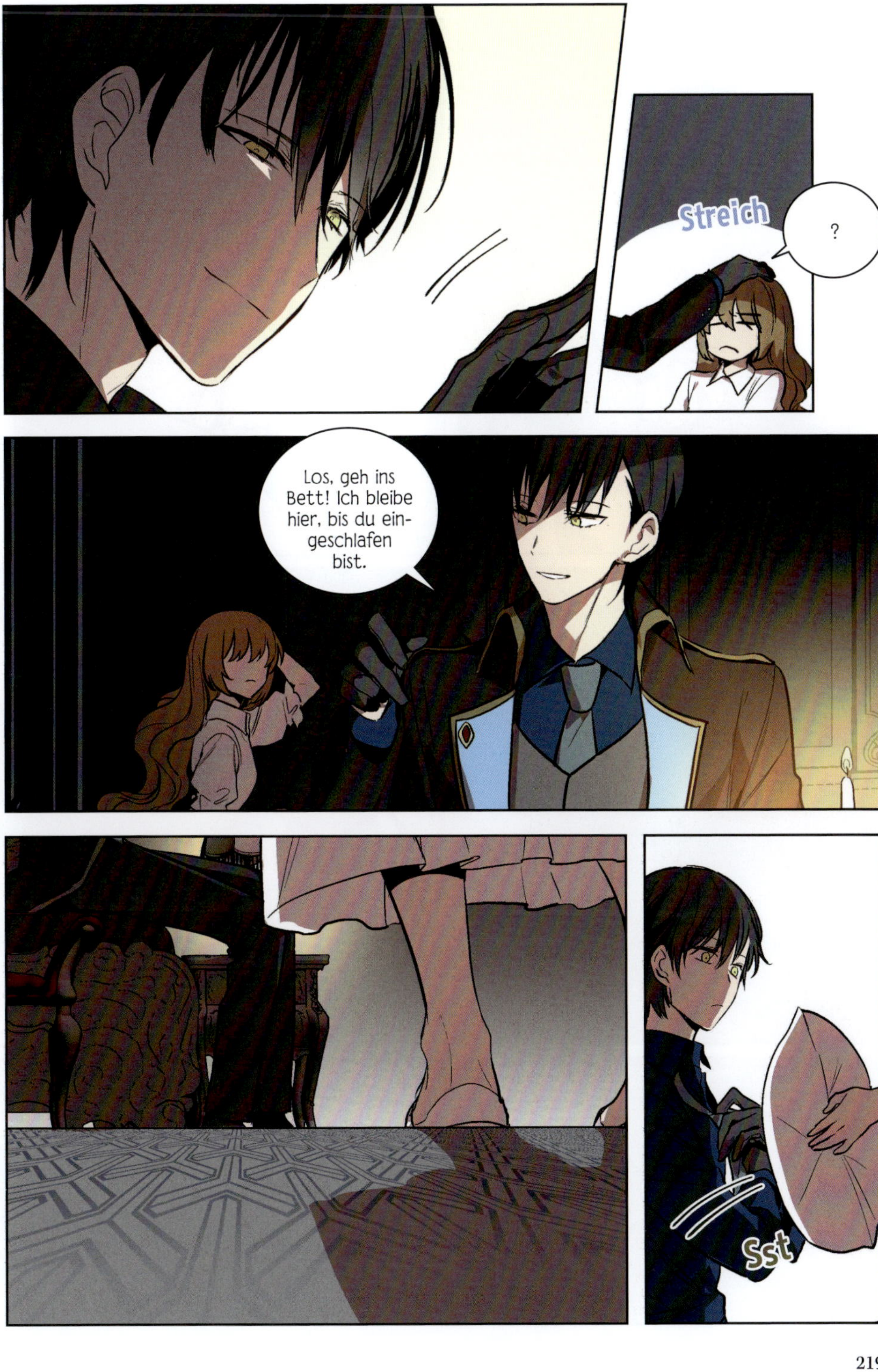
Streich
?
Los, geh ins Bett! Ich bleibe hier, bis du eingeschlafen bist.
Sst

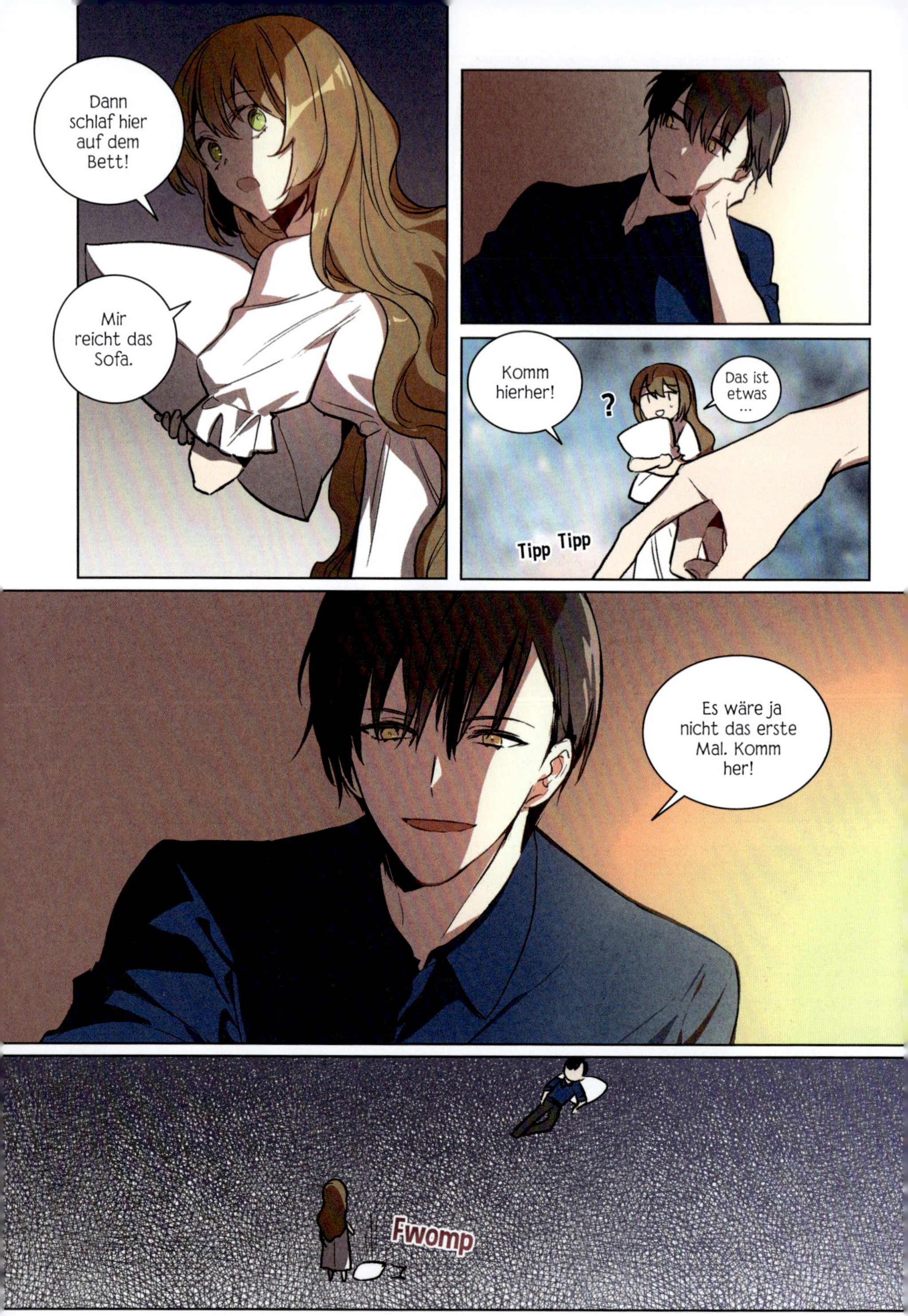
Dann schlaf hier auf dem Bett!
Mir reicht das Sofa.
Komm hierher!
?
Das ist etwas ...
Tipp Tipp
Es wäre ja nicht das erste Mal. Komm her!
Fwomp

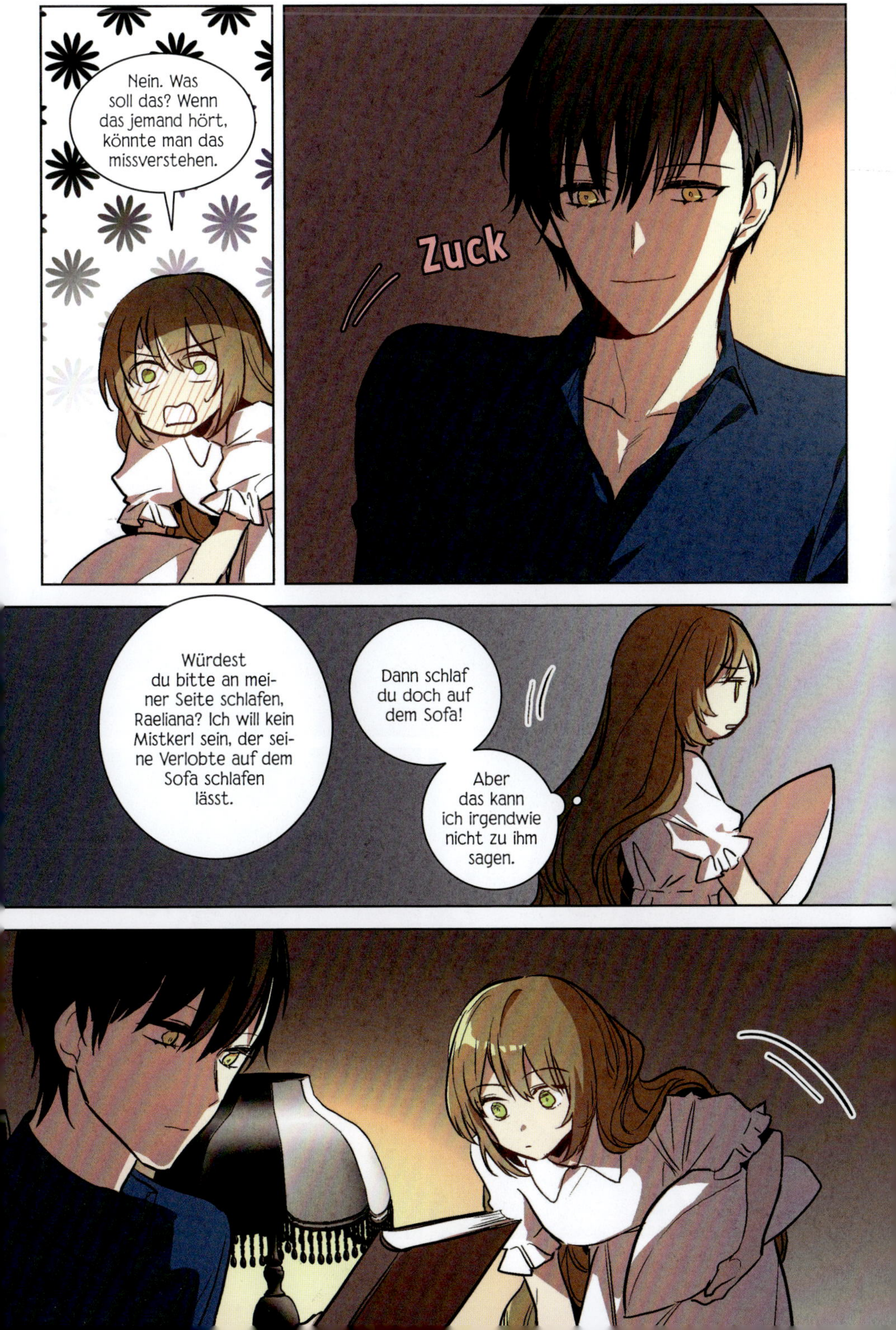
Nein. Was soll das? Wenn das jemand hört, könnte man das missverstehen.
Zuck
Würdest du bitte an meiner Seite schlafen, Raeliana? Ich will kein Mistkerl sein, der seine Verlobte auf dem Sofa schlafen lässt.
Dann schlaf du doch auf dem Sofa!
Aber das kann ich irgendwie nicht zu ihm sagen.

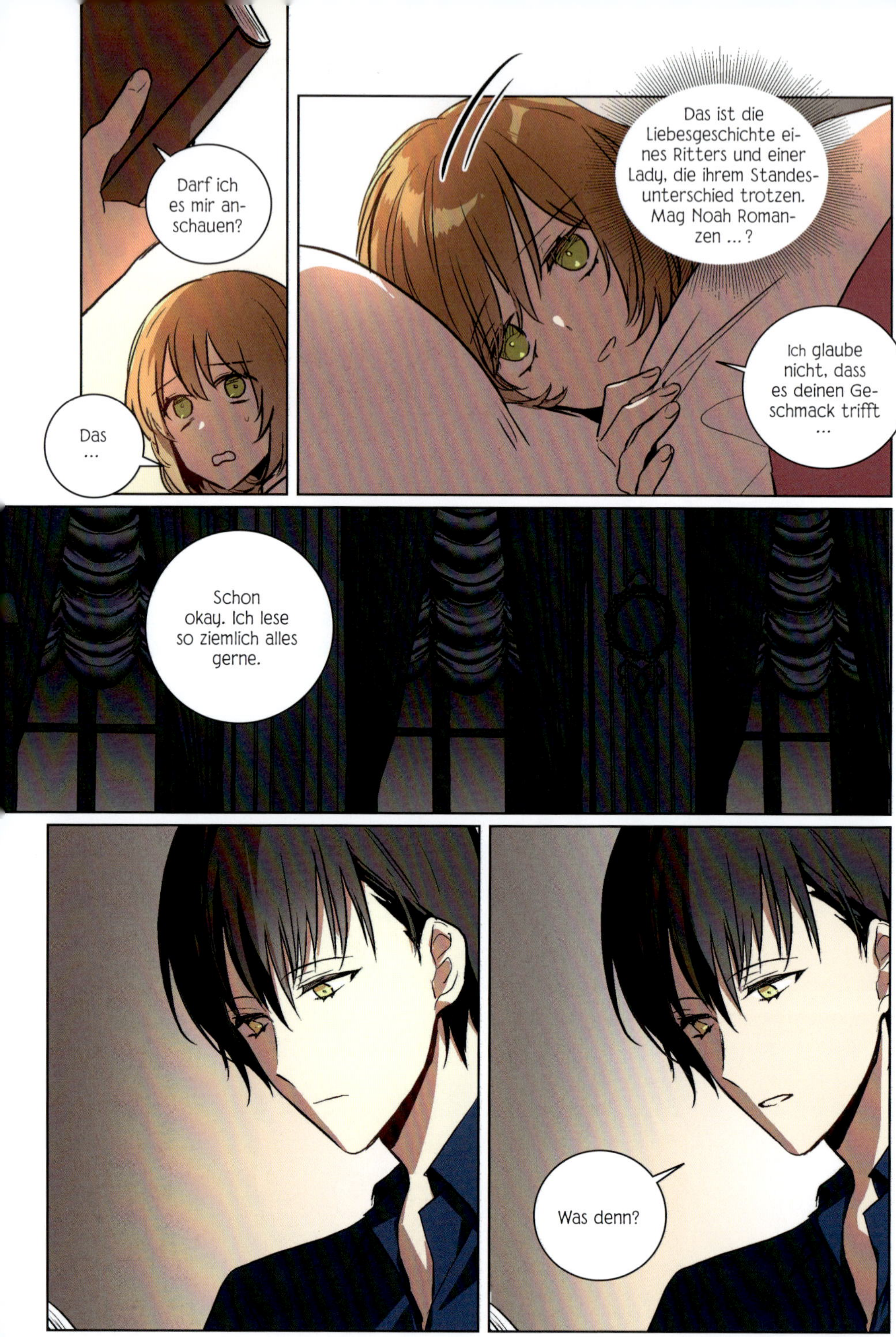
Darf ich es mir anschauen?
Das …
Das ist die Liebesgeschichte eines Ritters und einer Lady, die ihrem Standesunterschied trotzen. Mag Noah Romanzen …?
Ich glaube nicht, dass es deinen Geschmack trifft …
Schon okay. Ich lese so ziemlich alles gerne.
Was denn?

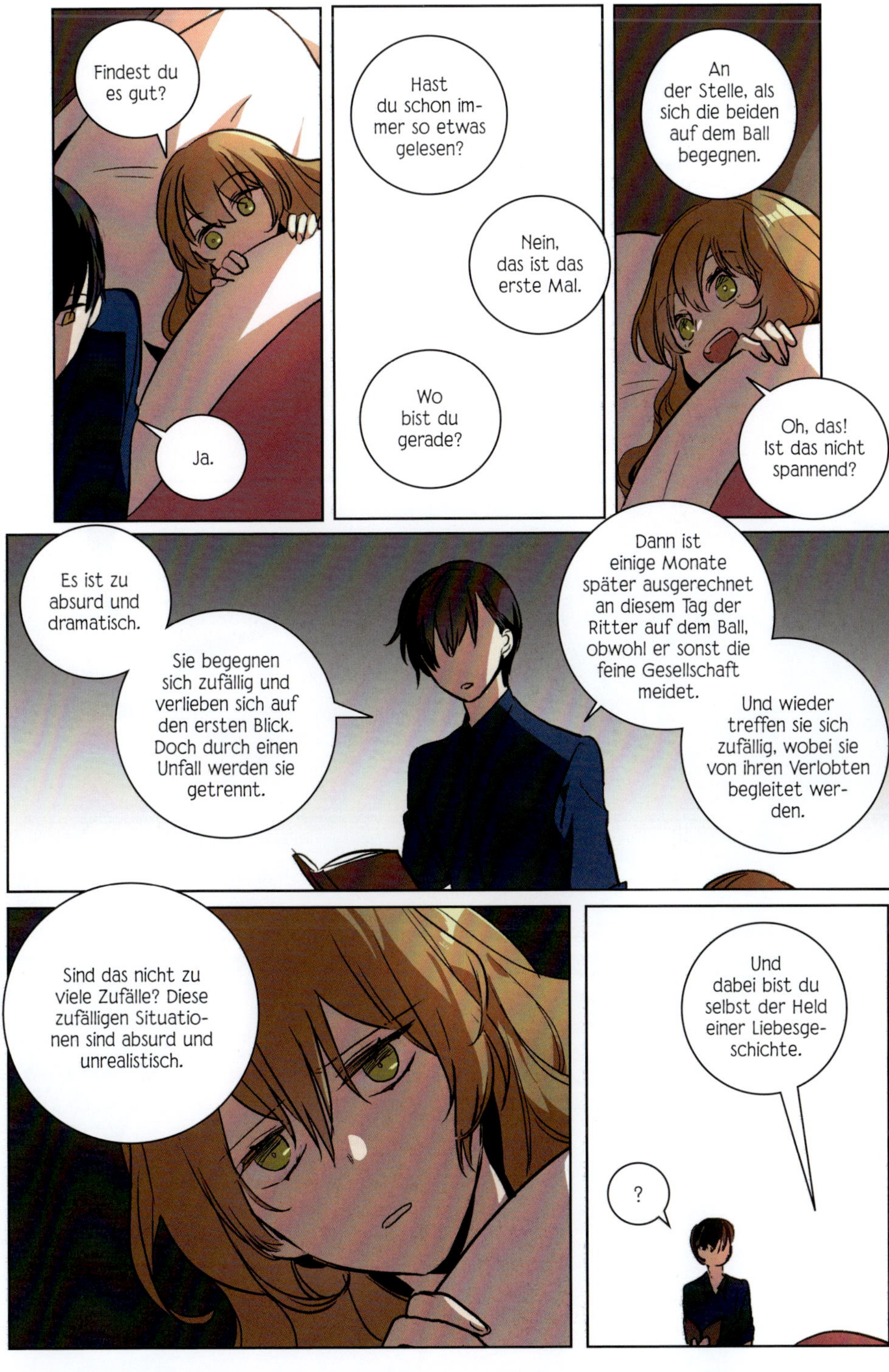
Findest du es gut?
Ja.
Hast du schon im-mer so etwas gelesen?
Nein, das ist das erste Mal.
Wo bist du gerade?
An der Stelle, als sich die beiden auf dem Ball begegnen.
Oh, das! Ist das nicht spannend?
Es ist zu absurd und dramatisch.
Sie begegnen sich zufällig und verlieben sich auf den ersten Blick. Doch durch einen Unfall werden sie getrennt.
Dann ist einige Monate später ausgerechnet an diesem Tag der Ritter auf dem Ball, obwohl er sonst die feine Gesellschaft meidet.
Und wieder treffen sie sich zufällig, wobei sie von ihren Verlobten begleitet wer-den.
Sind das nicht zu viele Zufälle? Diese zufälligen Situatio-nen sind absurd und unrealistisch.
Und dabei bist du selbst der Held einer Liebesge-schichte.
?

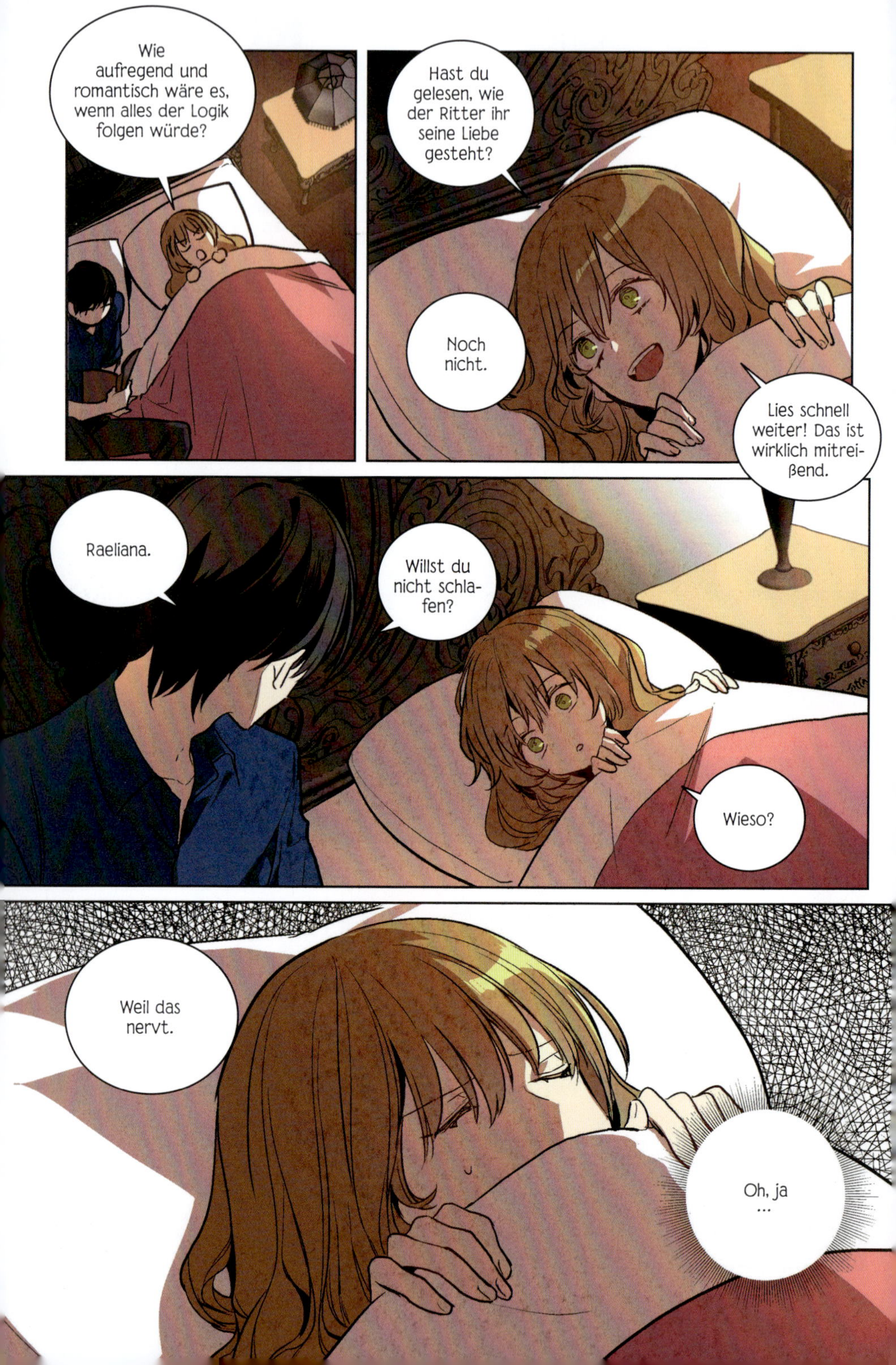

Wie aufregend und romantisch wäre es, wenn alles der Logik folgen würde?
Hast du gelesen, wie der Ritter ihr seine Liebe gesteht?
Noch nicht.
Lies schnell weiter! Das ist wirklich mitreißend.
Raeliana.
Willst du nicht schlafen?
Wieso?
Weil das nervt.
Oh, ja ...

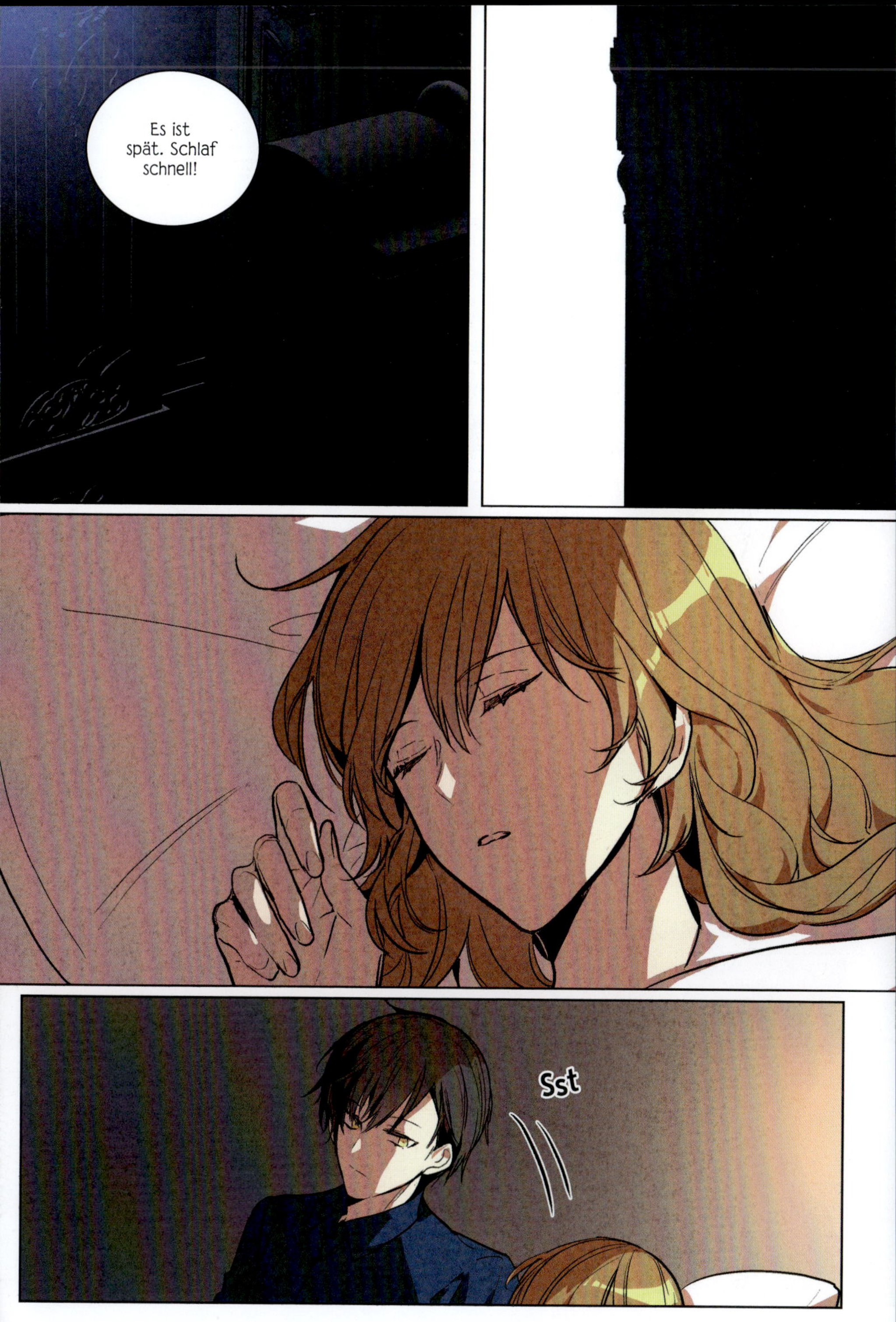
Es ist
spät. Schlaf
schnell!
Sst

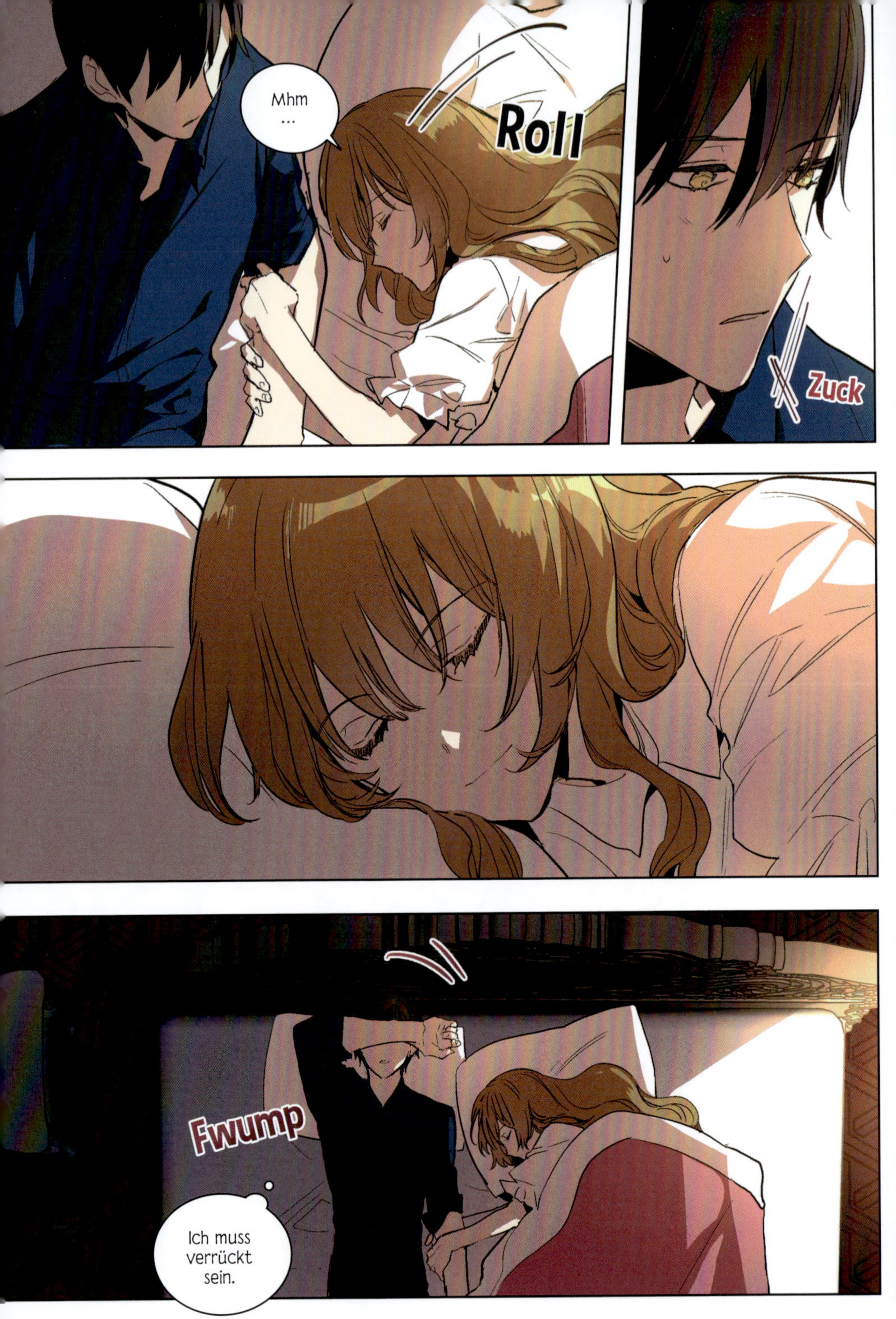
Mhm
...
Roll
Zuck
Fwump
Ich muss
verrückt
sein.

Kapitel 8

Das Ende der Legislatur

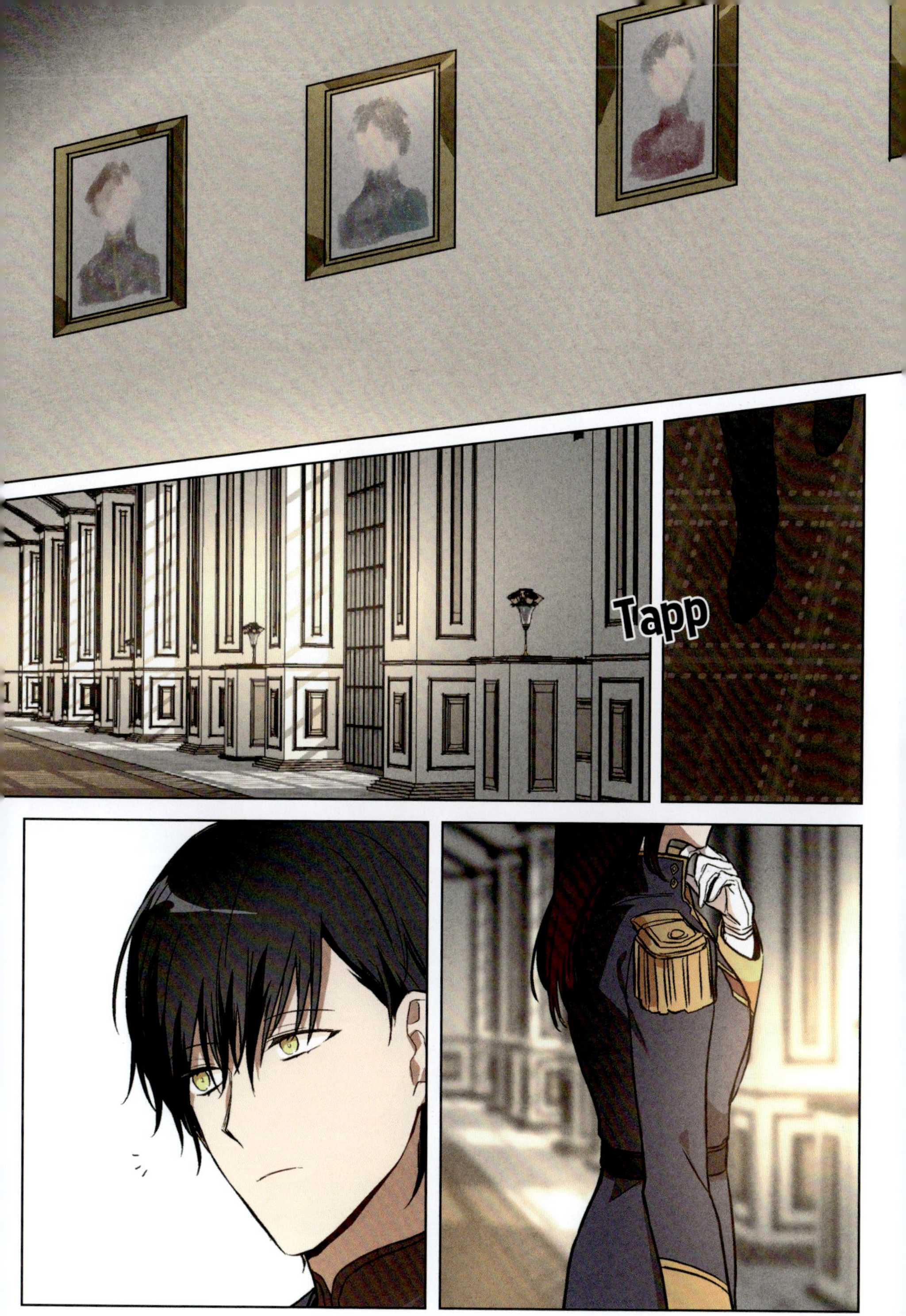
Tapp

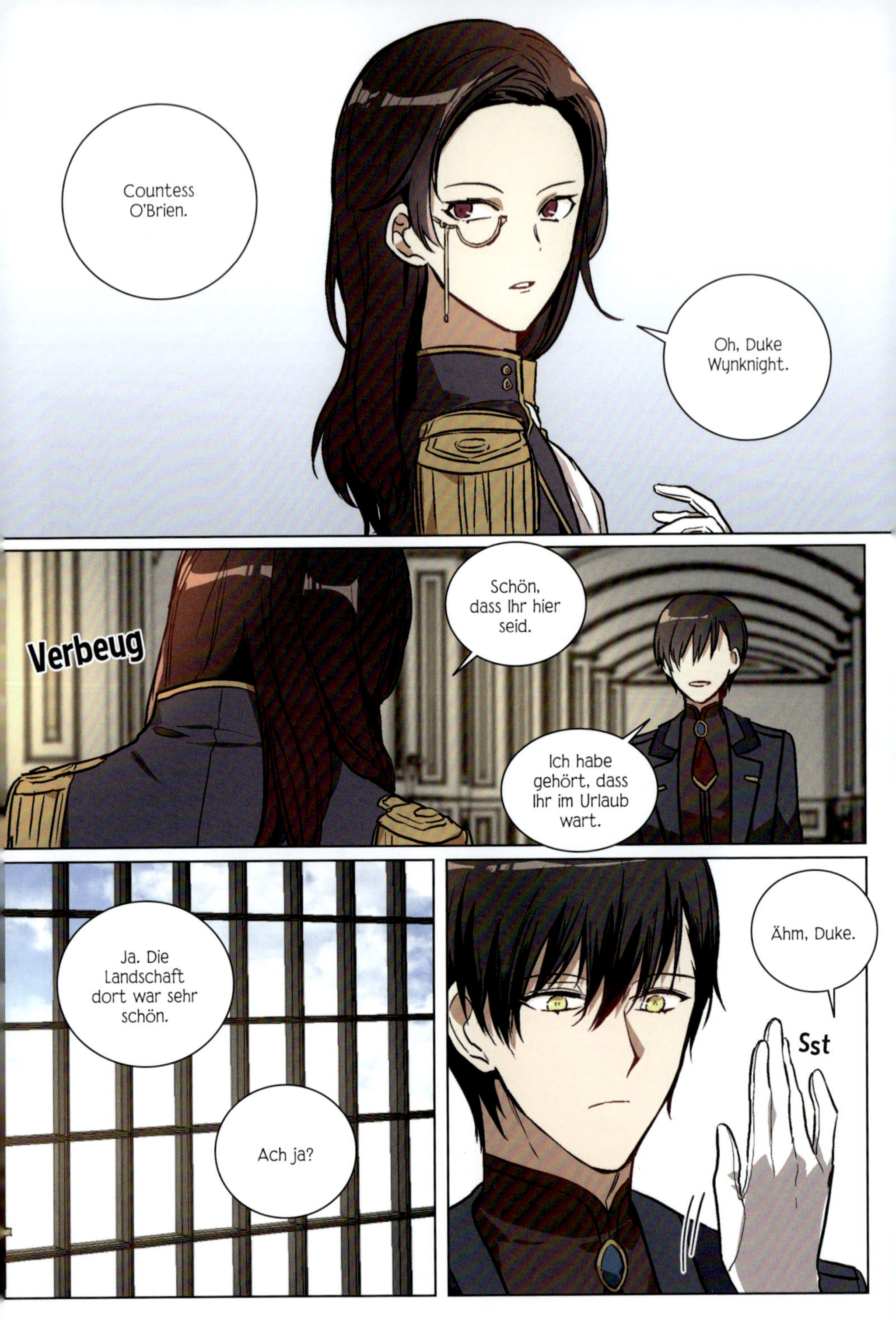
Countess O'Brien.
Oh, Duke Wynknight.
Verbeug
Schön, dass Ihr hier seid.
Ich habe gehört, dass Ihr im Urlaub wart.
Ja. Die Landschaft dort war sehr schön.
Ach ja?
Ähm, Duke.
Sst

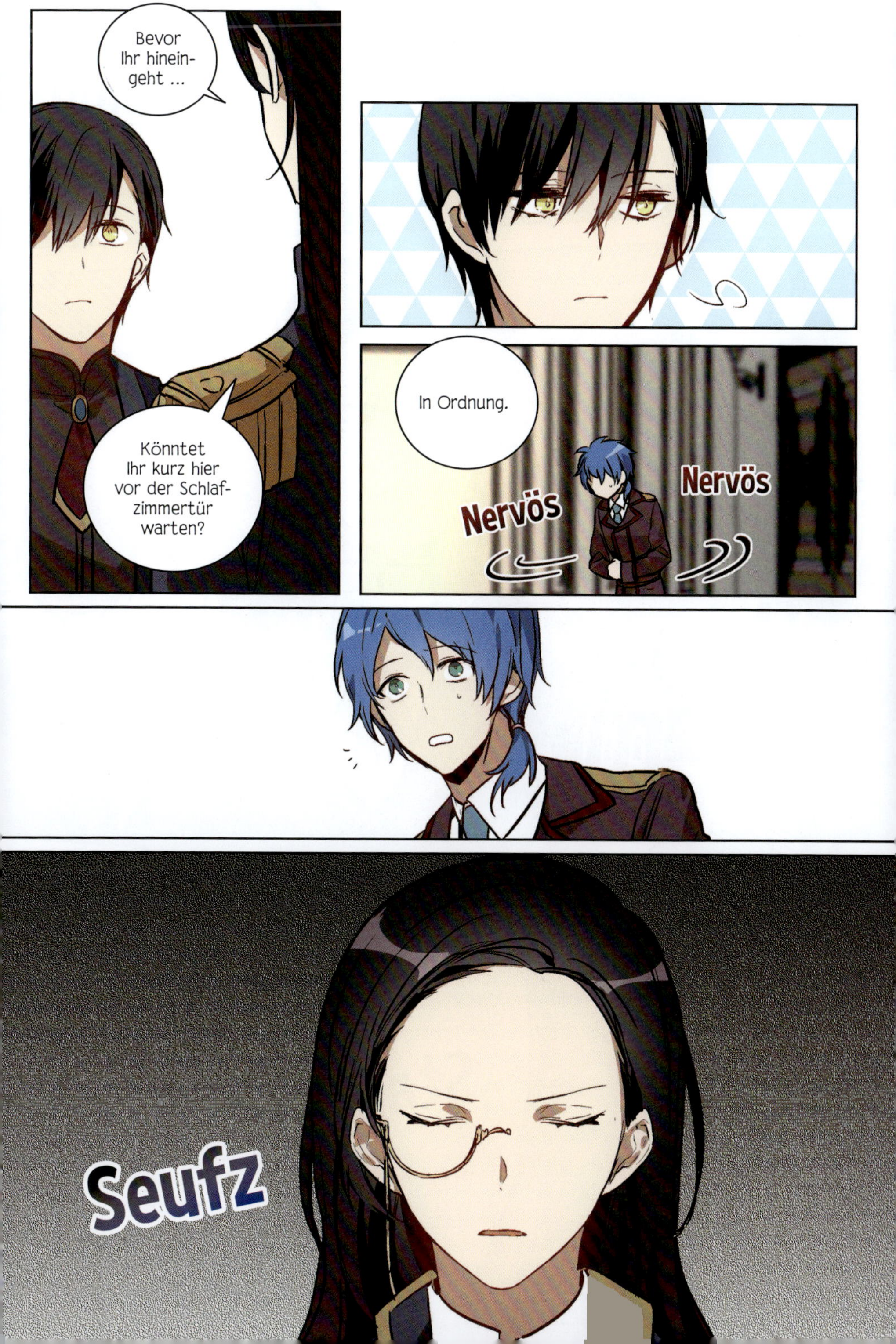
Bevor Ihr hineingeht ...
Könntet Ihr kurz hier vor der Schlafzimmertür warten?
In Ordnung.
Nervös
Nervös
Seufz

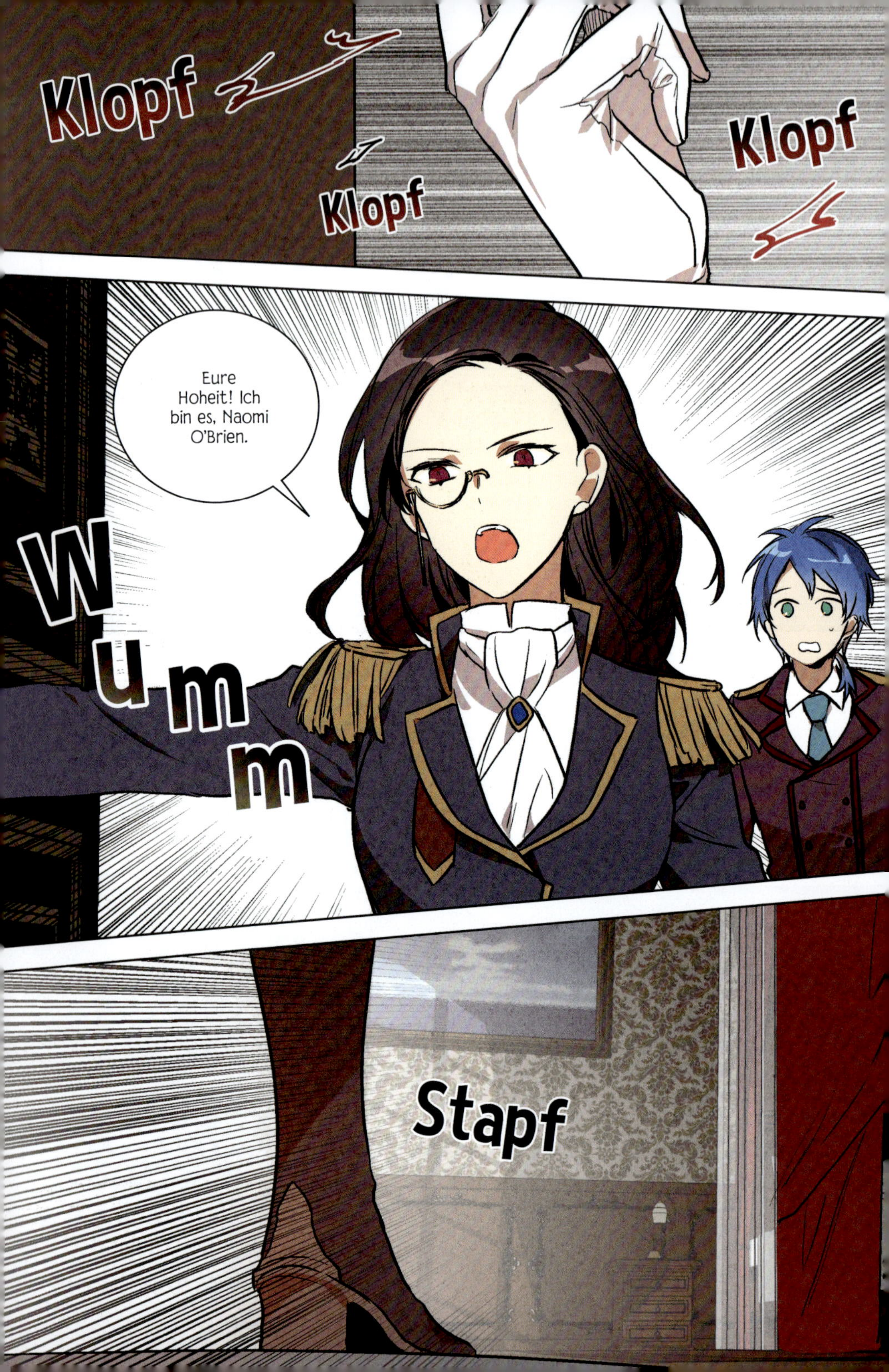

Klopf
Klopf
Klopf
Eure Hoheit! Ich bin es, Naomi O'Brien.
Wumm
Stapf

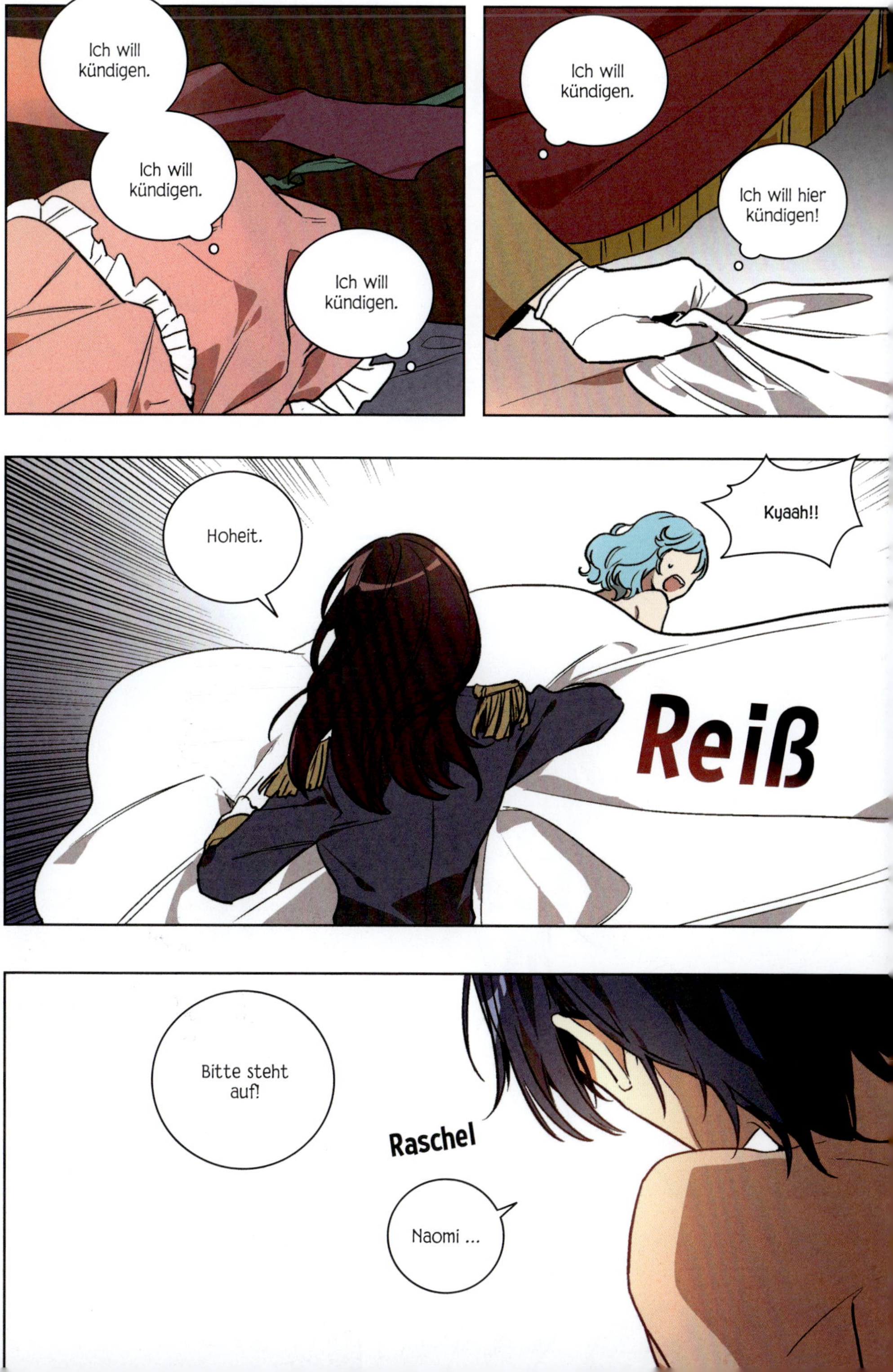
Ich will kündigen.
Ich will kündigen.
Ich will kündigen.
Ich will kündigen.
Ich will hier kündigen!
Hoheit.
Kyaah!!
Reiß
Bitte steht auf!
Raschel
Naomi ...

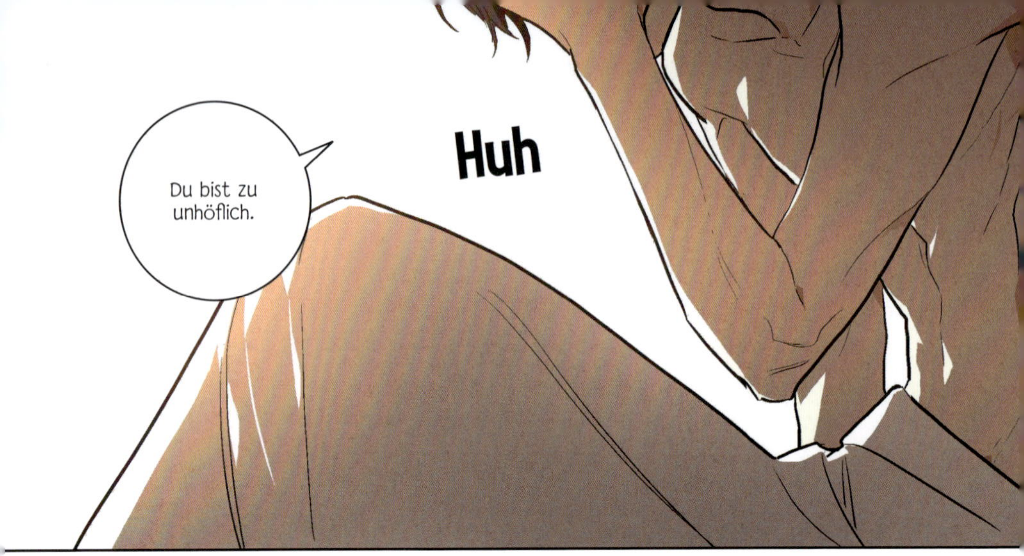
Du bist zu unhöflich.
Huh

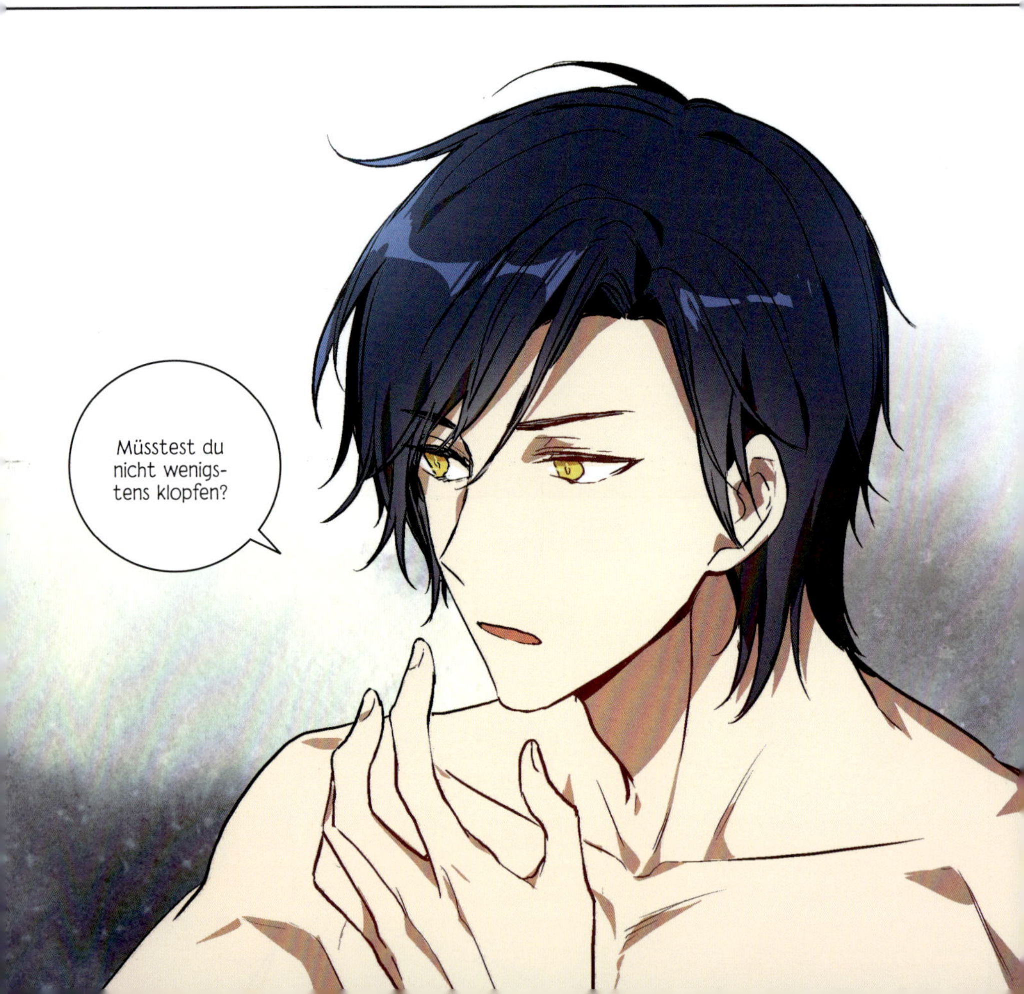
Müsstest du nicht wenigstens klopfen?

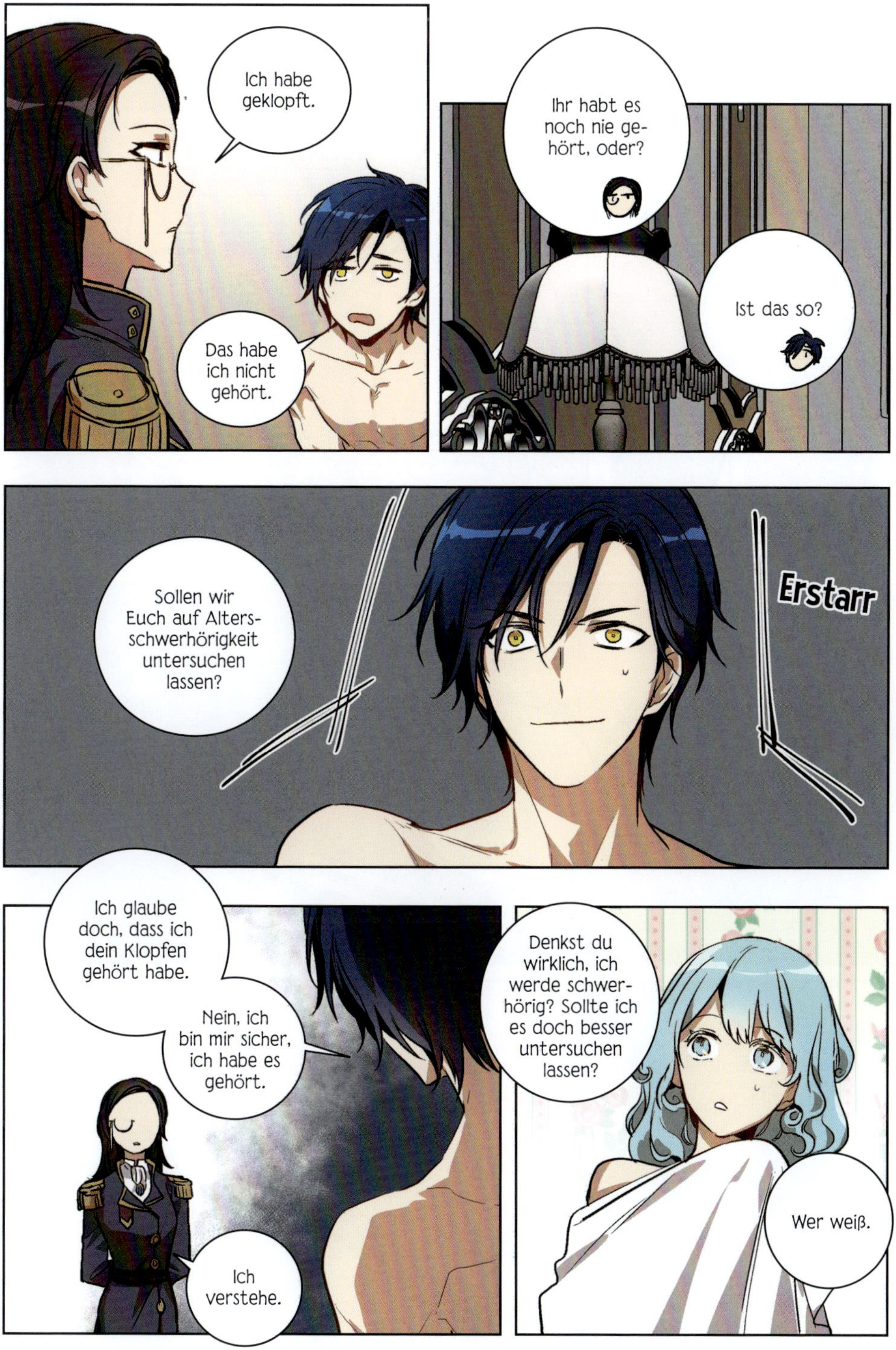
Ich habe geklopft.
Das habe ich nicht gehört.
Ihr habt es noch nie gehört, oder?
Ist das so?
Sollen wir Euch auf Altersschwerhörigkeit untersuchen lassen?
Erstarr
Ich glaube doch, dass ich dein Klopfen gehört habe.
Nein, ich bin mir sicher, ich habe es gehört.
Ich verstehe.
Denkst du wirklich, ich werde schwerhörig? Sollte ich es doch besser untersuchen lassen?
Wer weiß.

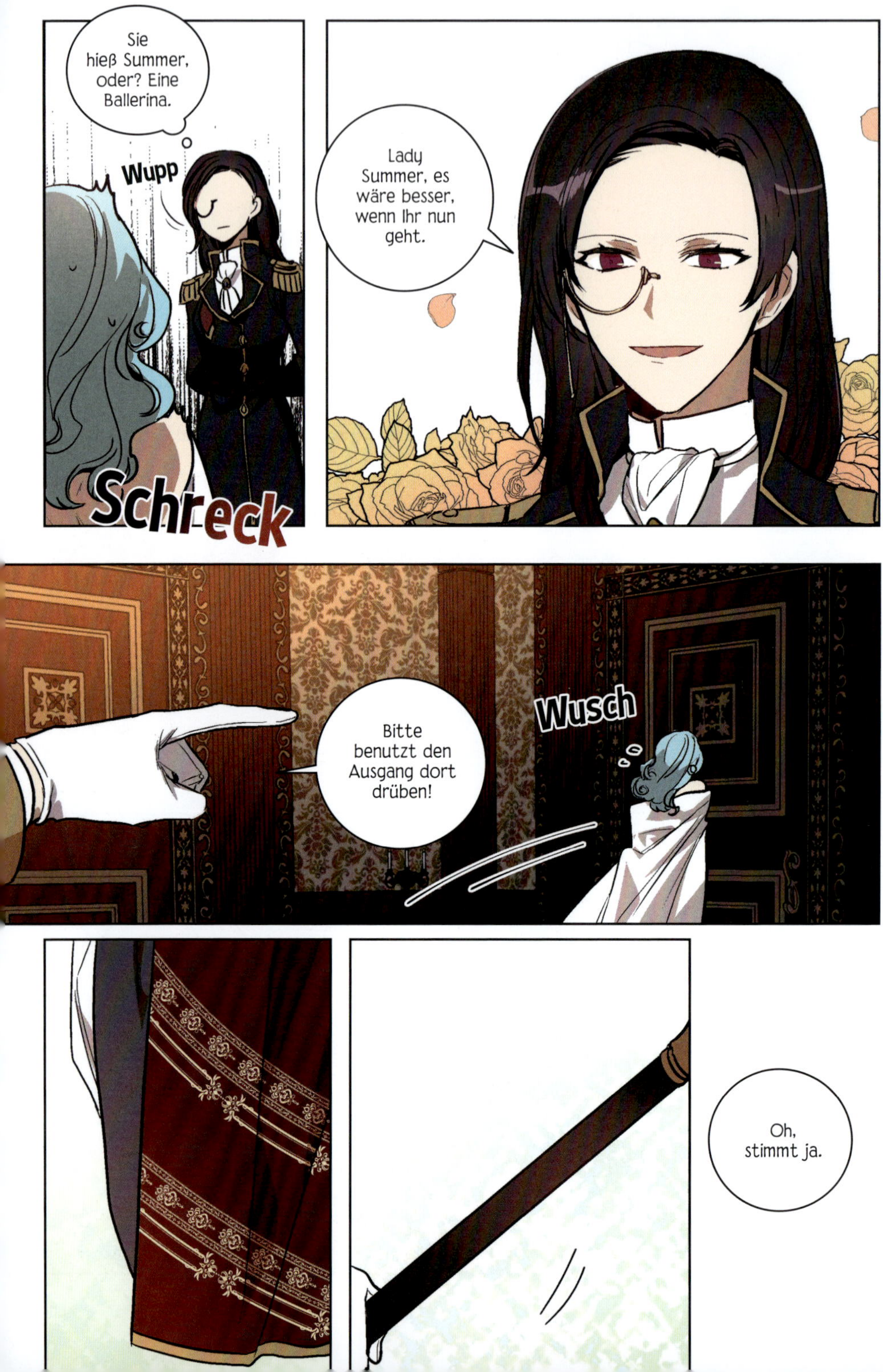
Sie hieß Summer, oder? Eine Ballerina.
Wupp
Schreck
Lady Summer, es wäre besser, wenn Ihr nun geht.
Wusch
Bitte benutzt den Ausgang dort drüben!
Oh, stimmt ja.

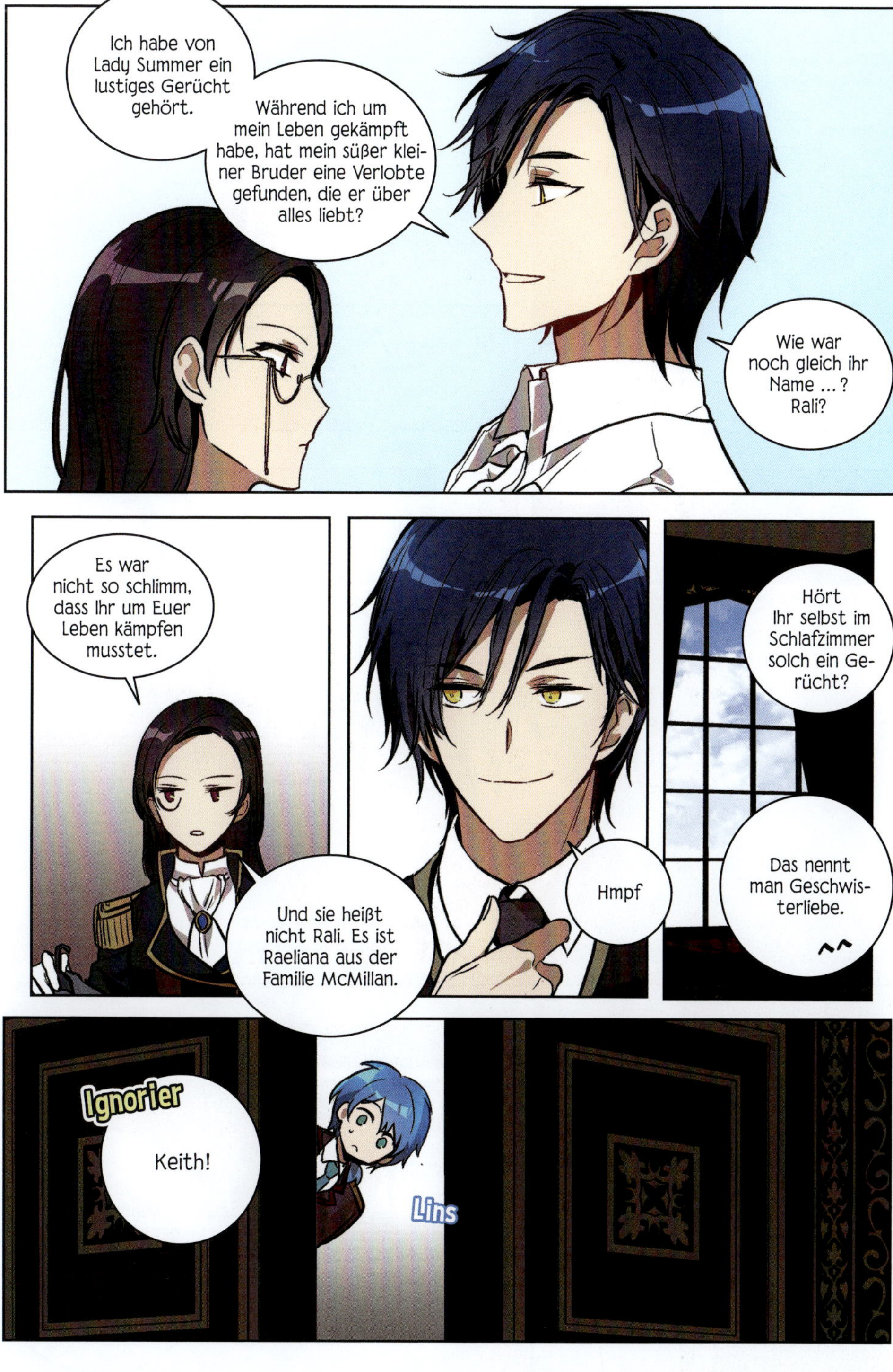
Ich habe von Lady Summer ein lustiges Gerücht gehört.
Während ich um mein Leben gekämpft habe, hat mein süßer kleiner Bruder eine Verlobte gefunden, die er über alles liebt?
Wie war noch gleich ihr Name ...? Rali?
Es war nicht so schlimm, dass Ihr um Euer Leben kämpfen musstet.
Und sie heißt nicht Rali. Es ist Raeliana aus der Familie McMillan.
Hmpf
Hört Ihr selbst im Schlafzimmer solch ein Gerücht?
Das nennt man Geschwisterliebe.
^^
Ignorier
Keith!
Lins

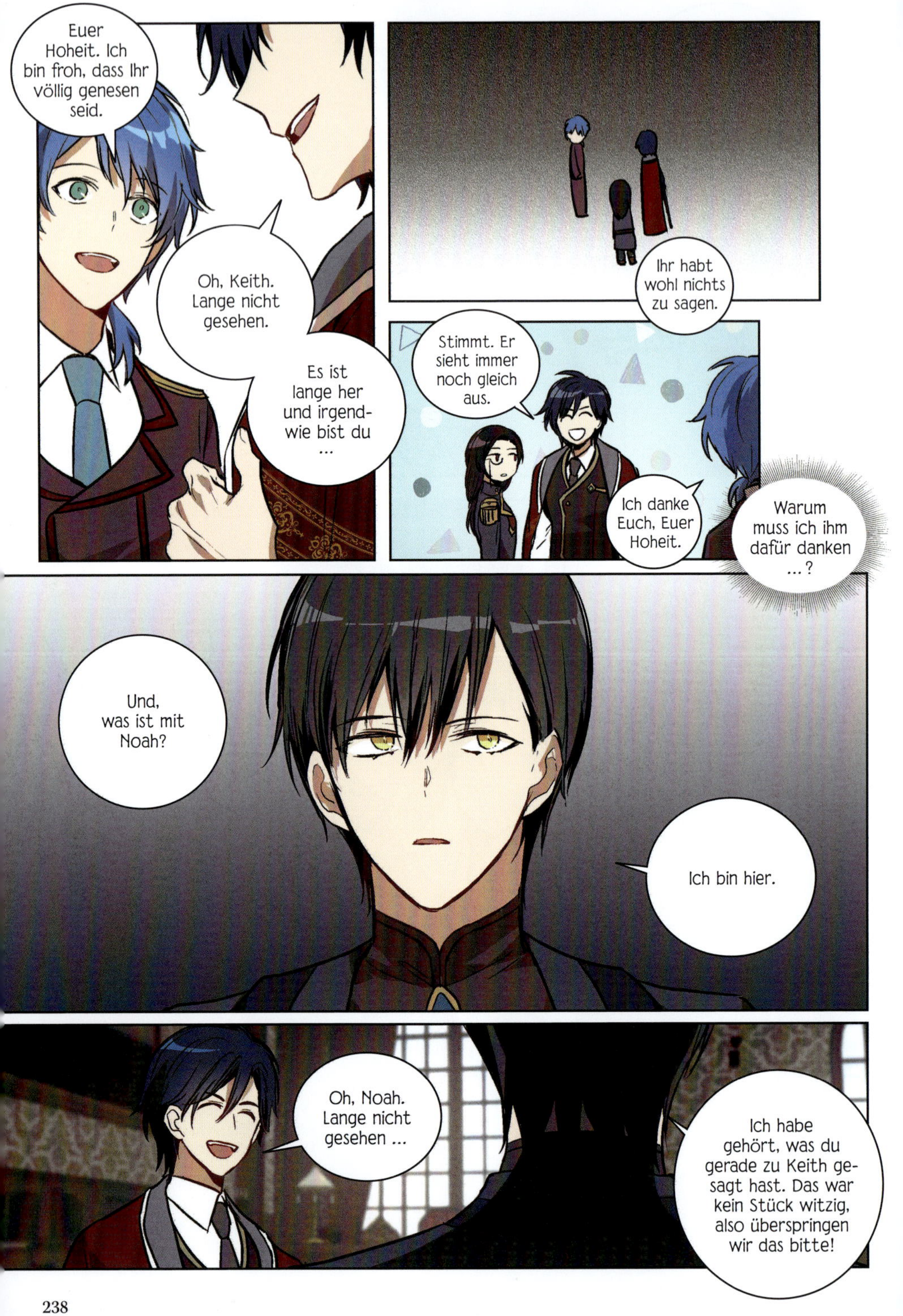
Euer Hoheit. Ich bin froh, dass Ihr völlig genesen seid.
Oh, Keith. Lange nicht gesehen.
Es ist lange her und irgend-wie bist du ...
Ihr habt wohl nichts zu sagen.
Stimmt. Er sieht immer noch gleich aus.
Ich danke Euch, Euer Hoheit.
Warum muss ich ihm dafür danken ...?
Und, was ist mit Noah?
Ich bin hier.
Oh, Noah. Lange nicht gesehen ...
Ich habe gehört, was du gerade zu Keith ge-sagt hast. Das war kein Stück witzig, also überspringen wir das bitte!

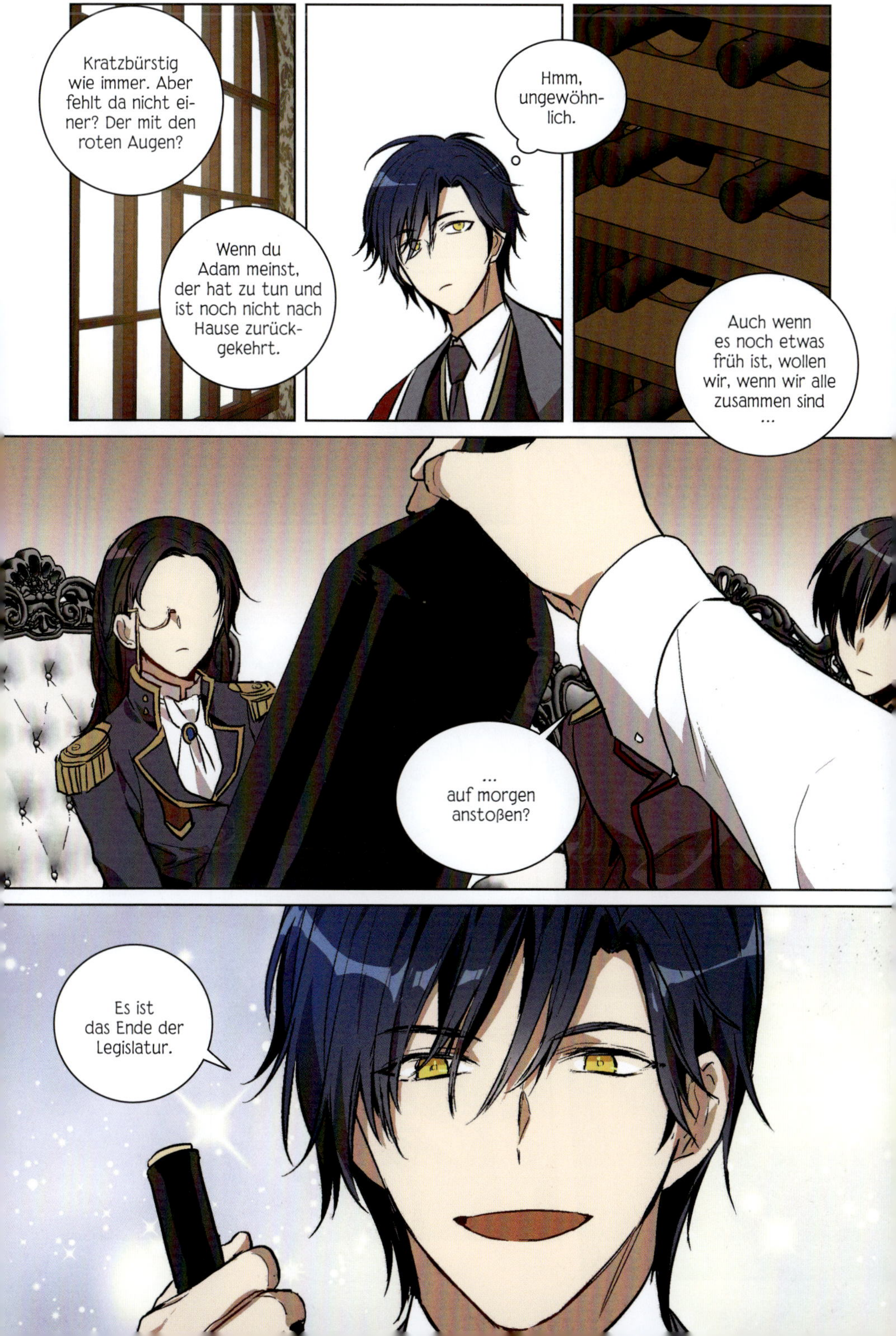
Kratzbürstig wie immer. Aber fehlt da nicht ei-ner? Der mit den roten Augen?
Wenn du Adam meinst, der hat zu tun und ist noch nicht nach Hause zurück-gekehrt.
Hmm, ungewöhn-lich.
Auch wenn es noch etwas früh ist, wollen wir, wenn wir alle zusammen sind …
… auf morgen anstoßen?
Es ist das Ende der Legislatur.

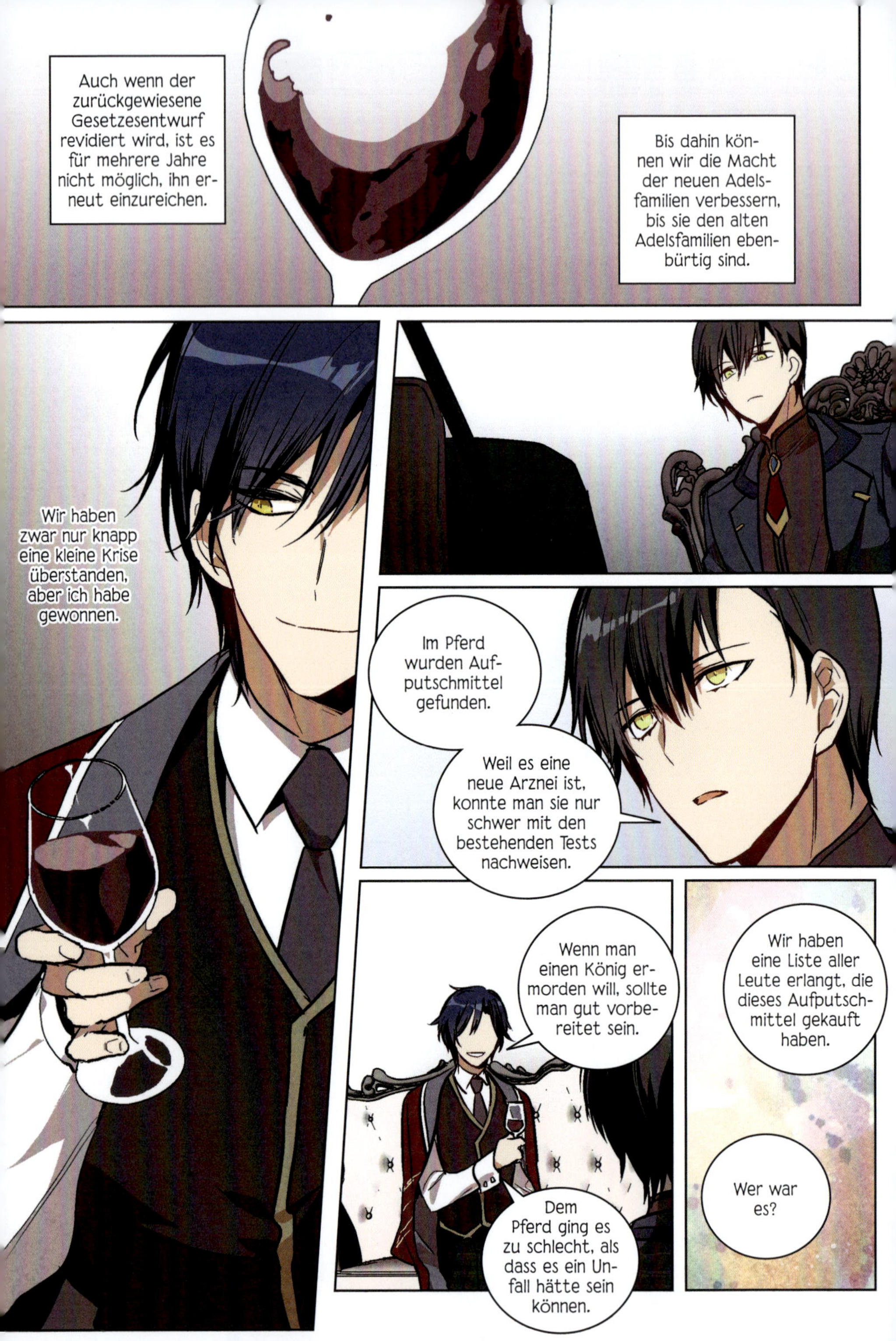
Auch wenn der zurückgewiesene Gesetzesentwurf revidiert wird, ist es für mehrere Jahre nicht möglich, ihn erneut einzureichen.
Bis dahin können wir die Macht der neuen Adelsfamilien verbessern, bis sie den alten Adelsfamilien ebenbürtig sind.
Wir haben zwar nur knapp eine kleine Krise überstanden, aber ich habe gewonnen.
Im Pferd wurden Aufputschmittel gefunden.
Weil es eine neue Arznei ist, konnte man sie nur schwer mit den bestehenden Tests nachweisen.
Wir haben eine Liste aller Leute erlangt, die dieses Aufputschmittel gekauft haben.
Wenn man einen König ermorden will, sollte man gut vorbereitet sein.
Wer war es?
Dem Pferd ging es zu schlecht, als dass es ein Unfall hätte sein können.

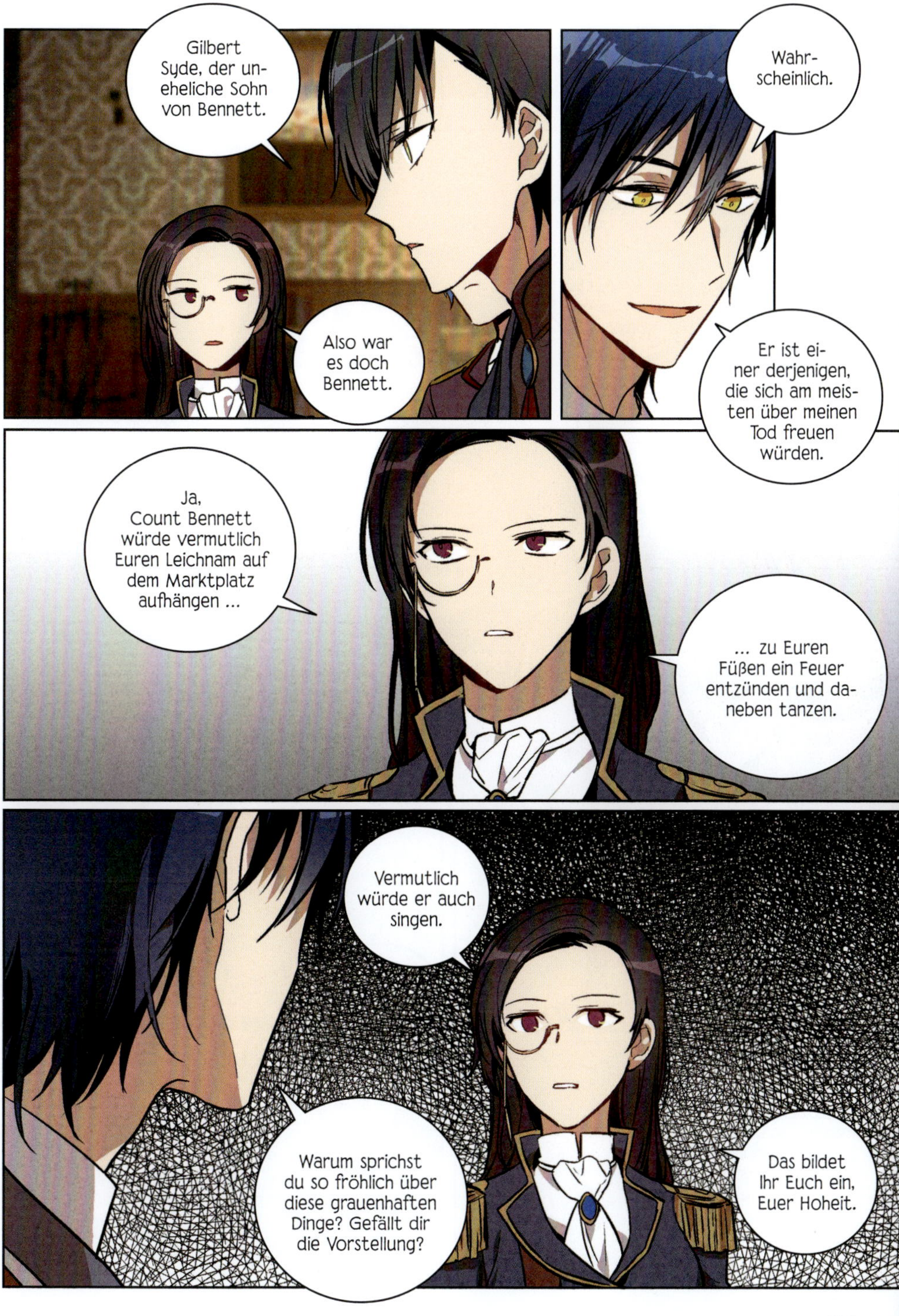
Gilbert Syde, der uneheliche Sohn von Bennett.
Also war es doch Bennett.
Wahrscheinlich.
Er ist einer derjenigen, die sich am meisten über meinen Tod freuen würden.
Ja, Count Bennett würde vermutlich Euren Leichnam auf dem Marktplatz aufhängen ...
... zu Euren Füßen ein Feuer entzünden und daneben tanzen.
Vermutlich würde er auch singen.
Warum sprichst du so fröhlich über diese grauenhaften Dinge? Gefällt dir die Vorstellung?
Das bildet Ihr Euch ein, Euer Hoheit.

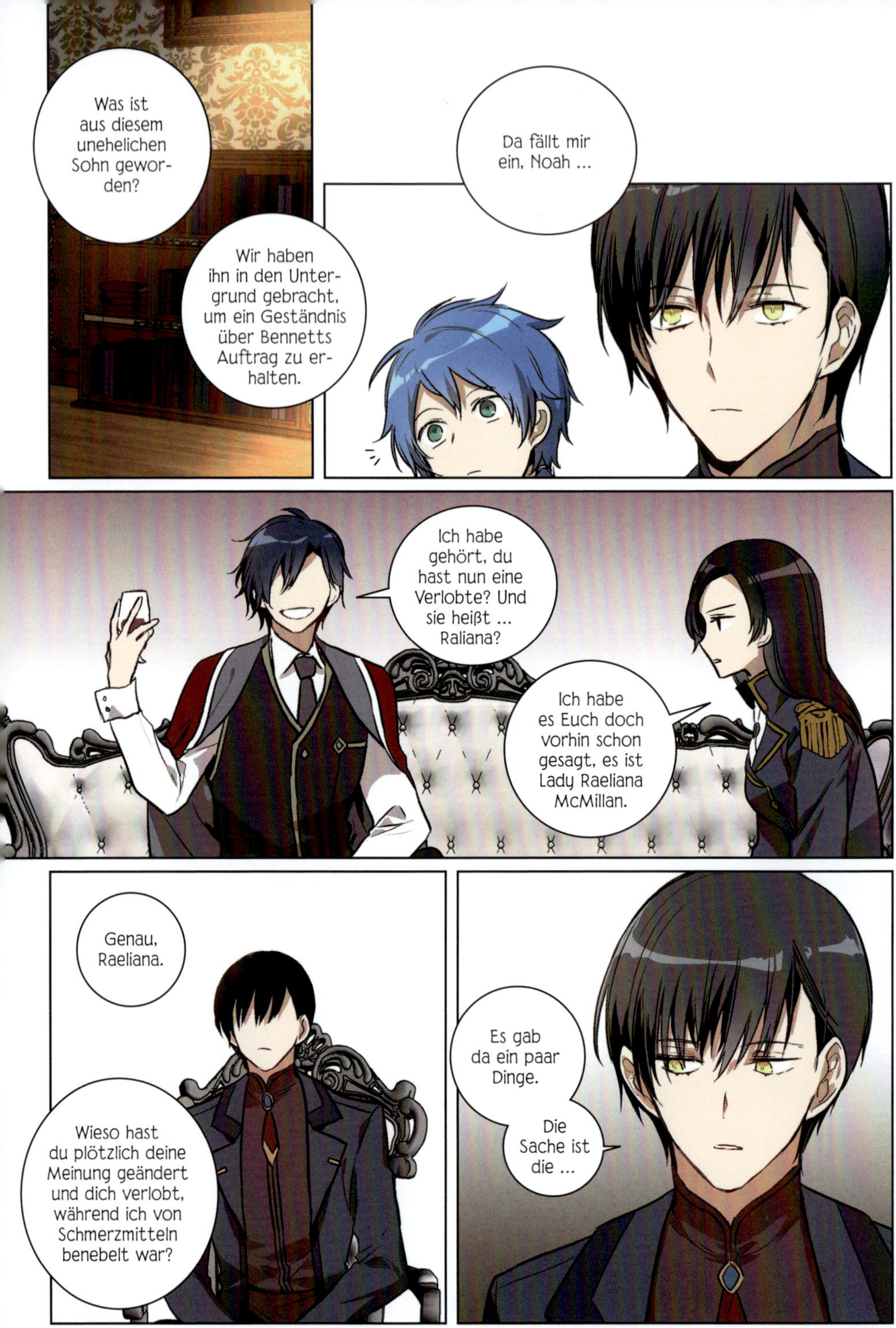
Was ist aus diesem unehelichen Sohn geworden?
Wir haben ihn in den Untergrund gebracht, um ein Geständnis über Bennetts Auftrag zu erhalten.
Da fällt mir ein, Noah ...
Ich habe gehört, du hast nun eine Verlobte? Und sie heißt ... Raliana?
Ich habe es Euch doch vorhin schon gesagt, es ist Lady Raeliana McMillan.
Genau, Raeliana.
Wieso hast du plötzlich deine Meinung geändert und dich verlobt, während ich von Schmerzmitteln benebelt war?
Es gab da ein paar Dinge.
Die Sache ist die ...

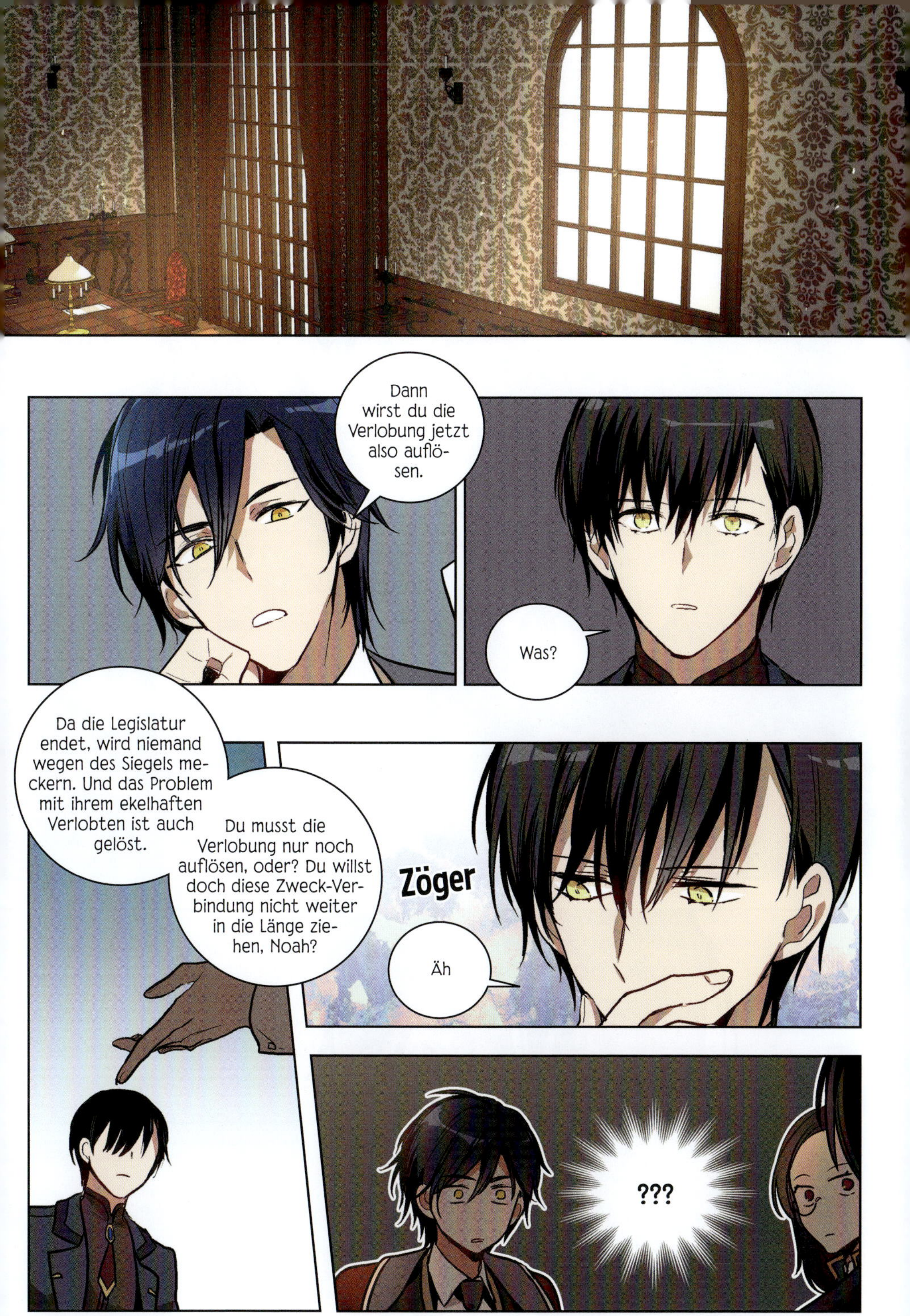
Dann wirst du die Verlobung jetzt also auflösen.
Was?
Da die Legislatur endet, wird niemand wegen des Siegels meckern. Und das Problem mit ihrem ekelhaften Verlobten ist auch gelöst.
Du musst die Verlobung nur noch auflösen, oder? Du willst doch diese Zweck-Verbindung nicht weiter in die Länge ziehen, Noah?
Zöger
Äh
???

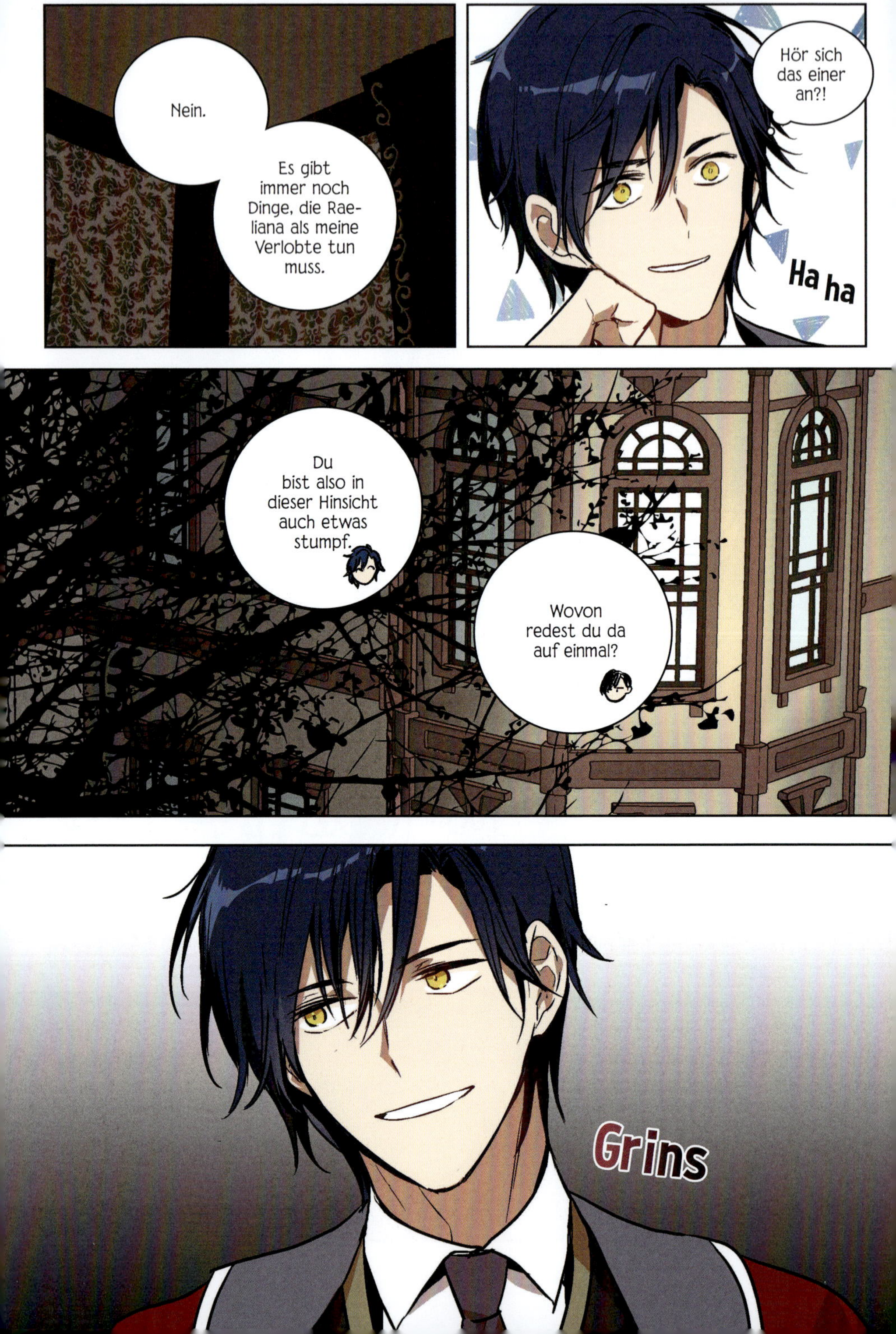
Nein.
Es gibt immer noch Dinge, die Rae-liana als meine Verlobte tun muss.
Hör sich das einer an?!
Ha ha
Du bist also in dieser Hinsicht auch etwas stumpf.
Wovon redest du da auf einmal?
Grins

Raeliana

Warum sie die Verlobte des Dukes wurde

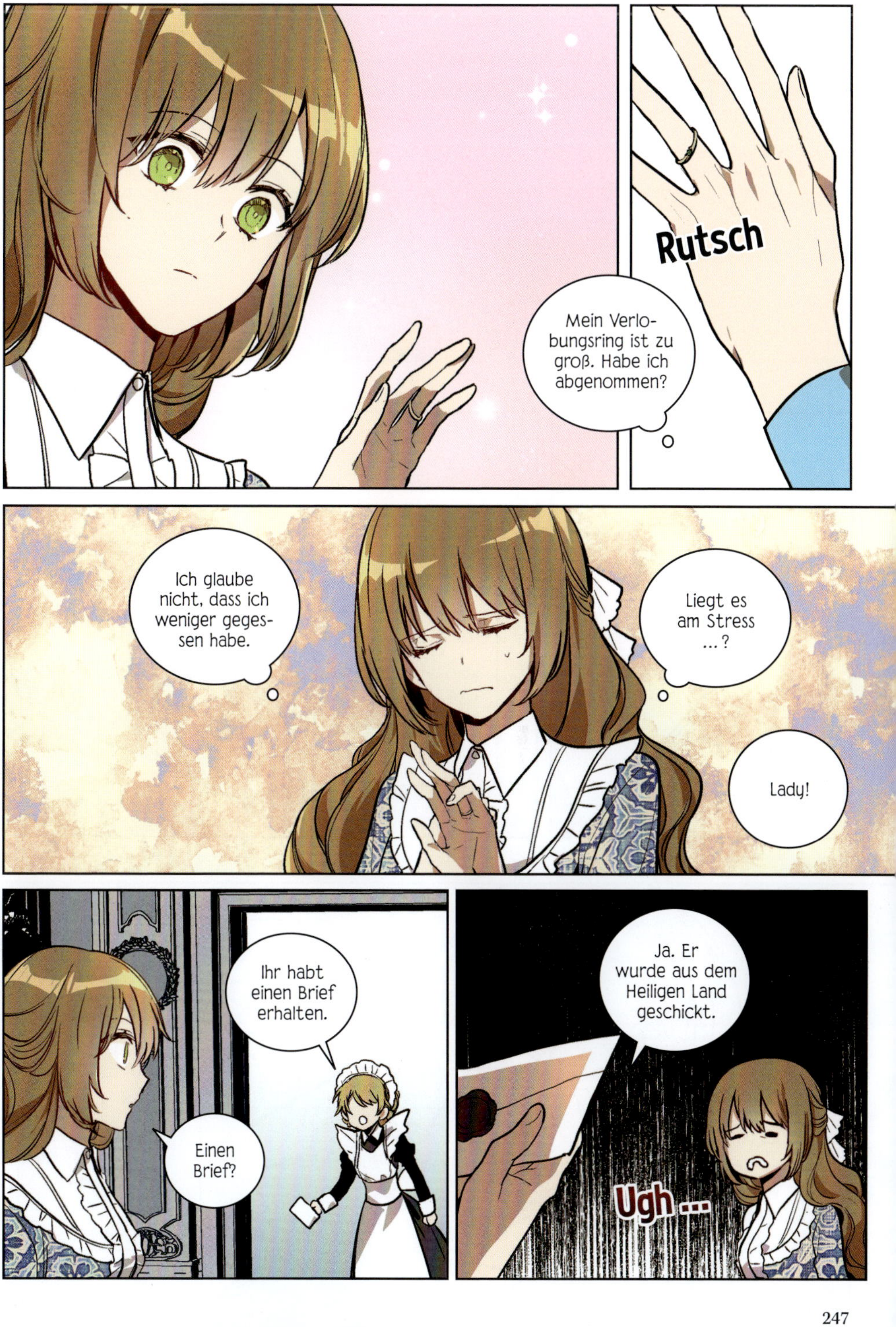
Rutsch
Mein Verlobungsring ist zu groß. Habe ich abgenommen?
Ich glaube nicht, dass ich weniger gegessen habe.
Liegt es am Stress …?
Lady!
Ihr habt einen Brief erhalten.
Einen Brief?
Ja. Er wurde aus dem Heiligen Land geschickt.
Ugh …

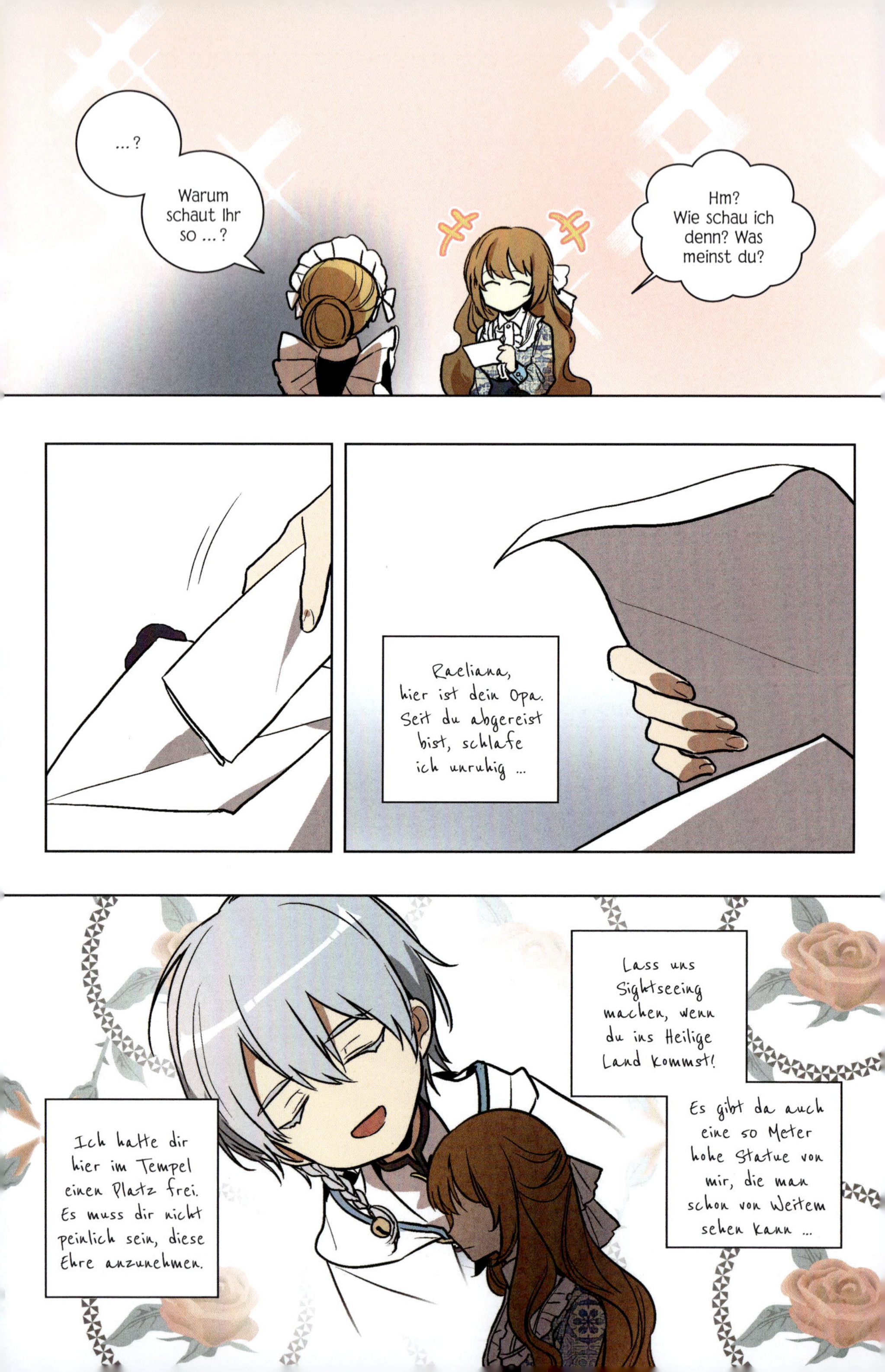
...?
Warum schaut Ihr so ...?
Hm? Wie schau ich denn? Was meinst du?
Raeliana, hier ist dein Opa. Seit du abgereist bist, schlafe ich unruhig ...
Lass uns Sightseeing machen, wenn du ins Heilige Land kommst!
Es gibt da auch eine 50 Meter hohe Statue von mir, die man schon von Weitem sehen kann ...
Ich hatte dir hier im Tempel einen Platz frei. Es muss dir nicht peinlich sein, diese Ehre anzunehmen.

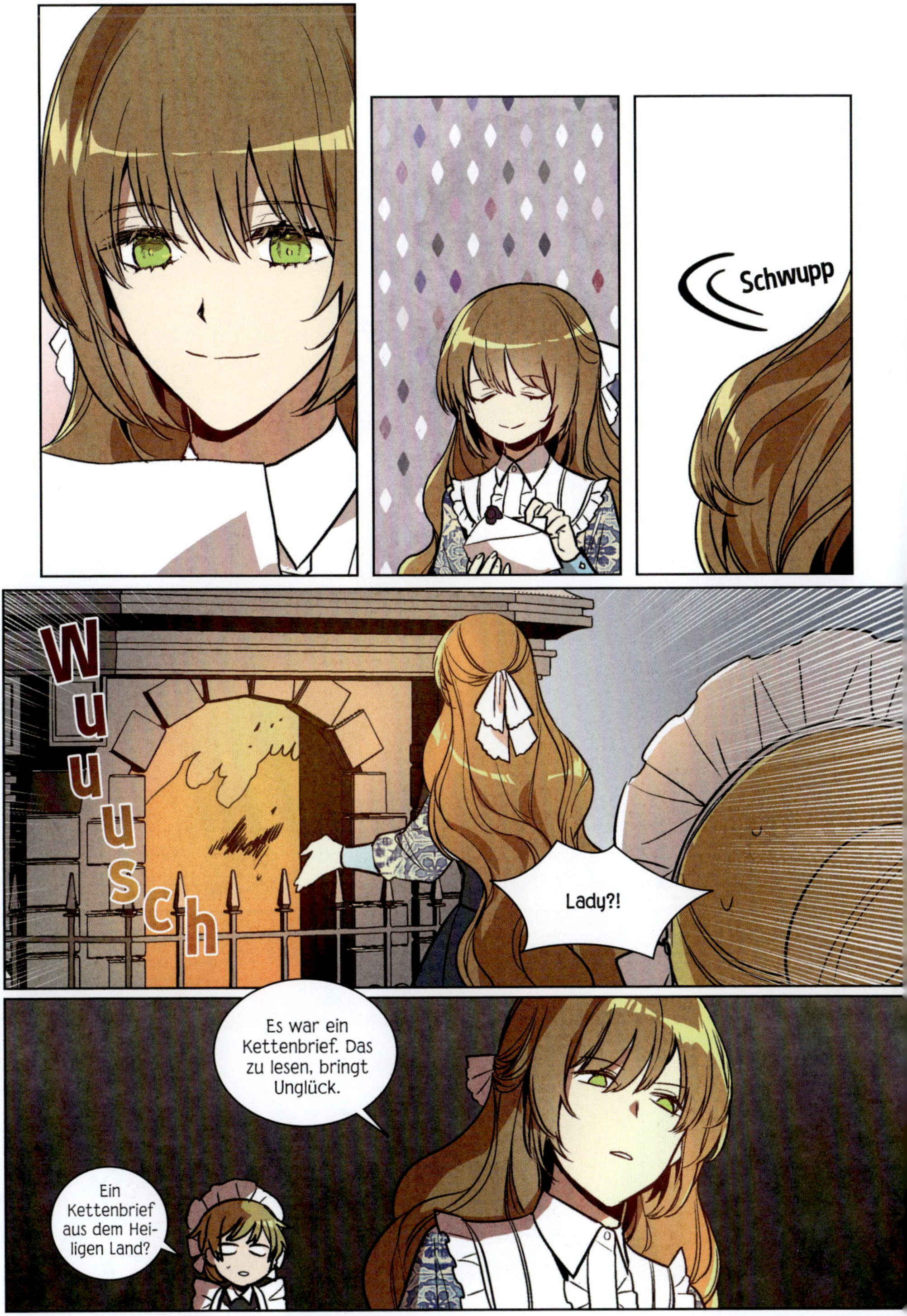
Schwupp
Wuuusch
Lady?!
Es war ein Kettenbrief. Das zu lesen, bringt Unglück.
Ein Kettenbrief aus dem Heiligen Land?

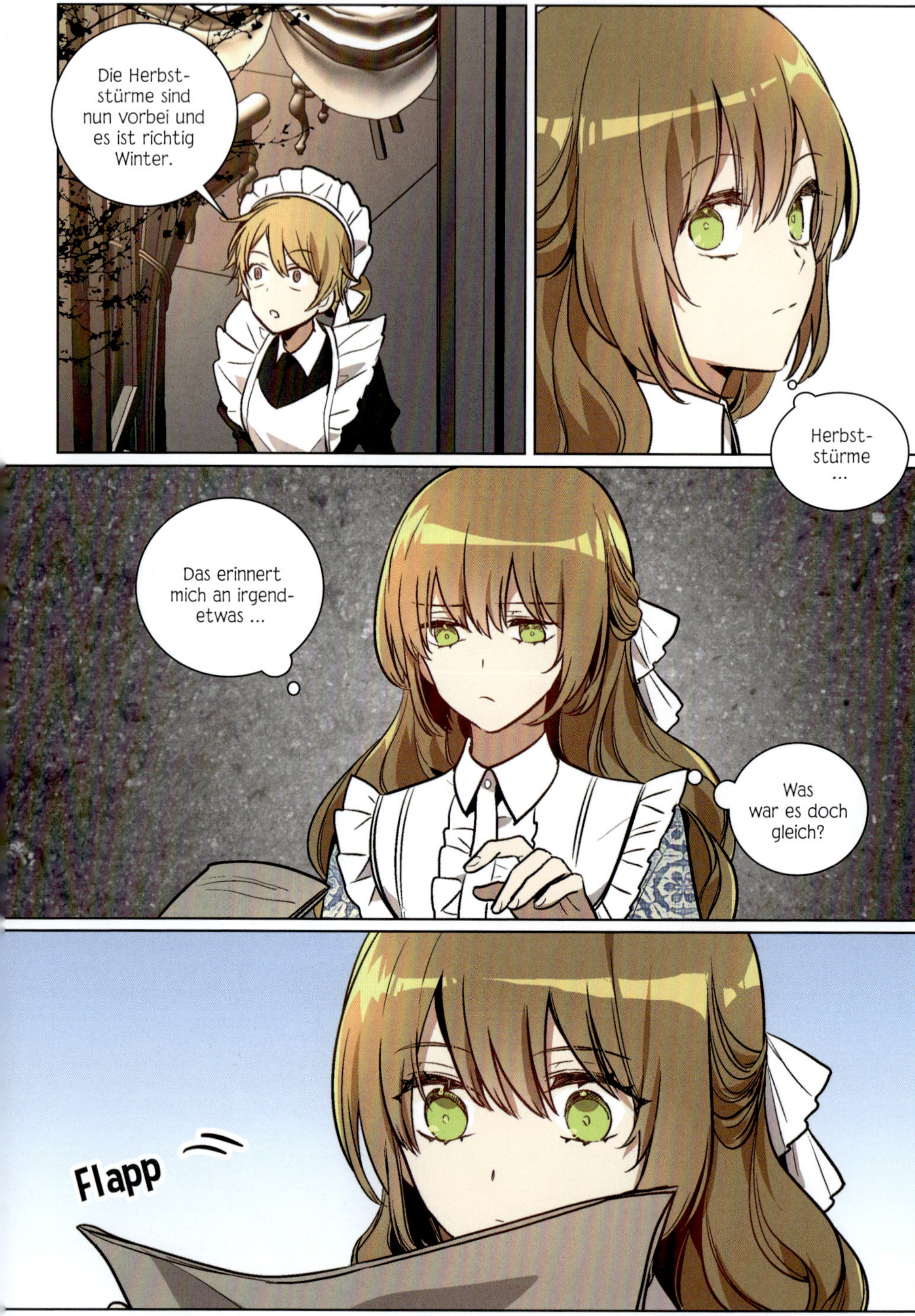
Die Herbststürme sind nun vorbei und es ist richtig Winter.
Herbststürme ...
Das erinnert mich an irgendetwas ...
Was war es doch gleich?
Flapp

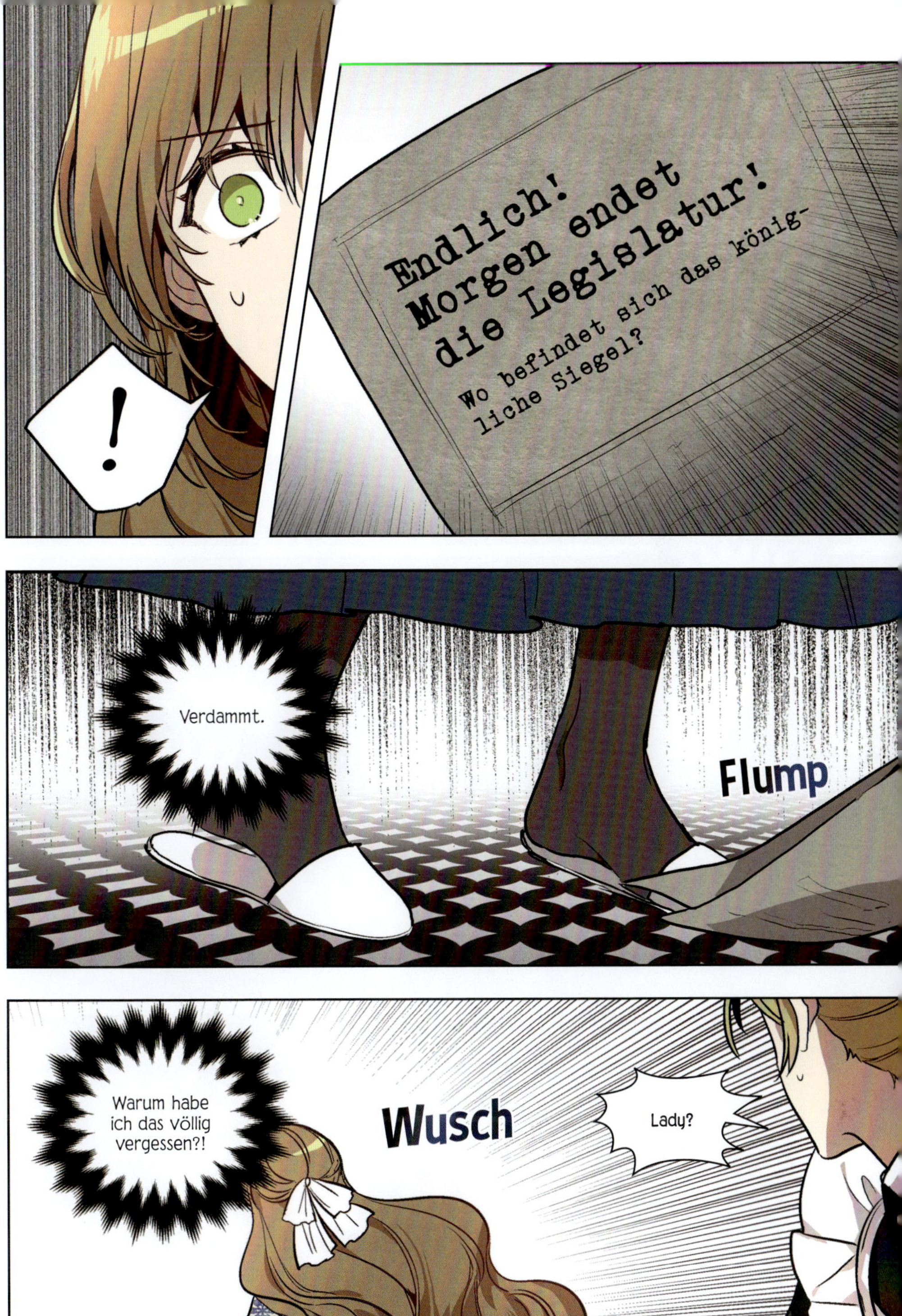

!
Endlich! Morgen endet die Legislatur!
Wo befindet sich das königliche Siegel?
Verdammt.
Flump
Warum habe ich das völlig vergessen?!
Wusch
Lady?

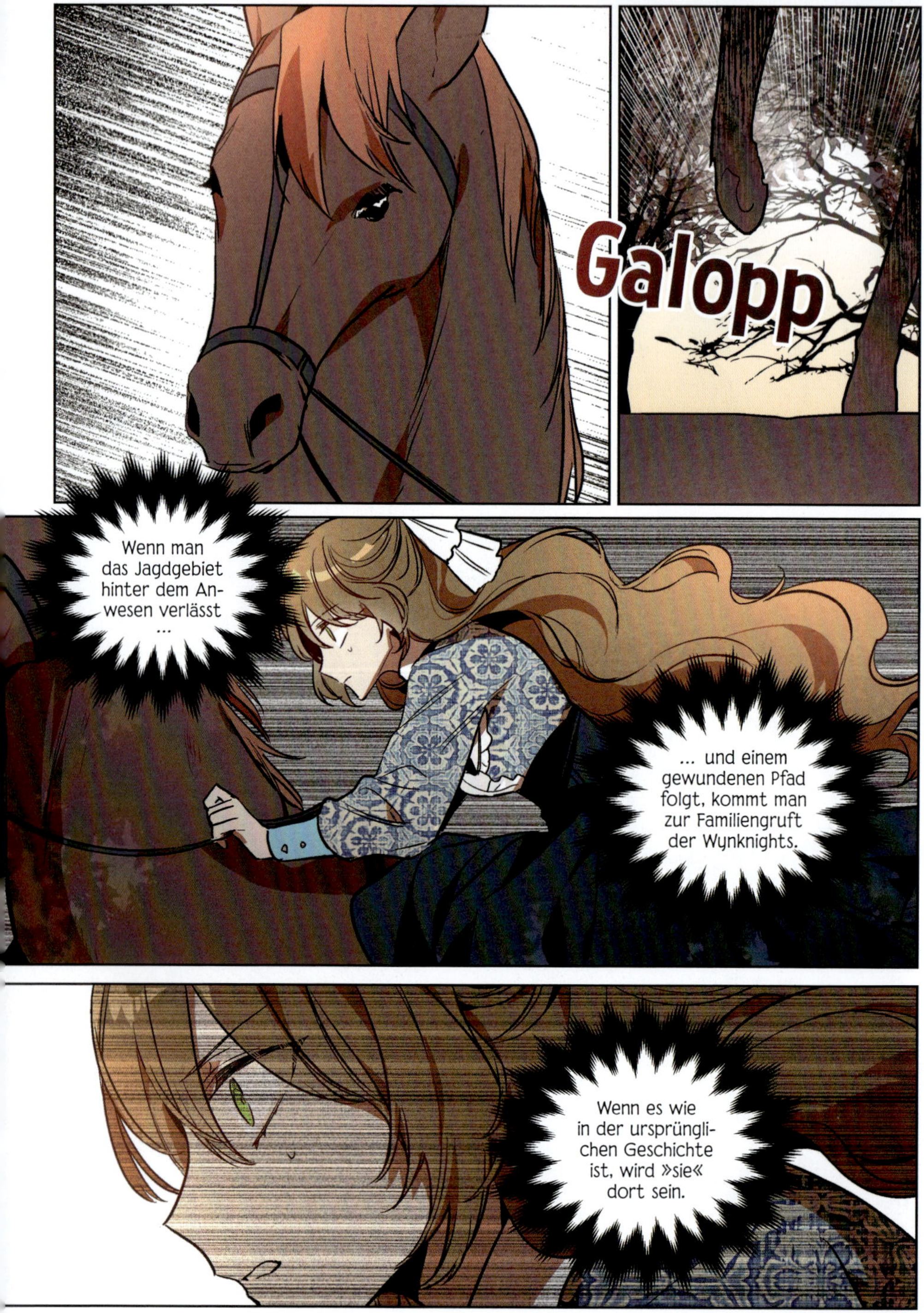
Galopp
Wenn man das Jagdgebiet hinter dem Anwesen verlässt …
… und einem gewundenen Pfad folgt, kommt man zur Familiengruft der Wynknights.
Wenn es wie in der ursprünglichen Geschichte ist, wird »sie« dort sein.

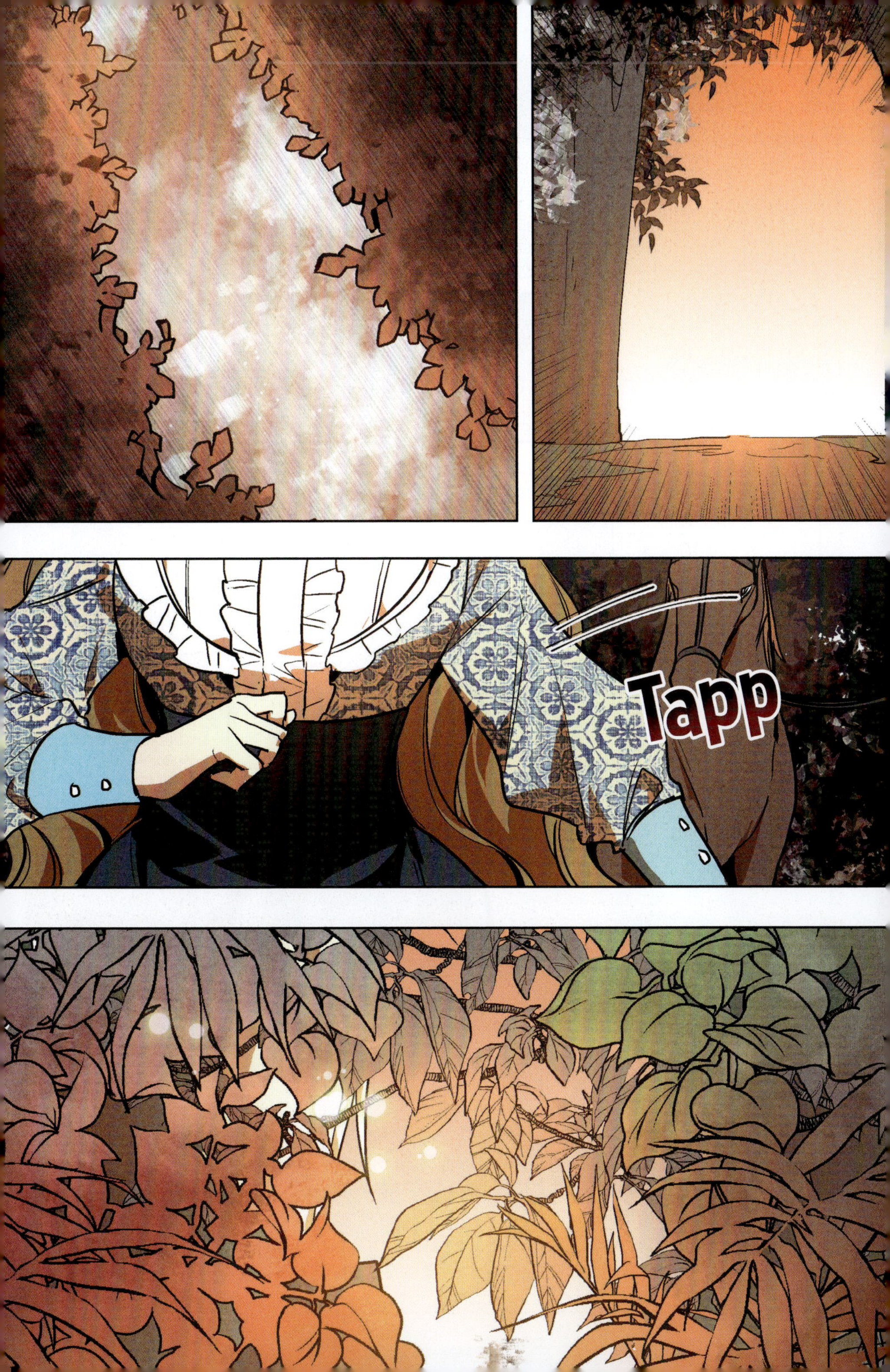
Tapp

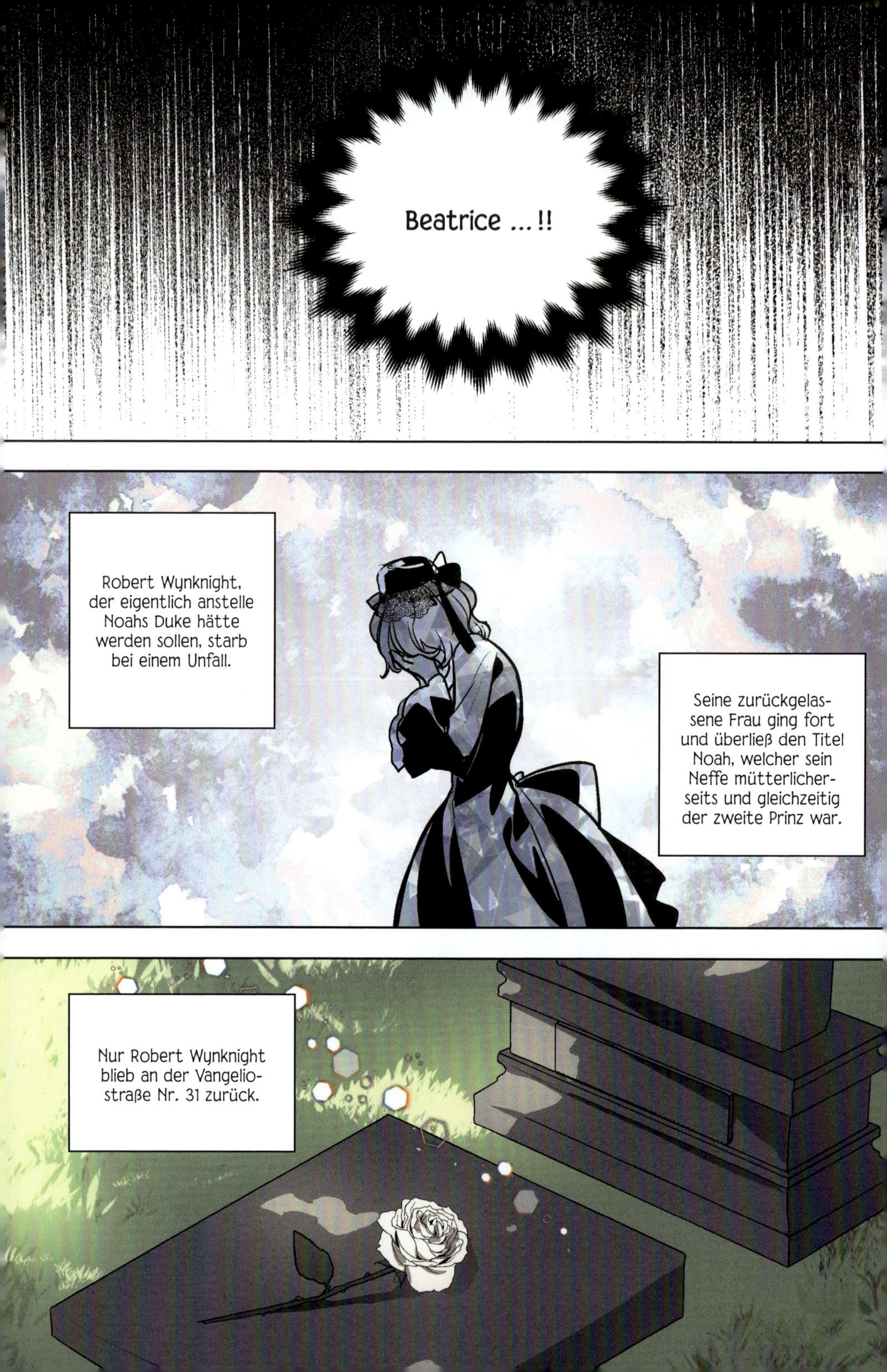
Beatrice ... !!
Robert Wynknight, der eigentlich anstelle Noahs Duke hätte werden sollen, starb bei einem Unfall.
Seine zurückgelassene Frau ging fort und überließ den Titel Noah, welcher sein Neffe mütterlicherseits und gleichzeitig der zweite Prinz war.
Nur Robert Wynknight blieb an der Vangeliostraße Nr. 31 zurück.

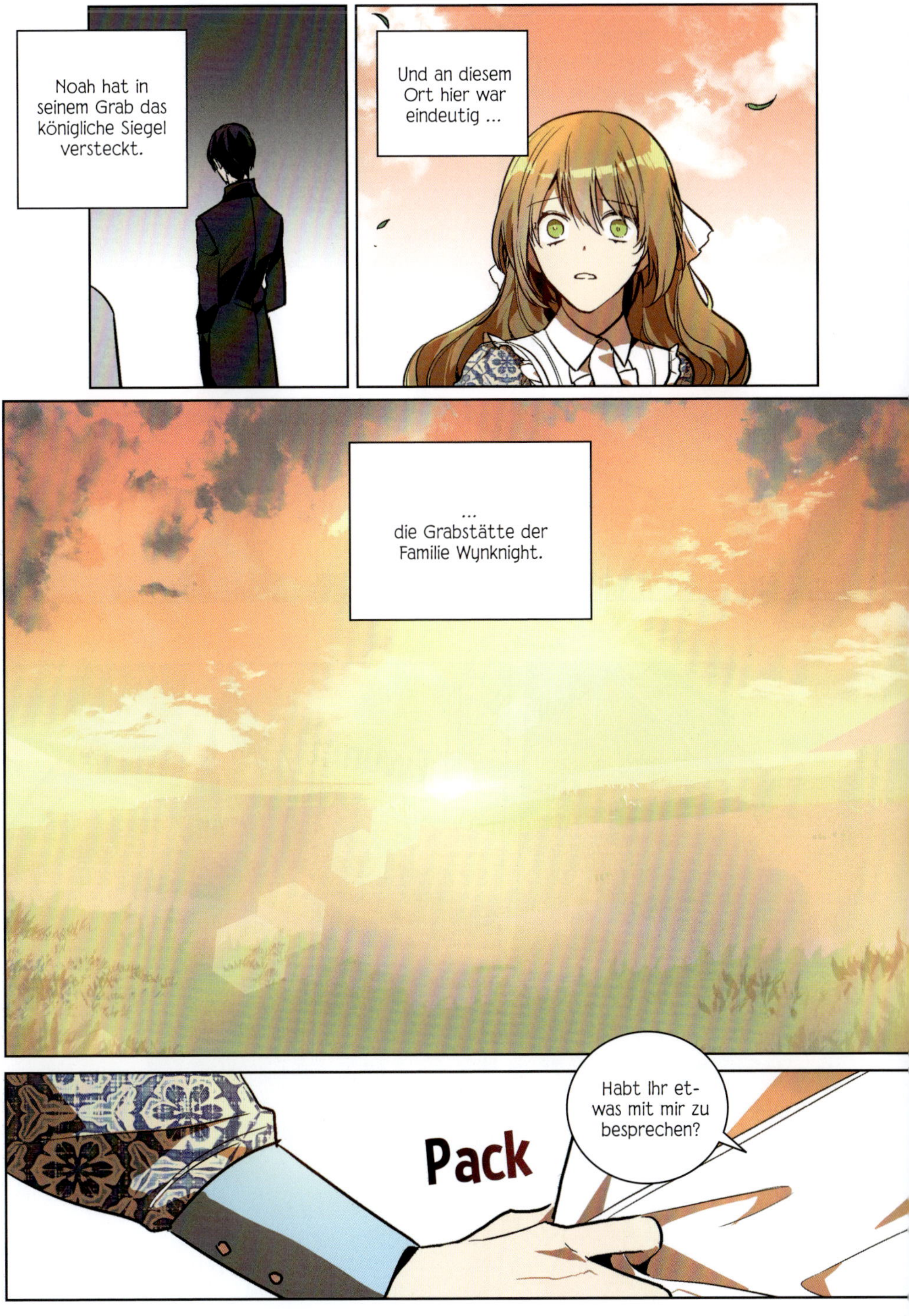
Noah hat in seinem Grab das königliche Siegel versteckt.
Und an diesem Ort hier war eindeutig ...
... die Grabstätte der Familie Wynknight.
Pack
Habt Ihr etwas mit mir zu besprechen?

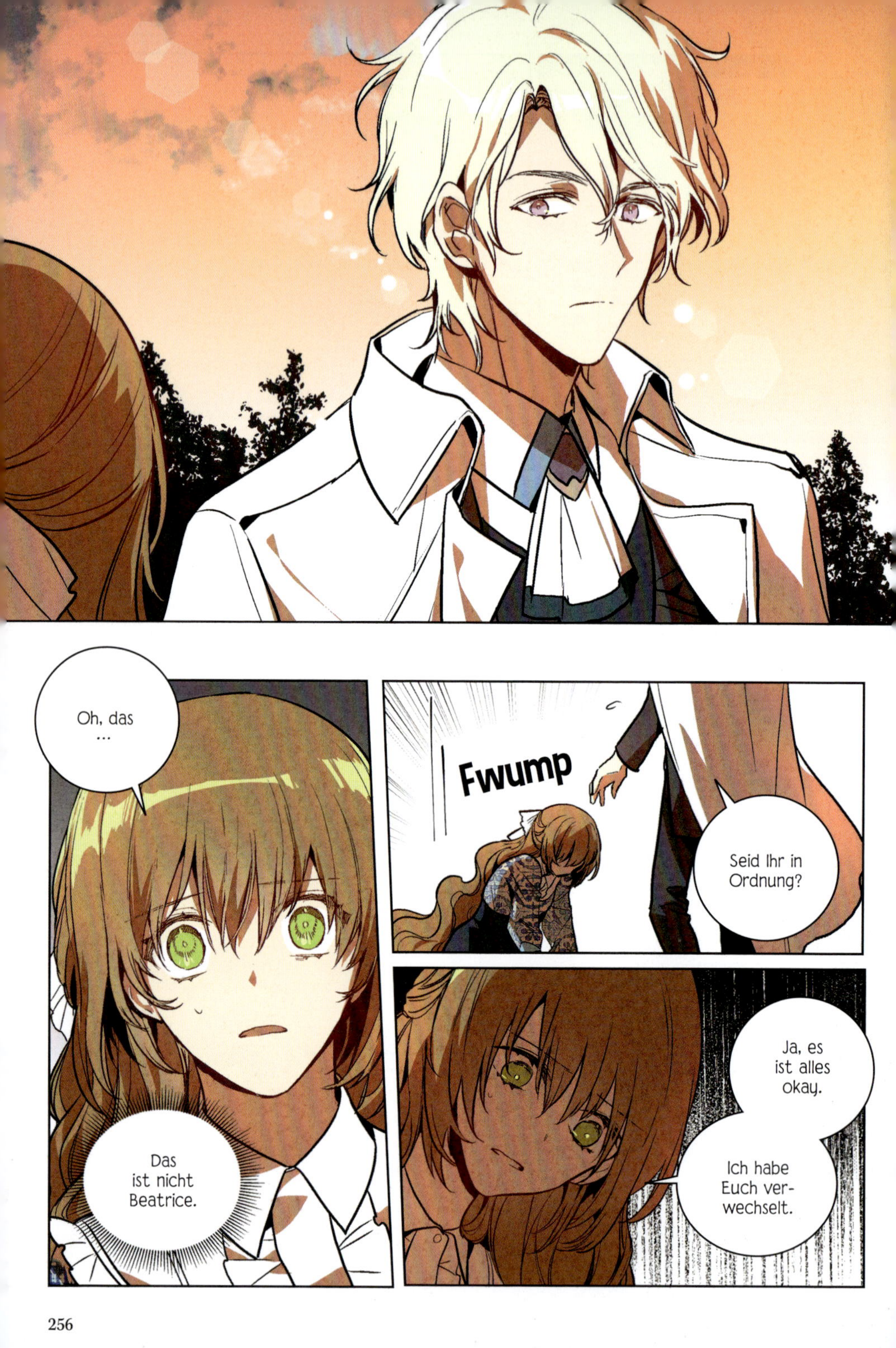
Oh, das ...
Fwump
Seid Ihr in Ordnung?
Das ist nicht Beatrice.
Ja, es ist alles okay.
Ich habe Euch verwechselt.

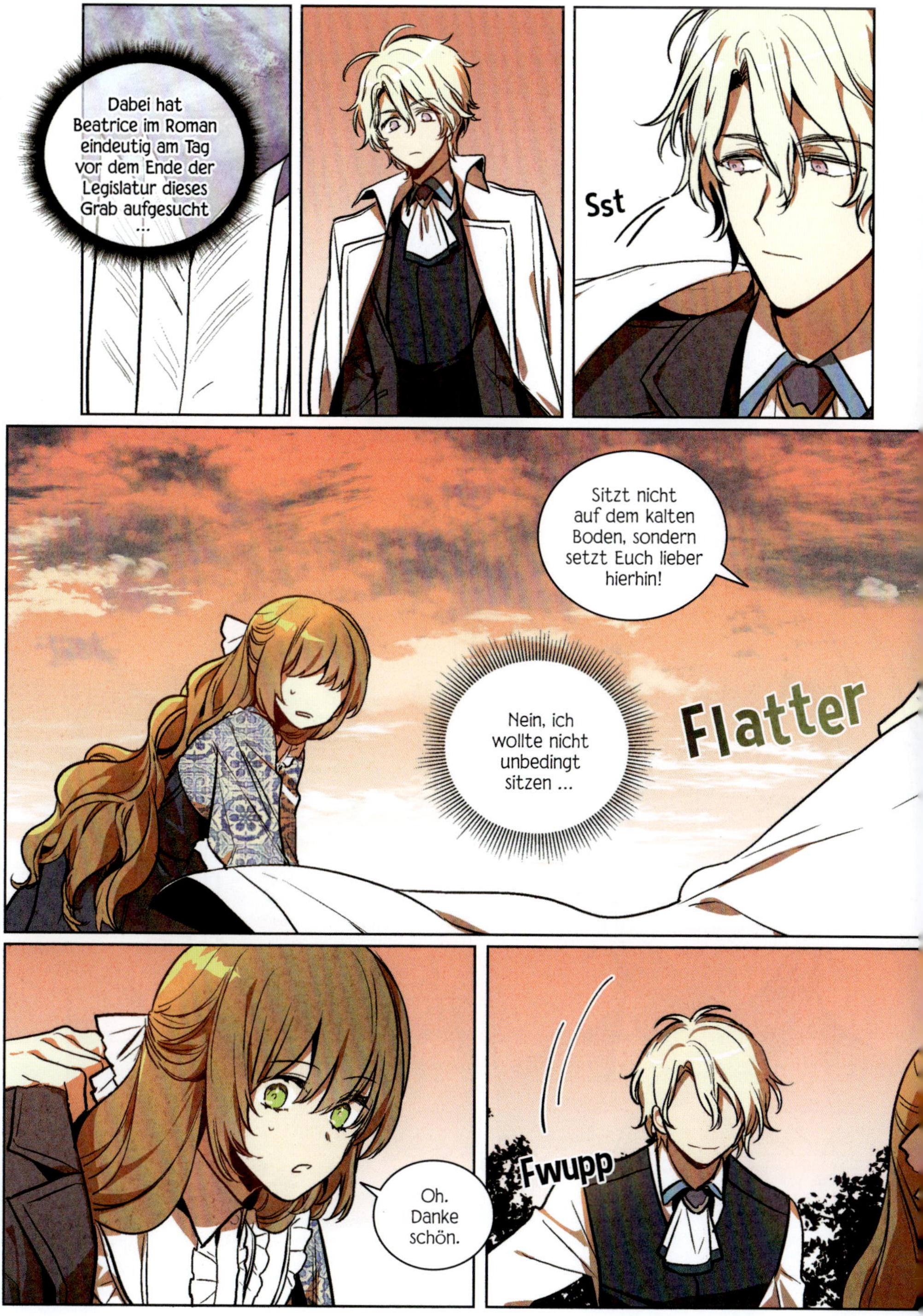
Dabei hat Beatrice im Roman eindeutig am Tag vor dem Ende der Legislatur dieses Grab aufgesucht …
Sst
Sitzt nicht auf dem kalten Boden, sondern setzt Euch lieber hierhin!
Nein, ich wollte nicht unbedingt sitzen …
Flatter
Oh. Danke schön.
Fwupp

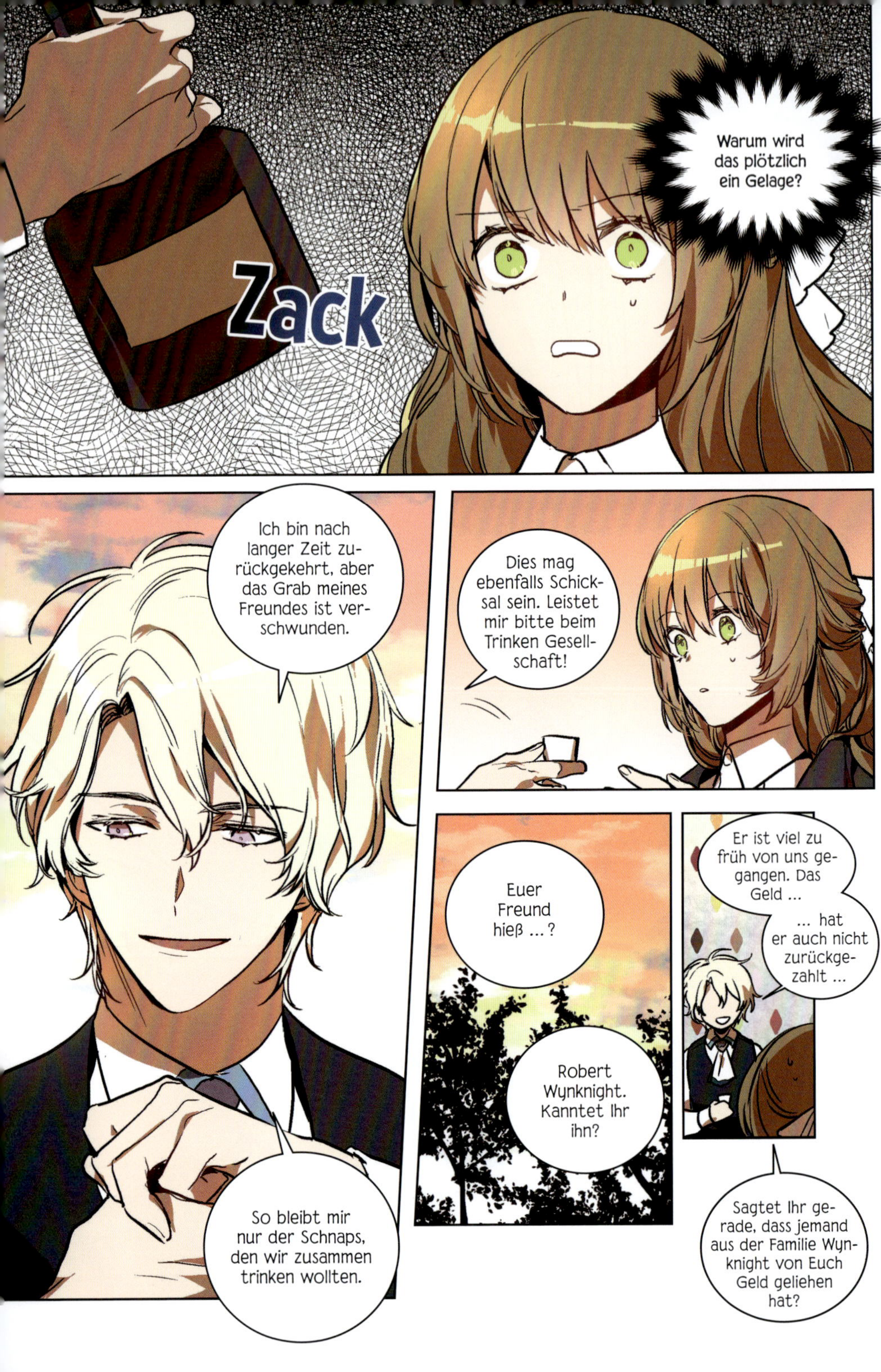
Zack
Warum wird das plötzlich ein Gelage?
Ich bin nach langer Zeit zurückgekehrt, aber das Grab meines Freundes ist verschwunden.
So bleibt mir nur der Schnaps, den wir zusammen trinken wollten.
Dies mag ebenfalls Schicksal sein. Leistet mir bitte beim Trinken Gesellschaft!
Euer Freund hieß ... ?
Robert Wynknight. Kanntet Ihr ihn?
Er ist viel zu früh von uns gegangen. Das Geld ...
... hat er auch nicht zurückgezahlt ...
Sagtet Ihr gerade, dass jemand aus der Familie Wynknight von Euch Geld geliehen hat?

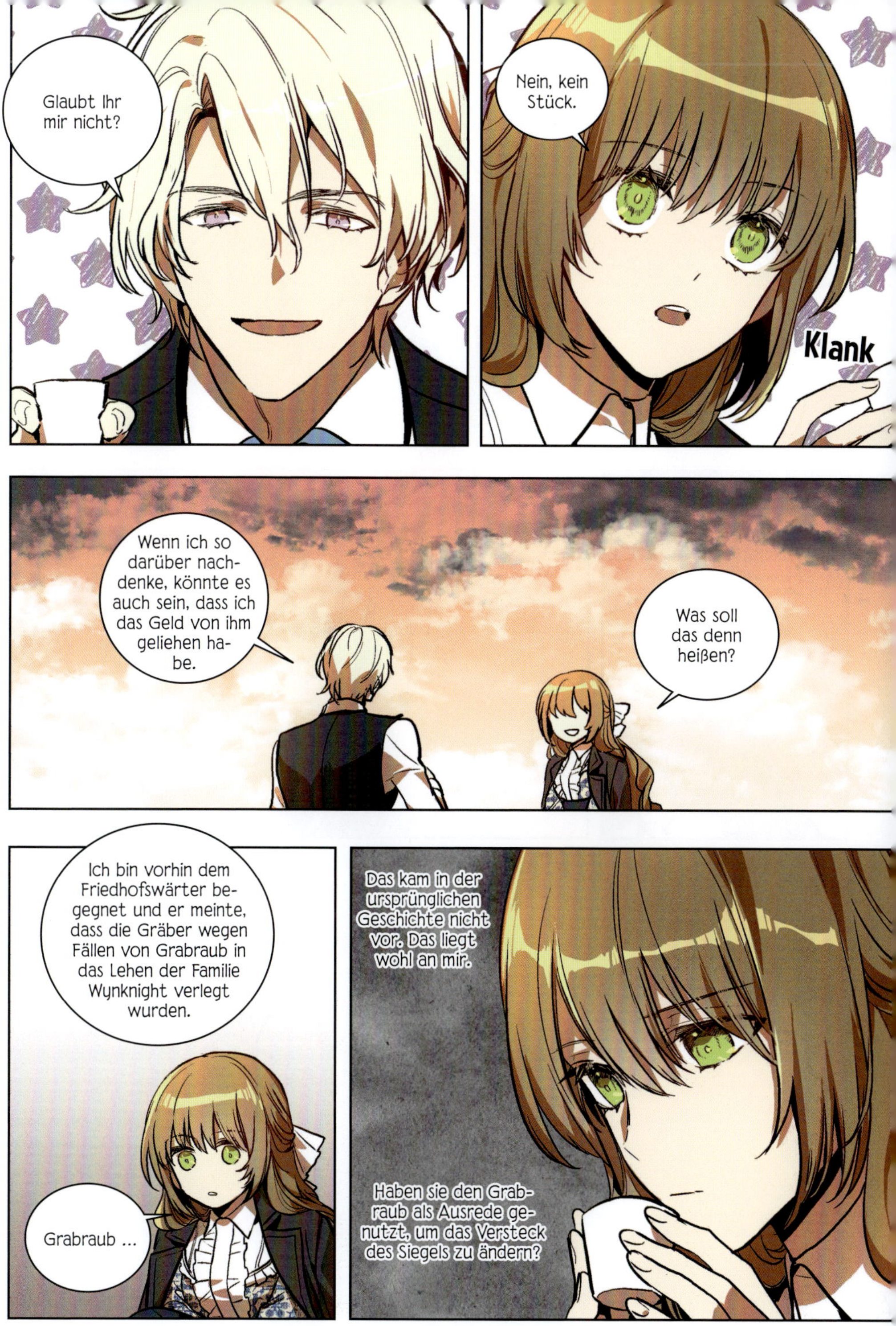
Glaubt Ihr mir nicht?
Nein, kein Stück.
Klank
Wenn ich so darüber nachdenke, könnte es auch sein, dass ich das Geld von ihm geliehen habe.
Was soll das denn heißen?
Ich bin vorhin dem Friedhofswärter begegnet und er meinte, dass die Gräber wegen Fällen von Grabraub in das Lehen der Familie Wynknight verlegt wurden.
Grabraub …
Das kam in der ursprünglichen Geschichte nicht vor. Das liegt wohl an mir.
Haben sie den Grabraub als Ausrede genutzt, um das Versteck des Siegels zu ändern?

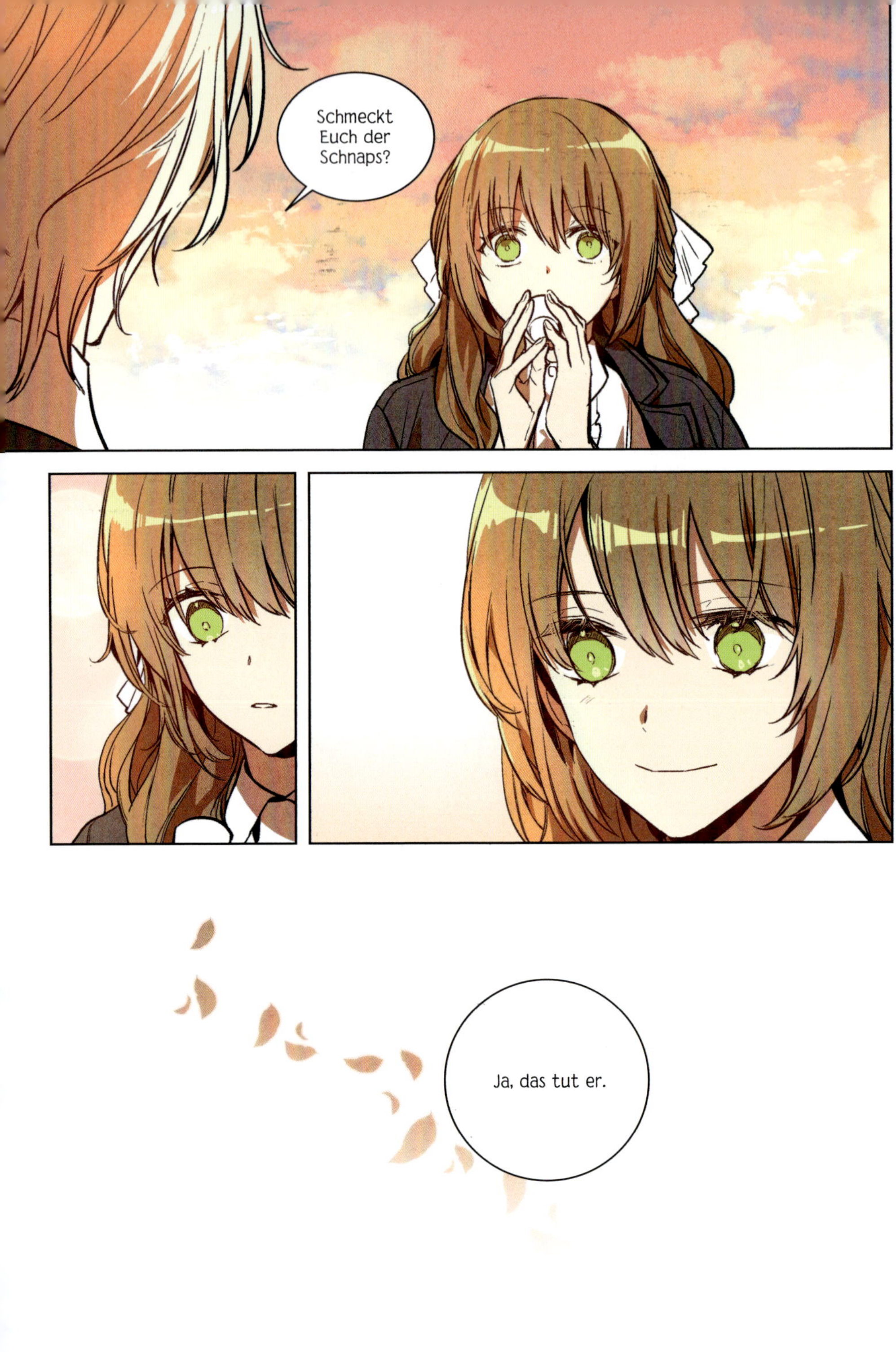
Schmeckt Euch der Schnaps?
Ja, das tut er.

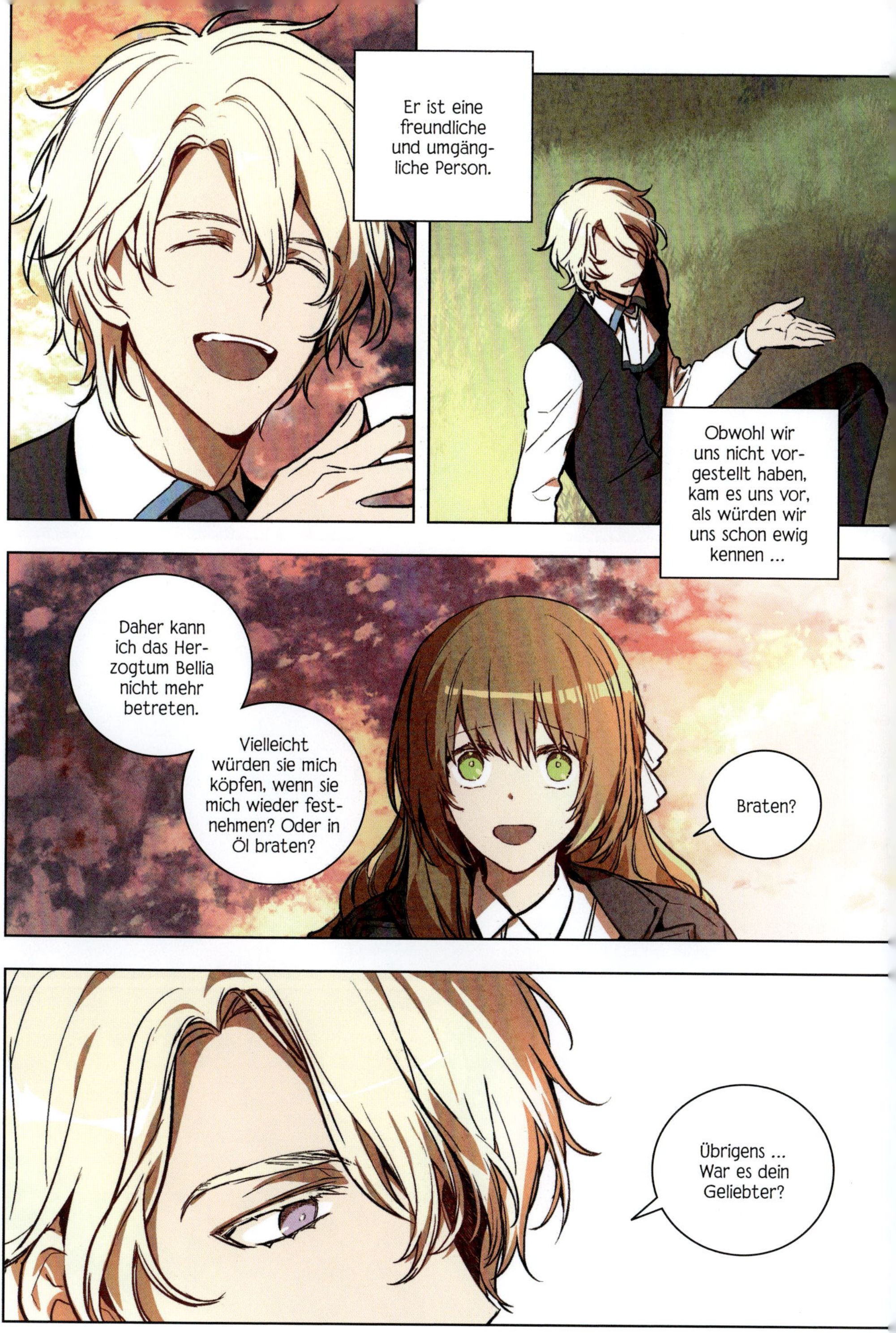
Er ist eine freundliche und umgängliche Person.
Obwohl wir uns nicht vorgestellt haben, kam es uns vor, als würden wir uns schon ewig kennen ...
Daher kann ich das Herzogtum Bellia nicht mehr betreten.
Vielleicht würden sie mich köpfen, wenn sie mich wieder festnehmen? Oder in Öl braten?
Braten?
Übrigens ... War es dein Geliebter?

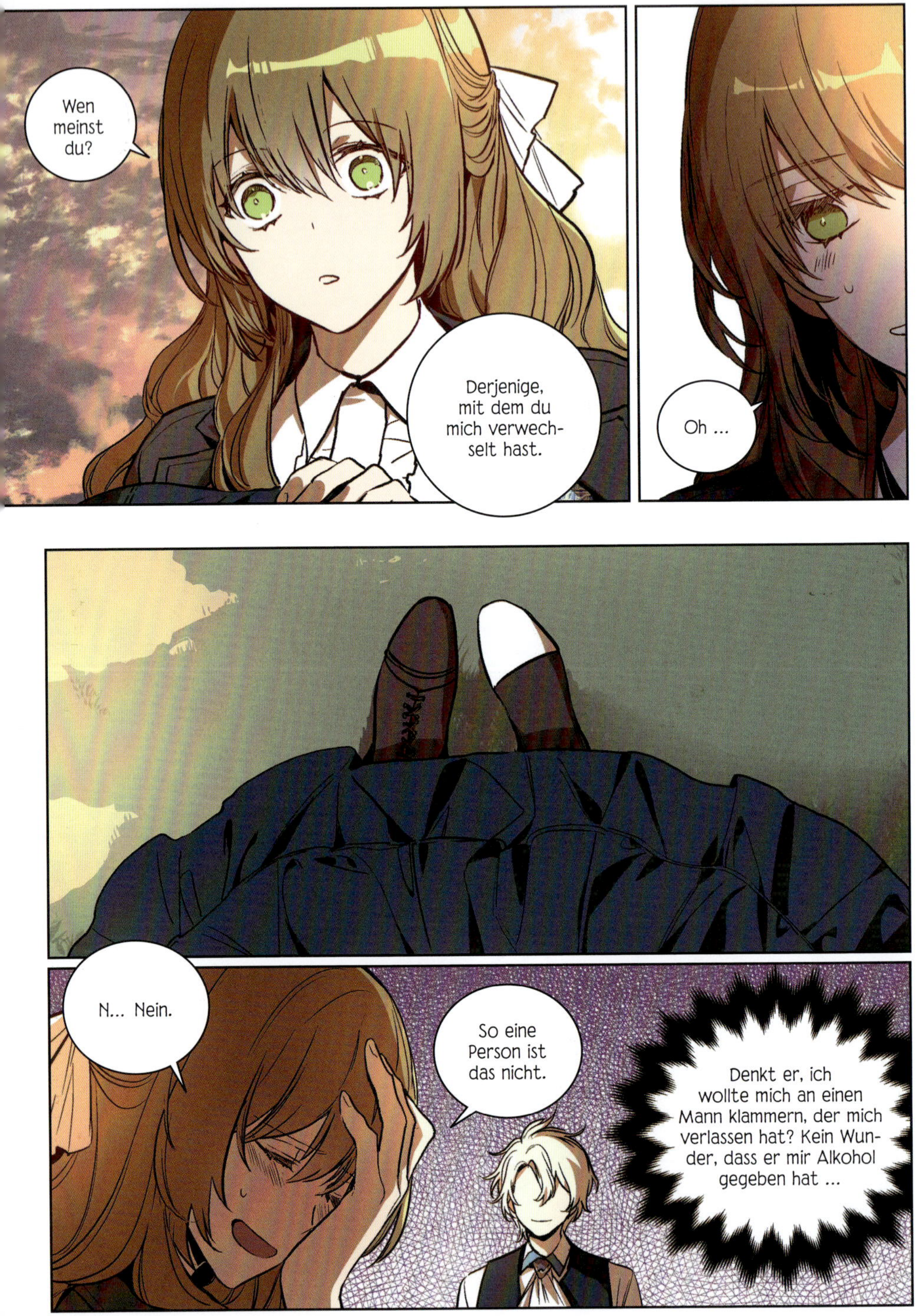
Wen meinst du?
Derjenige, mit dem du mich verwech- selt hast.
Oh ...
N... Nein.
So eine Person ist das nicht.
Denkt er, ich wollte mich an einen Mann klammern, der mich verlassen hat? Kein Wun- der, dass er mir Alkohol gegeben hat ...

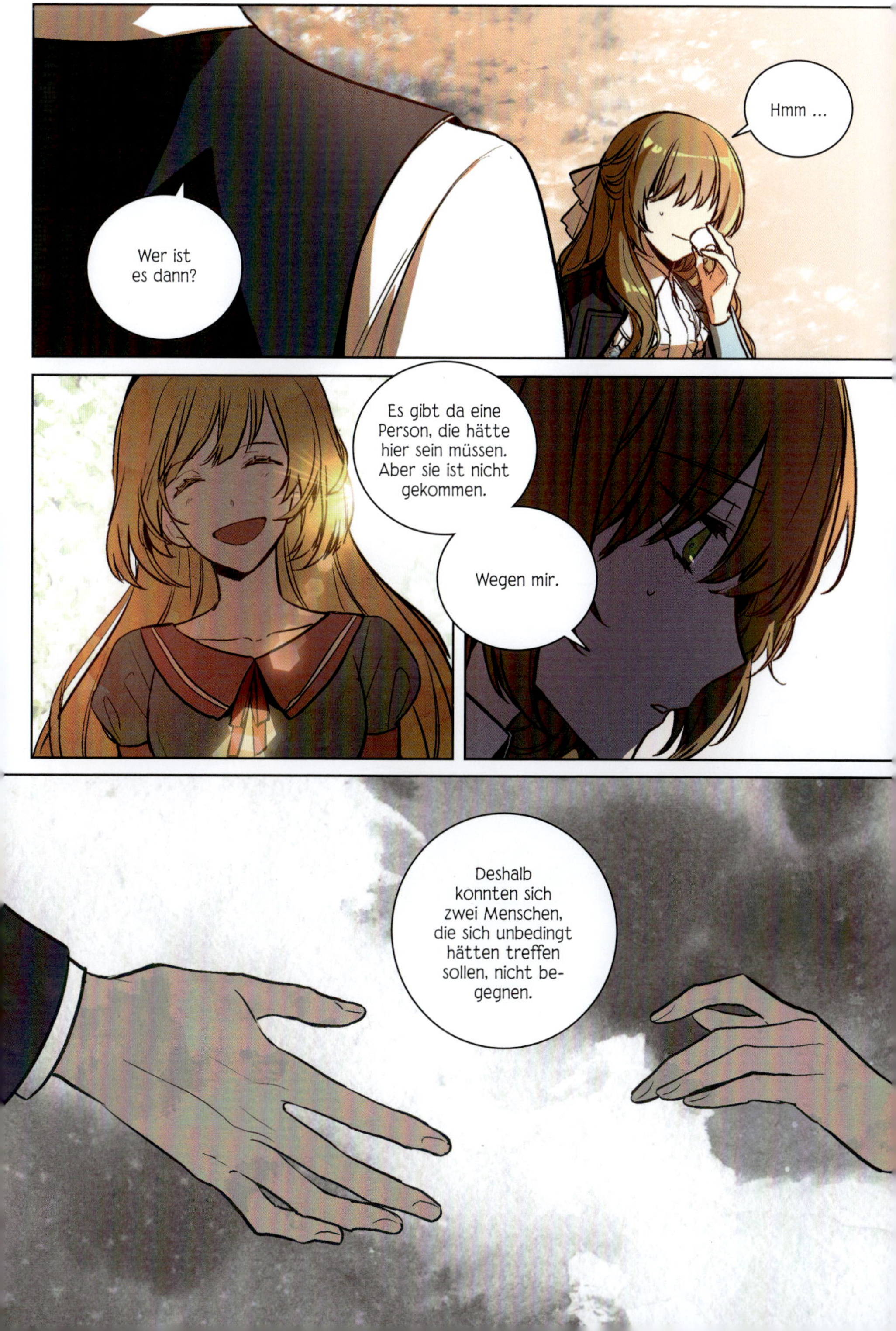
Hmm ...
Wer ist es dann?
Es gibt da eine Person, die hätte hier sein müssen. Aber sie ist nicht gekommen.
Wegen mir.
Deshalb konnten sich zwei Menschen, die sich unbedingt hätten treffen sollen, nicht be-gegnen.

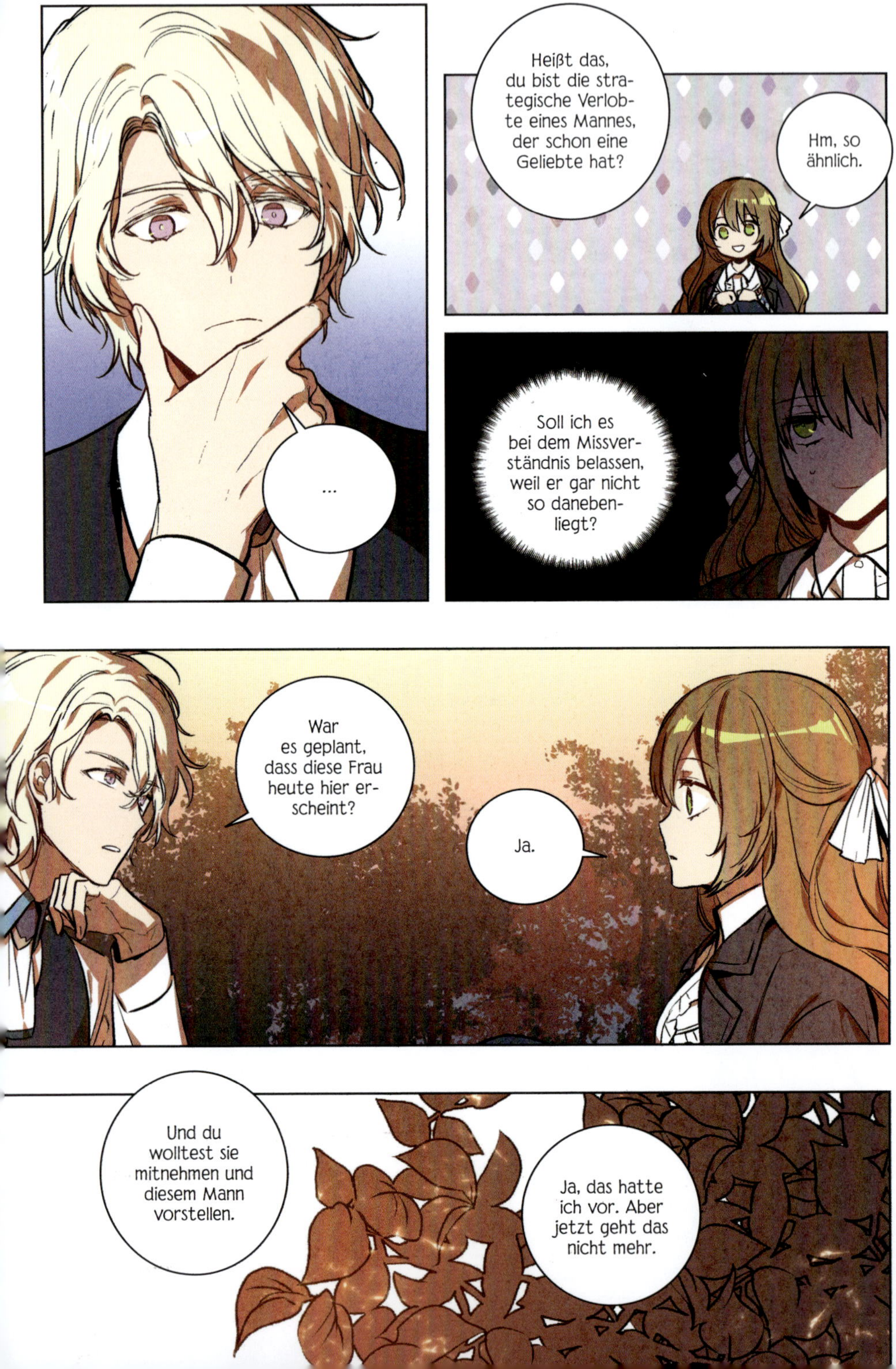

Heißt das, du bist die strategische Verlobte eines Mannes, der schon eine Geliebte hat?
Hm, so ähnlich.
...
Soll ich es bei dem Missverständnis belassen, weil er gar nicht so danebenliegt?
War es geplant, dass diese Frau heute hier erscheint?
Ja.
Und du wolltest sie mitnehmen und diesem Mann vorstellen.
Ja, das hatte ich vor. Aber jetzt geht das nicht mehr.

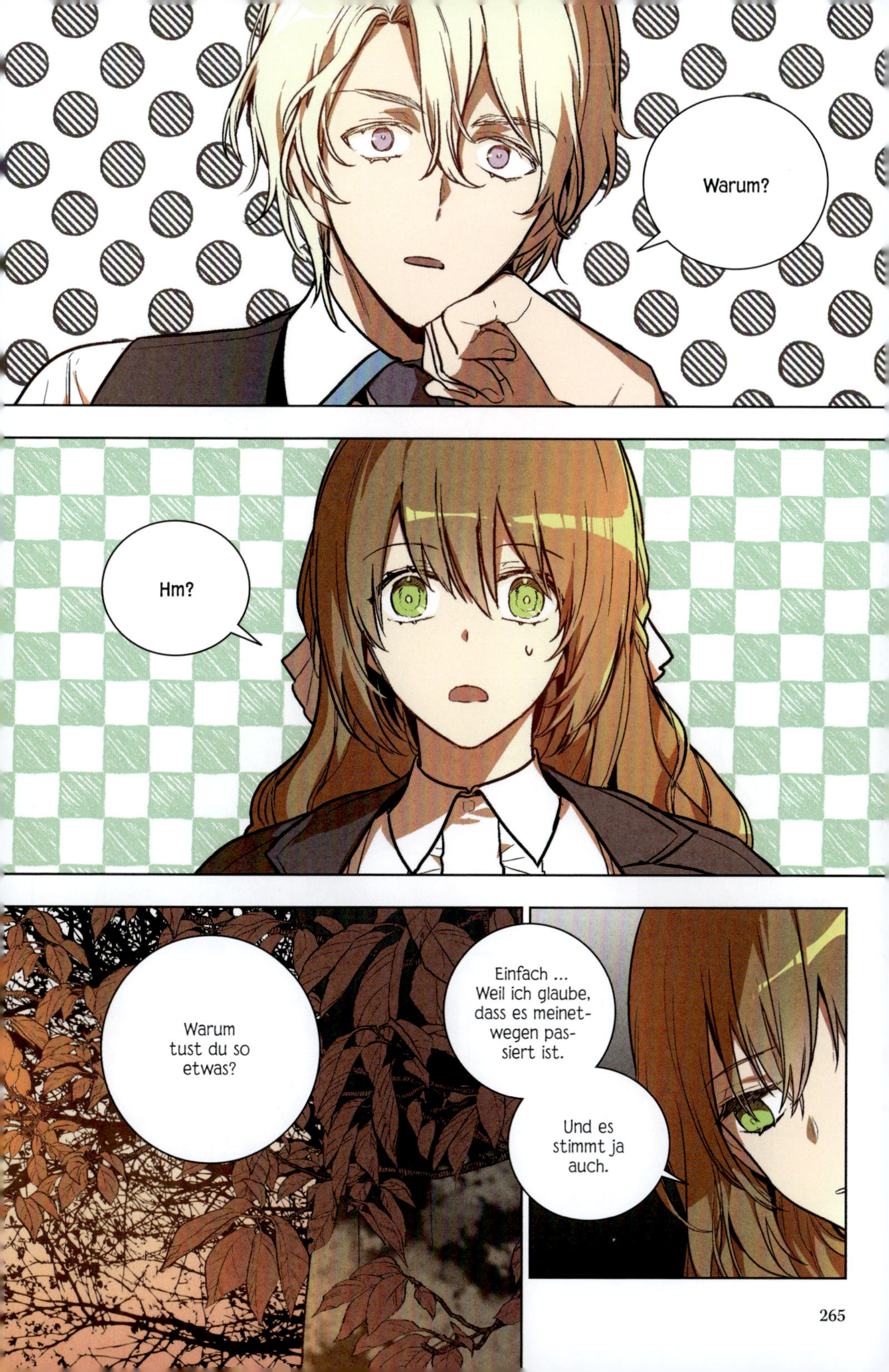
Warum?
Hm?
Warum tust du so etwas?
Einfach ... Weil ich glaube, dass es meinetwegen passiert ist.
Und es stimmt ja auch.

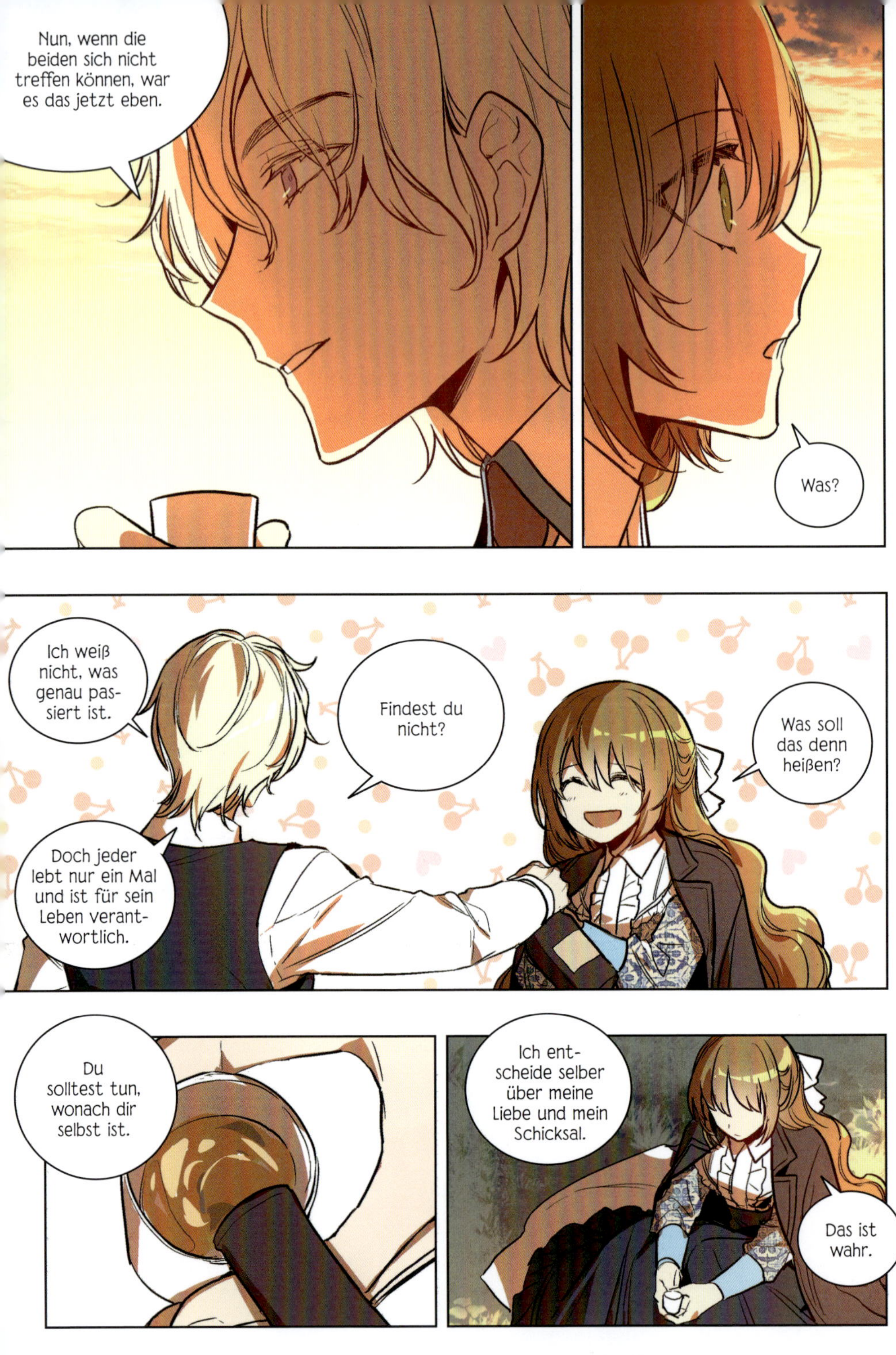

Nun, wenn die beiden sich nicht treffen können, war es das jetzt eben.
Was?
Ich weiß nicht, was genau passiert ist.
Doch jeder lebt nur ein Mal und ist für sein Leben verantwortlich.
Findest du nicht?
Was soll das denn heißen?
Du solltest tun, wonach dir selbst ist.
Ich entscheide selber über meine Liebe und mein Schicksal.
Das ist wahr.

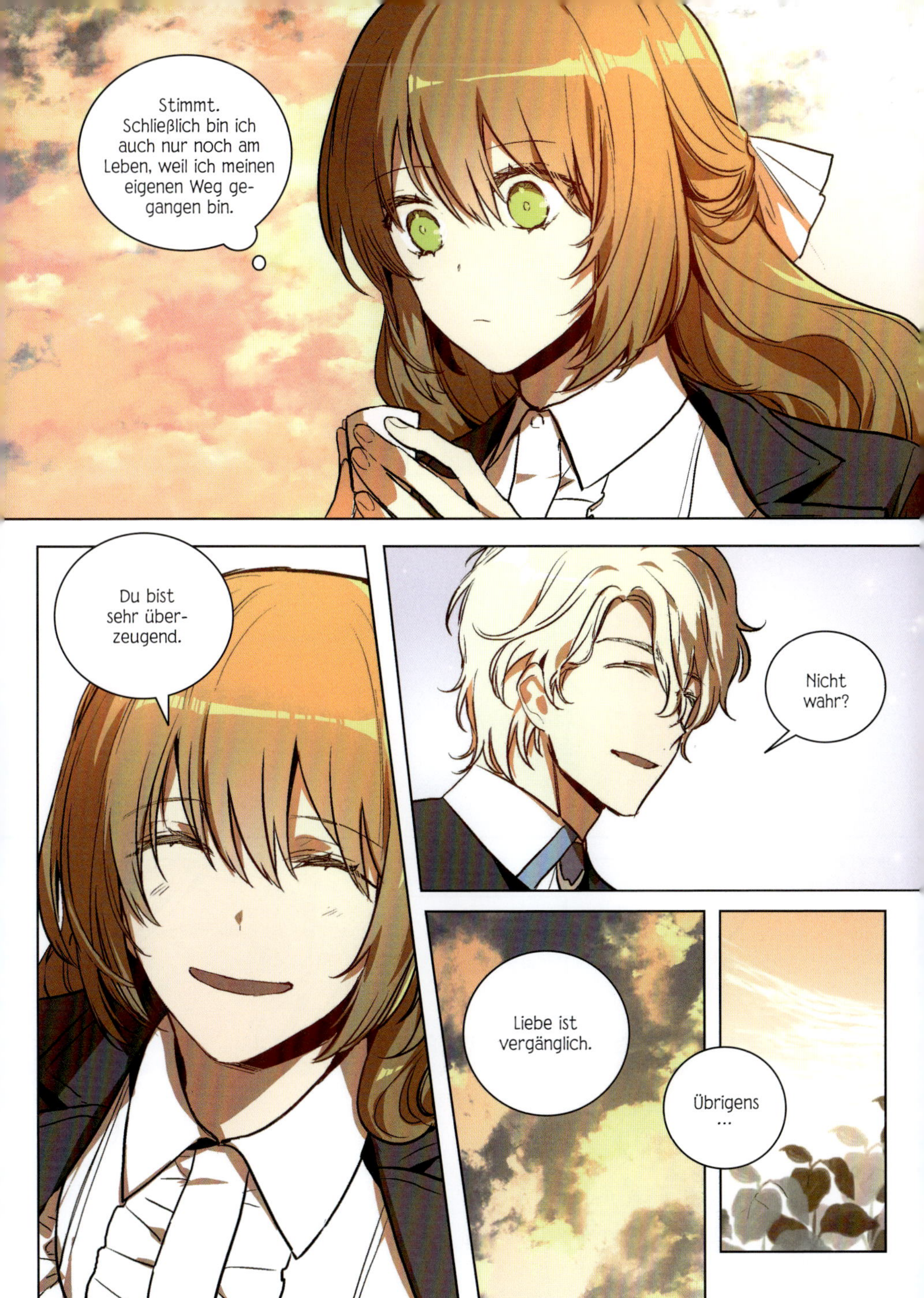
Stimmt. Schließlich bin ich auch nur noch am Leben, weil ich meinen eigenen Weg gegangen bin.
Du bist sehr überzeugend.
Nicht wahr?
Liebe ist vergänglich.
Übrigens …

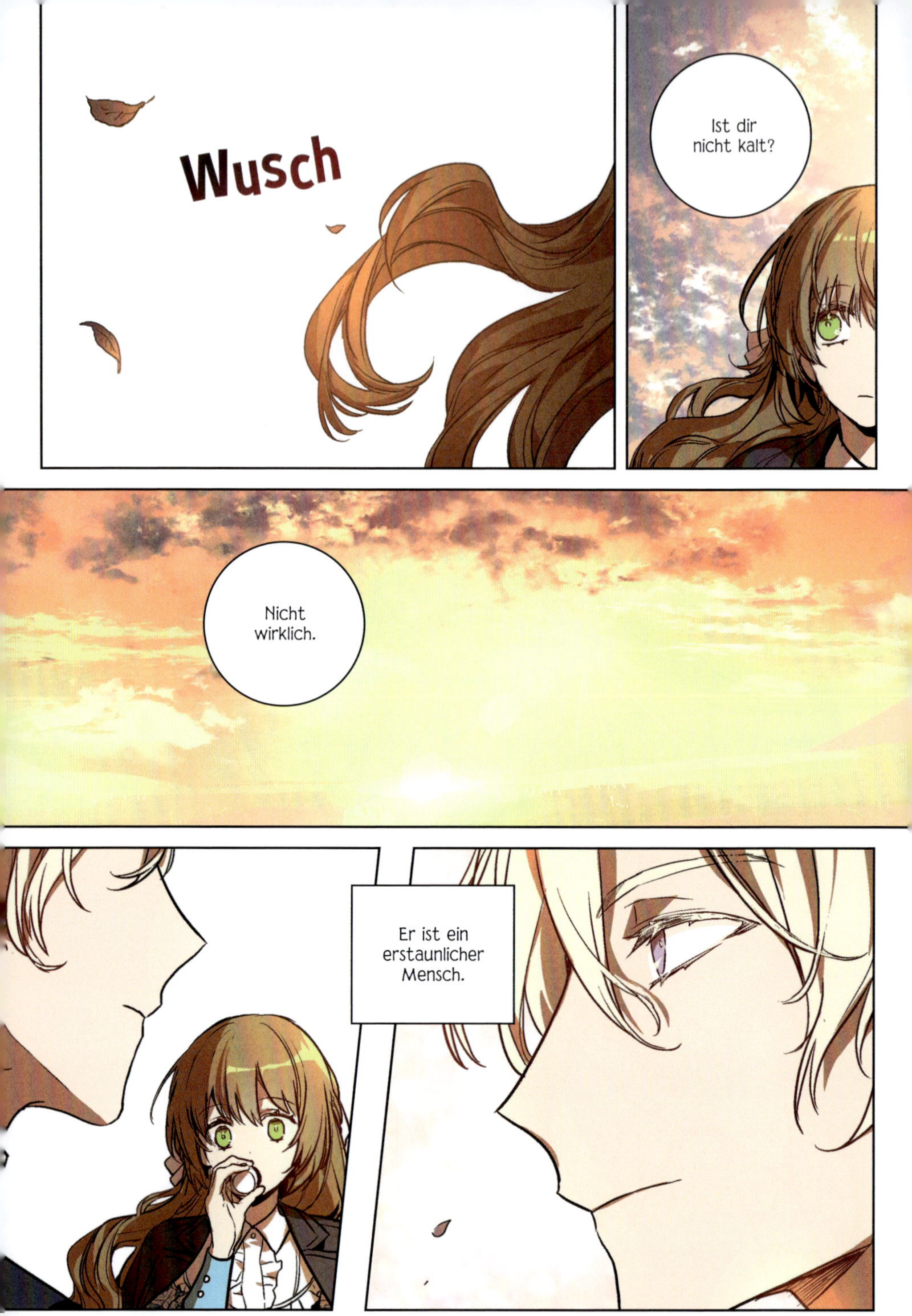
Wusch
Ist dir nicht kalt?
Nicht wirklich.
Er ist ein erstaunlicher Mensch.

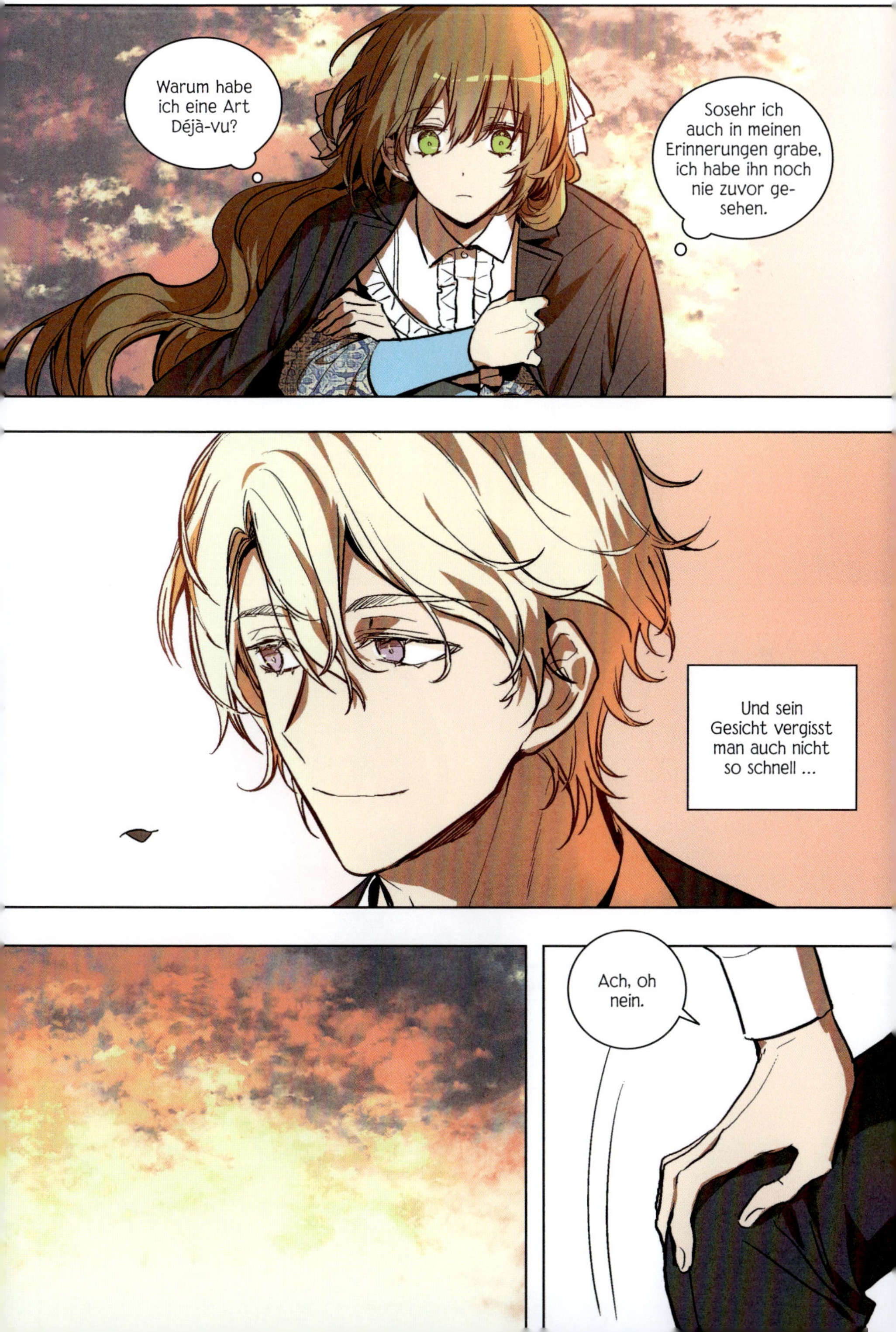
Warum habe ich eine Art Déjà-vu?
Sosehr ich auch in meinen Erinnerungen grabe, ich habe ihn noch nie zuvor gesehen.
Und sein Gesicht vergisst man auch nicht so schnell ...
Ach, oh nein.

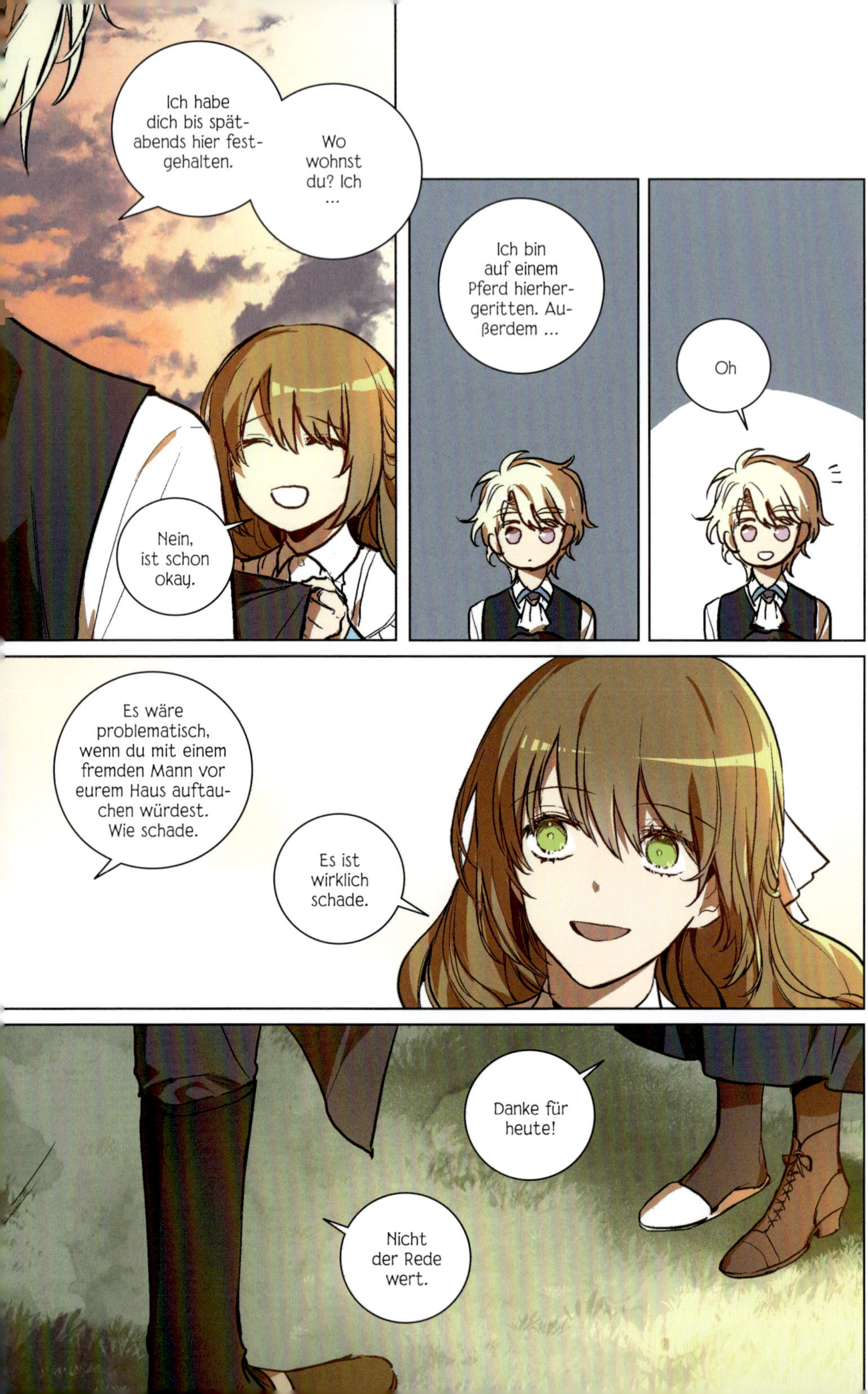
Ich habe dich bis spät-abends hier fest-gehalten.
Wo wohnst du? Ich ...
Nein, ist schon okay.
Ich bin auf einem Pferd hierher-geritten. Au-ßerdem ...
Oh
Es wäre problematisch, wenn du mit einem fremden Mann vor eurem Haus auftau-chen würdest. Wie schade.
Es ist wirklich schade.
Danke für heute!
Nicht der Rede wert.

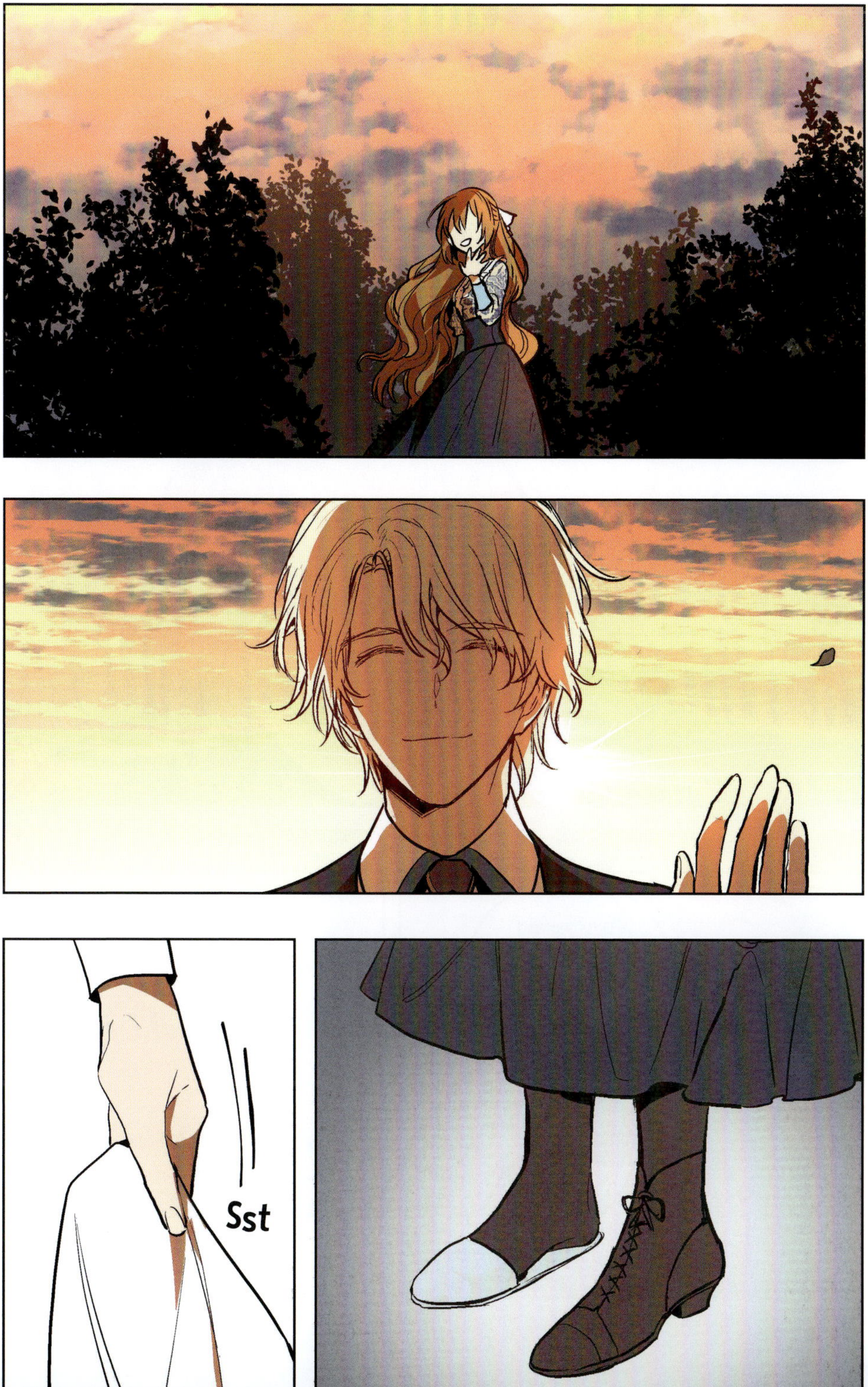
Sst

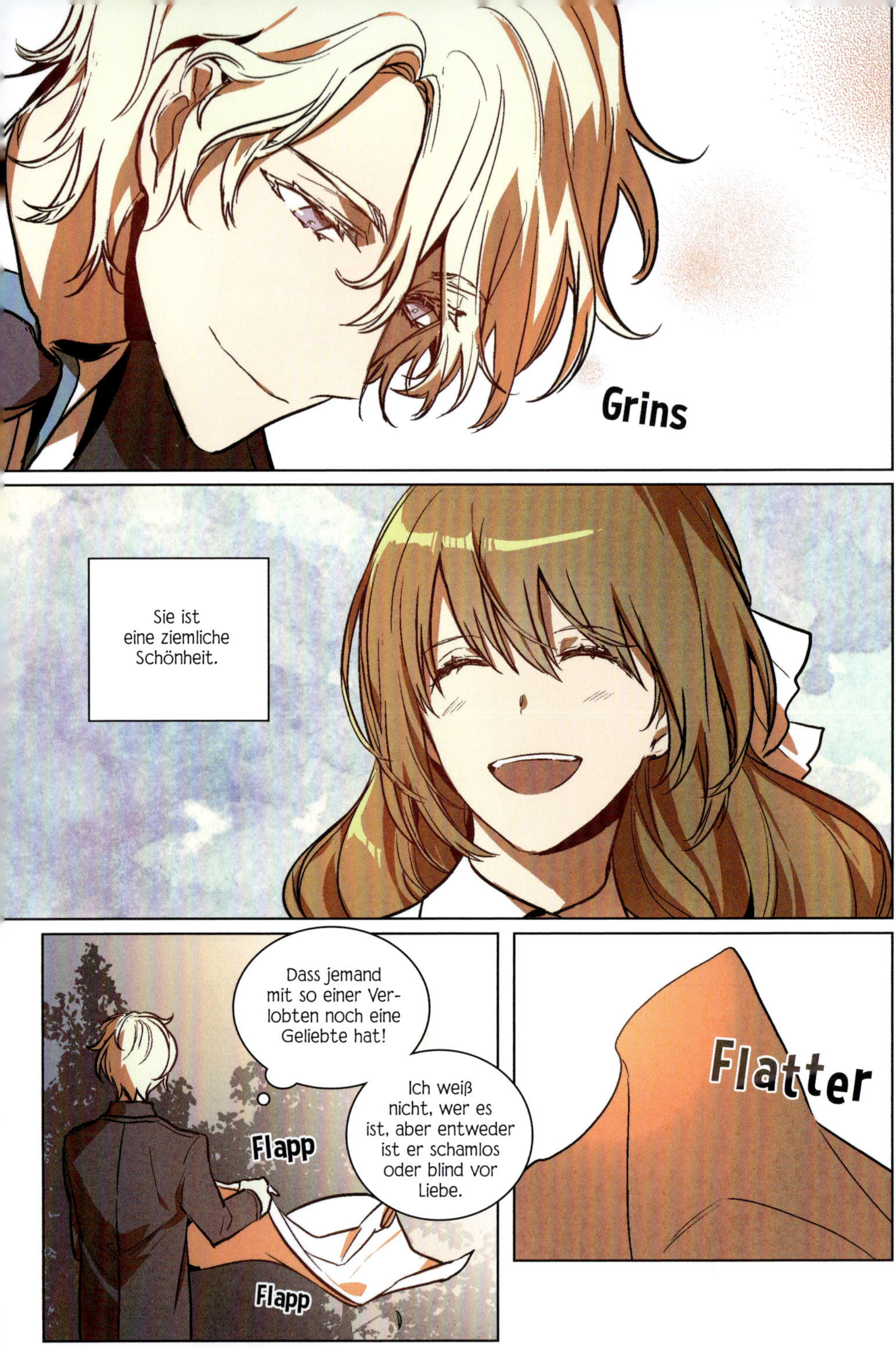
Grins
Sie ist eine ziemliche Schönheit.
Dass jemand mit so einer Verlobten noch eine Geliebte hat!
Ich weiß nicht, wer es ist, aber entweder ist er schamlos oder blind vor Liebe.
Flapp
Flapp
Flatter

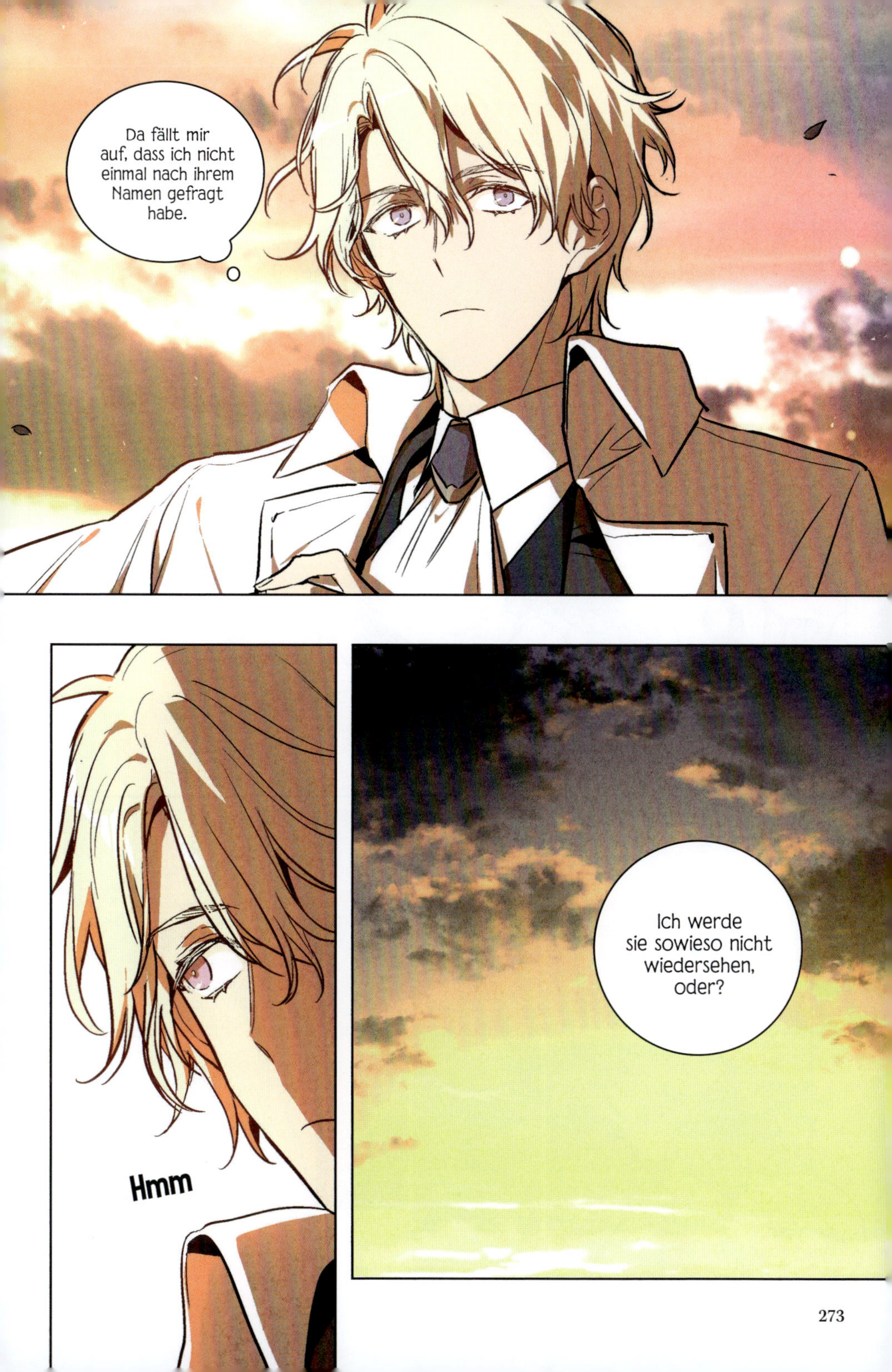
Da fällt mir auf, dass ich nicht einmal nach ihrem Namen gefragt habe.
Hmm
Ich werde sie sowieso nicht wiedersehen, oder?

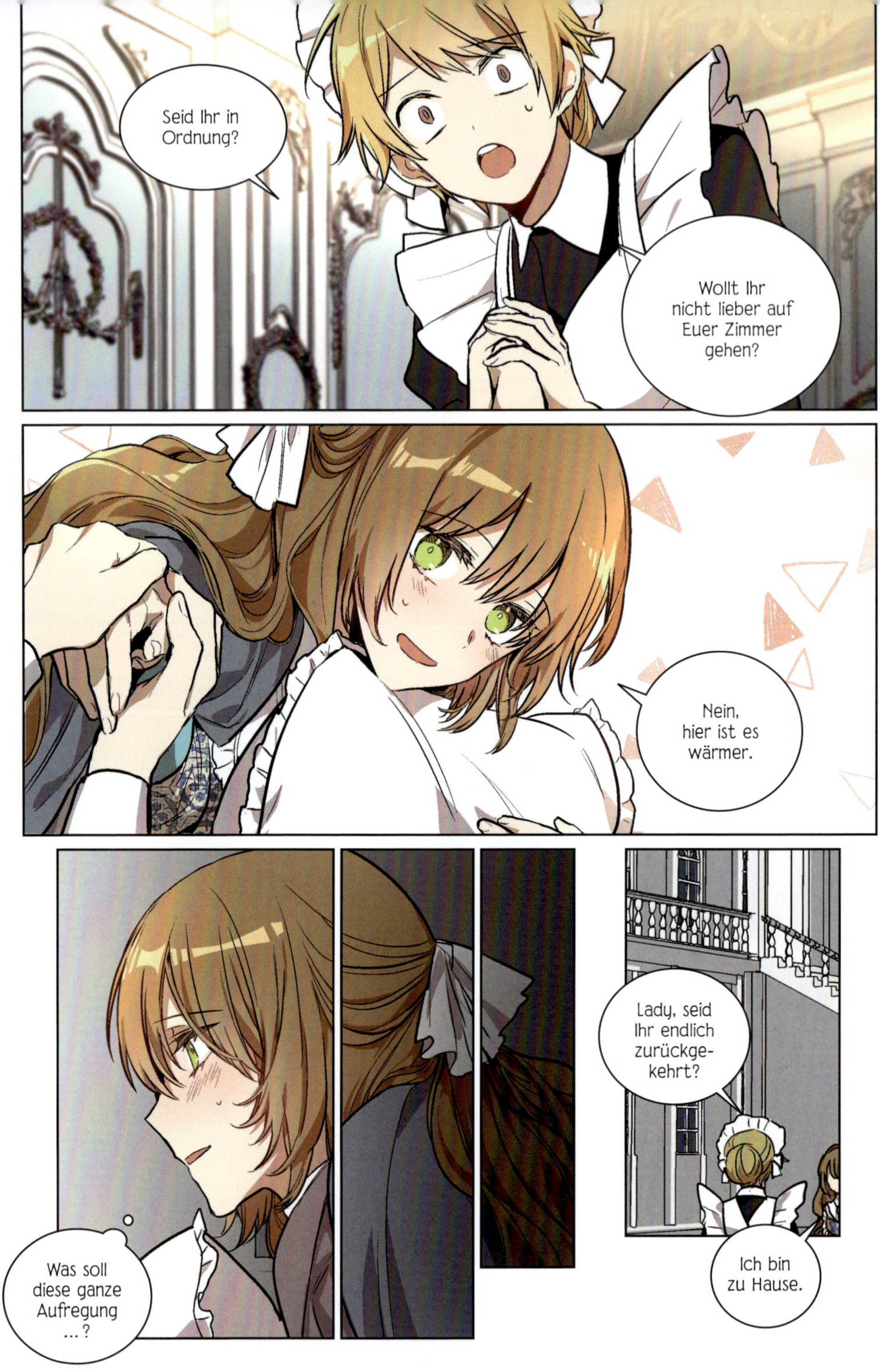
Seid Ihr in Ordnung?
Wollt Ihr nicht lieber auf Euer Zimmer gehen?
Nein, hier ist es wärmer.
Was soll diese ganze Aufregung ...?
Lady, seid Ihr endlich zurückgekehrt?
Ich bin zu Hause.

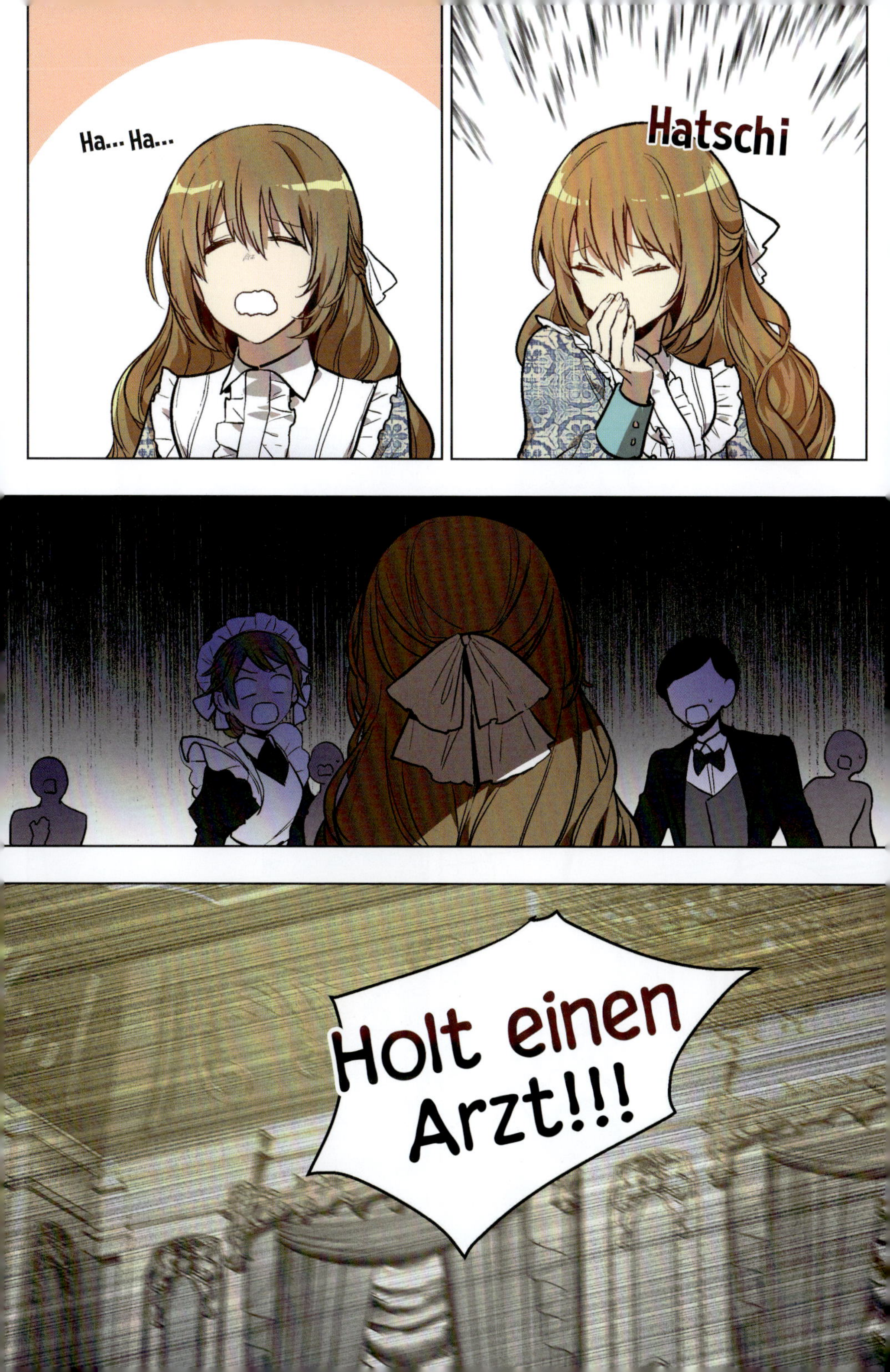
Ha... Ha...
Hatschi
Holt einen Arzt!!!

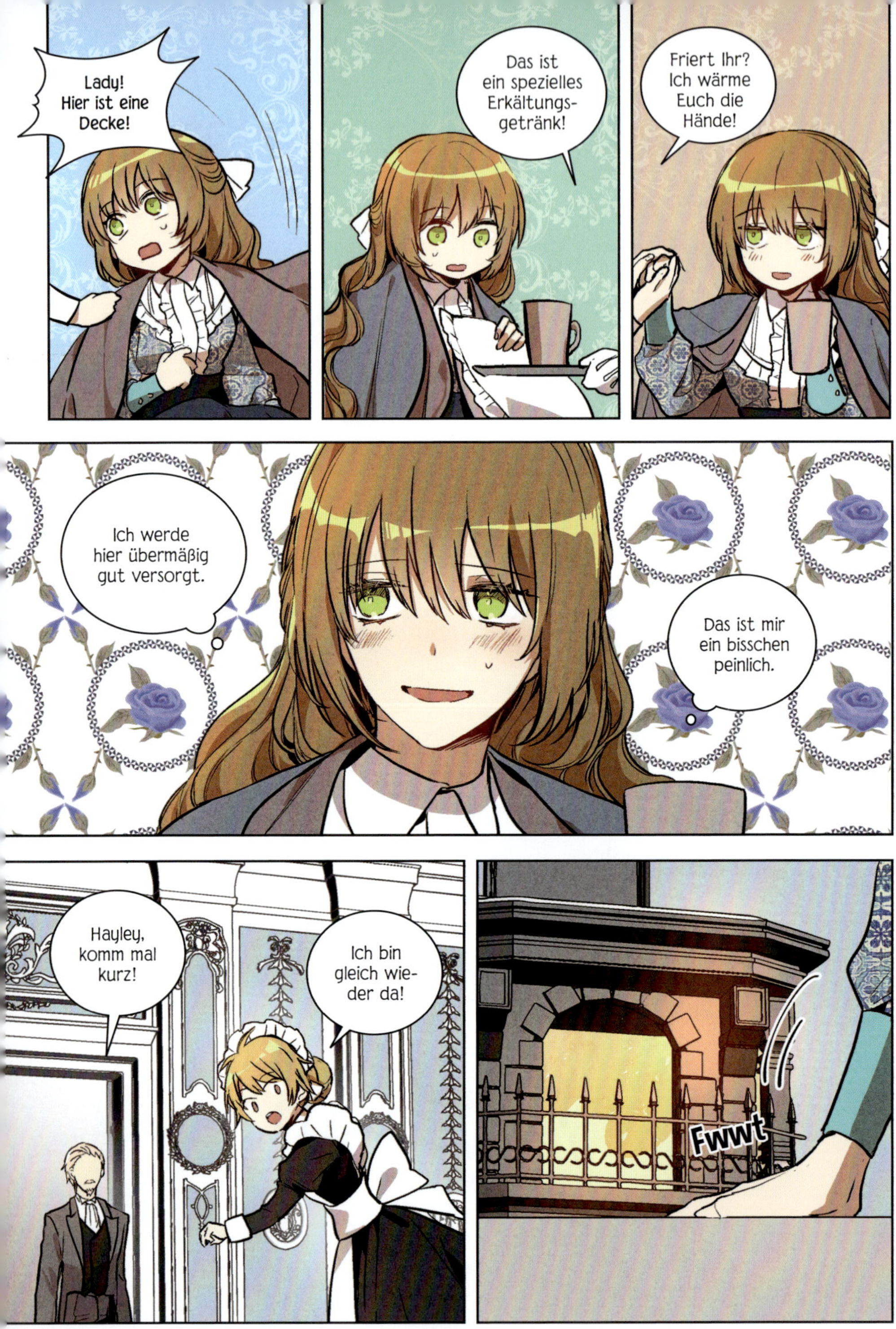
Lady!
Hier ist eine
Decke!
Das ist
ein spezielles
Erkältungs-
getränk!
Friert Ihr?
Ich wärme
Euch die
Hände!
Ich werde
hier übermäßig
gut versorgt.
Das ist mir
ein bisschen
peinlich.
Hayley,
komm mal
kurz!
Ich bin
gleich wie-
der da!
Fwwt

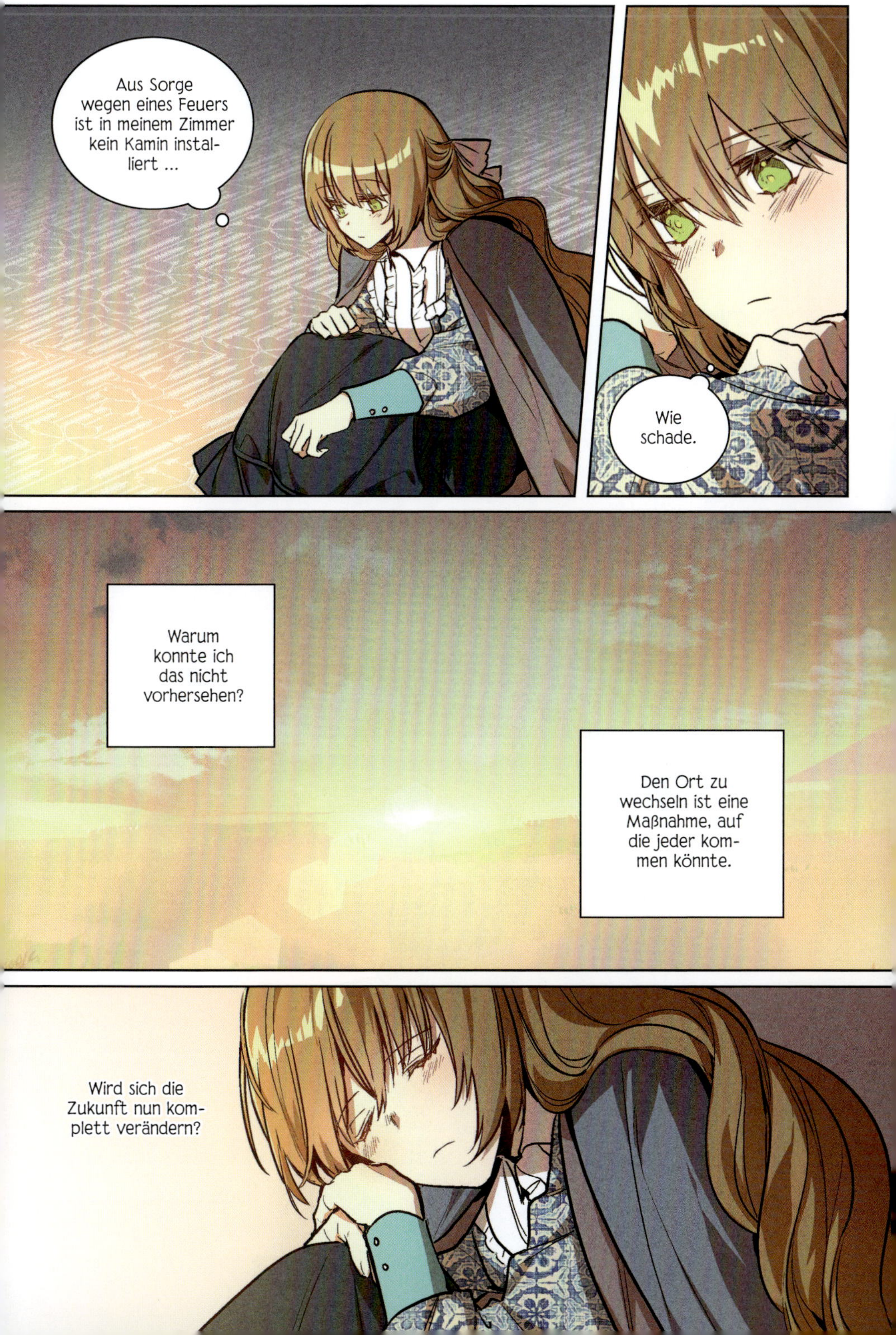
Aus Sorge wegen eines Feuers ist in meinem Zimmer kein Kamin instal-liert ...
Wie schade.
Warum konnte ich das nicht vorhersehen?
Den Ort zu wechseln ist eine Maßnahme, auf die jeder kom-men könnte.
Wird sich die Zukunft nun kom-plett verändern?

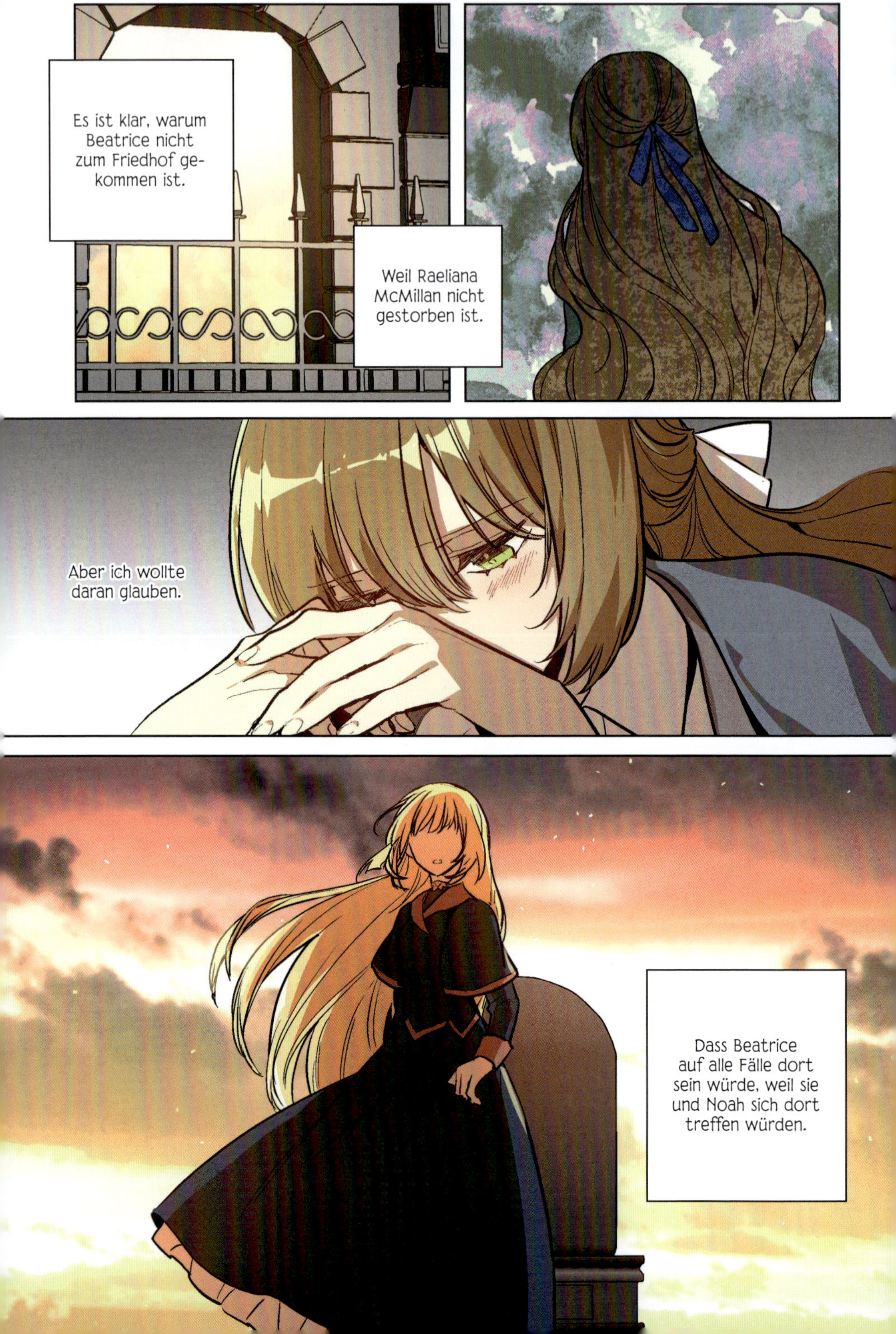
Es ist klar, warum Beatrice nicht zum Friedhof gekommen ist.
Weil Raeliana McMillan nicht gestorben ist.
Aber ich wollte daran glauben.
Dass Beatrice auf alle Fälle dort sein würde, weil sie und Noah sich dort treffen würden.

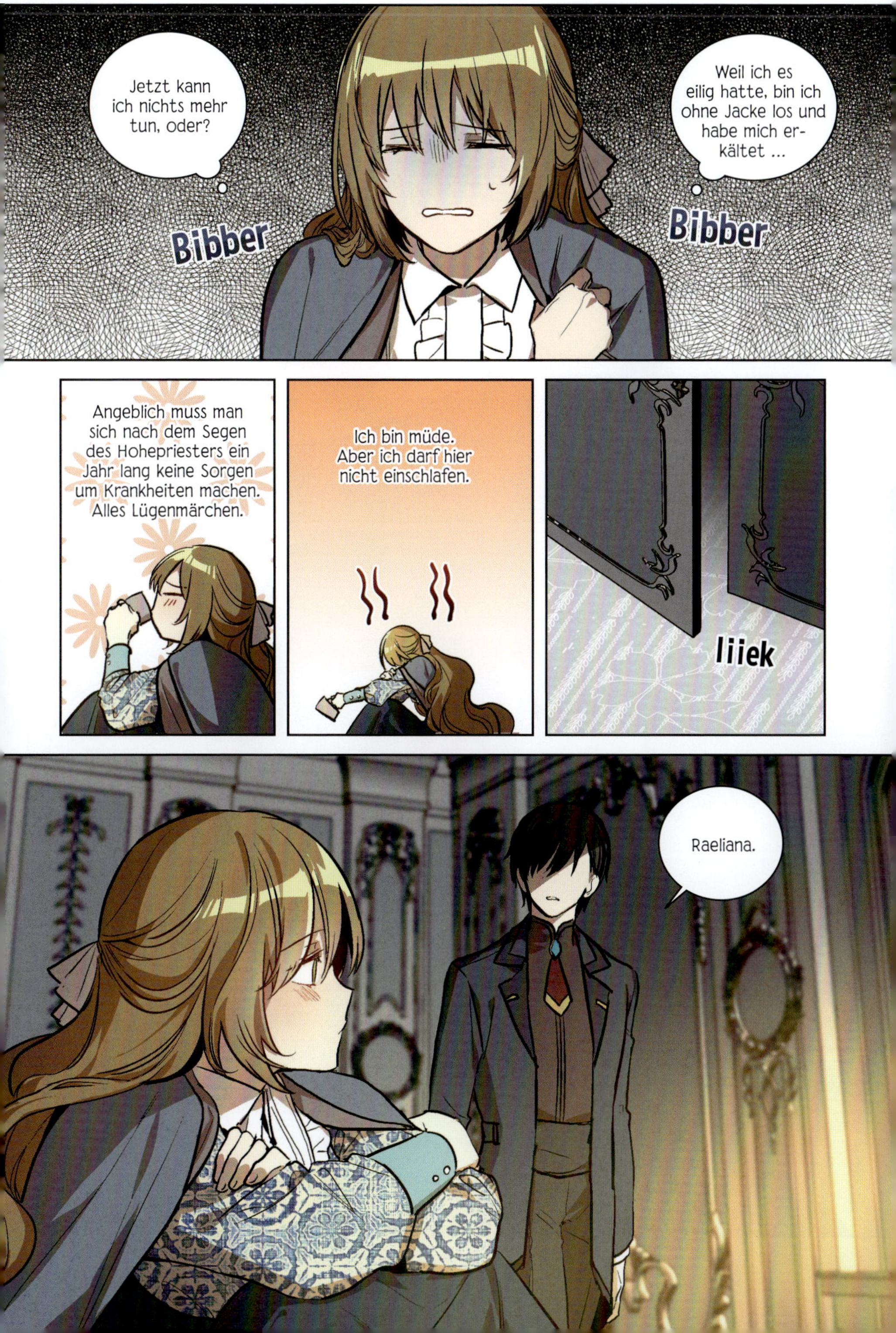
Jetzt kann ich nichts mehr tun, oder?
Weil ich es eilig hatte, bin ich ohne Jacke los und habe mich erkältet ...
Bibber
Bibber
Angeblich muss man sich nach dem Segen des Hohepriesters ein Jahr lang keine Sorgen um Krankheiten machen. Alles Lügenmärchen.
Ich bin müde. Aber ich darf hier nicht einschlafen.
Iiiek
Raeliana.

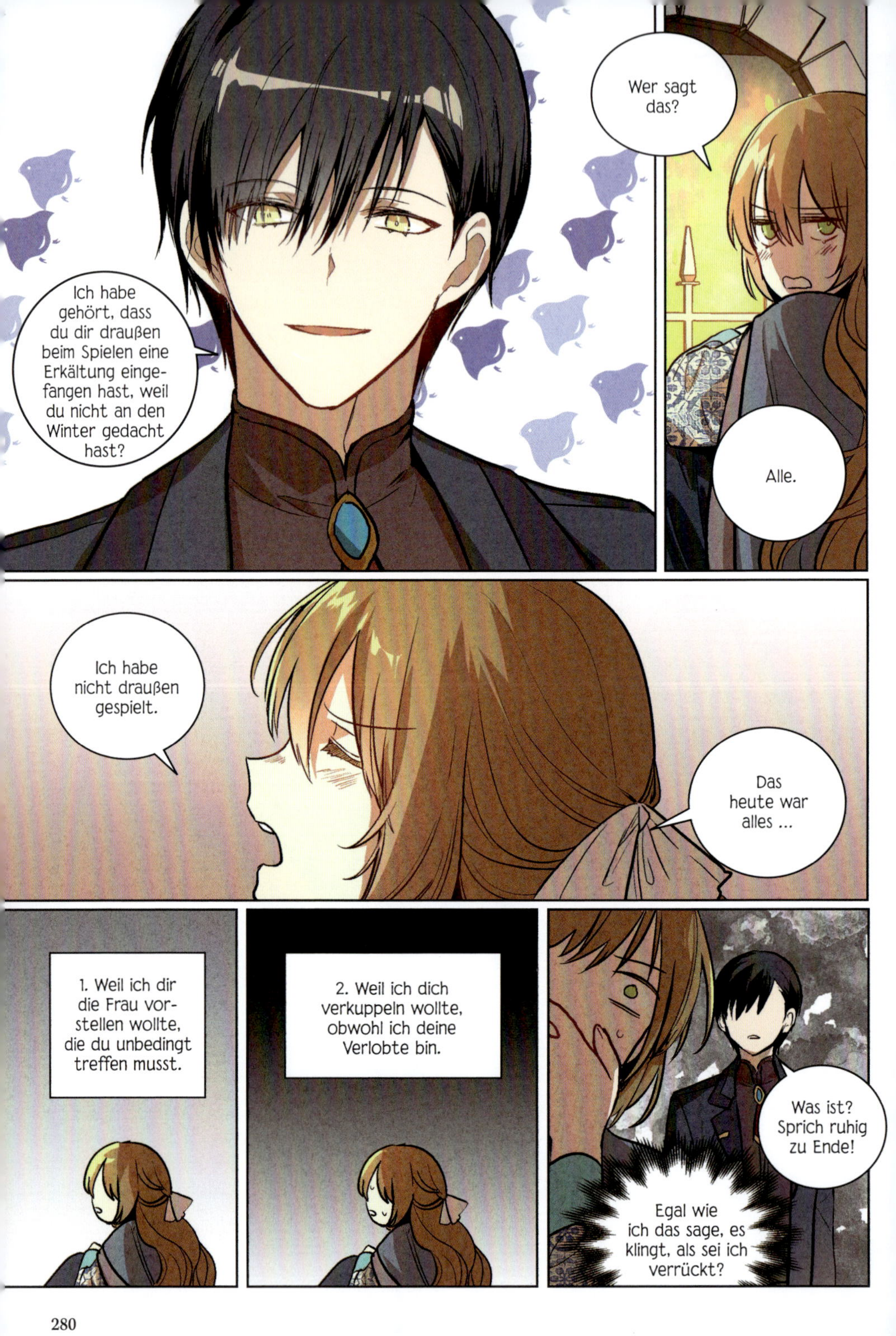
Ich habe gehört, dass du dir draußen beim Spielen eine Erkältung eingefangen hast, weil du nicht an den Winter gedacht hast?
Wer sagt das?
Alle.
Ich habe nicht draußen gespielt.
Das heute war alles ...
1. Weil ich dir die Frau vorstellen wollte, die du unbedingt treffen musst.
2. Weil ich dich verkuppeln wollte, obwohl ich deine Verlobte bin.
Was ist? Sprich ruhig zu Ende!
Egal wie ich das sage, es klingt, als sei ich verrückt?

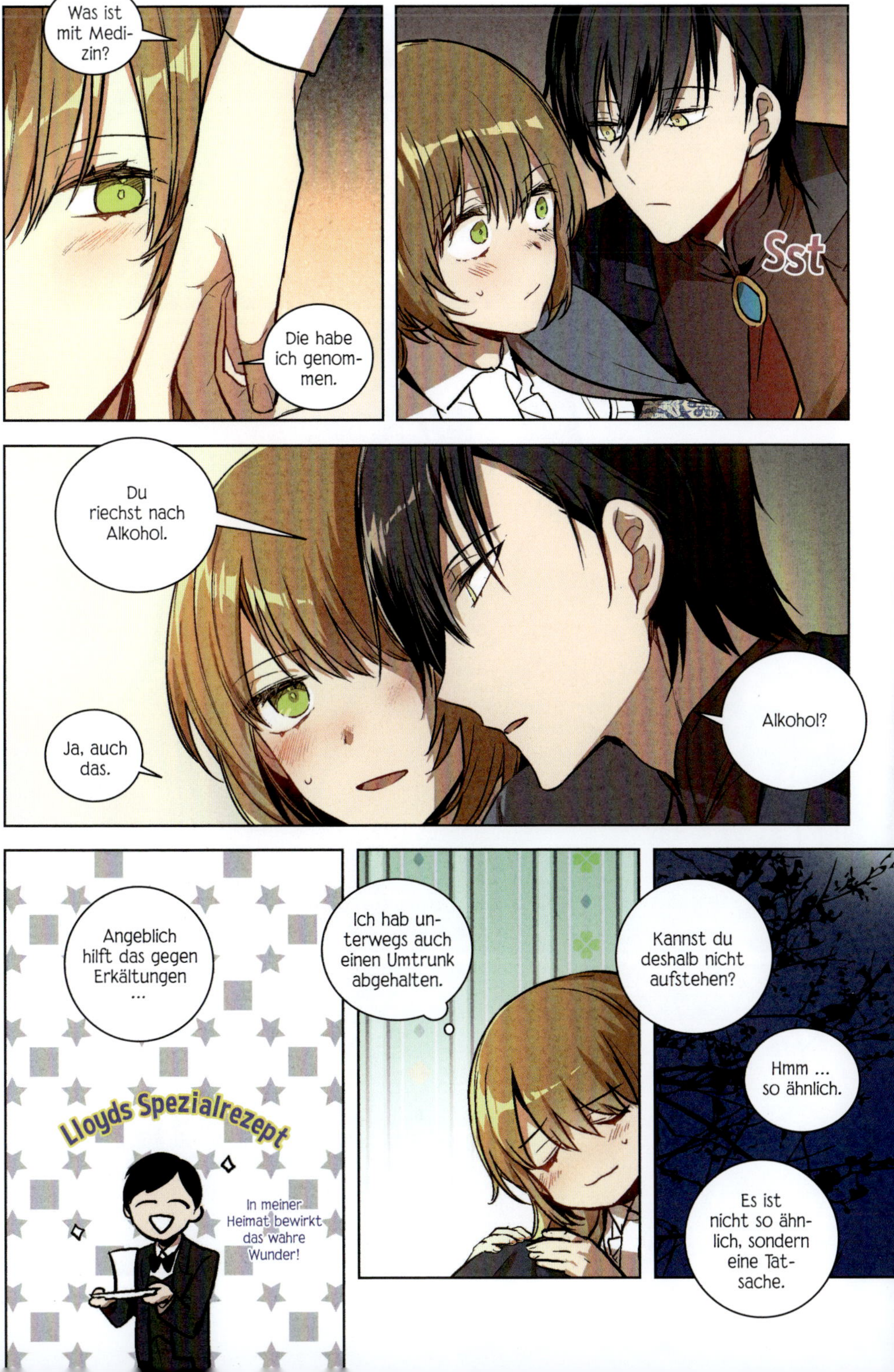
Was ist mit Medizin?
Die habe ich genommen.
Sst
Du riechst nach Alkohol.
Alkohol?
Ja, auch das.
Angeblich hilft das gegen Erkältungen …
Lloyds Spezialrezept
In meiner Heimat bewirkt das wahre Wunder!
Ich hab unterwegs auch einen Umtrunk abgehalten.
Kannst du deshalb nicht aufstehen?
Hmm … so ähnlich.
Es ist nicht so ähnlich, sondern eine Tatsache.

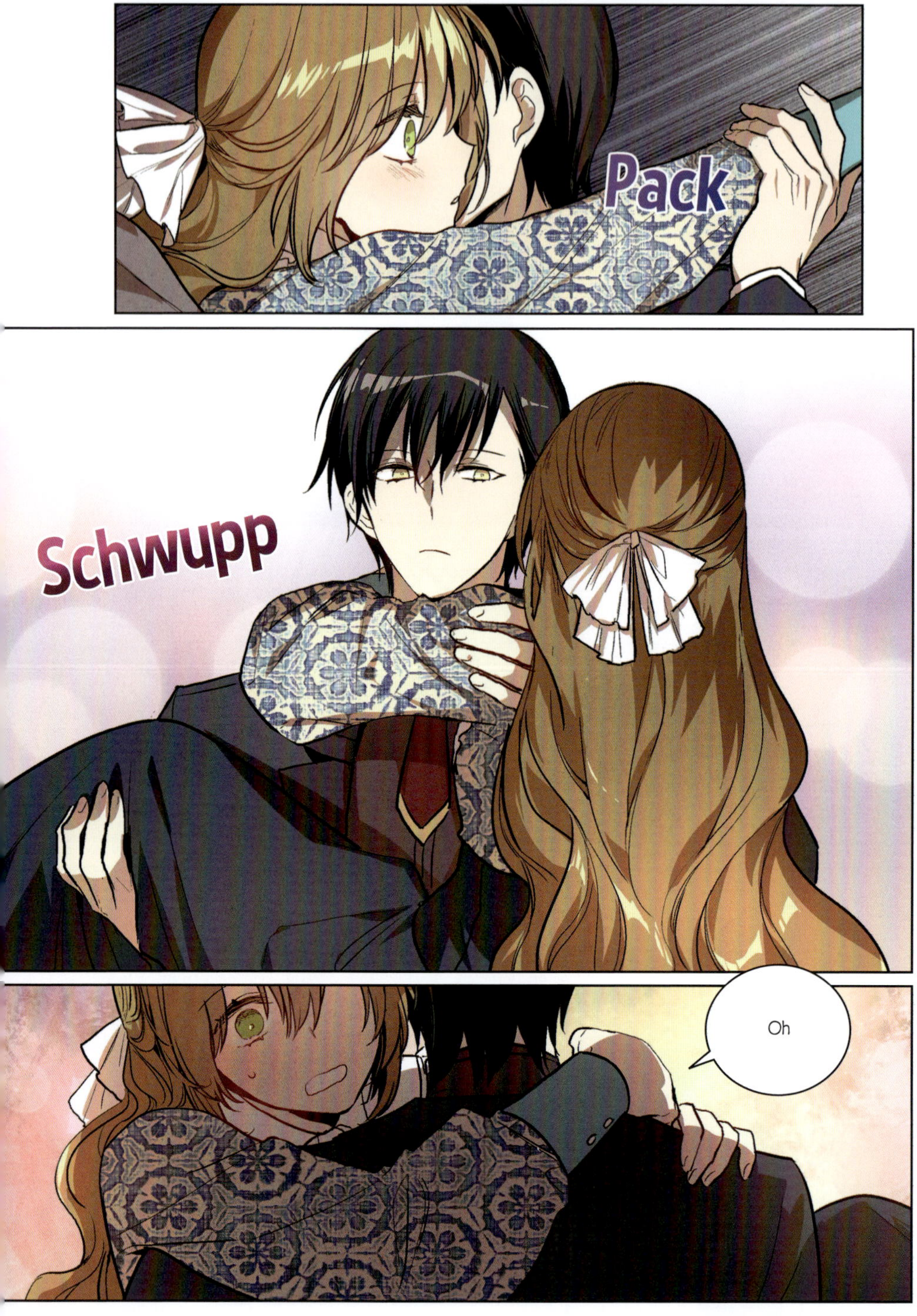
Pack
Schwupp
Oh

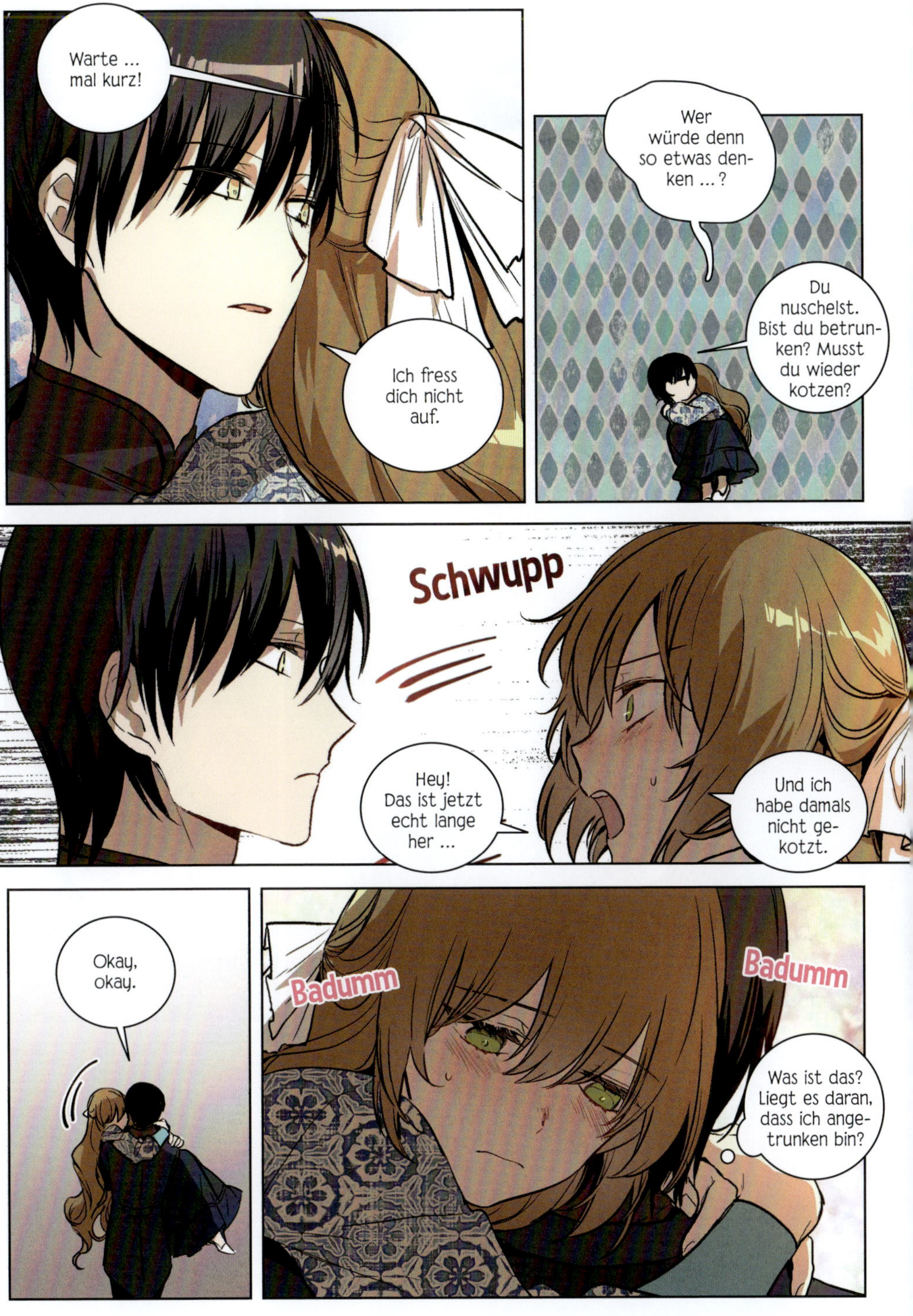
Warte ... mal kurz!
Ich fress dich nicht auf.
Wer würde denn so etwas denken ...?
Du nuschelst. Bist du betrunken? Musst du wieder kotzen?
Schwupp
Hey! Das ist jetzt echt lange her ...
Und ich habe damals nicht gekotzt.
Okay, okay.
Badumm
Badumm
Was ist das? Liegt es daran, dass ich angetrunken bin?

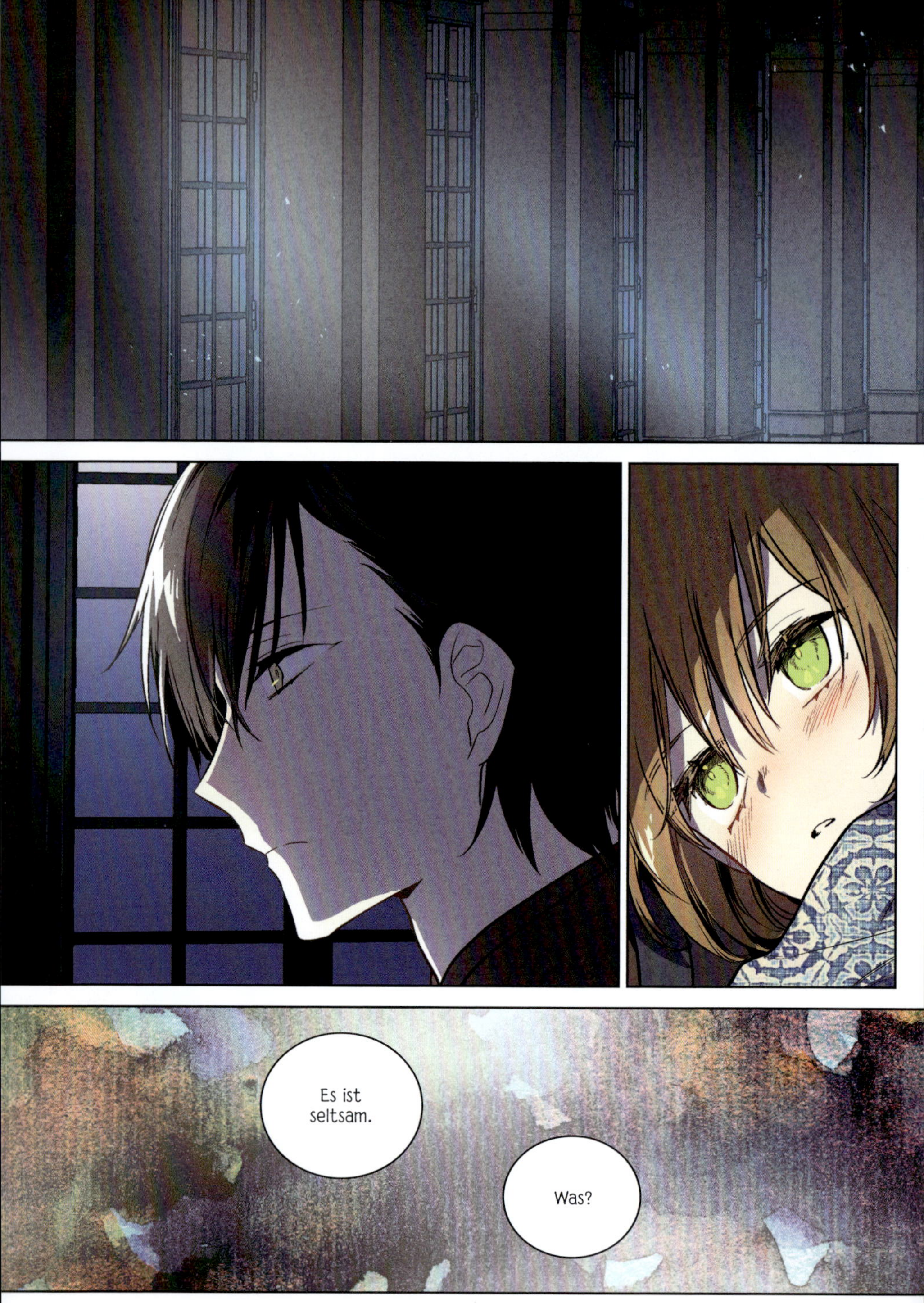
Es ist seltsam.
Was?

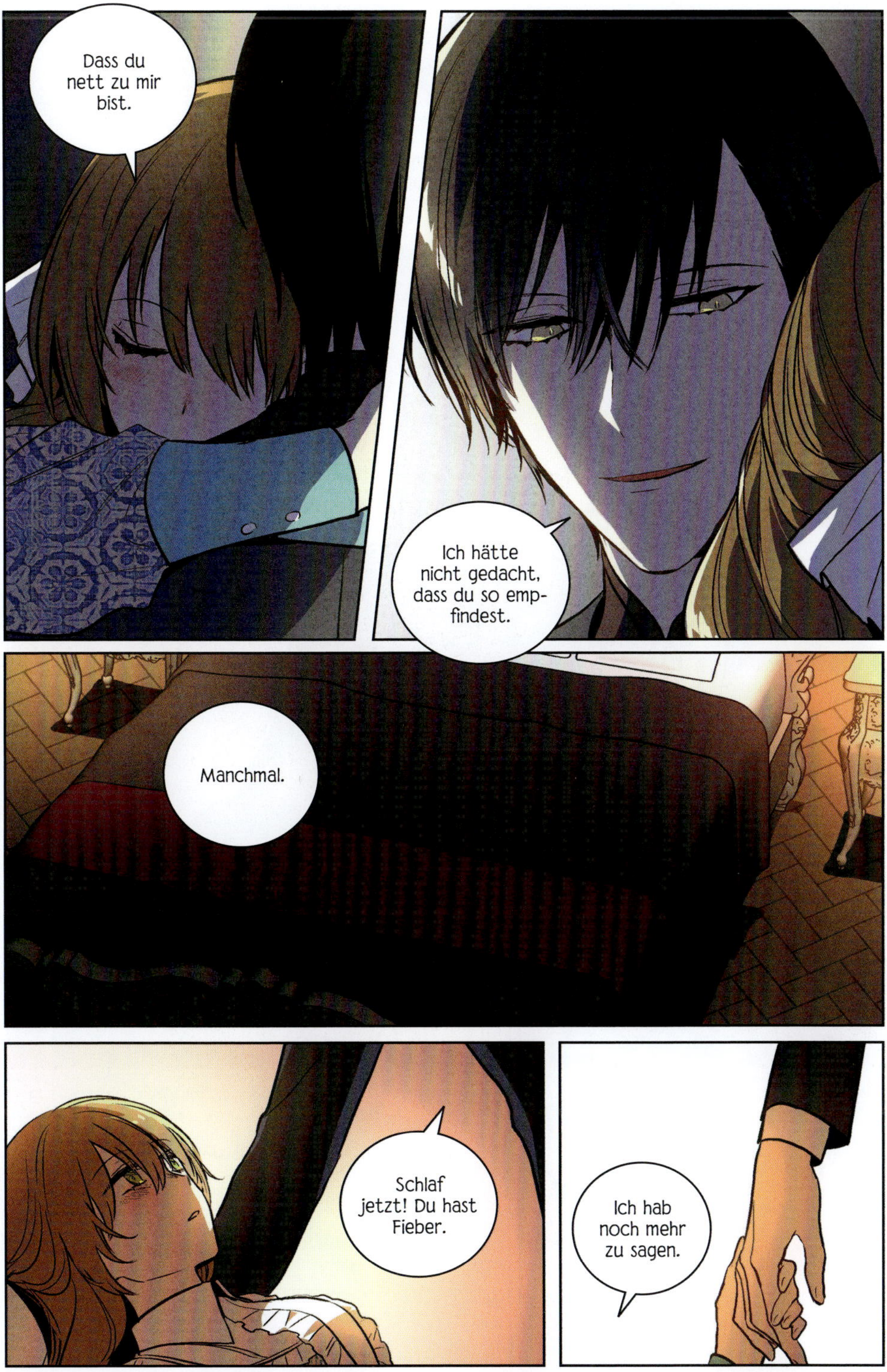
Dass du nett zu mir bist.
Ich hätte nicht gedacht, dass du so empfindest.
Manchmal.
Schlaf jetzt! Du hast Fieber.
Ich hab noch mehr zu sagen.

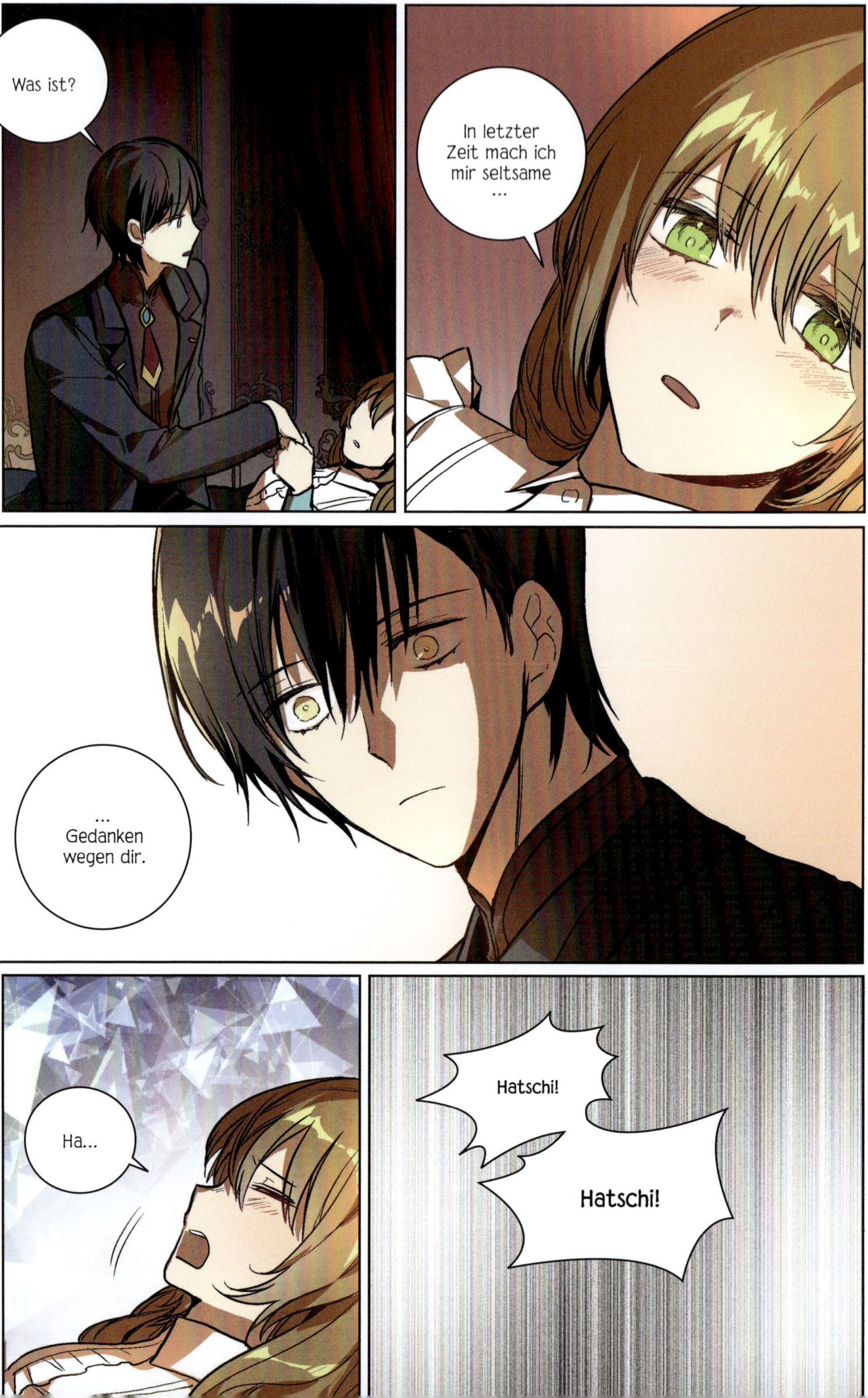
Was ist?
In letzter Zeit mach ich mir seltsame ...
... Gedanken wegen dir.
Ha...
Hatschi!
Hatschi!

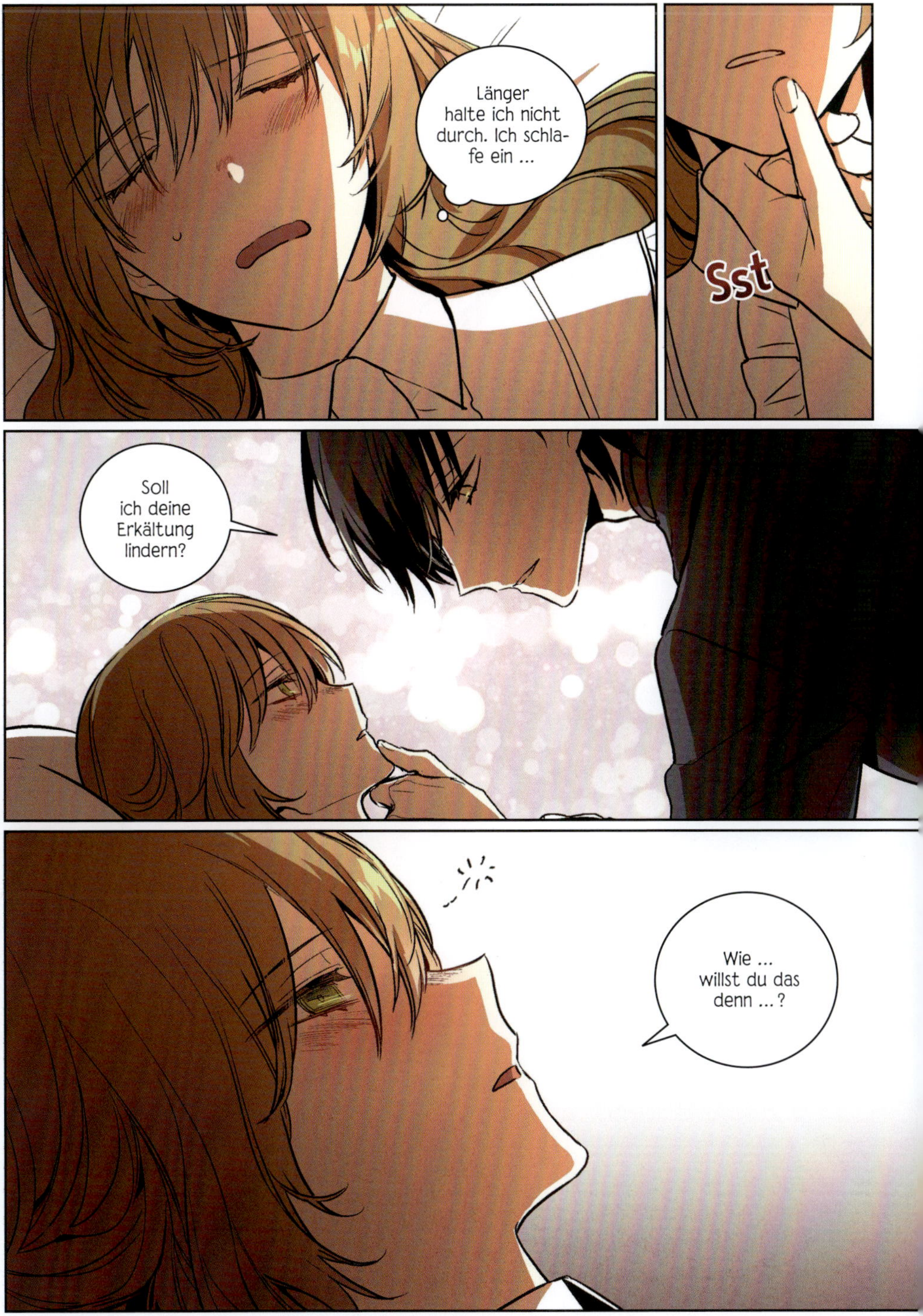
Länger halte ich nicht durch. Ich schlafe ein ...
Sst
Soll ich deine Erkältung lindern?
Wie ... willst du das denn ...?

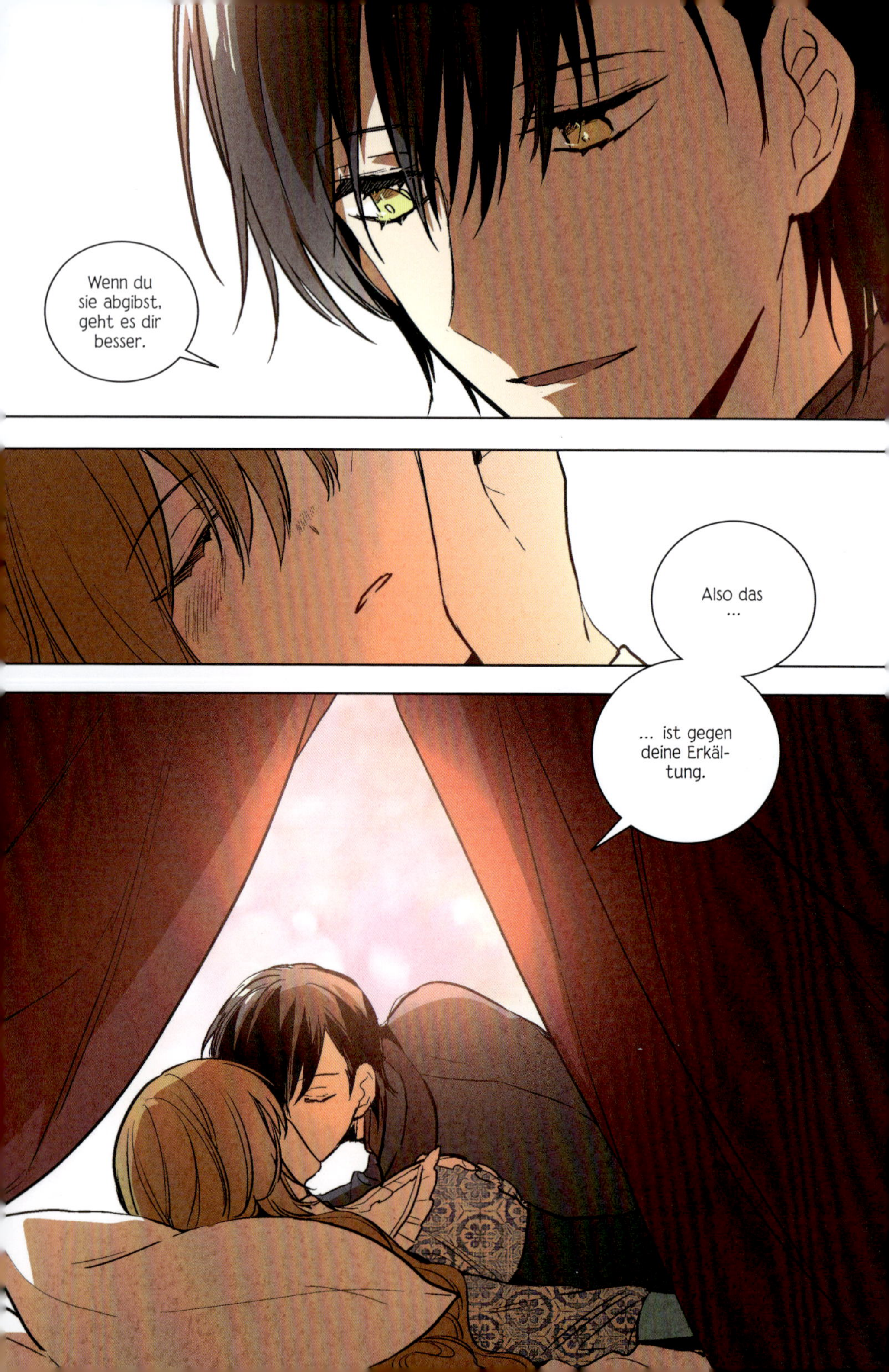
Wenn du sie abgibst, geht es dir besser.
Also das ...
... ist gegen deine Erkältung.

Fortsetzung folgt in Band 4

Vorschau Band 4

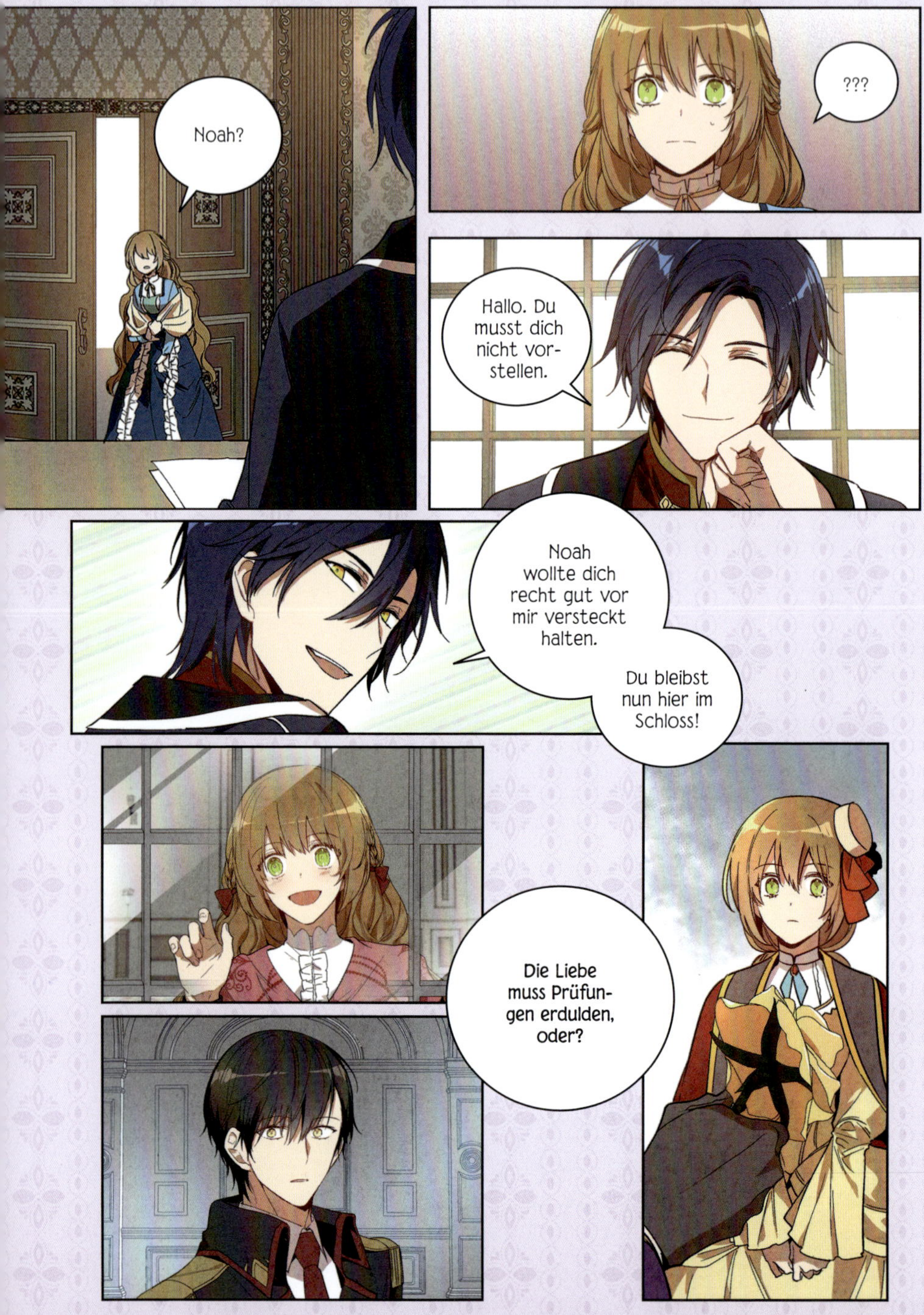

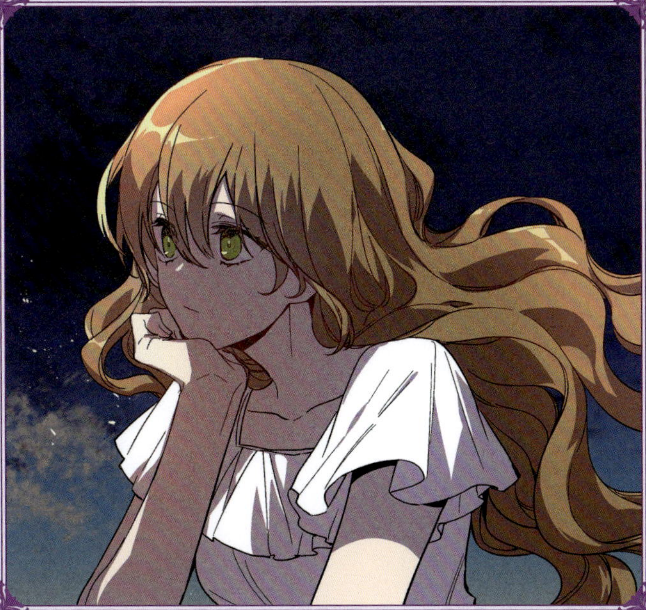

Raeliana wird von König Siatrich, dem Halbbruder von Noah zu sich gerufen.

Aber ist dies nicht weniger eine Einladung als eine Gefangennahme?

Der König weiß bereits von ihrer vorgetäuschten Verlobung und macht einen unerwarteten Vorschlag.

Beim Gedanken daran, was nach der Auflösung ihrer Verlobung mit Noah passieren wird, fühlt sich Raeliana überfordert.

»Muss ich ebenfalls mit irgendjemandem eine Zweckehe eingehen? Mit jemand anderem als Noah?«

Seid auf Band 4 gespannt!

RAELIANA

Warum sie die Verlobte des Dukes wurde

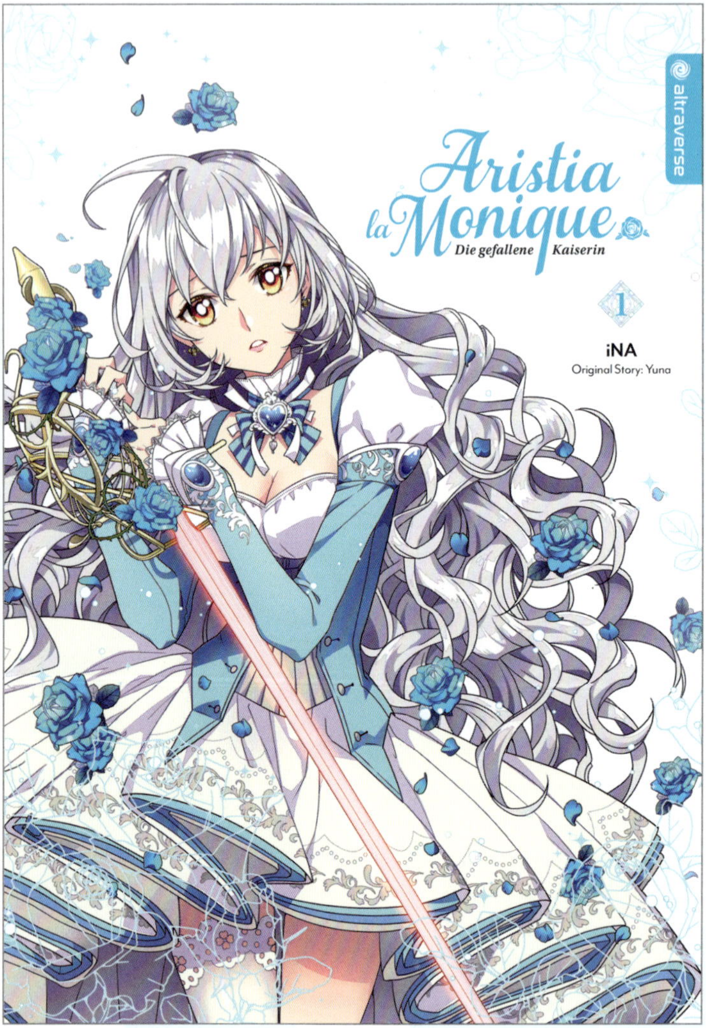

Aristia la Monique – Die gefallene Kaiserin

iNA | Yuna

Seit ihrer Geburt wurde Aristia in dem Glauben erzogen, dass sie eines Tages Kaiserin sein würde. Als wie aus dem Nichts eine geheimnisvolle Frau auftaucht und den Platz an der Seite des Kaisers einnimmt, bricht ihre Welt zusammen. Unfähig, sich in dieses neue Leben zu fügen, erleidet Aristia einen tragischen Tod. Doch sie verschwindet nicht – sondern erwacht sieben Jahre zuvor! Gelingt es ihr dieses Mal, dem Schicksal eine glückliche Wendung zu geben?

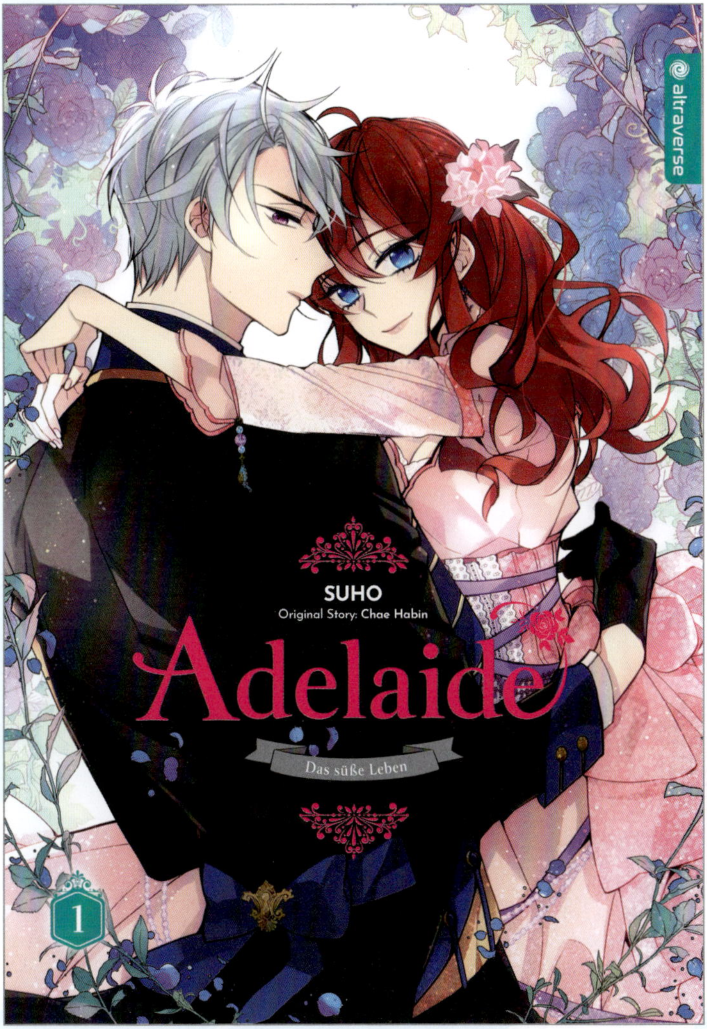

Romance 13+

Adelaide – Das süße Leben

SUHO | Chae Habin

Adelaide wurde wiedergeboren und lebt gelangweilt in einer fremden Welt. Ihr neues Dasein als adelige Tochter macht sie nicht besonders glücklich. Als sie 17 Jahre alt ist, erfährt sie vom Auftauchen einer geheimnisvollen Frau und setzt alles daran, diese kennenzulernen. Vielleicht stammt die Frau ja aus ihrer alten Welt, an die sie sich noch bestens erinnert! In der Folge erwarten Adelaide viele Überraschungen und ihr Leben ist plötzlich alles andere als langweilig!

altraverse

Deutsche Ausgabe / German Edition
Altraverse GmbH – Hamburg 2023
Aus dem Koreanischen von Katharina Schmölders

The Reason Why Raeliana Ended up at the Duke's Mansion vol.3

First published in Korea in 2017 by D&C WEBTOON Biz
German translation rights arranged with Altraverse GmbH
through D&C WEBTOON Biz

Redaktion: Gwyneth Minte
Herstellung: Cathrin Hamester
Lettering: Vibrant Publishing Studio

Druck: Silber Druck oHG
Printed in Germany

ISBN 978-3-96358-988-1
3. Auflage 2026

www.altraverse.de